L'art du bonheur

Texte intégral

Du même auteur
aux Éditions J'ai lu

LE DALAÏ-LAMA PARLE DE JÉSUS
N° 4739

LE SENS DE LA VIE
N° 4977

LA VOIE DE LA LUMIÈRE
N° 5370

L'ART DU BONHEUR
(avec Howard Cutler)
N° 5615

PAIX DES ÂMES, PAIX DES COEURS
N° 6598

L'ART DE LA COMPASSION
N° 6959

L'ART DU BONHEUR – 2
(avec Howard Cutler)
N° 6980

L'HARMONIE INTÉRIEURE
N° 7472

VAINCRE LA MORT ET VIVRE UNE VIE MEILLEURE
N° 7482

SAGESSE DU BOUDDHISME TIBÉTAIN
N° 8622

VOYAGE AUX CONFINS DE L'ESPRIT
N° 9190

L'ART DU BONHEUR DANS UN MONDE INCERTAIN
(avec Howard Cutler)
N° 10388

L'ART DU BOUDDHISME
N° 10762

LE LIVRE DE LA JOIE
N° 11899

NOUVELLE RÉALITÉ
N° 12286

LA GRANDE PAIX DE L'ESPRIT
N° 12327

LE COEUR DE LA MÉDITATION
N° 12414

LES VOIES SPIRITUELLES DU BONHEUR
N° 12415

LA FOI FONDÉE SUR LA RAISON
N° 12628

L'ART DE LA SAGESSE
N° 12765

Semi-poche

ISLAM, CHRISTIANISME, JUDAÏSME...
COMMENT VIVRE EN PAIX ?

SA SAINTETÉ
LE DALAÏ-LAMA
avec Howard Cutler

L'art du bonheur

Texte intégral

J'AI LU

L'art du bonheur – 1

Traduit de l'anglais (États-Unis)
par Adrien Calmevent

Ce livre est dédié au lecteur :
Puissiez-vous trouver le bonheur

PRÉFACE

Ce livre est le fruit de nombreux entretiens que j'ai eus avec le Dalaï-Lama, en Inde tout d'abord, puis en Arizona où l'avait amené une série de conférences, et sur lesquels se sont greffées mes propres observations de psychiatre occidental.

Le Dalaï-Lama m'a généreusement laissé toute latitude pour transmettre au mieux ses idées et j'ai ainsi enrichi ses propos de récits qui illustrent à quel point sa pensée est présente dans sa vie de tous les jours. Afin d'éclairer sa parole, j'ai aussi intégré des réflexions extraites de ses conférences. Son interprète, le docteur Thupten Jinpa, a, par ailleurs, revu le manuscrit définitif afin de s'assurer qu'aucun propos du Dalaï-Lama n'avait pu être déformé.

Enfin, tous les détails relatifs à la vie privée des personnes ont été modifiés afin qu'elles ne puissent être reconnues.

Howard CUTLER

INTRODUCTION

Le Dalaï-Lama est seul dans le vestiaire désert du stade. Dans quelques instants, il va prendre la parole devant six mille personnes et boit calmement son thé, en parfaite sérénité.

— Votre Sainteté, si vous êtes prêt...

D'un mouvement vif il se lève et sort. Une petite foule de journalistes, de photographes, de membres du personnel de sécurité et d'étudiants se presse dans le couloir. Est-ce leur quête qui les a menés jusqu'ici, ou bien la simple curiosité, ou peut-être un réel scepticisme ?

Il fend la cohue avec un grand sourire, salue les gens sur son passage puis écarte une tenture. Le voilà, il s'incline, joint les mains et sourit encore, salué par un tonnerre d'applaudissements. Il a demandé que les projecteurs du stade restent au maximum de leur intensité, car il veut voir ceux qui sont venus. Et il reste là, debout, les embrassant tranquillement du regard, rayonnant de la chaleur de son immense bienveillance. Il s'assied alors et entame sa conférence. Pour celui qui ne l'a encore jamais vu c'est une révélation, car il sait immédiatement créer une réelle intimité avec son auditoire.

— Pour la plupart d'entre vous, c'est probablement notre première rencontre. Mais pour moi, qu'il s'agisse d'un vieil ami ou d'un nouvel ami, cela ne fait guère de différence. Ne sommes-nous pas tous semblables ? Ne sommes-nous pas tous des êtres humains ? Naturellement, nous pouvons être différents, par le milieu culturel ou le mode de vie, ne pas être habités par la même foi, ou encore ne pas avoir la même couleur de peau. Mais nous restons des êtres humains, constitués d'un corps et d'un esprit humains. Notre structure physique est la même, notre esprit et la nature de nos émotions sont aussi les mêmes. Et dès que je rencontre quelqu'un, c'est un autre être humain, tout comme moi-même, qui se trouve face à moi. Bien sûr, si nous mettons en avant des traits spécifiques, comme le fait que je suis tibétain ou bouddhiste, alors oui, on verra des différences. Mais ces choses-là sont secondaires. Les laisser de côté, c'est pouvoir communiquer, échanger des idées, partager des expériences.

Son projet de se rendre en Arizona avait germé plus de dix ans auparavant, lors de notre rencontre à Dharamsala, en Inde, en 1982. J'étais venu, pour effectuer une recherche sur la médecine tibétaine traditionnelle, dans ce village magnifique et tranquille, accroché aux contreforts de l'Himalaya et qui, depuis l'invasion brutale des forces chinoises il y a quarante ans, accueille le gouvernement tibétain en exil. Lors de ce séjour, j'ai connu plusieurs membres de la famille du Dalaï-Lama, et ce sont eux qui ont organisé notre première rencontre.

Dans sa conférence, le Dalaï-Lama insiste, on l'a vu, sur l'importance d'entrer en relation avec l'autre en tant qu'être humain, et c'est cette même qualité de relation qui s'est imposée d'emblée lors de notre première conversation, à son domicile, car il a le don de mettre son interlocuteur à l'aise et sait instantanément créer un lien simple et direct avec vous. Et bien que je sois resté seulement trois quarts d'heure avec lui ce jour-là, je suis ressorti de cette entrevue fort du sentiment que je venais de rencontrer un être absolument exceptionnel.

À mesure que mes liens avec le Dalaï-Lama se sont resserrés, au long de toutes ces années, j'ai pu apprécier toutes ses qualités. Des qualités proprement uniques : une intelligence pénétrante, mais dénuée d'artifice ; une bienveillance dépourvue d'une sentimentalité excessive ; un grand sens de l'humour – mais nulle frivolité –, et, comme beaucoup de gens, j'ai apprécié la faculté qu'il a d'inspirer plutôt que d'intimider.

Avec le temps, j'ai acquis la conviction que le Dalaï-Lama avait appris à vivre dans une plénitude et à un degré de sérénité que je n'ai jamais constatés chez quiconque. C'est cela qui m'a donné l'envie de cerner les principes qui lui ont permis d'y parvenir. Il a beau être moine, avoir vécu toute une vie de pratique et d'étude, je me suis demandé si l'on ne pourrait pas en dégager un ensemble cohérent de règles, susceptibles d'être utilisées par des non-bouddhistes. En somme, ces pratiques ne pourraient-elles directement s'appliquer à nos vies afin de simplement nous aider à devenir plus heureux, plus forts, et peut-être à avoir moins peur ?

Lors de son séjour en Arizona, et par la suite quand je suis revenu à Dharamsala, j'ai pu explorer plus à fond ses conceptions. Mais, au fur et à mesure de nos conversations quotidiennes, alors que nous nous efforcions de concilier nos points de vue, je n'ai pas tardé à m'apercevoir qu'il nous faudrait surmonter quelques obstacles : lors d'une des premières séances, je lui ai raconté le cas d'une jeune femme que j'avais eu à traiter, et qui persistait dans des comportements autodestructeurs en dépit des effets épouvantablement négatifs qu'ils avaient eus sur sa vie. Comment expliquer, selon lui, ce type de comportement et quel conseil donnerait-il ? Après un long temps de réflexion, il me répondit simplement : « Je ne sais pas », avant de hausser les épaules et de rire de bon cœur.

Remarquant mon air surpris et désappointé, le Dalaï-Lama continua :

— Il n'est pas toujours évident d'expliquer pourquoi les gens agissent comme ils agissent... Souvent, on s'aperçoit qu'il n'existe pas d'explication simple. Si nous devions examiner en détail la vie de chaque individu, il serait très ardu de comprendre ce qui s'y passe, de saisir exactement ce qui a lieu : l'esprit humain est si complexe.

Je jugeai sa réponse évasive.

— Mais, en qualité de psychothérapeute, ma tâche consiste justement à découvrir pourquoi les gens agissent comme ils agissent...

Une fois encore, il éclata de ce rire que beaucoup de gens trouvent si extraordinaire – un rire plein d'humour et de bienveillance, sans affectation, sans gêne aucune, qui débute par un écho un peu sourd avant de s'élever sans effort de plusieurs octaves pour s'achever sur une note aiguë. Une note d'enchantement.

— À mon sens, il serait pour le moins complexe de se représenter comment fonctionne l'esprit de cinq milliards d'individus, m'expliqua-t-il, toujours en riant. Ce serait là une mission impossible ! Dans la conception bouddhiste, d'innombrables facteurs contribuent à un événement ou à une situation donnés... En fait, tant de facteurs peuvent entrer en jeu qu'il est quelquefois impossible d'obtenir une explication complète de ce qui se passe, tout au moins dans des termes classiques.

Percevant chez moi un certain malaise, il observa :

— À certains égards, lorsque les Occidentaux cherchent à déterminer la source d'un problème chez un individu, leur démarche me paraît différer de celle des bouddhistes. Tous les modes d'analyse propres à l'Occident ont tendance à rationaliser à tout va – en fait, on part du principe que tout peut être justifié. Or, bien des hypothèses que les Occidentaux considèrent comme allant de soi leur imposent surtout des contraintes. J'ai récemment rencontré des médecins de la faculté, ici même en Arizona. Évoquant le fonctionnement cérébral, ils affirmaient que les pensées et les sentiments résultent de diverses réactions chimiques et transformations à l'intérieur du cerveau. Aussi ai-je soulevé la question : serait-il possible de concevoir le scénario inverse, dans lequel les pensées déclencheraient cette séquence de réactions chimiques ? En tout état de cause, ce qui m'a le plus intéressé, c'est la réponse d'un de ces scientifiques : « Nous partons, m'a-t-il affirmé, de l'hypothèse que toutes les pensées sont des produits ou des fonctions de réactions chimiques internes à l'encéphale. » Somme toute, il ne s'agit donc là que d'une forme de rigidité, puisque l'on décide de ne pas remettre en question son mode de pensée.

Il garda le silence un moment, avant de poursuivre :

— Apparemment, il existe dans la société occidentale moderne un puissant conditionnement culturel fondé sur la science. Mais, en certaines occasions, les hypothèses et les paramètres fondamentaux érigés en principes par la science peuvent limiter votre capacité de faire face à certaines réalités. Par exemple, vous êtes assujettis à l'idée que tout s'expliquerait dans le cadre d'une seule vie, et vous alliez à cette idée la notion que tout peut et doit en effet s'expliquer et se justifier. Mais, dès que vous rencontrez un phénomène que vous êtes incapable de justifier, alors il se crée en vous une sorte de tension, presque une sensation d'angoisse.

Je sentais bien qu'il y avait du vrai dans ses propos, mais j'avais néanmoins du mal à les accepter.

— Dans la psychologie occidentale, quand nous nous trouvons en présence de comportements humains difficilement explicables en surface, nous disposons de certaines méthodes pour aborder le problème et comprendre ce qui est à l'œuvre. Dans notre conception, l'idée que l'esprit comporte des parties inconscientes et subconscientes joue un rôle prééminent. Parfois un comportement peut résulter de processus psychologiques dont nous n'avons pas conscience – par exemple, une peur cachée. Sans que ce soit conscient, le désir de ne pas laisser cette peur remonter à la surface de la conscience, de s'éviter le malaise qui va de pair, motive notre conduite.

Ayant réfléchi un instant, il nuança son propos :

— Dans le bouddhisme, l'idée que certaines catégories d'expériences laissent en nous leur empreinte, sous forme de traits de caractère et autres dispositions d'esprit, s'apparente en un sens à celle de l'inconscient dans la psychologie occidentale. Par exemple, un certain type d'événement a pu se produire antérieurement dans notre vie, et avoir fortement imprégné notre esprit, mais à notre insu, pour n'affecter notre comportement que plus tard. Ainsi partageons-nous avec vous, Occidentaux, l'idée qu'il puisse subsister une part d'inconscient – ces imprégnations dont on n'a pas nécessairement conscience. En fait, je crois le bouddhisme capable d'accepter beaucoup d'éléments d'explication mis en avant par les théoriciens occidentaux, mais il les complétera par d'autres facteurs. Il y ajoutera les imprégnations issues des vies antérieures. Quoi qu'il en soit, dans sa recherche des sources d'un problème, il me semble tout de même que la psychologie occidentale a tendance à surestimer le rôle de l'inconscient. Selon moi, cela découle de certains des postulats fondamentaux sur lesquels elle repose : par exemple, elle n'accepte pas l'idée d'une vie antérieure. Et, en même temps, vous affirmez que, dans cette vie, tout appelle une justification. Aussi, quand vous vous trouvez dans l'incapacité d'expliquer certains comportements ou certains problèmes, vous avez toujours tendance à en attribuer la cause à l'inconscient. C'est un peu comme si, ayant égaré un objet, vous décidiez qu'il se trouve dans cette pièce. Or, une fois que vous en avez décidé ainsi, vous avez déjà établi vos paramètres. Vous avez exclu la possibilité que cet objet se trouve ailleurs. Aussi continuez-vous à chercher inlassablement, sans le trouver, et sans cesser non plus d'affirmer qu'il est caché quelque part dans cette pièce !

Quand j'ai commencé de réfléchir à ce livre, je l'ai envisagé sous la forme d'un manuel dans lequel le Dalaï-Lama aurait formulé des solutions simples et claires à tous les problèmes de la vie. Grâce à ma formation de psychiatre, je m'imaginais pouvoir présenter ses conceptions comme un ensemble de principes de vie quotidienne.

Mais, au terme de notre série d'entrevues, j'ai renoncé à cette idée car j'ai découvert que sa démarche participait d'une pensée bien plus large et bien plus complexe, susceptible d'intégrer tout ce que la vie peut offrir de nuances, de richesse et de complexité.

J'ai peu à peu capté la tonalité singulière et constante de ses propos. C'est celle de l'espoir. Et cet espoir repose sur la conviction que, s'il n'est pas aisé d'atteindre le bonheur authentique et durable, la chose est néanmoins possible.

Toutes les méthodes employées par le Dalaï-Lama se fondent sur un ensemble de convictions élémentaires qui tiennent lieu de socle à toutes ses actions : la croyance dans l'aménité et la bonté foncière de tous les êtres humains, la croyance en la valeur de la compassion, la croyance en une véritable politique de la bienveillance, et le sentiment d'une communauté entre toutes les créatures vivantes.

À mesure que son message prenait toute son ampleur, il devenait de plus en plus clair à mes yeux que ces croyances ne reposaient pas sur une foi aveugle ou sur un dogme religieux, mais plutôt sur un raisonnement sain et une expérience directe. Sa compréhension de l'esprit et du comportement humains s'appuie sur toute une vie d'étude. Ses conceptions sont enracinées dans une tradition qui remonte à plus de deux mille cinq cents ans, tempérée par un solide bon sens et par une compréhension très fine des problèmes modernes. Personnalité de dimension mondiale, il occupe une position sans égale qui lui a valu de sillonner la planète à maintes reprises, le mettant ainsi en présence de quantité de cultures différentes et de gens de toutes conditions sociales, et lui permettant aussi d'échanger des idées avec des scientifiques de haut niveau, des religieux et des dirigeants politiques de premier plan. Ces contacts l'ont amené à se forger une opinion sur le monde contemporain. Au bout du compte, il en ressort une manière très sage d'aborder les problèmes humains, une approche à la fois optimiste et réaliste.

J'ai cherché ici à présenter le Dalaï-Lama à un public essentiellement occidental, sans pour autant m'écarter de mon but : mettre en valeur ce qui, dans sa pensée, peut le mieux s'appliquer à nos existences quotidiennes. Et si j'ai choisi parfois d'omettre les passages de nos conversations concernant certains des aspects les plus philosophiques du bouddhisme tibétain, c'est que le Dalaï-Lama a déjà écrit d'excellents ouvrages à ce propos.

PREMIÈRE PARTIE

Le but de la vie

1
Le droit au bonheur

— Je crois que le véritable but de la vie, c'est le bonheur. Que l'on ait foi dans une religion ou non, tous nous cherchons une vie meilleure. Aussi je pense que le véritable mouvement de notre vie est orienté vers le bonheur...

Ces mots, qu'il prononce devant le public attentif, sont au cœur de son message. Mais ils éveillent en moi une question qu'une fois seul à seul je décide de lui poser.

— Êtes-vous heureux ?

— Oui... (Il marque un temps de silence.) Oui... absolument !

Sa voix est empreinte d'une sincérité tranquille qui ne laisse aucune place au doute – une sincérité que reflètent ses yeux et tout son visage.

— Mais, pour la plupart d'entre nous, le bonheur est-il un but raisonnable ? Est-il réellement possible de l'atteindre ?

— Oui. Je crois que l'on peut atteindre le bonheur par l'exercice de l'esprit.

Je suis assez immédiatement sensible à cette idée du bonheur comme but réalisable. Toutefois, le psychiatre que je suis a reçu d'autres nourritures intellectuelles.

Freud ne dit-il pas : « On se sent plutôt porté à dire que l'intention de rendre l'homme "heureux" ne fait pas partie du plan de la "Création" » ? Ce conditionnement intellectuel a mené plus d'un de mes confrères à la conclusion plutôt sinistre qu'on ne peut guère espérer mieux que « la transformation de la misère de l'hystérie en simple malheur ordinaire ». Partant de là, affirmer qu'il existe un chemin clairement défini vers le bonheur paraît une idée pour le moins audacieuse.

Au cours de mes études, j'ai rarement entendu prononcer le mot « bonheur », fût-ce à titre thérapeutique. Naturellement, il était question de soulager les symptômes de nos patients, leur dépression ou leurs angoisses, de résoudre conflits internes et problèmes relationnels, mais jamais dans le but explicite de leur ouvrir la voie de la félicité.

En Occident, le bonheur est toujours resté une notion floue et insaisissable. Le mot même est construit à partir du radical « heur », dérivé du latin *augurium*, « chance, bonne ou mauvaise ». Dans la conception occidentale, assez largement partagée semble-t-il, le bonheur serait un bienfait mystérieux pour ainsi dire tombé du ciel. Dès lors, comment serait-il possible de le cultiver grâce au seul « exercice de l'esprit » ?

Le Dalaï-Lama s'en explique aussitôt.

— Quand je parle d'« exercer l'esprit », je ne me réfère pas seulement à l'intellect, mais au sens du mot tibétain *Sem*, qui se rapproche plutôt de « psyché » ou « âme ». Cela inclut aussi le sentiment, le cœur et l'esprit. En s'imposant une certaine discipline intérieure, on peut transformer son attitude, ses conceptions et sa manière d'être dans l'existence.

Naturellement, cette discipline intérieure repose sur quantité de méthodes. Mais on commence par isoler les facteurs qui mènent au bonheur de ceux qui mènent à la souffrance. Après quoi, on s'attache peu à peu à éliminer les facteurs de souffrance et à cultiver ceux qui conduisent au bonheur. Telle est la voie.

Le Dalaï-Lama est heureux et respire le bonheur. J'ai vu d'ailleurs, tout au long de cette semaine en Arizona, comment, même lors des plus brèves rencontres, il sait avec simplicité manifester sa bienveillance, toucher autrui et nouer des liens.

Le deuxième jour, alors qu'il longe une cour intérieure pour regagner sa chambre d'hôtel, entouré par les membres de sa suite, il remarque une femme de chambre qui attend à côté des ascenseurs. Il s'arrête et lui demande : « D'où êtes-vous ? » Sur le moment, elle a l'air surprise par la vision de cet étranger en robe rouge, et déconcertée par la déférence que lui témoigne son entourage. Puis elle sourit et lui répond timidement : « Du Mexique. » Il prend le temps de bavarder avec elle quelques instants avant de continuer son chemin. Le visage de la jeune femme conserve une expression de vive émotion et de plaisir.

Le lendemain matin, à la même heure, au même endroit, la voici de nouveau, avec une autre femme de chambre, et, quand le Dalaï-Lama pénètre dans l'ascenseur, toutes deux le saluent chaleureusement. Leur dialogue est court, mais, en se remettant au travail, elles semblent rayonner de bonheur. Après quoi, tous les jours, à la même heure et au même endroit, d'autres femmes de chambre se joignent à elles. À la fin de la semaine, ce sont des dizaines de femmes de chambre en uniforme gris et blanc qui forment une haie d'honneur tout le long du couloir.

Nos jours sont comptés. À cet instant même, des milliers d'êtres humains naissent dans le monde. Certains sont destinés à ne vivre que quelques jours ou quelques semaines. D'autres, en revanche, mourront centenaires après avoir goûté à tout ce que la vie peut offrir : le triomphe, le désespoir, la joie, la haine et l'amour. Mais, que nous vivions un jour ou un siècle, une question majeure subsiste : quel est le but de la vie ? qu'est-ce qui donne son sens à notre existence ?

Le but de la vie, c'est le bonheur. N'est-ce pas un lieu commun ? D'Aristote à William James, les penseurs occidentaux se sont accordés sur cette idée. Mais une existence fondée sur la recherche du bonheur ne sera-t-elle pas égocentrique par nature, soucieuse de son seul plaisir ? Pas nécessairement. En fait, quantité d'études montrent que les gens malheureux ont tendance à être très préoccupés d'eux-mêmes, à se replier, à broyer du noir, à refuser tout en bloc. En revanche, les gens heureux sont plus sociables, souples, créatifs et plus aptes à tolérer les frustrations de la vie quotidienne. Ils se trouvent donc être plus aimants et plus indulgents que ne le sont les gens malheureux.

Quelques expériences l'ont démontré. Par exemple, un cobaye est amené à « trouver » de l'argent dans une cabine téléphonique ; sur ces entrefaites arrive un passant qui, « accidentellement », laisse tomber un paquet de journaux : le sujet va-t-il venir en aide à cet inconnu ? Ou bien un autre sujet, mis de bonne humeur par l'écoute de sketches, se fait aborder par une personne manifestement dans le besoin qui voudrait lui emprunter de l'argent.

On s'aperçoit que les sujets « heureux » viennent plus volontiers en aide à un inconnu, ou lui prêtent plus spontanément de l'argent, contrairement à un autre groupe témoin, placé dans des situations similaires sans avoir été « préparé » au préalable.

On le voit, chercher le bonheur ne rend pas nécessairement égoïste, nous avons tous l'occasion de le vérifier dans ce « laboratoire » qu'est notre vie quotidienne : supposons que l'on se retrouve bloqué dans un embouteillage. Au bout d'une vingtaine de minutes, la voie se dégage, la circulation reprend, mais à une allure d'escargot. Devant nous, un véhicule signale son intention de changer de file. Si nous sommes de bonne humeur, nous ralentirons pour le laisser passer. Si nous nous sentons malheureux, nous allons accélérer avant qu'il ne déboîte.

Partons donc de cette hypothèse élémentaire : le but de la vie, c'est la recherche du bonheur. Un véritable objectif vers lequel avancer sans hésiter. Et comprendre comment aller vers une vie plus heureuse va nous apprendre en quoi cette recherche du bonheur se révélera une source de bienfaits, tant pour l'individu que pour sa famille et la société au sens large.

2
Les sources du bonheur

Voici quatre ans, une de mes amies a démissionné de son poste d'infirmière pour rejoindre un petit laboratoire d'analyses médicales. Le laboratoire en question a connu un succès foudroyant et a été racheté par un grand groupe pour une somme colossale. Ayant intégré l'entreprise à l'échelon le plus bas, mon amie est sortie de ce rachat titulaire d'un portefeuille de *stock options*[1] suffisant pour lui permettre de prendre à trente-deux ans une retraite très anticipée. L'ayant revue récemment, je lui ai demandé comment, après avoir perçu cette manne financière plutôt inattendue, elle a su en profiter.

— C'est formidable de pouvoir voyager et faire ce que j'ai toujours rêvé. Pourtant, ajoute-t-elle, c'est bizarre, une fois passé l'excitation, les choses sont pour ainsi dire revenues à la normale. Tout a changé – j'ai acheté une nouvelle maison et quantité de choses –, mais au total je ne crois pas être beaucoup plus heureuse qu'avant.

1. *Stock options :* littéralement, un « plan d'option sur titres », c'est-à-dire un intéressement du personnel sous forme d'attribution d'actions

Exactement à la même époque, un autre de mes amis, du même âge qu'elle, apprend qu'il est séropositif.

— Bien sûr, j'ai d'abord été anéanti, me confie-t-il. Et il m'a fallu presque une année avant d'accepter. Mais depuis l'an dernier les choses ont changé. J'ai l'impression que chaque journée m'apporte plus. En ne pensant qu'à l'instant présent, je me sens heureux comme jamais. J'ai l'impression de mieux apprécier les menus plaisirs de l'existence, et heureusement, comme j'ai la chance, jusqu'à présent, de n'avoir déclaré aucune des affections opportunistes liées au sida, je peux vraiment profiter de la vie. Bien évidemment, je préférerais ne pas être séropositif, mais je dois admettre qu'à certains égards cela a transformé mon existence de façon... positive.

— Comment cela ?

— Tu sais que j'ai toujours eu un comportement matérialiste. Or, d'accepter l'idée que j'étais mortel m'a ouvert à tout un monde nouveau. Pour la première fois de ma vie, je me suis mis à explorer le domaine de la spiritualité, à lire quantité de livres sur le sujet, à en parler autour de moi... pour découvrir bien des choses auxquelles je n'avais jamais réfléchi. Rien que de me lever le matin, et de songer à ce que la journée va m'apporter, je suis enthousiaste.

Ces deux témoignages illustrent une donnée essentielle : *c'est l'état d'esprit, plus que les événements extérieurs, qui détermine le bonheur.* Le succès sera une source toute provisoire d'allégresse. La tragédie nous plongera dans une phase de dépression. Mais tôt ou tard, dans l'ensemble, notre état psychologique se stabilisera. Les psychologues appellent cela le *processus d'adaptation*. On le voit à l'œuvre tous les jours : une augmentation de salaire, une nouvelle voiture, la reconnaissance des autres nous mettent d'excellente humeur pendant un certain temps, et puis nous retrouvons notre niveau de bien-être habituel. Pareillement, une dispute avec un ami, une voiture à porter chez le garagiste, ou une blessure bénigne, et c'est l'accès de mauvaise humeur. Puis, en l'espace de quelques jours, le moral rebondit.

Cette tendance ne se limite pas aux menus événements du quotidien. Elle persiste dans des situations plus extrêmes, pour le pire comme pour le meilleur. Ainsi, des chercheurs, en étudiant le comportement d'un échantillon de gagnants à la loterie, ont découvert qu'une fois l'exaltation retombée ceux-ci retrouvaient leur état normal. D'autres études ont démontré que même les individus vivant des événements catastrophiques (graves maladies, handicaps...) recouvrent, après une nécessaire période d'ajustement, leur niveau de bien-être habituel ou voisin de la normale.

Si, quelles que soient les circonstances extérieures, nous retrouvons un bien-être ordinaire, qu'est-ce qui le détermine ? Et, plus important, peut-on l'infléchir, l'améliorer ? Une récente étude consacrée aux jumeaux a montré que le bien-être ou le bonheur d'un individu serait, dans une certaine mesure, génétiquement déterminé. Il semble que les jumeaux partageant la même structure génétique, élevés ensemble ou séparément, disposent d'un capital de bien-être similaire. Cette découverte a amené les chercheurs à postuler l'existence d'un seuil réglé biologiquement, « inscrit » dans le cerveau dès la naissance.

Toutefois, même si la structure génétique détermine le bonheur – on s'interroge encore sur l'ampleur de ce rôle –, les psychologues s'accordent généralement pour estimer que, quel que soit le capital alloué par la nature, nous pouvons travailler sur le « facteur mental » pour le faire fructifier. C'est pourquoi notre bonheur quotidien dépend largement de notre attitude. En fait, la sensation d'être heureux ou malheureux dépend rarement de notre état dans l'absolu, *mais de notre perception de la situation, de notre capacité à nous satisfaire de ce que nous avons.*

L'esprit de comparaison

Qu'est-ce qui conditionne notre perception d'une situation ? Et qu'est-ce qui définit notre degré de satisfaction ? *En l'occurrence, notre tendance à comparer nous influence fortement*. Si, en comparant nos situations présente et passée, nous nous apercevons que nous vivons mieux, cela nous rend heureux. Supposons que d'un seul coup notre salaire augmente : ce n'est pas ce niveau de revenu qui, dans l'absolu, nous rend heureux. Dès que nous en avons pris l'habitude, nous ne tardons pas à le comprendre : tant que nous ne gagnerons pas encore plus, nous ne connaîtrons pas le bonheur. À partir de là, nous regardons autour de nous. Que le voisin gagne plus suffira à gâcher notre plaisir. Il en est ainsi d'athlètes professionnels qui se plaignent amèrement de salaires annuels qui se comptent en millions de francs, en invoquant le salaire encore plus élevé d'un autre sportif. Voilà qui semble étayer la définition que donne H. L. Mencken[1] de l'homme fortuné : c'est celui dont le revenu est de six cents francs plus élevé que celui du mari de la sœur de sa femme.

Ainsi, être satisfait de l'existence dépend souvent du point de comparaison adopté. Regarder en permanence ceux qui sont plus brillants, plus beaux, ou qui réussissent mieux, engendre l'envie, la frustration et

1. L'Américain Henry Louis Mencken (1880-1956) fut un très caustique et célèbre journaliste, directeur de journaux.

le chagrin. À charge pour nous de retourner ce principe positivement, en nous comparant à ceux qui sont moins chanceux et en songeant à tout ce que nous avons.

Il est scientifiquement démontré que le simple fait de déplacer le point de vue du sujet et de l'amener à envisager le pire suffit à mieux le satisfaire. Dans le cadre d'une étude, on a montré à des femmes de Milwaukee des images de leur ville au tout début du siècle, époque où les conditions de vie étaient très rudes, puis on leur a demandé d'évaluer leur qualité de vie : elles se sentaient tout de suite plus satisfaites de leur propre existence. Lors d'un autre test, on a prié des sujets de compléter la phrase : « Je suis content de ne pas être un... » Après avoir répété l'exercice cinq fois, eux aussi se sont avoués nettement plus satisfaits. En revanche, un dernier groupe a dû compléter la phrase : « J'aimerais être un... », et cette seule formulation a suffi à mécontenter ses membres.

Toutes ces expériences soulignent clairement que le fait d'être ou non heureux dans la vie est avant tout affaire de mental.

— S'il est possible d'atteindre le bonheur, explique le Dalaï-Lama, le bonheur n'est cependant pas chose simple. Pour le bouddhisme, l'accomplissement repose sur quatre facteurs : la richesse, la satisfaction matérielle, la spiritualité et l'Éveil. Ce sont là les quatre éléments constitutifs de la quête du bonheur individuel.

« Pour l'instant, laissons de côté les aspirations ultimes de la spiritualité, telles que la perfection et l'Éveil au sens bouddhique du terme, et considérons la joie et le bonheur tels que nous les comprenons au quotidien, d'un point de vue strictement matérialiste. À cet égard, certains atouts maîtres y contribuent. La bonne santé est considérée comme indispensable à une vie heureuse. Le confort matériel, l'aisance financière sont également tenus pour des sources de bonheur, de même que les amis, une compagne ou un compagnon. Tous, nous admettons que, pour profiter pleinement de la vie, nous avons besoin d'un cercle amical et de rapports d'affection et de confiance.

« Mais pour jouir d'une vie heureuse et accomplie, *la clé est l'état d'esprit.* C'est là l'essentiel.

« Si nous faisons un usage bénéfique des circonstances favorables de l'existence (la bonne santé, la richesse...) pour aider les autres, notre vie n'en sera que plus heureuse. Évidemment, ces bienfaits sont agréables, mais faute d'adopter l'attitude juste, de porter attention au facteur mental, tout cela n'aura que très peu d'impact sur le bonheur à long terme. Par exemple, nourrir au fond de soi-même une intense colère portera atteinte à la santé. Si vous êtes triste ou frustré, votre bien-être physique vous sera d'un maigre secours. À l'inverse, si vous savez rester calme et paisible, une santé médiocre ne vous empêchera pas d'être très heureux. Et vous aurez beau posséder de merveilleux objets, un moment de haine et vous n'aurez qu'une envie, vous en séparer, les détruire : à cet instant, ce que vous possédez aura perdu tout intérêt.

« Aujourd'hui, au sein de sociétés pourtant très développées, beaucoup de gens ne sont pas heureux. Sous une opulence superficielle se propage une espèce de malaise, source de frustration et de querelles inutiles, qui mène à l'alcoolisme, à la drogue et, dans le pire des cas, au suicide. Aussi la richesse seule ne garantit-elle ni la joie ni la plénitude. On peut en dire autant des amis. Quand vous êtes furieux, même un ami très proche vous semblera froid, distant, et vous agacera.

« On voit à quel point il convient évidemment de prendre le facteur mental très au sérieux.

« Laissons de côté la pratique spirituelle, pour placer les choses sur un plan strictement matériel : même si l'on n'a pas d'autre préoccupation que de vivre heureux au quotidien, la sérénité et la paix de l'esprit sont les garantes d'une vie de bonheur et de joie.

Le Dalaï-Lama marque un temps de silence, comme pour fixer cette idée :

— Surtout, il faut se garder de toute confusion et distinguer cet état d'esprit apaisé de l'insensibilité ou de l'indifférence. L'apaisement de l'esprit ne signifie nullement le détachement total ou la complète vacuité. Cette paix de l'esprit s'enracine dans l'affection et la compassion. Cela requiert un très haut degré de sensibilité et d'émotion.

« Tant que l'on manque de cette discipline intérieure qui procure la paix de l'esprit, peu importent les facilités matérielles ou la situation extérieure. Elles ne vous offriront jamais la joie. En revanche, si le confort matériel, qu'en temps normal vous jugez nécessaire au bonheur, vous fait défaut, mais que vous possédiez en vous-même cette paix, ce degré de stabilité, rien ne vous empêchera de vivre une existence pleinement heureuse.

Le contentement intérieur

Cet après-midi-là, traversant le parking de l'hôtel pour rejoindre le Dalaï-Lama, je tombe en arrêt devant une Toyota Land-Cruiser flambant neuve, justement la voiture qui me fait envie depuis longtemps ! J'ai encore cette vision en tête lorsque nous nous retrouvons.

— Toute notre culture occidentale paraît fondée sur l'acquisition matérielle. Nous sommes cernés, bombardés de publicités. Il est difficile de ne pas se laisser influencer par toutes ces choses qui nous font envie. On dirait que cela n'aura jamais de fin. Qu'en pensez-vous ?

— Je pense qu'il existe deux sortes de désir, répond le Dalaï-Lama. Certains sont positifs. Le désir du bonheur, qui est absolument légitime. Le désir de paix. Le désir d'un monde plus harmonieux, plus amical. Certains désirs sont donc très salutaires.

« Mais, passé un certain seuil, les désirs deviennent déraisonnables et finissent par être une source de troubles. En ce moment, je me rends dans les supermarchés. Cela me plaît. Au spectacle de tous ces articles, je sens naître un sentiment de désir, une impulsion première : "Je veux ceci, je veux cela." Ensuite, seconde réaction, je m'interroge : "En ai-je réellement besoin ?" Généralement, la réponse est négative. Si vous suivez ce désir-là, très vite vos poches se vident. En revanche, l'autre registre du désir, fondé sur des besoins essentiels – se nourrir, se vêtir, trouver un toit –, s'avère plus raisonnable.

« Quelquefois, le caractère excessif ou négatif d'un désir dépend de la société dans laquelle on vit. Dans un monde prospère où il faut une voiture pour mieux organiser sa vie quotidienne, il n'y a certainement aucun mal à désirer cette voiture. Mais en Inde, dans un village pauvre où l'on vit fort bien sans véhicule, cette envie peut finir (même si vous possédez l'argent nécessaire à cet achat) par être une source d'ennuis en suscitant le malaise chez vos voisins. Et si, étant déjà propriétaire d'une voiture, vous avez envie d'un véhicule plus coûteux, vous vous exposerez, dans votre société, au même genre de problèmes.

— Posséder une voiture plus chère que celle de ses voisins peut leur poser problème à eux, c'est certain, ai-je argumenté. Mais à son propriétaire ce véhicule n'apportera que satisfaction et plaisir.

Le Dalaï-Lama me contredit d'un geste et me répond avec fermeté :

— Non... La seule satisfaction de soi ne peut suffire à déterminer si un désir est positif ou négatif. Au moment de commettre son crime, un meurtrier peut en retirer un plaisir qui ne justifie en rien son geste. Toutes les actions contraires à la vertu – le mensonge, le vol, l'adultère, etc. – sont commises par des gens qui, sur le moment, sont capables d'en retirer un sentiment de satisfaction. La ligne de démarcation entre le caractère positif ou négatif d'un désir ou d'un acte ne tient pas à cette satisfaction immédiate, mais plutôt à ses conséquences ultimes, positives ou négatives. Si le désir de posséder des biens plus coûteux ne repose que sur une seule posture mentale, « en vouloir toujours plus », alors on finit par atteindre la limite de ce que l'on peut obtenir. On se heurte à la réalité. Et, une fois cette limite atteinte, on perd tout espoir, on sombre dans la dépression et tout ce qui l'accompagne. C'est là le danger inhérent à ce type de désir : il mène tout droit à la convoitise, fondée sur une attente démesurée. À son tour, la convoitise conduit à la frustration. Car la motivation essentielle de la convoitise, c'est l'assouvissement, mais l'ironie veut qu'une fois obtenu l'objet de son désir on ne soit toujours pas satisfait. Ainsi la convoitise est sans limites et source de troubles. Le seul antidote, c'est le contentement : alors, peu importe que l'on ait obtenu satisfaction, on demeure content en dépit de tout.

Dès lors, comment atteindre le contentement intérieur ? Il y a deux méthodes. La première consiste à obtenir tout ce que l'on veut et tout ce que l'on désire : argent, maisons, voitures, conjoint idéal, physique impeccable. Le Dalaï-Lama a déjà mis en évidence les inconvénients de cette manière d'aborder l'existence. La seconde, la plus sûre, ce n'est pas d'avoir ce que l'on veut, mais plutôt de vouloir et d'apprécier ce que l'on a.

Je songe au cas de Christopher Reeve. Depuis une chute de cheval en 1994, cet acteur (rendu célèbre par le rôle de Superman) souffre d'une lésion de la moelle épinière qui lui paralyse le corps à partir du cou et lui impose de recourir à un respirateur artificiel. Lors d'une émission de télévision, en réponse à une question sur la dépression consécutive à son infirmité, Reeve a révélé avoir traversé une courte période de désespoir quand il était en unité de soins intensifs à l'hôpital. Il a précisé toutefois que cette sensation s'était assez vite effacée, et qu'à présent, très sincèrement, il se considérait comme un « type chanceux », entouré de l'amour de sa femme et de ses enfants. Il a parlé aussi avec gratitude des rapides avancées de la science (qui, estime-t-il, sera en mesure de découvrir un traitement au cours de la décennie à venir) : il y a quelques années à peine, il est probable qu'il aurait succombé à ses blessures. En racontant comment il s'est adapté à sa paralysie, Reeve a confié qu'au début, si son désespoir s'était rapidement estompé, d'innocentes phrases comme « Je monte juste chercher quelque chose » suffisaient à déclencher sa rancœur. Il a appris à faire face à ce genre de réaction :

— J'ai compris que le seul moyen d'avancer dans l'existence, c'est de considérer ses atouts, de voir de quoi vous êtes encore capable. Dans mon cas, heureusement, je ne souffre d'aucune lésion du cerveau ; je peux encore me servir de ma tête.

En se concentrant sur ses ressources, Reeve s'est décidé à « s'en servir » pour sensibiliser l'opinion, pour venir en aide aux autres, et il a des projets de films.

La valeur intérieure

Nous avons vu que travailler sur la posture mentale constitue un moyen plus efficace d'atteindre le bonheur que de le rechercher à travers des sources extérieures de satisfaction. Le sens de sa propre valeur est une autre source de bonheur intérieur, étroitement liée à un profond contentement. Définissant le fondement le plus sûr à partir duquel développer ce sentiment, le Dalaï-Lama prend son cas personnel en exemple :

— J'ai été privé de mon autorité politique au Tibet et j'ai dû quitter mon pays. Supposons que je sois dépourvu de toute humanité, incapable de me faire de vrais amis. Alors mon statut de réfugié m'aurait été très pénible. Au Tibet, en raison de l'organisation du système politique, on témoignait un certain respect à la fonction du Dalaï-Lama et, par conséquent, à mes proches, sans se soucier de savoir si leur affection à mon égard était sincère ou non. Mais s'ils n'avaient été attachés qu'à ma fonction, quand j'ai été contraint de m'exiler, tout se serait compliqué à l'extrême. Or il existe une autre source de valeur et de dignité à partir de laquelle on peut se rapprocher de ses semblables. *Envers et contre tout, on demeure un être humain, au sein de la communauté humaine. On partage ce lien. Et ce lien suffit à donner naissance à un sentiment de valeur et de dignité. Il peut devenir une source de réconfort dans l'éventualité où l'on perdrait tout le reste.*

Le Dalaï-Lama s'interrompt un instant pour boire une gorgée de thé, hoche la tête et ajoute :

— Malheureusement, les historiens nous ont renseignés sur le destin de ces empereurs ou de ces rois privés de leur rang suite à un soulèvement politique qui les a forcés à quitter leur pays : après quoi, l'histoire ne s'est plus montrée aussi clémente à leur égard. Sans affection envers ses semblables, sans relation avec eux, la vie devient en effet très dure.

« En règle générale, on rencontre deux types d'individus. Une personne riche, qui a réussi, entourée des membres de sa famille, chez qui la dignité et le sentiment de sa propre valeur n'ont de source que matérielle, aura l'impression d'être en sécurité, tant qu'elle conservera sa fortune. Mais le premier revers de fortune sera pour elle synonyme de souffrance, car elle ne possède aucun autre refuge. En revanche, une personne jouissant d'un statut économique similaire, mais qui a su rester chaleureuse, affectueuse et pleine de compassion envers autrui, détient en elle une autre source de valeur, qui lui apporte un sentiment de dignité, un ancrage différent. Par conséquent, si sa fortune est réduite à néant, elle est moins susceptible de sombrer dans la dépression. On voit là toute la valeur concrète de la chaleur et de l'affection humaine.

Le bonheur contre le plaisir

Plusieurs mois après le séjour du Dalaï-Lama en Arizona, je suis retourné le voir à Dharamsala.

Par un après-midi de mousson particulièrement humide et chaud, j'arrive en nage à son domicile après une courte marche depuis le village. Habitué à un climat plus sec, je supporte très mal cette touffeur, et je ne suis pas de la meilleure humeur qui soit. Pour sa part, il semble dans d'excellentes dispositions et, peu après le début de notre entretien, nous en venons au thème du plaisir.

— De nos jours, les gens confondent parfois bonheur et plaisir. Il y a peu, je m'adressais à un public indien, à Raipur. Je souligne que le bonheur est le but de la vie. Un membre de l'auditoire prend la parole pour remarquer que, selon l'enseignement de Rajneesch, le plus grand moment de bonheur intervient dans l'activité sexuelle. Donc, grâce au sexe, en conclut cet homme, on peut devenir heureux.

Le Dalaï-Lama raconte en riant de bon cœur son histoire.

— L'homme voulait savoir ce que je pensais de cette idée. Je lui ai répondu que de mon point de vue le bonheur le plus élevé est celui que l'on atteint au stade de la Libération, quand la souffrance s'annule. C'est cela, le bonheur authentique et durable. Le vrai bonheur est plus en rapport avec le cœur et l'esprit, car celui qui dépend surtout du plaisir physique est instable. Un jour, il est là, le lendemain il a disparu.

À première vue, cette observation ressemble à une évidence : sans conteste, le bonheur et le plaisir sont deux choses différentes ! Et pourtant, les êtres humains s'y entendent souvent pour confondre les deux.

Peu de temps après, au cours d'une séance de psychothérapie, une patiente devait m'en apporter la preuve concrète :

Heather est une jeune femme célibataire, psychologue. Elle a beau aimer son métier, qui l'amène à travailler au contact de jeunes qui ont des problèmes, depuis un certain temps elle se plaît moins dans la région de Phoenix. Il y a trop de monde, trop de circulation, et en été la chaleur est oppressante. Elle s'est vu proposer un emploi dans une charmante petite ville de montagne, où elle a toujours rêvé de s'installer. Tout est donc pour le mieux. Seul problème, au poste qu'on lui propose elle ne s'occupera que d'adultes. Pendant des semaines, elle se débat avec elle-même, mais elle est tout bonnement incapable de trancher. Elle essaie de dresser la liste des avantages et des inconvénients, mais hélas ceux-ci s'équilibrent.

— Je sais, dit-elle, que ce poste-là ne me plaira pas autant, mais cela sera largement compensé par le vrai plaisir de vivre dans cette ville ! À peine arrivée là-bas, chaque fois, je me sens bien.

Cette mention du terme « plaisir » me pousse à creuser un peu le sujet :

— Pensez-vous que déménager vous procurera un plus grand bonheur ou un plus grand plaisir ?

Elle marque un temps de silence, ne sachant trop comment prendre cette question. Finalement elle me répond :

— Je pense que cela me procurerait plus de plaisir que de bonheur... Au bout du compte, je ne crois pas que je serais très heureuse de travailler avec des adultes. Je retire tellement de satisfaction de ce que je fais avec les gamins...

Le simple fait de reformuler ce dilemme en ces termes – « cela me procurera-t-il du bonheur ? » – a paru suffire à la décider. Elle est restée à Phoenix. Avoir pris en toute conscience la décision de rester là, en se fondant sur ce qu'elle ressentait, l'a rendue plus heureuse. Et, du coup, la chaleur estivale lui est devenue plus supportable.

Tous les jours, malgré tous nos efforts, nous avons du mal à prendre la bonne décision, à effectuer le meilleur choix – notamment parce que ce sont aussi les plus difficiles, ceux qui impliquent un sacrifice.

De tout temps, une légion de philosophes, de théologiens et de psychologues s'est lancée dans l'exploration de notre rapport au plaisir, afin de lui assigner sa juste place dans la vie. Au IIIe siècle avant Jésus-Christ, Épicure a fondé son système philosophique sur cette affirmation : « Le plaisir est le début et la fin d'une vie de félicité. » Mais Épicure lui-même a reconnu l'importance du bon sens et de la modération, en admettant que la soumission débridée aux plaisirs des sens pouvait au contraire parfois conduire à la souffrance. À la fin du XIXe siècle, Sigmund Freud formulait à son tour sa propre théorie du plaisir. Selon lui, le désir de se libérer de pulsions instinctives inassouvies est la force qui motive tout notre appareil psychique. Autrement dit, la recherche du plaisir est notre désir fondamental. Au XXe siècle, une armée de neurobiologistes a choisi d'écarter ces spéculations philosophiques pour sonder l'hypothalamus et les régions limbiques du cerveau au moyen d'électrodes, à la recherche du point qui, stimulé électriquement, engendrerait le plaisir.

En réalité, personne n'a réellement besoin des philosophes de l'Antiquité, des psychanalystes du XIXe siècle ou des scientifiques du XXe pour l'aider à comprendre le plaisir. D'emblée, nous savons le reconnaître : un geste, un sourire de l'être aimé, un bain chaud par un après-midi pluvieux et froid, la beauté d'un coucher de soleil y suffisent. Mais un flash de cocaïne, l'extase d'un *shoot* d'héroïne, les débordements de l'alcool, une sexualité débridée, la griserie d'un jour de chance au casino, ce sont aussi là de réels plaisirs, dont bien des gens, dans notre société, ont besoin.

Certes, aucune solution toute faite ne permet d'éviter ces plaisirs destructeurs. Mais, heureusement, nous disposons d'un point d'ancrage : le but de notre recherche, c'est le bonheur. Comme le souligne le Dalaï-Lama, c'est là un fait indubitable. Avec cette idée en tête, il est plus facile d'aborder les choix de l'existence en renonçant à tout ce qui, au bout du compte, révèle sa nocivité après avoir procuré un plaisir momentané. Il est vrai qu'il est tellement difficile de dire « non » : car dire non, cela revient à rejeter, à renoncer, à se priver.

Et pourtant, il existe un moyen de mieux s'y prendre. Il suffit pour cela de reformuler toute décision en ces termes : « Cela va-t-il me procurer du bonheur ? »

Cette simple question permet de se conduire plus intelligemment, et pas seulement pour décider si l'on doit céder à tel ou tel menu plaisir. Elle confère aux choix de tous les jours une tournure nouvelle. L'accent n'est plus mis sur ce que l'on se refuse, mais sur ce que l'on recherche : le bonheur ultime, stable et permanent, tel que le définit le Dalaï-Lama. Un bonheur qui, en dépit des hauts et des bas de l'existence, reste la pièce maîtresse. Dans cette perspective, il est plus facile de prendre la bonne décision, car on agit pour se donner quelque chose à soi-même, et non pour s'en priver ou se le refuser. À partir de là, plutôt que de se mettre à l'écart, on va de l'avant. Plutôt que de rejeter l'existence, on y adhère pleinement. L'intime conviction de s'acheminer vers le bonheur exerce ses effets en profondeur, elle rend plus réceptif, elle ouvre à la joie de vivre.

3
Exercer l'esprit au bonheur

Le chemin vers le bonheur

Considérer le mental comme la cause primordiale du bonheur ne suppose pas la négation des besoins physiques – se nourrir, se vêtir, avoir un toit. Mais, une fois assouvis ces besoins élémentaires, le message est clair : à quoi bon plus d'argent, de réussite, de renommée ? Même un physique sans défaut ou une épouse idéale ne sont pas des nécessités. Nous possédons un esprit ? C'est là tout l'équipement dont nous avons besoin pour vivre un complet bonheur.

C'est ainsi que le Dalaï-Lama présente sa démarche.

— On évoque généralement l'« esprit » ou la « conscience ». En fait, il en va des choses de l'esprit comme des objets : certaines sont très utiles, ou très nuisibles, et d'autres sont neutres. Dans la vie matérielle, nous prenons la peine de repérer les substances ou les produits utiles, et nous nous débarrassons de ce qui est nocif. De même, l'esprit renferme des milliers de pensées ou d'« états d'esprit » différents. Il en est de très utiles : il faut s'en servir et les entretenir. D'autres sont négatifs : il faut essayer de les résorber.

« *En somme, le premier pas dans la recherche du bonheur, c'est l'apprentissage.* Nous devons d'abord apprendre en quoi les émotions et les comportements négatifs nous sont dommageables et en quoi les émotions positives nous sont salutaires. En outre, il faut comprendre que ces émotions ne sont pas seulement nocives pour notre individu, mais qu'elles le sont également pour la société et l'avenir du monde entier. Fort de cette prise de conscience, on est plus déterminé à dépasser ce type d'émotions. Ensuite, on mesure tout le bénéfice des attitudes positives, ce qui pousse à les nourrir et à les intensifier. Même si la tâche est ardue, on y est conduit par une espèce de volonté spontanée qui émane de l'intérieur. C'est ce processus d'apprentissage et d'analyse qui raffermit peu à peu notre détermination au changement. À ce stade, le secret du bonheur est entre nos mains.

« Le bouddhisme reconnaît dans le principe de causalité une loi naturelle. Devant la réalité, cette loi s'impose à tous. Par conséquent, dans la vie de tous les jours, s'il est un événement que l'on ne souhaite pas vivre, la meilleure méthode pour ne lui laisser aucune place, c'est de faire barrage à l'enchaînement habituel de ses causes. Inversement, si l'on veut qu'un événement se produise ou connaître une expérience, alors, en toute logique, il convient de rechercher et de multiplier les circonstances propices à sa réalisation.

« De même, si l'on désire le bonheur, on doit en rechercher les causes et, si l'on ne désire pas souffrir, il faut savoir s'écarter des sources de souffrance. Ce principe de causalité est de la première importance.

« Il suffit de passer en revue les états mentaux que nous connaissons pour les classer en vertu d'un seul et unique critère : mènent-ils ou non au bonheur ?

« Prenons par exemple la jalousie ou la colère : il est clair que ces dispositions d'esprit détruisent le socle mental du bonheur. Il suffit de nourrir de l'aversion ou de la rancune, de se gorger de haine pour que tout le monde vous paraisse inamical ou hostile, ce qui fait la part belle à la peur, à l'inhibition, à l'impression d'insécurité et au repli sur soi. C'est la haine qui alimente ces émotions-là. Au contraire, la gentillesse et la compassion sont salutaires.

— Si vous pouviez définir ce qu'est, selon vous, une personne équilibrée, bien adaptée psychologiquement parlant, cela nous servirait à déterminer quels états mentaux cultiver et lesquels éliminer.

Le Dalaï-Lama commence par éclater de rire, avant de me répondre avec son humilité coutumière.

— N'êtes-vous pas, vous, le psychiatre, le mieux placé pour formuler cette définition ?

— Je l'entendais de votre point de vue.

— Je dirais qu'une personne chaleureuse, empreinte de compassion, une personne de cœur, est équilibrée. *Si la compassion, la gentillesse et l'affection vous animent, du même coup cela vous donne la clé de votre serrure intérieure et vous communiquez bien plus facilement avec les autres. La chaleur humaine permet l'ouverture. Vous découvrez que tous les êtres humains sont comme vous, tout simplement. Et il vous est bien plus facile d'instaurer une relation.* Tout cela vous met dans des dispositions amicales. Vous avez moins besoin de vous cacher. Spontanément, la peur, le doute et l'insécurité se dissipent. Du coup, les autres vous font confiance. Et la réciproque est vraie : supposons que vous reconnaissiez les mérites de l'autre, que vous le sachiez digne de confiance, mais que vous le sentiez mal disposé à votre égard. Alors vous resterez sur vos gardes. Vous vous direz : « Je connais ses capacités, mais puis-je vraiment me fier à lui ? » Vous conserverez toujours une appréhension qui créera une sorte de distance.

« En somme, la gentillesse et la compassion mènent sans aucun doute à un meilleur équilibre psychologique et au bonheur.

Discipline mentale

J'écoute parler le Dalaï-Lama, et la voie qu'il propose pour accéder au bonheur me séduit infiniment. Sa démarche est pratique et rationnelle : identifier et cultiver les états mentaux positifs ; identifier et éliminer les négatifs. Petit à petit, je me laisse gagner par la force de sa logique et de son raisonnement. J'apprécie qu'il ne classe pas les émotions et les désirs en fonction d'un jugement moral imposé de l'extérieur, tel que « la convoitise est un péché » ou « la haine est un mal ». Seul compte le fait qu'ils participent à notre recherche du bonheur.

— Si le bonheur tient au simple fait de cultiver des états mentaux plus positifs, pourquoi y a-t-il tant de gens malheureux ?

— Atteindre le bonheur authentique exige de transformer à la fois le regard que l'on porte sur le monde et sa manière de penser, ce qui n'est pas simple, me répond-il. Cela requiert quantité de conditions. C'est pourquoi il faut renoncer à l'idée d'une clé unique, d'un secret, sur lesquels il suffirait de mettre la main pour que tout aille au mieux. Le corps n'a-t-il pas besoin d'une gamme complète de vitamines et d'agents nutritifs ? Il en va de même pour le bonheur : pour surmonter des états mentaux négatifs et complexes, il faut accomplir toute une série de démarches et recourir à toutes sortes de méthodes. Il ne suffit pas de réfléchir à une ou deux notions ou de pratiquer une technique donnée.

« Changer prend du temps. Rien que physiquement. Si l'on part vivre sous un autre climat, le corps a besoin de s'adapter à ce nouvel environnement. Pareillement, transformer l'esprit demande du temps. Il y a pléthore de travers mentaux. Pour les neutraliser, il faut les circonscrire un à un. Ce n'est pas chose facile. Cela demande d'avoir la patience de se familiariser avec des pratiques que l'on va devoir répéter à maintes reprises. C'est un véritable processus d'apprentissage.

« Cela étant, je pense vraiment que les changements positifs dépendent pour beaucoup d'une question de durée. C'est pourquoi, tous les jours, on commencera par se motiver, par se dire, en toute sincérité : "Je ne vais pas gâcher cette journée. Je vais l'employer de manière plus positive." Et le soir, avant de se coucher, on se livrera à un petit examen de conscience : "Ai-je vécu cette journée comme je l'avais prévu ?" Si elle s'est déroulée conformément à nos vœux, il convient de s'en réjouir. Si elle s'est mal passée, il importe de regretter et de savoir critiquer ses actes. C'est grâce à des méthodes de ce genre que l'on mettra petit à petit l'accent sur les aspects positifs de l'esprit.

« Voyez : je suis moine, je crois dans le bouddhisme et, sur la foi de ma propre expérience, je sais à quel point ces pratiques me sont salutaires. Néanmoins, par la force de l'habitude, certaines colères, certains traits de caractère passionnels remontant à plusieurs vies antérieures peuvent me rattraper. Face à ce risque, en premier lieu, j'intègre toute la valeur positive de ces pratiques bouddhistes, ensuite je renforce ma détermination, et enfin je tâche de mettre ces pratiques à exécution. Au début, elles produisent des effets infimes, et les influences négatives sont encore très puissantes. Par la suite, à force de pratique, la négativité s'estompe pour ainsi dire automatiquement. À telle enseigne que la pratique du Dharma[1] est une bataille intérieure permanente, dans laquelle on remplace les habitudes négatives par un nouveau conditionnement positif.

« Toute activité, toute pratique se trouvent facilitées par un exercice constant et régulier susceptible d'apporter changement et transformation. Pour rester serein devant les événements perturbants, la pratique bouddhiste propose diverses méthodes grâce auxquelles on finit par franchir un seuil : passé ce seuil, en cas de perturbation, les effets négatifs sur l'esprit resteront superficiels, comme les vagues qui rident la surface de l'océan sans remuer les eaux en profondeur. Et, malgré toutes les limites de ma propre expérience, j'ai pu le vérifier dans ma modeste pratique personnelle. Ainsi, quand je reçois des nouvelles tragiques, je peux connaître une période de trouble, mais cela passe vite. Ou bien je vais m'irriter et me mettre en colère, mais, là encore, cela se dissipe rapidement. Cela n'entame pas mon esprit. J'ignore la haine. J'y suis parvenu grâce à une pratique progressive, ce n'est pas arrivé du jour au lendemain.

Exercer l'esprit de façon systématique afin de cultiver le bonheur ? Ce sont la structure et la fonction mêmes de notre cerveau qui rendent la chose possible. Nous sommes nés avec des schémas de comportement inscrits génétiquement. Au plan mental, émotionnel et physique, nous sommes prédisposés à réagir à notre environnement, ce qui nous rend aptes à la survie.

1. Le terme *Dharma*, qui vient en sanskrit de « tenir », n'a aucun équivalent français exact. Il renvoie généralement aux enseignements et à la doctrine du Bouddha *(Buddadharna)*, mais prend parfois, comme ici, une acception plus large ; il désigne alors toute pratique spirituelle et religieuse qui permet de « se maîtriser » ou de se protéger des épreuves de la souffrance et de ses causes.

Ces séries d'instructions sont encodées dans d'innombrables circuits qui se déclenchent en réaction à un événement ou une pensée donnés. Mais les connexions du cerveau ne sont pas statiques, pas fixées de manière irrévocable. Notre cerveau, lui aussi, s'adapte. Les neurologues ont établi qu'il est capable, en réaction à des données nouvelles, de concevoir de nouveaux schémas, de nouvelles combinaisons de neurotransmetteurs (ces substances chimiques qui transmettent les messages entre cellules nerveuses). En fait, notre encéphale est malléable, sans cesse en train de se modifier, de reconfigurer ses connexions en fonction d'expériences et d'idées inédites. Et, fruit de l'apprentissage, la fonction individuelle des neurones se transforme elle aussi, ce qui leur permet de mieux convoyer les signaux électriques. Les scientifiques appellent cette capacité de changement inhérente au cerveau sa « plasticité ».

Cette plasticité, les docteurs Avi Karni et Leslie Underleider, du National Institute of Mental Health, l'ont expérimentée en confiant à des cobayes une tâche motrice simple : taper sur une surface avec leurs doigts. Ils ont identifié les régions de l'encéphale impliquées dans cet exercice en surveillant le fonctionnement cérébral par IRM (imagerie à résonance magnétique). Tous les jours, pendant une semaine, à force de rééditer cet exercice, ils ont fini par gagner en efficacité et rapidité. Au bout d'un mois, un deuxième examen cérébral a montré que la région du cerveau mobilisé avait connu une expansion. La pratique régulière et répétée d'une même tâche avait entraîné le recrutement de nouvelles cellules nerveuses et modifié les connexions neuronales mises initialement à contribution.

Cette disposition remarquable de l'encéphale humain constitue la base physiologique des possibilités de transformation de l'esprit. En mobilisant nos pensées grâce à de nouveaux modes de réflexion, nous sommes capables de changer la manière de travailler du cerveau. Ce qui est également à la base de l'idée que la transformation intérieure débute par l'apprentissage (avec l'apport de nouvelles données). Enfin, elle suppose d'avoir la discipline de remplacer graduellement le « conditionnement négatif » (qui correspond aux schémas existants d'activation des cellules nerveuses) par un « conditionnement positif » (la formation de nouveaux circuits). Et voilà comment l'idée d'exercer l'esprit au bonheur revêt une réalité tangible.

Discipline éthique

Cette possibilité d'exercer le cerveau au bonheur, le Dalaï-Lama y attache une grande importance :

— Le respect d'une éthique de comportement, telle est l'autre facette de cette discipline susceptible de conduire à une existence plus heureuse. Appelons cela une discipline éthique. Les grands maîtres spirituels, comme Bouddha, nous conseillent d'accomplir de saines actions et d'éviter les actions malsaines. L'action sera saine ou malsaine selon qu'elle sera le fruit d'un esprit discipliné ou indiscipliné. Un esprit discipliné mène au bonheur et un esprit indiscipliné conduit à la souffrance. Il est dit, en fait, qu'*amener l'esprit à se discipliner constitue l'essence de l'enseignement de Bouddha.*

« Par discipline, j'entends celle que l'on s'impose à soi-même, et non celle que vous impose autrui. Je me réfère également à la discipline que l'on s'applique afin de surmonter ses travers. En effet, pour réussir un cambriolage, une bande de criminels peut très bien avoir besoin de discipline, mais cette dernière est vaine.

Le Dalaï-Lama se tait un instant. Il a l'air d'ordonner ses pensées. Tout à coup, ses propos sur l'apprentissage et la discipline me paraissent plutôt ternes, en regard des nobles objectifs du bonheur véritable, de l'élévation spirituelle et de la complète transformation intérieure auxquels nous invite sa réflexion. En fait, la quête du bonheur me semble devoir laisser une meilleure place à la spontanéité. Je lui fais part de ma perplexité.

— Les émotions et les comportements négatifs sont « malsains », dites-vous, tandis que les comportements positifs sont « sains ». Et nous devons apprendre à mettre l'accent sur nos attitudes positives. Jusque-là, je n'ai rien à objecter. Finalement, ce que vous appelez attitudes malsaines coïncide justement avec ces comportements fauteurs de souffrance. À l'inverse, un comportement sain, lui, conduit au bonheur. Vous partez également du principe élémentaire que tous les êtres humains veulent naturellement éviter de souffrir et être heureux : ce désir inné n'a pas besoin d'être enseigné. Dès lors, ma question est la suivante : s'il est naturel de vouloir éviter la souffrance, pourquoi ne sommes-nous pas spontanément, naturellement, attirés par les comportements sains qui nous rendront plus heureux ? S'ils nous conduisent au bonheur tant désiré, ce bonheur ne devrait-il pas advenir naturellement ? Pourquoi aurions-nous un tel besoin d'éducation, d'exercice et de discipline pour y parvenir ?

— Même d'un point de vue très terre à terre, dans notre vie de tous les jours, nous admettons toute l'importance de l'éducation. Or la connaissance ne vient pas naturellement. Cela demande de la pratique, il faut en passer par une espèce de programme d'exercices systématiques. L'éducation n'est pas chose facile, mais nous savons qu'elle est vitale.

« De même, accomplir des actes sains ne vient pas naturellement : il faut s'exercer consciemment en ce sens. C'est tout particulièrement le cas dans notre société moderne, où l'on a tendance, pour savoir ce qu'il faut faire et ne pas faire, à s'en remettre à la religion : traditionnellement, on considère que c'est à cette dernière qu'il revient de prescrire ce qui est sain et ce qui ne l'est pas. Or, dans la société actuelle, la religion a perdu une bonne part de son prestige et de son influence. Et aucune alternative, aucune éthique laïque n'est venue prendre la relève. En conséquence, on prête moins attention à la nécessité d'adopter un mode de vie sain. C'est pourquoi j'estime indispensable de consentir un effort tout particulier en ce sens. Et si, à titre personnel, je crois la nature humaine fondamentalement portée à la bonté et à la compassion, je considère que cet acquis ne suffit pas. *Il faut également savoir en prendre consciemment toute la mesure. Transformer la perception que l'on a de soi-même, à travers l'apprentissage et la connaissance, voilà qui peut avoir un impact très réel dans la relation avec l'autre au quotidien.*

Je le contredis et j'insiste en me faisant l'avocat du diable :

— Vous employez l'analogie de l'enseignement et de la formation universitaire classiques. Pourquoi pas ? Mais pourquoi distinguer les comportements qui mènent à la souffrance de ceux que vous jugez « sains » ou positifs (parce qu'ils conduisent au bonheur) ? Pourquoi mettre les premiers en application et éliminer les seconds requiert-il un tel apprentissage et une telle formation ? Je plonge la main dans les flammes, je me brûle, je la retire : j'apprends que le premier geste produit de la souffrance, et que le second la soulage. Je n'ai besoin d'aucun apprentissage intensif pour ne plus toucher au feu. Pourquoi n'en est-il pas ainsi de toutes les sources de souffrance ? Pourquoi faut-il apprendre les effets dommageables de la colère et de la haine avant de savoir les éliminer ? Puisque la colère met immédiatement dans un état émotionnel pénible, pourquoi ne pas l'éviter simplement, naturellement et spontanément ?

À l'écoute attentive de mes arguments, je vois les yeux brillants d'intelligence du Dalaï-Lama s'agrandir légèrement de surprise, voire d'amusement, devant la naïveté de mes questions. Puis, avec un rire franc et bienveillant, il me livre cette réponse :

— Vous parlez de la connaissance qui mène à la liberté ou à la solution d'un problème. Comprenez qu'il en existe de multiples degrés. À l'âge de pierre, les humains ne savaient pas cuire la viande. Ils consommaient donc leur nourriture comme les animaux sauvages. Puis les humains ont découvert le feu, cuit les aliments et, pour améliorer le goût de la nourriture, ont ajouté diverses épices, avant de savoir créer des plats plus variés. À notre époque, selon la maladie dont on souffre, on sait quels aliments sont déconseillés. Il est donc clair que, plus le degré de connaissance se raffine, plus le rapport avec le monde naturel s'élabore.

« Il faut avoir également la faculté de juger à court et à long terme des conséquences d'un comportement. Par exemple, les animaux connaissent la colère, mais sont incapables de comprendre qu'elle est nuisible. L'être humain, en revanche, dispose d'un autre niveau de connaissance, d'une sorte de conscience de soi qui lui permet de réfléchir, d'observer et d'émettre ce jugement : la colère est destructrice. Encore doit-il être capable d'effectuer semblable déduction. Ce n'est donc pas aussi simple que de plonger la main dans les flammes... Plus on sait, par l'éducation et la connaissance, ce qui mène au bien-être et ce qui est cause de souffrance, plus on sera capable d'atteindre le bonheur. C'est pourquoi j'accorde à l'éducation et à la connaissance une place capitale.

Percevant, je le suppose, que je reste réticent à l'idée que l'éducation soit le seul instrument de cette transformation intérieure, il ajoute :

— Le problème de la société actuelle, c'est que l'on y conçoit l'éducation uniquement comme un moyen de gagner en habileté, en ingéniosité. Quelquefois, c'est au point que ceux qui n'ont pas fait d'études supérieures, qui sont moins avancés dans leur formation, paraissent plus innocents et plus honnêtes. À mes yeux, l'utilité majeure de la connaissance et de l'éducation, c'est de nous aider à comprendre l'importance d'agir plus sainement et de nous apporter la discipline de l'esprit. Hélas, ce n'est pas l'aspect que la société met le plus en valeur. Pourtant, le bon usage de l'intelligence et du savoir, c'est bel et bien d'arriver à opérer des changements de l'intérieur afin d'épanouir sa bonté d'âme.

4

Retrouver notre état de bonheur intérieur

Notre nature fondamentale

— Ainsi, nous sommes faits pour le bonheur. Et il est clair que l'amour, l'affection, la compassion, l'attention aux autres nous apportent un tel bonheur. Je crois, affirme le Dalaï-Lama, que chacun de nous possède les bases pour être heureux, et pour accéder à la chaleur et la compassion qui sont source de bien-être. C'est pour moi une conviction : non seulement nous possédons ce potentiel de compassion tout au fond de nous, mais je tiens la gentillesse pour la nature première, ou essentielle, de l'être humain.

— Sur quoi fondez-vous cette conviction ?

— La doctrine bouddhiste de la « Nature de Bouddha » nous fournit quelques motifs de croire que, par nature et par essence, tout être doué de sensation est essentiellement bon et dénué d'agressivité[1]. Mais ce point de vue est aussi valable sans qu'il soit besoin

1. Dans la philosophie bouddhiste, la « Nature de Bouddha » se réfère à la nature essentielle, élémentaire de l'esprit, qui est aussi la plus subtile. Cet état d'esprit,

de recourir à la doctrine de la « Nature de Bouddha ». Il est en effet d'autres motivations sur lesquelles fonder cette conviction. Ainsi, voyez-vous, l'affection ou la compassion ne sont pas seulement d'ordre religieux. Elles sont indispensables à la vie de tous les jours.

« Toute l'existence le démontre : depuis les premiers jours jusqu'à la mort, on se nourrit de l'affection des autres. Notre tout premier acte est de téter le lait de notre mère ou d'une nourrice. C'est là un acte de compassion, sans lequel, à l'évidence, nous ne pouvons survivre, et qui suppose une affection mutuelle. Faute d'un lien affectif avec la personne qui lui donne le sein, l'enfant refusera de téter. Et sans affection, sa mère ou sa nourrice n'aura pas spontanément de montée de lait. Telle est la vie. Telle est la réalité.

« Nourrir des sentiments d'affection renforce non seulement notre organisme mais aussi l'équilibre affectif. Il suffit, pour le comprendre, de songer à ce que nous éprouvons quand les autres nous témoignent chaleur et affection. Ces émotions, et les comportements positifs qui vont de pair, sont les garants d'une vie plus heureuse, tant en famille qu'en collectivité.

« C'est pourquoi nous pouvons en déduire que la bonté est le fondement de la nature humaine. C'est ce qui confère toute sa valeur à une existence plus en accord avec la nature de notre être, à savoir sa bonté élémentaire.

— Si notre nature essentielle n'est que bonté et compassion, comment expliquez-vous tous les conflits et les comportements agressifs qui nous entourent ?

Le Dalaï-Lama hoche la tête un moment, songeur.

— Il est certain que nous ne pouvons ignorer l'existence de conflits non seulement en chaque individu,

---

présent chez tous les êtres humains, est pur de toute émotion ou pensée négative.

mais aussi au sein de la famille, ou dans la relation avec l'autre, à quelque niveau que ce soit, social, national ou mondial. Au vu de ces tensions, certains concluent que la nature humaine est fondamentalement agressive. Ils étayent leur thèse en invoquant l'histoire de l'humanité, et avancent que l'homme est bien plus agressif que d'autres mammifères. Ou bien encore ils tiennent le raisonnement suivant : « Oui, la compassion fait partie intégrante de notre esprit. Mais c'est également le cas de la colère. L'une et l'autre occupent une place plus ou moins équivalente dans la nature humaine. » Quoi qu'il en soit, insiste fermement le Dalaï-Lama – et soudain il se penche en avant, tendu, comme aux aguets –, *je garde la ferme conviction que la nature humaine est essentiellement bonne et compatissante. C'est là le trait dominant de l'humain.* Certes, la colère, la violence et l'agressivité peuvent interférer, mais ce ne sera jamais, je le crois, qu'à un niveau secondaire et plus superficiel. D'après moi, ces pulsions n'entrent pas dans notre nature la plus essentielle et surviennent seulement après que l'amour et l'affection se sont soldés par un échec.

« C'est pourquoi, je le pense, ces conflits sont plutôt le produit d'une intelligence déséquilibrée, ou dont on fait mauvais usage, et des débordements propres à l'imagination. En comparant l'évolution de l'*Homo sapiens* à celle d'autres espèces, on voit que l'homme s'est trouvé jadis en position d'infériorité physique par rapport à l'animal. Pour compenser cette infériorité, il a su développer son intelligence, son aptitude au maniement de quantité d'objets et, peu à peu, a su dominer un milieu hostile. Au fur et à mesure, la complexité croissante de la société humaine a conféré à nos facultés cognitives un rôle prépondérant. L'évolution humaine me porte donc à croire que la gentillesse est au fondement de notre nature, et que l'intelligence, faculté humaine par excellence, n'intervient qu'ultérieurement. Et si elle n'est pas contrebalancée par la compassion, alors elle peut devenir destructrice et conduire droit au désastre.

« Si les conflits humains naissent d'un dévoiement de l'intelligence, à l'inverse, cette dernière peut servir à trouver les voies et moyens de les surmonter. Allier la bonté de cœur au savoir et à l'éducation nous apprend à respecter les opinions et les droits des autres et rend toutes les actions humaines constructives. On jette ainsi les bases d'un esprit de réconciliation.

Le Dalaï-Lama marque un temps de silence et consulte sa montre.

— Donc, conclut-il, quels que soient le degré de violence et les épreuves qu'il faut traverser, je crois que la solution ultime à tous nos conflits, tant intérieurs qu'extérieurs, réside dans le retour à notre nature fondamentale, à notre bonté et à notre compassion enfouies.

Là-dessus, il part d'un rire amical.

— Bien… nous allons en rester là pour aujourd'hui… La journée a été longue !

Il remet ses souliers qu'il avait ôtés le temps de notre conversation et se retire dans sa chambre.

La question de la nature humaine

Ces dernières décennies, en Occident, les conceptions du Dalaï-Lama sur la nature fondamentalement compatissante des êtres humains semblent avoir gagné lentement du terrain – même si cela ne va pas sans combat. L'idée que le comportement humain serait essentiellement égoïste, et l'individu seulement préoccupé de lui-même, est profondément enracinée dans la pensée occidentale. Et, hormis son égoïsme foncier, la nature humaine aurait aussi l'agressivité pour principal fondement : cette conception a prédominé dans notre culture au long des siècles. Et pourtant, au cours de l'Histoire, quantité de personnages ont professé l'opinion inverse. Au milieu du XVIIIe siècle, David Hume écrit abondamment sur la « bienfaisance naturelle » des êtres humains. Un siècle plus tard, Charles Darwin lui-même attribue à notre espèce un « instinct de sympathie ». Mais depuis le XVIIe siècle, sous l'influence de philosophes comme Thomas Hobbes, c'est la vision la plus pessimiste de l'humanité qui prévaut. Hobbes s'était forgé de l'humanité une vision fort sombre. Il jugeait la « race humaine » violente, animée par l'esprit de rivalité, en perpétuel conflit, et préoccupée de ses seuls intérêts personnels. Hobbes, qui était connu pour refuser de prendre en considération la moindre notion de bonté humaine, fut surpris un jour en train de donner de l'argent à un mendiant dans la rue. Interrogé sur ce mouvement de générosité, il affirma : « Je ne fais pas cela pour l'aider. Je ne le fais que pour me soulager de ma propre affliction au spectacle de la pauvreté de cet homme. »

Au début du siècle, le philosophe d'origine espagnole George Santayana admit que la nature humaine est capable de pulsions généreuses et attentionnées, ajoutant aussitôt qu'elles sont en général changeantes et instables. En revanche, écrivait-il, « creusez un peu sous la surface et vous trouverez un homme féroce, obstiné, profondément égoïste ». Malheureusement, la science et la psychologie occidentales se sont emparées d'idées similaires pour approuver, voire encourager cette vision. À commencer par la psychologie moderne qui, dès ses débuts, affirme implicitement qu'au bout du compte toutes les motivations humaines ne reposeraient que sur des intérêts purement personnels.

Depuis une centaine d'années, non contents d'avoir implicitement admis cette hypothèse, des scientifiques de tout premier plan affirment que les êtres humains ont une nature essentiellement agressive. Freud, par exemple, dit : « L'inclination à l'agressivité est une disposition originelle, qui se soutient d'elle-même, instinctive. » Dans la dernière moitié de ce siècle, Robert Audrey et Konrad Lorenz ont étudié le comportement de certains prédateurs. Ils en ont conclu que les humains en font partie, dotés qu'ils sont d'une pulsion innée qui les pousse à combattre pour défendre leur territoire.

Pourtant, ces dernières années, le courant dominant paraît se retourner contre cette vision profondément pessimiste pour se rapprocher de la conception du Dalaï-Lama. Des centaines d'études scientifiques ont démontré que, chez l'humain, l'agressivité n'est pas instinctive et que le comportement violent est influencé par toute une série de facteurs biologiques, sociaux, environnementaux. En 1996, dans la Déclaration de Séville sur la violence, vingt éminents scientifiques du monde entier ont admis l'existence de comportements violents, mais en affirmant catégoriquement qu'il est *scientifiquement inexact de prétendre que nous avons une tendance héréditaire à faire la guerre ou à agir violemment. Aucun comportement de ce type n'est génétiquement programmé dans la nature humaine.* Ils soulignent que, si nous possédons l'appareillage neuronal pour agir violemment, rien, dans notre constitution neurophysiologique, ne nous y pousse automatiquement. En général, les spécialistes estiment que nous détenons le potentiel pour nous transformer en individus bons et aimants ou, au contraire, violents et agressifs. Que l'une ou l'autre de ces deux pulsions prédomine est avant tout une question d'éducation.

La recherche contemporaine n'a pas seulement réfuté l'idée d'une agressivité humaine « naturelle » : c'est l'hypothèse même d'un égoïsme et d'un égotisme humain innés qui a commencé d'être battue en brèche. C. Daniel Batson ou Nancy Eisenberg, de l'université d'Arizona, ont démontré que les humains ont naturellement tendance à adopter des comportements altruistes. La sociologue Linda Wilson a cherché à comprendre pourquoi. Selon elle, cet altruisme ferait partie de notre instinct de survie. En passant en revue une centaine de catastrophes naturelles, elle a découvert chez les victimes une forte propension à l'altruisme, qui semblait concourir à leur guérison. Leur capacité d'entraide les protégeait contre les problèmes psychologiques ultérieurs consécutifs au traumatisme subi.

Et si la tendance à nouer des liens étroits avec les autres, à agir pour le bien d'autrui tout autant que pour le sien propre était profondément enracinée dans leur nature humaine ? Et si elle remontait à un passé lointain, quand les premiers humains, en créant ces liens collectifs et en intégrant le groupe, accroissaient leurs chances de survie ? Ce besoin de nouer des liens sociaux étroits perdure de nos jours. L'étude du Dr Larry Scherwitz, consacrée aux facteurs de risque des maladies coronariennes, a montré que les individus les plus centrés sur eux-mêmes (à savoir ceux qui, au cours d'un entretien, prononcent le plus fréquemment les pronoms « je », « moi », et « mon ») étaient aussi les plus susceptibles de déclarer une maladie coronarienne, même s'ils prenaient soin d'éviter d'autres comportements à risque. En fait, les scientifiques sont en train de découvrir que les individus en manque de rapports sociaux sont plus souvent en mauvaise santé, plus tristes et plus vulnérables au stress.

Tendre la main aux autres pourrait être un trait tout aussi fondamental de notre nature que le besoin de communiquer. On peut faire l'analogie avec l'acquisition du langage qui, comme l'aptitude à la compassion et à l'altruisme, est l'une des caractéristiques distinctives de l'espèce humaine. Certaines régions du cerveau sont spécifiquement dédiées au langage. Au contact d'un environnement adéquat, c'est-à-dire dans une société où l'on parle, ces régions du cerveau se développent, parviennent à maturité, et notre faculté langagière s'accroît. Pareillement, tous les humains peuvent abriter en eux la « petite graine de la compassion ». Une fois réunies les conditions – l'entourage, la société au sens large, mais avant tout nos propres efforts –, cette « petite graine » va prospérer. En partant de cette idée, les scientifiques cherchent maintenant à découvrir quel est le meilleur environnement susceptible de faire venir cette petite graine de l'affection et de la compassion à maturité chez les enfants. Ils ont isolé plusieurs facteurs : des parents maîtres de leurs propres émotions et qui offrent à leur enfant le modèle d'une attitude aimante, lui posent de justes limites de comportement, lui apprennent à être responsable, à prêter attention à ses propres affects, à ses propres émotions et aux conséquences de son attitude envers les autres.

Savoir réviser nos hypothèses de base, pour substituer à l'idée d'une nature humaine hostile celle d'une nature secourable, peut ouvrir de nouvelles perspectives. À l'évidence, si l'on commence par admettre l'intérêt personnel comme modèle présupposé de tous les comportements humains, un enfant en bas âge constituera en effet le parfait exemple, pour ainsi dire la « preuve », de cette théorie. À la naissance, les enfants paraissent effectivement programmés avec une seule idée en tête : *la satisfaction de leurs besoins* – nourriture, confort physique, etc. Mais, si nous écartons cette hypothèse de base, c'est alors un tout autre tableau qui se dessine. Pourquoi ne pas affirmer qu'un enfant naît programmé dans un seul but : *apporter du plaisir et de la joie aux autres ?* À simplement observer un jeune enfant, comment nier la bonté essentielle de l'être humain ? Ce nouveau point de vue fournit de solides arguments pour affirmer que la capacité de faire plaisir à l'autre, à celui qui prend soin de vous, est congénitale. Par exemple, l'odorat du nouveau-né n'équivaut qu'à cinq pour cent de celui de l'adulte, et, chez les bébés, le goût n'est que très peu développé. Mais ces deux sens ont beau être réduits à leur plus simple expression, ils sont adaptés à l'odeur et au goût du lait maternel. En outre, l'acte d'allaiter ne fait pas que nourrir le bébé. Il sert aussi à soulager les montées du lait dans le sein. Dès lors, nous pourrions dire que le nouveau-né, en soulageant sa mère, vient au monde avec une capacité innée de lui apporter du plaisir.

Un nouveau-né est aussi biologiquement programmé pour reconnaître les visages et réagir à leur présence : pouvons-nous résister au plaisir d'un bébé qui plonge innocemment ses yeux dans les nôtres et qui nous sourit ? Des spécialistes du comportement ont formulé cette théorie : lorsqu'un nouveau-né sourit à la personne qui s'occupe de lui ou qui le regarde directement dans les yeux, il se conforme à un « schéma biologique » profondément ancré. Ce faisant, il « libère » d'instinct des modes de comportement affectueux, tendres et attentifs chez cette personne qui, à son tour, obéit elle aussi à un instinct tout aussi impérieux. Alors que les rangs des chercheurs qui s'efforcent de cerner objectivement la nature humaine ne cessent de grossir, l'image de l'enfant en bas âge, monstre d'égoïsme, machine à manger et à dormir, cède le pas à la vision d'un être venu au monde avec un comportement inné qui le pousse à faire plaisir aux autres. Pour que la « petite graine de la compassion », naturelle et essentielle, puisse germer et croître en lui, cet être ne demande qu'un environnement adéquat.

Une fois établi que la nature élémentaire de l'humain est plus compassionnelle qu'agressive, notre relation au monde environnant change du tout au tout. Voir les autres foncièrement empreints de compassion au lieu de les percevoir comme des êtres hostiles et égoïstes nous soulage de bien des tensions, nous pousse à la confiance, à vivre dans la sérénité. En un mot, cela nous rend plus heureux.

Méditation sur le but de la vie

Quelque part dans le désert de l'Arizona, le Dalaï-Lama explore la nature et l'esprit humains avec une minutie toute scientifique, et cette vérité fort simple éclaire chacun de nos dialogues : *le bonheur est le but de la vie.* Cette banale affirmation peut nous aider à garder le cap au milieu des problèmes du quotidien. À partir de là, il s'agit de se défaire de toutes les causes de souffrance et d'accumuler tous les motifs de bonheur. La méthode requise – une pratique quotidienne – implique de prendre conscience de ce qui nous mène véritablement au bonheur, et de ce qui nous en éloigne.

Quand l'existence se complique, quand on se sent submergé, quand on est envahi par une impression de stagnation et de confusion, le mieux est encore de prendre du recul, de s'accorder le temps de réfléchir et de se remettre en mémoire l'objectif d'ensemble : qu'est-ce qui va véritablement apporter du bonheur ? Ensuite, on reformulera ses priorités sur cette base. Cette démarche peut remettre l'existence sur ses rails, apporter un point de vue neuf, et indiquer quelle direction adopter.

De temps à autre, nous sommes confrontés à des décisions capitales susceptibles d'affecter tout le cours de notre vie. La ferme résolution de devenir heureux participe exactement du même type de décision. *Prendre la décision consciente de se tourner vers le bonheur compris comme un but qui en vaut la peine, voilà qui peut profondément transformer l'existence.*

Le Dalaï-Lama connaît le chemin du bonheur. Cette connaissance se fonde sur toute une vie passée à observer méthodiquement sa propre structure mentale, à explorer la condition humaine, dans le respect d'un cadre établi par Bouddha voici plus de vingt-cinq siècles. À partir de cet acquis, le Dalaï-Lama a su hiérarchiser ses actes et ses pensées selon une échelle de valeurs. Il a résumé ses convictions dans le propos suivant, qui peut tenir lieu de méditation.

— Parfois, quand je retrouve de vieux amis, cela me rappelle à quel point le temps passe vite. Et cela me pousse à m'interroger : avons-nous convenablement employé le temps qui nous était imparti ? C'est si important. Nous avons à notre disposition un corps et, surtout, un cerveau étonnant. Dès lors, j'estime que chaque minute est précieuse. Et même si le futur n'offre aucune garantie, notre existence quotidienne est pleine d'espoir. Nous n'avons aucune assurance d'être encore là demain. Et cependant c'est sur la base de l'espoir que nous construisons notre avenir. C'est pour cela qu'il faut employer son temps au mieux. Autrement dit, si vous le pouvez, rendez service aux autres, aux autres êtres sensibles. Sinon, abstenez-vous au moins de leur faire du mal. Je crois que c'est là toute la base de ma philosophie.

« Réfléchissons donc à ce qui possède vraiment une valeur, à ce qui donne un sens à notre vie, et ordonnons nos priorités en conséquence. Le but de la vie doit être positif. Nous ne sommes pas nés dans le but de compliquer les choses, de nuire aux autres. Pour que la vie ait une valeur, il faut consolider les qualités fondamentales de l'humanité – la chaleur humaine, la bonté, la compassion. Alors notre vie revêt un sens et devient plus paisible – plus heureuse.

DEUXIÈME PARTIE

Chaleur humaine et compassion

5
Un nouveau modèle d'intimité

Solitude et relation

J'entre dans la suite qu'occupe le Dalaï-Lama. D'un geste, il m'invite à m'asseoir. On nous sert un thé, il se déchausse et s'installe confortablement dans un fauteuil.

— Alors ? me demande-t-il sur ce ton qui signifie qu'il est prêt à aborder n'importe quel sujet.

Il sourit, mais il garde le silence. Il attend.

Un peu plus tôt, j'étais assis à la réception de l'hôtel, en attendant l'heure de notre rendez-vous. Distraitement, j'avais attrapé un journal alternatif local, ouvert à la rubrique « Rencontres ». J'avais parcouru brièvement des pages et des pages imprimées en petits caractères, de gens qui cherchent désespérément à nouer une relation avec un autre être humain. Au moment d'entamer notre entretien, je pense encore à ces annonces, et subitement je me décide à laisser de côté la liste des questions que j'ai préparées :

— Vous arrive-t-il de vous sentir seul ?

— Non, me répond-il simplement.

Je ne m'attendais pas à cette réponse. Je m'imaginais qu'il me répondrait quelque chose comme : « Bien sûr... de temps à autre, tout le monde se sent un peu seul... » Après quoi, j'avais prévu de lui demander comment il abordait la solitude. En fait, jamais je n'aurais cru possible de me trouver un jour en face de quelqu'un qui ne se sent jamais seul.

— Non ? ai-je fait, incrédule.

— Non.

— À quoi l'attribuez-vous ?

Il réfléchit un moment.

— La première raison, c'est que j'essaie de percevoir le meilleur de chacun, de voir l'autre sous le meilleur éclairage possible. Cette attitude crée immédiatement un sentiment d'affinité, une sorte de prédisposition à établir un lien.

« Et puis cela peut aussi provenir du fait que je n'imagine pas que l'autre puisse ne pas me respecter ou qu'il me trouve bizarre. Cette peur m'est étrangère, ce qui me rend ouvert à tout. Je crois que ce sont là les raisons principales pour lesquelles je ne me sens jamais seul.

Je m'efforce de saisir à la fois toute la portée et toute la difficulté d'une telle attitude.

— Mais comment un individu parvient-il à se sentir autant à l'aise avec les autres, à ne pas avoir peur, à ne pas craindre d'être jugé ou de susciter l'antipathie ? Votre démarche est-elle vraiment à la portée de tous ?

— J'ai l'élémentaire conviction, j'insiste, qu'il convient d'abord de comprendre toute l'utilité de la compassion, me répond-il d'une voix ferme. C'est le facteur clé. Une fois admis que la compassion n'a rien d'infantile ou de sentimental, qu'elle est réellement digne d'intérêt, une fois perçue sa valeur profonde, alors cela vous donne immédiatement la volonté de la cultiver.

« Et dès que vous encouragez votre esprit à la compassion, une fois que cette pensée devient active, votre attitude envers les autres change. Approcher les autres avec compassion atténue les peurs et favorise l'ouverture à eux, génère une atmosphère amicale et positive. Dans la relation ainsi créée, c'est vous qui commencez par vous mettre en position de recevoir de l'affection ou d'amener l'autre à réagir positivement. Et, si l'autre se montre inamical ou négatif, au moins l'aurez-vous approché avec une ouverture d'esprit qui vous laisse une certaine souplesse et la latitude de changer de démarche si besoin est. Quoi qu'il en soit, cela vous aura permis au moins de clarifier les choses. En revanche, sans compassion, si vous vous sentez fermé, irrité, ou indifférent, alors votre meilleur ami aura beau vous approcher, vous ne ressentirez que du malaise.

« Fréquemment, au lieu de prendre l'initiative, les gens attendent de l'autre qu'il fasse le premier pas. J'estime qu'ils ont tort. Cette manière de procéder est source de problèmes. Elle dresse une barrière qui ne fait qu'aggraver la sensation d'isolement. En fait, surmonter cet isolement et cette solitude dépend de l'attitude initiale. Et approcher les autres dans un esprit de compassion est le meilleur moyen d'y parvenir.

Ma surprise devant cette affirmation du Dalaï-Lama – « Je ne me sens jamais seul » – n'a d'égale que ma conviction : la solitude envahit toute notre société. Cette conviction dépasse la seule impression subjective que j'ai d'être seul, ou cette menace de la solitude qui parcourt comme un véritable fil rouge toute mon expérience de psychiatre. Depuis une vingtaine d'années qu'ils se sont lancés dans l'étude scientifique de la solitude, les psychologues sont parvenus à cette découverte frappante : pratiquement tout le monde déclare connaître ou avoir connu la solitude. Alors que l'on tient souvent la solitude chronique pour un mal surtout répandu chez les personnes âgées, qui souffrent d'isolement dans un appartement qu'elles habitent seules, voire même dans une maison de retraite, des enquêtes révèlent l'existence d'adolescents et de jeunes adultes tout aussi solitaires que leurs aînés.

Un mal si répandu ne pouvait qu'éveiller la curiosité des chercheurs, qui se sont penchés sur ses causes, aussi variées que complexes. Qu'ont-ils découvert ? Que les individus solitaires ne se livrent qu'avec peine, ont du mal à communiquer, ne savent guère écouter, se montrent maladroits en société, incapables qu'ils sont de maîtriser ce que l'on pourrait appeler les « signes de ponctuation » de la conversation (savoir à quel moment approuver d'un hochement de tête, réagir à bon escient ou garder le silence). Ils en concluent qu'il suffirait, pour surmonter la solitude, d'apprendre tout simplement à mieux se comporter en société. *Toutefois, le Dalaï-Lama semble moins miser sur le savoir-faire social ou sur une attitude tout extérieure, pour leur préférer une démarche qui va droit au cœur : comprendre la valeur de la compassion, et la cultiver.*

La force de conviction de ses propos, preuves à l'appui, a fini par avoir raison de ma surprise. Le fait est que j'ai souvent été le témoin des premiers mots qu'il a pu échanger avec un inconnu. À l'évidence, ce dialogue initial bénéfique n'a rien d'accidentel, et n'est pas seulement le fruit d'une personnalité naturellement amicale. À n'en pas douter, il a consacré beaucoup de temps à réfléchir sur l'importance de la compassion, à seule fin d'enrichir son expérience de la vie quotidienne et de se rendre réceptif à des échanges féconds avec autrui. Une méthode qui est à la portée de quiconque souffre de solitude.

Dépendance envers les autres contre autonomie

— Tous les êtres possèdent en eux la semence de la perfection. Cependant, pour faire lever cette semence, la compassion inhérente à notre cœur et à notre esprit est indispensable…

C'est par ces mots que le Dalaï-Lama aborde le sujet de la compassion devant une assistance de mille cinq cents personnes. On entendrait voler une mouche. À ce public qui compte une bonne proportion d'étudiants férus de bouddhisme, il présente ensuite la doctrine du « Champ de Mérite ».

— Au sens bouddhique du terme, le Mérite désigne les imprégnations bénéfiques de l'esprit, ou « continuum mental », qui toutes résultent d'actions positives. Le Champ de Mérite est la source à partir de laquelle un individu peut accumuler du Mérite. En outre, dans la voie bouddhiste, ce sont les provisions de Mérite qui favorisent les réincarnations futures. La doctrine nous enseigne qu'il existe deux Champs de Mérite : le champ des Bouddhas et le champ des autres êtres sensibles. La première voie d'accumulation du Mérite exige respect, foi et confiance dans les Bouddhas, les « Éveillés ». L'autre voie suppose d'agir dans la bonté, la générosité, la tolérance, et de s'interdire tout acte négatif – le meurtre, le vol, le mensonge, pour ne citer que ceux-là. Cette seconde voie requiert davantage l'échange avec les autres qu'avec les Bouddhas. À cet égard, fait observer le Dalaï-Lama, les autres peuvent nous être d'une grande aide dans l'accumulation du Mérite.

Il émane de cette définition une beauté et une richesse poétique qui évoquent toutes sortes d'images. Cet après-midi, la lucidité et la conviction qui habitent ses paroles confèrent une puissance et un impact tout particuliers à sa conférence. Je parcours la salle du regard : dans le public, beaucoup de gens sont visiblement émus. Conséquence de mes conversations antérieures avec le Dalaï-Lama, je commence à mesurer la profonde importance de la compassion, non sans rester partagé, fortement influencé que je suis par des années de conditionnement rationnel et scientifique. Tandis qu'il parle, mon esprit vagabonde et mon regard continue d'errer dans l'assistance, en quête de visages célèbres ou simplement familiers. À cet instant, ses propos me sortent de ma distraction :

— ... l'autre jour, j'ai parlé des facteurs nécessaires à une vie heureuse et gaie : être en bonne santé, posséder des biens matériels, avoir des amis, etc. À y regarder de plus près, vous vous apercevrez qu'en tout cela nous dépendons des autres. Pour votre santé, vous comptez sur des médicaments fabriqués et sur des soins prodigués par les autres. Presque tous les biens matériels dont vous profitez vous relient aux autres. Tous ces biens existent grâce aux efforts directs ou indirects d'une foule de gens. Enfin, est-il nécessaire de rappeler qu'avec nos amis, notre compagne, notre compagnon, autres composantes indispensables d'une vie épanouie, c'est encore une forme d'échange qui est à l'œuvre, un échange avec d'autres êtres sensibles, d'autres êtres humains ?

« Vous le voyez, l'autre est indispensable. Notre rapport avec autrui a beau être parfois éprouvant, donner lieu à des disputes, il faut essayer de ne jamais se départir d'une attitude amicale et chaleureuse, ou s'écarter d'un mode de vie qui accorde suffisamment de place au dialogue, et cela afin de vivre heureux.

D'instinct, ces propos provoquent en moi une résistance. Tout en ayant toujours accordé énormément de valeur à mes amis et à ma famille, je tiens encore plus à mon indépendance et à mon autonomie, et j'en suis fier. En mon for intérieur, j'ai d'ailleurs tendance à regarder les gens trop dépendants avec une sorte de mépris – j'y vois un signe de faiblesse.

Et pourtant, cet après-midi-là, à l'écoute du Dalaï-Lama, il se produit en moi quelque chose. Je me surprends à tirer distraitement sur un fil qui dépasse de ma manche, et je songe à tous les gens concernés par la confection de cette chemise. J'imagine d'abord le fermier qui cultive son coton, et puis le concessionnaire auprès duquel le fermier a acquis son tracteur. Et les centaines, voire les milliers de personnes impliquées dans la fabrication de ce tracteur, depuis celles qui ont extrait le minerai nécessaire à la fabrication de chaque pièce de l'engin jusqu'à ses concepteurs. Et ensuite, évidemment, les gens qui ont transformé ce coton, qui ont tissé l'étoffe, l'ont coupée, teinte et cousue. Les dockers et les camionneurs qui ont livré ma chemise au magasin, et le commerçant à qui je l'ai achetée. Une pensée m'envahit : pratiquement tous les aspects de ma vie dépendent des autres. Ma précieuse autonomie est une complète illusion, un fantasme. Une profonde sensation d'interdépendance naît de cette prise de conscience. J'en éprouve du soulagement et, je ne sais pourquoi, cela me donne envie de pleurer.

Intimité

Notre besoin des autres est paradoxal. Alors que dans notre culture nous ne jurons que par une farouche indépendance dont nous nous rendons prisonniers, nous n'en aspirons pas moins à vivre une intimité unique avec l'être aimé. Nous concentrons toute notre énergie sur la découverte de celui ou celle qui, nous l'espérons, va nous guérir de notre solitude, et ce sans renoncer pour autant à notre sacro-sainte illusion d'indépendance. Cette relation d'intimité, difficile à établir avec une seule personne, j'allais découvrir que le Dalaï-Lama est capable de la créer avec quantité de gens – et que cela fait partie de ses recommandations. En réalité, ce qu'il vise, c'est entrer en relation avec tout le monde.

— Dans votre conférence, vous avez insisté sur l'importance des autres, en les définissant comme un Champ de Mérite. Mais il y a mille et une façons d'entrer en relation les uns avec les autres...

— C'est très vrai, acquiesce le Dalaï-Lama.

— L'Occident, lui, valorise un certain type de rapport, qui se caractérise par un profond degré d'intimité entre deux êtres. Cette intimité naît du désir de partager ses émotions les plus intenses. Tant qu'il ne vit pas une relation de cet ordre, l'Occidental estime être en manque... Quant à la psychothérapie, elle s'attache souvent à aider les individus en leur apprenant à nourrir ce type de relation intime.

— Oui, cette sorte d'intimité peut être tenue pour très positive, approuve le Dalaï-Lama. En être privé peut, je le crois, créer des problèmes...

— Vous avez grandi au Tibet, ai-je continué, où vous n'étiez pas seulement considéré comme un roi, mais également comme une divinité. Tout le monde vous témoignait une crainte pleine de déférence. Au plan affectif, cela ne générait-il pas une certaine distance vis-à-vis des autres, une impression d'isolement ? Être séparé de votre famille, être élevé comme un moine dès votre plus jeune âge (sachant qu'un moine ne se marie pas), tout cela n'a-t-il pas fait naître en vous le sentiment d'être séparé des autres ? N'avez-vous jamais l'impression d'être passé à côté d'une possible relation intime, personnelle et plus intense avec une personne en particulier, notamment avec une épouse ?

Sans hésitation, il me répond :

— Non. Une telle intimité ne m'a jamais manqué. Mon père est décédé depuis des années, mais je me suis toujours senti très proche de ma mère, de mes professeurs, de mes tuteurs, et d'autres personnes encore, avec qui j'ai pu partager mes joies, mes peurs et mes soucis les plus profonds. Quand je vivais au Tibet, à côté des cérémonies officielles et des manifestations publiques, en marge du protocole, je passais beaucoup de temps aux cuisines. J'ai fini par me rapprocher du personnel et nous plaisantions, nous échangions des potins, nous partagions toutes sortes de choses, tout cela était très détendu, sans rien de formel.

« Si bien que, déjà au Tibet, et surtout depuis que je suis un réfugié, je n'ai jamais manqué d'interlocuteurs. Je crois que c'est dû pour une bonne part à ma nature. Le partage avec les autres ne me pose aucune difficulté. C'est bien simple, je ne sais pas garder un secret !

Il rit.

— Évidemment, cela peut parfois présenter des inconvénients : à peine sorti des séances du Kashag[1], je ne peux m'empêcher de m'entretenir aussitôt des questions les plus confidentielles avec d'autres. En revanche, à titre strictement personnel, être ouvert et savoir partager m'est très utile. Cela me vaut de me faire facilement des amis. En l'occurrence, ce ne sont pas seulement des rencontres et des dialogues superficiels, mais de réelles occasions de partager mes problèmes et mes souffrances les plus profondes. De même, quand j'apprends une bonne nouvelle, j'en fais part immédiatement. Du coup, cela me donne le sentiment d'une intimité et d'une relation avec autrui. Évidemment, les gens sont souvent très contents de confier leurs joies et leurs souffrances « au Dalaï-Lama, à Sa Sainteté le Dalaï-Lama », ce qui facilite les choses.

1. Le cabinet du gouvernement tibétain en exil

Il rit encore, se moquant de son titre.

— Quoi qu'il en soit, j'éprouve cette impression de partage avec beaucoup de gens. Ainsi, dans le passé, si j'étais déçu ou contrarié par la politique du gouvernement tibétain, ou si j'étais préoccupé par d'autres problèmes, comme par exemple la menace d'invasion chinoise, alors je regagnais mes appartements et j'en faisais part à la personne chargée du ménage. Certains jugeront très sot que le Dalaï-Lama, chef du gouvernement tibétain, confronté à un problème national ou international, se confie à un balayeur.

Encore une fois, il éclate de rire.

— Mais, personnellement, je juge cela très utile, car alors cette personne, en partageant mon problème, en compatissant, m'aide à y faire face.

Élargir notre définition de l'intimité

Les chercheurs en sciences humaines s'accordent généralement pour dire que l'intimité occupe une place centrale dans l'existence. Le psychanalyste anglais John Bowlby écrit que « les liens intimes avec d'autres êtres humains forment le moyeu autour duquel tourne la roue de la vie de l'individu... De ces liens intimes, l'individu retire force et joie de vivre, qu'il offre à son tour aux autres. Ce sont là des questions sur lesquelles la science actuelle et la sagesse traditionnelle sont à l'unisson ».

Il est clair que l'intimité favorise le bien-être tant physique que moral. Des chercheurs en médecine ont découvert que les individus qui sont très entourés et reçoivent donc sympathie et affection seront plus susceptibles de survivre à des accidents de santé (crise cardiaque, intervention chirurgicale lourde) et moins vulnérables à certaines maladies (cancer, infection respiratoire). Une étude menée auprès de plus de mille cardiaques au Duke University Medical Center a révélé que ceux qui n'avaient ni épouse ni proche à qui se confier étaient trois fois plus exposés au risque de mortalité, dans les cinq années suivant le diagnostic de leur maladie. Une autre étude, menée sur une période de neuf ans auprès d'un échantillon d'un millier d'habitants du comté d'Alameda, en Californie, a montré que les taux de mortalité et de développement du cancer des personnes les mieux soutenues socialement, et qui pouvaient s'appuyer sur des relations intimes, étaient les plus faibles. Enfin, une enquête de la faculté de médecine de l'université du Nebraska, conduite auprès de plusieurs centaines de personnes âgées, a permis de découvrir que les patients qui vivaient une relation intime avaient de meilleures défenses immunitaires et des taux de cholestérol plus bas. Ces dernières années, un grand nombre de chercheurs ont mené séparément au moins une demi-douzaine d'enquêtes à grande échelle sur le rapport entre intimité et santé. Après avoir interviewé des milliers de personnes, ils semblent être tous parvenus à une conclusion similaire : d'étroites relations sont bel et bien bénéfiques à la santé.

L'intimité est tout aussi nécessaire à la préservation d'un bon équilibre affectif. Erich Fromm, le psychanalyste, affirmait que la menace d'être séparé des autres constitue la peur la plus fondamentale de l'humanité. Il jugeait que l'expérience de la séparation, que l'on rencontre d'abord dans l'enfance, est la source de toute anxiété. Pour sa part, John Bowlby cite quantité de démonstrations expérimentales et de recherches qui le confirment : pour les bébés, être séparés de ceux qui prennent soin d'eux – d'ordinaire le père ou la mère – à la fin de la première année de la vie provoquera inévitablement peur et chagrin.

Vu son importance, comment s'y prendre pour ménager la place de cette intimité dans notre vie quotidienne ? Si l'on veut suivre la démarche du Dalaï-Lama, il serait raisonnable de commencer par apprendre ce qu'est l'intimité, par en rechercher une définition et un modèle susceptibles de fonctionner. Quelle réponse la science propose-t-elle ? Si les chercheurs s'accordent tous sur son importance, force est de constater la diversité des théories.

Desmond Morris, dont les écrits sur l'intimité puisent dans sa formation de zoologiste et de spécialiste des mœurs, en donne cette définition : « Être intime veut dire être proche... Dans ma conception, il y a acte intime chaque fois que deux individus entrent en contact corporel. » Après avoir défini l'intimité en termes de pur contact physique, il en explore les modes innombrables, depuis la simple tape sur l'épaule jusqu'à l'étreinte sexuelle la plus torride. Pour lui, le toucher est le véhicule du réconfort mutuel : ce sont d'abord les étreintes ou les poignées de main ou, à défaut, des modes de contact plus indirects, comme la manucure. Il va jusqu'à émettre l'hypothèse que d'autres contacts avec des objets, cigarettes, bijoux, oreillers, tiennent lieu de substituts à l'intimité.

Les chercheurs ne fournissent pas tous de l'intimité une définition aussi immédiate, aussi concrète, mais ils s'accordent cependant pour estimer qu'elle va au-delà de la seule proximité physique. En examinant la racine du mot intimité, du latin *intimus*, « intérieur » ou « ce qui est le plus secret », ils souscrivent volontiers à une définition plus large, comme celle que propose le Dr Dan McAdams, auteur de plusieurs ouvrages sur ce thème : « Le désir d'intimité, c'est le désir de partager son moi le plus intime avec l'autre. »

Les définitions ne s'arrêtent pas là. À l'opposé de Desmond Morris, on trouve des spécialistes comme ce tandem de psychiatres, les Drs Thomas Patrick Malone et Patrick Thomas Malone – le père et le fils. Dans leur livre *The Art of Intimacy* (« L'Art de l'intimité »), ils définissent cette dernière comme « l'expérimentation de la capacité relationnelle ». Une fois examinée notre « capacité relationnelle » à l'égard des autres, ils étendent leur conception de l'intimité à notre rapport avec les objets inanimés – les arbres, les étoiles et même l'espace.

Les conceptions de l'intimité idéale varient à travers le monde. L'idée romantique de la relation intime et passionnelle avec un être unique n'est que le produit de notre temps et de notre culture. Ce modèle n'a rien d'universel. Ainsi, les Japonais semblent plus fonder leur quête de l'intimité sur l'amitié, quand les Américains ou les Européens la recherchent dans une relation plus romantique avec un amoureux ou un conjoint. Certains chercheurs jugent les Asiatiques moins centrés sur les sentiments personnels et plus soucieux des liens sociaux sous leur aspect pratique. Du coup, ils paraissent moins vulnérables à cette sorte de désillusion qui conduit à l'effondrement des relations de couple.

Outre ces variantes d'une culture à l'autre, la conception de l'intimité a aussi radicalement changé au cours de l'Histoire. En Amérique, avant la guerre de Sécession, l'intimité et la promiscuité physiques étaient généralement plus marquées qu'aujourd'hui : la famille, voire même les amis partageaient des espaces confinés, dormaient à plusieurs dans une seule chambre, se baignaient, mangeaient et dormaient dans la même salle commune. Pourtant, au regard des critères actuels, le degré de communication ordinaire entre les époux restait on ne peut plus formel – guère différent de celui qui prévalait entre connaissances et voisins. Un siècle plus tard seulement, la séduction occupe une grande place dans l'amour et le mariage, et la nudité est devenue l'ingrédient obligé de toute relation amoureuse.

Avec le temps, la notion de ce qui appartient au domaine de l'intimité et de la vie privée a elle aussi beaucoup changé. Ainsi, en Allemagne, au XVIe siècle, attendait-on des jeunes mariés qu'ils consomment leur union sur un lit porté par des témoins chargés de valider le mariage.

Le mode d'expression des émotions s'est transformé lui aussi. Au Moyen Âge, on trouvait normal d'exprimer publiquement une large palette de sentiments, avec flamme et sans détour – la joie, la rage, la peur, la piété, voire le plaisir que l'on prenait à torturer et à tuer ses ennemis. On laissait libre cours aux émotions extrêmes – fous rires, pleurs passionnés, crise de rage –, et ce bien plus que ne saurait l'accepter notre société. En contrepartie, il était devenu si banal de manifester ses sentiments que cela excluait toute idée d'échange intime. En effet, une fois exposés tous ses affects, ouvertement et sans discernement, il ne restait guère d'émotions à communiquer à quelques personnes de choix.

À l'évidence, s'agissant de l'intimité, nous tenons pour acquises des notions qui n'ont rien d'universel, qui se transforment avec le temps et sont modelées par la situation économique, sociale et culturelle. Qui plus est, dans le monde occidental actuel, la pluralité des définitions a de quoi désorienter. Dans un domaine aussi mouvant, quelle compréhension avons-nous de l'intimité ?

La vie humaine est si diverse que, d'un individu à l'autre, les modes de perception de la proximité vis-à-vis d'autrui varient à l'infini. Cela signifie qu'à tout instant de vastes ressources d'intimité s'offrent à nous : il suffit de savoir y puiser car l'intimité est là, tout autour de nous, à portée de main.

Qui ne manque pas d'intimité ? C'est particulièrement vrai lorsqu'on ne vit pas de relation amoureuse, ou lorsque la passion connaît un déclin. Dans notre culture, l'idée que la plus forte intimité se vit dans le contexte d'une relation passionnelle est largement répandue. Or, ce point de vue peut se révéler très limitatif, nous couper d'autres sources potentielles d'intimité et causer beaucoup de souffrance et de chagrin dès que l'être unique n'est plus là.

Nous pouvons nous éviter cette déconvenue. Il suffit d'avoir le courage d'élargir sa conception afin de nous ouvrir à la découverte d'autres modes de relation, inédits et tout aussi satisfaisants. Cela nous ramène à ma discussion sur la solitude avec le Dalaï-Lama, suite à la lecture des petites annonces. Au moment même où ces personnes essayaient de trouver les mots justes qui, croyaient-elles, allaient faire entrer l'amour dans leur vie et mettre fin à leur solitude, combien d'entre elles étaient déjà entourées d'amis, d'une famille, de connaissances – autant de relations qu'elles auraient pu aisément transformer en rapports d'authentique intimité ? L'intimité qui est l'un des ingrédients essentiels du bonheur, selon le Dalaï-Lama, repose sur la volonté de s'ouvrir aux autres, à la famille, aux amis et même aux inconnus, de nouer des liens authentiques et profonds fondés sur l'humanité qui nous est commune à tous.

6

Approfondir nos liens avec les autres

Un après-midi, j'arrive avec quelques minutes d'avance sur l'heure de notre rendez-vous quotidien. Sans un bruit, un membre de la suite du Dalaï-Lama se glisse dans le vestibule pour m'avertir que Sa Sainteté est encore en audience privée. Je mets ces quelques instants à profit pour relire les notes préparatoires de notre séance.

Après une courte attente, la porte s'ouvre et on reconduit un couple d'âge mûr, élégamment vêtu. J'ai l'impression de les connaître. Je me souviens de leur avoir été rapidement présenté plusieurs jours auparavant. Cette femme est une héritière connue et son mari un puissant avocat de Manhattan, très fortuné. Sur le moment, nous n'avions échangé que quelques mots, mais leur allure incroyablement hautaine m'avait frappé. À leur sortie des appartements du Dalaï-Lama, j'observe un changement confondant : plus aucune trace de ces manières arrogantes et de cette suffisance sur leurs visages baignés de larmes, où se lisent la tendresse et l'émotion. Certes, le Dalaï-Lama n'exerce pas toujours un effet aussi radical, pourtant j'ai remarqué qu'à tout coup il provoque un bouleversement émotionnel.

Établir une relation de sympathie

Quelques mois plus tard, à Dharamsala, l'occasion m'est donnée de revenir plus en détail avec le Dalaï-Lama sur les principes élémentaires susceptibles d'améliorer nos relations avec les autres.

— Quelle est selon vous la méthode la plus efficace pour aborder les gens et réduire les risques de conflits ?

Sur le moment, il me lance un regard certes dénué de méchanceté, mais qui me pétrifie. Après un bref silence, il me fait cette réponse :

— Aborder les autres est une question très complexe. Il n'est pas possible de tout résoudre par la magie d'une seule et unique formule. Comparons avec la cuisine. La préparation d'un bon repas passe par plusieurs étapes culinaires. Mettons d'abord que vous aurez à faire bouillir des légumes, puis à les faire frire, ensuite à les agrémenter d'épices, etc. Au bout du compte, vous obtiendrez un plat succulent. De même, pour aborder les autres avec tact et savoir-faire, beaucoup d'éléments sont requis. Vous ne pouvez vous contenter de dire : « Voilà la méthode » ou « Voilà la technique ».

Ce n'est pas exactement la réponse que j'espérais. Persuadé qu'il doit avoir une méthode plus concrète à proposer, j'insiste :

— S'il n'existe pas de solution simple, y aurait-il au moins une ligne directrice ?

Le Dalaï-Lama réfléchit un moment.

— Oui. Nous avons déjà parlé de l'importance d'approcher les autres dans un esprit de compassion. C'est capital. Évidemment, se borner à répéter : « Il est très important d'être compatissant, il faut se montrer plus aimant », ne suffira pas. L'un des moyens pour apprendre à se montrer plus chaleureux, c'est le raisonnement. Inculquer à l'individu la valeur et les bénéfices pratiques de la compassion, c'est aussi l'amener à réfléchir à ce qu'il ressent quand l'autre se comporte avec bonté à son égard. En un sens, il s'en trouvera édifié, et ses efforts n'en auront que plus d'effet.

« Par quels moyens développer la compassion ? La sympathie, l'aptitude à prendre conscience de la souffrance des autres, est un facteur important. En fait, l'une des techniques bouddhistes traditionnelles consiste à s'imaginer un être sensible qui souffre – par exemple, un mouton que le boucher est sur le point d'abattre. On essaie de se représenter la souffrance du mouton…

Le Dalaï-Lama laisse sa phrase en suspens pour s'accorder un temps de réflexion. Il fait distraitement coulisser les perles d'un chapelet bouddhique entre ses doigts. Puis il complète par ce commentaire :

— Appliquée à un individu froid et insensible, ce type de technique peut se révéler plutôt inefficace. Autant demander au boucher de se représenter la souffrance de l'animal : le boucher est si endurci, si habitué à toute la procédure de l'abattage, que cela n'aurait aucun impact. Il serait donc très difficile de faire appliquer cette technique à des Occidentaux pour qui chasser et pêcher n'est autre qu'une forme de loisir…

— Faute de pouvoir demander au chasseur de concevoir la souffrance de sa proie, vous éveilleriez en lui des sentiments de compassion en l'amenant à imaginer son chien de chasse préféré pris dans un piège et piaulant de douleur…

— Oui, exactement, acquiesce le Dalaï-Lama. Cette technique peut tout à fait s'adapter aux circonstances. Si cet homme est peu sensible au sort des animaux, au moins le sera-t-il à celui d'un proche, que ce soit un membre de sa famille ou un ami. Dans cette hypothèse, il saura imaginer une situation où l'être aimé souffre ou traverse une situation tragique et cela le rendra plus compatissant.

« La sympathie est essentielle à mes yeux, non seulement comme moyen de renforcer le sentiment de compassion, mais plus généralement dans la relation aux autres. Devant la difficulté, il est extrêmement utile de savoir se mettre à la place de l'autre. Vous avez peu de choses en commun ? Vos styles de vie diffèrent profondément ? Faites preuve d'imagination. Cette technique suppose de savoir renoncer temporairement à son propre point de vue pour adopter celui de l'autre. Voilà qui vous aidera à prendre conscience de vos sentiments envers lui, ce qui n'est pas sans importance si l'on veut résorber les conflits et les problèmes.

Cet après-midi-là, notre entretien sera bref. On m'a glissé à la dernière minute dans l'emploi du temps déjà chargé du Dalaï-Lama. Comme souvent, cette conversation se déroule en fin de journée. Dehors, le soleil couchant remplit la pièce d'une lumière poudreuse. Le jaune des murs vire à l'ambre profond, illumine les icônes du Bouddha accrochées aux murs, qui se parent de nuances d'or. Le serviteur du Dalaï-Lama est entré silencieusement dans la pièce, signalant la fin de la séance.

— Je sais qu'il nous faut conclure, lui dis-je, mais est-il d'autres méthodes que vous avez l'habitude d'employer pour sympathiser avec les autres ?

Faisant écho à ses propres paroles, prononcées en Arizona quelques mois auparavant, il me répond avec une aimable simplicité :

— Chaque fois que je rencontre des gens, je les approche à partir de nos points communs les plus élémentaires. Chacun d'entre nous possède une enveloppe corporelle, un esprit, des émotions. Tous, nous sommes nés de la même façon, et tous, nous mourrons. Tous, nous souhaitons le bonheur et ne voulons pas souffrir. Considérer les autres sur cette base me permet d'aller à la rencontre de mon semblable, tout simplement. Je trouve qu'établir la relation à ce niveau facilite grandement le dialogue et la communication.

Là-dessus, il se lève, sourit, me serre brièvement la main et se retire pour la soirée.

Le lendemain matin, nous reprenons la conversation à son domicile.

— Nous avons longuement débattu de l'influence de la sympathie sur notre aptitude à entrer en relation avec l'autre...

— Oui, approuve le Dalaï-Lama en hochant la tête.

— Selon vous, que faut-il encore pour nous y aider ?

— Comme je l'ai dit, il est impossible de proposer une ou deux techniques simples qui soient de nature à tout résoudre. Toutefois, il est vrai que l'on peut recourir à d'autres démarches. Et d'abord, comprendre et jauger le milieu dans lequel vivent les gens auxquels on a affaire. Ensuite, l'ouverture d'esprit et l'honnêteté sont des qualités utiles.

J'attends, mais il se tait.

— N'avez-vous pas d'autres méthodes à suggérer ?

Le Dalaï-Lama réfléchit un moment.

— Non, reconnaît-il en riant.

Ces bribes de conseils sont trop simplistes à mon goût, de véritables lieux communs. Pourtant, il semble ne rien avoir à ajouter sur le sujet pour le moment.

Ce soir-là, je suis invité à dîner chez des amis tibétains, à Dharamsala. La soirée promet d'être très gaie. Le repas est excellent : tout un assortiment de plats, notamment des *mos mos*, de délicieux raviolis tibétains à la viande. Le dîner se prolonge, la conversation s'anime. Parmi les invités, un couple arrive d'Allemagne, elle est architecte et lui écrivain, auteur d'une dizaine d'ouvrages.

Je m'approche de lui et j'engage la conversation. Je l'interroge sur ses écrits. Il me fait des réponses laconiques, et ses manières sont brusques et distantes. Le jugeant peu aimable, je le prends immédiatement en grippe. Au moins, me dis-je pour me consoler, j'aurai essayé de communiquer avec lui. Là-dessus, le trouvant tout simplement désagréable, je me tourne vers quelqu'un d'autre pour engager une conversation plus plaisante.

Le lendemain, dans un café du village, autour d'une tasse de thé, je rapporte à un ami les événements de la soirée.

— ... tout le monde m'a beaucoup plu sauf Rolf, cet écrivain... Il a tellement l'air arrogant... pas franchement aimable.

— Je le connais depuis plusieurs années, me répond mon ami, je sais qu'il fait cet effet. C'est qu'au premier abord il est un peu timide, un peu réservé. Et pourtant, quand on le connaît, c'est vraiment un garçon merveilleux...

Je ne suis pas convaincu. Mon ami insiste.

— Il a beau être un écrivain connu, il a eu plus que sa part de malheurs. Rolf a vraiment beaucoup souffert. Sa famille a été martyrisée par les nazis pendant la Seconde Guerre mondiale. Il a eu deux enfants, atteints d'affections génétiques congénitales rares, très handicapés physiquement et mentalement, auxquels il s'est beaucoup consacré. Et, au lieu de devenir amer ou de passer sa vie à jouer les martyrs, il a affronté ces épreuves en se tournant vers les autres. Il a passé des années à travailler comme bénévole auprès de handicapés. Franchement, il est extraordinaire.

À la fin de cette semaine-là, je revois Rolf et sa femme sur le petit terrain qui tient lieu d'aéroport local. Notre vol à destination de New Delhi vient d'être annulé. Il n'y a pas d'autre vol avant plusieurs jours, aussi décidons-nous de nous y rendre par la route, dix heures d'un voyage éreintant.

Ce que j'ai appris de sa vie a modifié mes sentiments à son égard, et du coup, pendant le long trajet jusqu'à Delhi, je fais l'effort d'engager la conversation avec Rolf. Son comportement est resté tout d'abord inchangé. Mais, en faisant preuve d'un peu de persévérance, je découvre bientôt qu'en effet sa réserve relève plus de la timidité que d'un snobisme. Tandis que nous roulons à travers la campagne étouffante et poussiéreuse de l'Inde du Nord, au fur et à mesure de la conversation, se dévoile un être humain sincère, chaleureux et authentique.

Le temps d'arriver à Delhi, je m'aperçois que le conseil du Dalaï-Lama, « comprendre le passé des êtres », n'est pas si sommaire et si superficiel qu'il y paraissait à première vue. Oui, c'est simple sans doute, mais pas simpliste. Quelquefois, le conseil le plus élémentaire et le plus direct, le plus naïf à nos yeux, peut donc se révéler le moyen le plus efficace de mieux communiquer avec l'autre.

Arrivé à Delhi, j'y reste en escale deux jours avant de regagner les États-Unis. Après le calme et la paix de Dharamsala, l'atmosphère de la ville me met de méchante humeur. Outre la chaleur suffocante, la pollution et la foule, les trottoirs grouillent d'une espèce très répandue de prédateur urbain, qui n'a qu'une chose en tête : vous escroquer au vu et au su de tous. Et l'Occidental que je suis constitue la cible idéale pour les bandes qui se tiennent à l'affût à tous les coins de rue.

Ce matin-là, je me suis laissé prendre à une petite escroquerie exécutée par un tandem de comparses. À mon insu, le premier m'éclabousse les chaussures de peinture rouge. À l'autre bout du pâté de maisons, le second, un jeune cireur de chaussures, l'air innocent, attire mon attention et propose de cirer mes souliers au tarif habituel. En quelques minutes, il les fait reluire. Là-dessus, il me demande tranquillement une somme énorme – l'équivalent pour lui de deux mois de salaire. Je m'insurge, il prétend que c'est le prix annoncé. Je proteste encore, le jeune homme se met à vociférer, rameute la foule, hurle que je refuse de lui payer le service rendu. Il mise sur mon embarras, sachant qu'un touriste répugne à se donner en spectacle.

Cet après-midi-là, je déjeune avec une collègue à mon hôtel. Suite à ma récente série d'entretiens avec le Dalaï-Lama, nous discutons de la compassion. Après le déjeuner, nous prenons un taxi. La voiture démarre, je repense au cireur malhonnête du matin, de sombres images s'agitent dans ma tête, et incidemment je jette un coup d'œil au compteur.

— Arrêtez ! aboyé-je.

Cette bouffée de colère fait sursauter mon amie. J'aperçois le visage du chauffeur dans le rétroviseur, qui marmonne sur mon compte, mais ne s'arrête pas pour si peu.

— Garez-vous ! ordonné-je, la voix tremblante.

Mon amie a l'air choquée. Le taxi s'arrête. Je pointe le compteur du doigt.

— Vous n'avez pas remis le compteur à zéro ! Il y avait déjà plus de vingt roupies quand nous avons démarré.

— Je suis infiniment navré, monsieur, me répond-il avec une morne indifférence qui ne fait que raviver ma colère, j'ai oublié... Je vais redémarrer...

— Vous n'allez rien redémarrer du tout ! J'en ai assez des gens de votre espèce. Vous ne pensez qu'à gruger le monde... J'en... ai... assez !

Je postillonne, je fulmine, très pénétré de mon discours moral. Le chauffeur de taxi se contente de me dévisager avec une expression de défi placide, comme s'il jugeait mon accès de colère tout simplement déplacé. Je jette quelques roupies sur le siège avant. Sans autre commentaire, j'ouvre la portière à mon amie et je descends après elle.

Quelques minutes après, nous hélons un autre taxi, nous repartons, mais je n'arrive pas à passer l'éponge. Nous roulons dans Delhi, et je continue de me plaindre : « tout le monde » dans cette ville n'a qu'une idée en tête, gruger le touriste, et nous ne sommes que des proies. Ma collègue m'écoute tempêter et divaguer, sans dire mot. Finalement, elle intervient :

— Écoutez, vingt roupies, cela équivaut environ à un franc. Pourquoi en faire toute une histoire ?

Je me mets à bouillir d'une sainte indignation.

— Mais c'est le principe qui compte ! Comment pouvez-vous prendre cela à la légère alors que c'est sans fin. Cela ne vous agace pas ?

— En effet, admet-elle, cela m'a d'abord agacée, et puis j'ai réfléchi à ce que le Dalaï-Lama vous a dit sur l'importance d'adopter le point de vue de l'autre. Pendant que vous vous emballiez, j'ai essayé de penser à ce que je pouvais avoir en commun avec ce chauffeur de taxi. L'un comme l'autre, nous avons envie de bien manger, bien dormir, d'être aimés, etc. Ensuite, j'ai voulu me mettre à sa place, assise toute la journée dans un taxi sans air conditionné. Je dois en vouloir à ces riches étrangers... et le meilleur moyen que j'ai trouvé pour m'en sortir, pour essayer de rendre les choses « équitables », c'est de délester les gens de leur argent. Mais le fait est là : même quand ça marche et que je peux soutirer quelques roupies de plus à un touriste qui n'y voit que du feu, je ne trouve pas très gratifiant d'avoir à en passer par là pour être plus heureuse. Je ne trouve pas ma vie très satisfaisante... Quoi qu'il en soit, plus je m'imagine en chauffeur de taxi, et moins je me sens en colère contre lui. Je n'approuve pas ce qu'il a fait et nous avons eu raison de descendre de cette voiture, mais je n'arrive pas à m'emporter au point de le haïr...

Je reste silencieux. Abasourdi, en fait, d'avoir si peu retenu la leçon du Dalaï-Lama. Je n'ai su mesurer la valeur pratique de son conseil (« comprendre le passé de l'autre ») que quand il se l'est appliqué à lui-même. Mais je me rends compte maintenant que, depuis le début, nos entretiens ont revêtu un ton clinique, comme si mes questions portaient sur l'anatomie humaine : à cela près que, dans le cas qui nous occupe, c'est de l'anatomie de l'esprit et de l'âme qu'il s'agit. Et jusqu'à cet épisode de New Delhi, il ne m'était jamais venu à l'esprit d'appliquer ses idées à ma propre existence, tout au moins pas dans l'immédiat. Certes, j'avais vaguement l'intention d'essayer, mais plus tard, dans le futur, quand j'en aurais le temps.

Élucider les fondements d'une relation

Le Dalaï-Lama a choisi de vivre une existence de moine. Toutefois, il est attesté que les liens étroits du mariage améliorent la santé et, dans l'ensemble, rendent l'existence plus satisfaisante. Aux États-Unis et en Angleterre, des milliers d'enquêtes ont montré qu'en règle générale les gens mariés sont plus satisfaits de leur existence que les célibataires ou les veufs – en tout cas plus que les gens séparés ou divorcés. Et, sur dix Américains, six sont heureux d'être mariés. Au chapitre des rapports humains, il m'importait d'évoquer avec le Dalaï-Lama cette source-là de bonheur.

Quelques minutes avant notre entretien, je suis assis avec un ami dans la cour intérieure de l'hôtel de Tucson. Évoquant les thèmes de l'amour et du mariage, nous déplorons tous deux notre célibat. Un beau couple, l'air en pleine santé, peut-être des amateurs de golf venus passer quelques jours de vacances hors saison touristique, vient s'asseoir à une table non loin de nous. Ils ont l'air d'être mariés depuis quelque temps déjà – ce n'est plus la lune de miel, mais ils sont encore jeunes et amoureux. Cela doit être merveilleux..., me dis-je.

À peine assis, ils se chamaillent.

— ... je te l'avais dit : on va être en retard ! accuse la femme avec aigreur, d'une voix éraillée, ses cordes vocales irritées par des années de cigarettes et d'alcool. Et maintenant il nous reste à peine le temps de déjeuner !

— Si tu ne mettais pas autant de temps à te préparer..., lui rétorque l'homme, comme mû par un automatisme, sur un ton plus calme, mais en détachant chaque syllabe avec agacement et animosité.

— J'étais prête depuis une demi-heure. C'est toi qui avais besoin de finir de lire ton article...

Cela n'en finit plus. Comme le dit Euripide : « Mariez-vous, et tout sera peut-être pour le mieux. Mais quand un mariage échoue, pour les époux, c'est l'enfer à domicile. »

Mon envie de solliciter l'avis du Dalaï-Lama sur les joies et les vertus de l'amour et du mariage s'estompe et, avant même de m'asseoir, je me ravise :

— Selon vous, pourquoi les conflits semblent-ils si fréquents dans le mariage ?

— La question s'avère complexe, me répond-il d'emblée. Quantité de causes peuvent entrer en ligne de compte. *Aussi, quand on essaie de comprendre les problèmes relationnels, la première étape consiste à réfléchir posément sur la nature fondamentale de la relation, sur ce qui en constitue la base.*

« Avant tout, il faut savoir qu'il existe plusieurs types de relations et comprendre ce qui les différencie. Mis à part le mariage, même les amitiés ordinaires se rangent en plusieurs catégories. Certaines sont fondées sur le pouvoir ou la réussite. En ce cas, l'amitié perdure tant que subsistent la richesse ou la position sociale, sinon l'amitié s'efface. En revanche, il est une autre sorte d'amitié qui repose sur un véritable sentiment humain, un sentiment de proximité qui intègre le sens du partage et de la communication. C'est là ce que j'appellerais une amitié authentique, qui ne sera pas affectée par les fluctuations de la richesse, du pouvoir ou du statut social. Le pilier d'une telle amitié, c'est l'affection. Faute de quoi, il est impossible d'espérer instaurer et conserver une amitié sincère. Nous avons déjà évoqué la question et tout cela relève de l'évidence, mais, face à des problèmes relationnels, il est souvent salutaire de prendre du recul et de réfléchir à ce qui en constitue le fondement.

« Il en va de même en cas de problèmes avec son conjoint. On trouve souvent des couples dont, pour l'essentiel, l'union ne repose que sur l'attirance sexuelle immédiate. Quand un homme et une femme viennent de se rencontrer, ne se sont vus qu'à quelques occasions, ils sont follement amoureux et très heureux, commente le Dalaï-Lama en riant, mais toute décision de mariage prise à cet instant risque fort d'être sujette à caution. Exactement comme la colère ou la haine peuvent rendre fou, on sombrera tout autant dans la folie sous l'emprise de la passion ou du désir. Et il arrive même qu'on se dise : “Mon fiancé, ma fiancée n'est pas franchement quelqu'un de bien, ni de très gentil, et pourtant je me sens attiré." Une telle relation sera peu fiable, très instable, parce qu'elle repose sur un phénomène éminemment provisoire. Ce sentiment aura une durée de vie très courte et qui disparaîtra au bout d'un certain temps. Comme cela, conclut-il en claquant des doigts. Par conséquent, il ne faut pas s'étonner si cette union tourne mal, surtout quand il s'agit d'un mariage... Mais vous, qu'en pensez-vous ?

— Oui, je ne peux que vous approuver. Il semble que dans toute relation, si ardente soit-elle, la passion initiale soit destinée à refroidir. Des recherches ont montré que ceux qui estiment la passion initiale essentielle au couple finissent souvent dans la désillusion ou le divorce. Une spécialiste en psychologie sociale, Ellen Berscheid, en a conclu que l'incapacité à évaluer à leur juste mesure la précarité et les limites d'un amour passionnel est justement de nature à condamner une relation de couple. Elle est d'avis que l'augmentation du nombre des divorces au cours des vingt dernières années est en partie liée à l'envie croissante de vivre des expériences affectives intenses. L'ennui, c'est que ce type d'expérience résiste parfois mal à l'usure du temps...

— Cela me paraît très juste, acquiesce-t-il. Alors, quand les problèmes surgissent, vous voyez combien il importe de savoir analyser une relation.

« Il est aussi d'autres couples, plus posés, où c'est moins l'apparence physique que la bonté, la douceur et la gentillesse qui attirent l'homme et la femme l'un vers l'autre. Un couple construit sur cette base nouera un lien plus durable, parce qu'il y a communication véritable, humaine et personnelle...

Le Dalaï-Lama marque un temps de silence, comme s'il pesait le problème, puis il ajoute :

— Par souci de clarté, je dois tout de même préciser qu'une relation saine et féconde peut naturellement inclure cette composante sexuelle. En somme, je me résumerai en distinguant deux types de relations. La première est basée sur le pur désir charnel. Le motif ou l'impulsion de cette relation n'est que la satisfaction provisoire de ce désir, soit une gratification immédiate. Dans ce genre de relation, les individus sont moins liés en tant que personnes que comme des objets. Cette sorte de couple n'est guère solide, fondé sur le seul désir sexuel, sans respect mutuel. Il s'apparente à une maison que l'on aurait bâtie sur des fondations de glace. Aussitôt que la glace fond, la maison s'écroule.

« Dans le second type de relation, où importe aussi l'attirance charnelle, le physique n'est pas prédominant. Cette fois, on reconnaît et on apprécie implicitement toute la valeur de l'autre et on lui accorde respect et dignité. Une relation de couple basée sur ce principe sera assurément plus durable et hautement plus fiable. Pour instaurer cette relation plus juste, il est capital de consacrer suffisamment de temps à se découvrir véritablement, à connaître le caractère de l'autre.

« C'est pourquoi, lorsque mes amis me questionnent sur le mariage, je leur demande en général depuis combien de temps ils se connaissent. Depuis quelques mois ? Je leur réponds, sauf exception, que c'est trop court. Quelques années ? Cela vaut mieux. Car alors ce n'est plus seulement un visage ou une apparence qu'ils connaissent, mais, je veux le croire, la nature profonde de l'autre.

— Cela me rappelle la formule de Mark Twain : « Aucun homme, aucune femme ne sait vraiment ce qu'est l'amour parfait jusqu'à ce qu'ils aient été mariés un quart de siècle... »

Le Dalaï-Lama approuve d'un hochement de tête :

— Oui. Beaucoup de problèmes proviennent du simple fait que l'on n'a pas assez pris le temps de se connaître. De toute façon, si l'on cherche à construire une relation vraiment enrichissante, le meilleur moyen d'y parvenir, c'est de s'attacher à découvrir en profondeur la nature de l'autre et d'établir un rapport avec lui (ou avec elle) à ce niveau, au lieu de le faire sur la seule base de traits superficiels. Et dans ce genre de relation, la compassion véritable a son rôle à jouer.

« Souvent, des gens m'ont confié que leur mariage avait un sens plus profond que celui d'une simple relation sexuelle. Pour eux, le mariage supposait que deux personnes tentent de lier leurs existences, de partager les hauts et les bas de la vie, et une certaine intimité. Pour peu que leur déclaration ait été honnête, alors je crois que c'est là bel et bien la base sur laquelle il convient de construire un couple. Un rapport solide suppose un certain sens de la responsabilité et l'engagement envers l'autre. Certes, dans un couple, le contact physique, une relation sexuelle normale peuvent apporter une certaine satisfaction, qui à son tour exercera sur l'esprit un effet apaisant. Mais après tout, biologiquement parlant, le but majeur du rapport sexuel, c'est la reproduction. Et pour atteindre ce but, il faut éprouver un sens de l'engagement envers sa progéniture, pour qu'elle vive et grandisse en pleine santé. C'est pourquoi il est capital d'étoffer l'aptitude à la responsabilité. Sans cela, la relation ne procurera qu'une satisfaction temporaire, pour le plaisir uniquement.

Il rit, un rire où l'on croit toujours déceler une part d'étonnement devant la vaste palette des comportements humains.

Les relations basées sur une histoire d'amour

N'est-il pas insolite de parler sexe et mariage avec un homme, maintenant âgé de plus de soixante ans, resté célibataire ? Il n'a pas l'air hostile à l'idée de débattre de ces questions, mais ses commentaires dénotent un certain détachement.

Dès le lendemain, je soulève un aspect important que nous n'avons pas encore traité, curieux de savoir sous quel angle il abordera la question.

— Hier, nous discutions de l'importance de ne pas fonder une relation intime ou un mariage seulement sur le sexe. Mais dans la culture occidentale, au-delà de l'acte physique sexuel, c'est toute l'idée de l'histoire d'amour – l'idée de tomber amoureux, d'être profondément épris – qui est perçue comme hautement désirable. Le cinéma, la littérature, et toute la culture populaire se livrent à une véritable exaltation de cette forme d'amour romantique. Qu'est-ce que cela vous inspire ?

Le Dalaï-Lama répond sans hésiter :

— Je dirais tout d'abord que la poursuite sans fin de l'amour romantique peut, me semble-t-il, affecter notre épanouissement spirituel. Cela mis à part, et même dans la perspective d'un mode de relation et d'existence que je qualifierais de plus conventionnel, l'idéalisation de l'amour romantique me paraît devoir être tout de même considérée comme une position extrême. En réalité, on se situe ici à l'opposé des relations qui reposent sur l'attention et l'affection sincère envers l'autre. Au contraire, dans ce cas précis, tout repose sur un fantasme qui, de ce fait, peut devenir une source de frustration. Comment y voir quoi que ce soit de positif ?

Le ton catégorique du Dalaï-Lama me fait comprendre qu'il n'entend rien ajouter sur le sujet. Certes, notre société se complaît à une survalorisation de l'histoire d'amour. Néanmoins, je trouve qu'il écarte un peu trop aisément le charme de l'amour romantique. Étant donné son éducation monastique, je suppose que le questionner plus avant serait vain. Quelque peu désappointé, je passe à d'autres sujets.

Qu'est-ce qui rend l'histoire d'amour si attirante ? *Éros*, autrement dit l'extase suprême, est un puissant cocktail composé d'ingrédients culturels, biologiques et psychologiques. Dans la culture occidentale, l'idée de l'amour romantique est apparue et s'est répandue au cours des deux cents dernières années sous l'influence initiale du romantisme, un mouvement de pensée qui a largement modelé notre vision du monde. Le siècle des Lumières mettait l'accent sur la raison humaine. En revanche, le romantisme s'est affirmé dans le rejet de la raison chère aux Lumières : ce qu'il exalte, lui, c'est l'intuition, l'émotion, le sentiment et la passion. Il met l'accent sur l'importance du monde sensoriel, de l'expérience subjective, et se tourne vers le monde de l'imaginaire, ou du fantasme, à la recherche de ce qui n'est pas – un passé idéalisé ou un futur utopique. L'idéal romantique a exercé une influence profonde non seulement en art et en littérature, mais également en politique et dans tous les domaines de la culture occidentale contemporaine.

Ce qui nous pousse le plus impérieusement à poursuivre la passion, c'est justement la sensation de tomber amoureux. Au-delà de la simple glorification de l'amour romantique, d'ordre culturel, des forces puissantes sont à l'œuvre, qui nous amènent à rechercher ce sentiment. Beaucoup de chercheurs sont d'avis que ces forces sont programmées dans nos gènes. Le sentiment que l'on éprouve en tombant amoureux, invariablement mêlé d'attirance sexuelle, proviendrait d'un instinct d'accouplement. D'un point de vue évolutionniste, la première tâche de l'organisme est de survivre, de se reproduire et d'assurer la survie de l'espèce. Dès lors, il est de l'intérêt de l'espèce que nous soyons tous programmés pour tomber amoureux, puisque cela accroît les chances d'accouplement et de reproduction. C'est pourquoi nous disposons de mécanismes incorporés susceptibles d'y contribuer. En réaction à certains stimuli, le cerveau fabrique et fait circuler dans l'organisme des substances chimiques qui créent un sentiment d'euphorie, ce fameux enchantement qui va de pair avec l'état amoureux. Notre cerveau sécrète ces substances chimiques, et ce sentiment nous submerge à un point tel que, par moments, tout le reste paraît relégué au second plan.

Les forces psychologiques qui nous poussent irrésistiblement à rechercher cette sensation de tomber amoureux interviennent autant que les forces biologiques. Dans *Le Banquet* de Platon, Socrate nous raconte le mythe d'Aristophane, qui touche aux origines de l'amour sexuel. À en croire ce récit, les premiers habitants de la Terre étaient des créatures toutes rondes, dotées de quatre mains et de quatre pieds, dont le dos et les flancs formaient un cercle. Ces êtres autosuffisants et asexués étaient très arrogants et se lançaient sans relâche à l'assaut des dieux. Pour les punir, Zeus les a criblés d'éclairs et les a fendus en deux. Toutes ces créatures se sont dédoublées, chacune se languissant de son autre moitié.

Éros, la pulsion de l'amour passionné, peut s'assimiler à une réminiscence de cet ancien désir de fusion avec sa moitié perdue. Il semble que ce soit là un besoin humain à la fois universel et inconscient, qui implique la fusion avec l'autre, de mettre à bas les frontières, de ne plus faire qu'un avec l'être aimé. Les psychologues appellent cela l'« effondrement des frontières de l'ego. » Certains estiment que ce processus s'enracine dans nos expériences les plus précoces, qu'il s'agit là d'une tentative inconsciente de recréer ce que nous avons vécu nouveau-nés, quand l'enfant est en complète fusion avec sa mère ou avec la personne qui s'occupe de lui.

On sait que les nouveau-nés n'opèrent pas la distinction entre eux-mêmes et le reste de l'univers. Ils n'ont aucun sens de leur identité, ou tout au moins cette identité englobe-t-elle leur mère, les autres et tous les objets de leur environnement. Ils ignorent où ils finissent et où commence « l'autre ». Il leur manque ce que l'on appelle la conscience de la permanence de l'objet : pour eux, l'objet est dépourvu d'existence autonome et, tant qu'ils n'entrent pas en relation avec lui, celui-ci n'existe pas. Par exemple, si un nouveau-né tient un hochet, il le reconnaît comme faisant partie de lui-même, et, dès qu'on le dérobe à sa vue, ce dernier cesse d'exister.

À la naissance, le cerveau est immature. Au fur et à mesure que le bébé grandit et son cerveau avec lui, le dialogue avec le monde devient de plus en plus complexe et l'enfant acquiert progressivement un sens de l'identité individuelle, du « moi », qui s'inscrit en opposition à l'« autre ». Simultanément, il se crée une sensation d'isolement, et peu à peu l'enfant prend conscience de ses limites. Naturellement, la formation de l'identité se poursuit tout au long de l'enfance et de l'adolescence, à mesure que s'enrichissent les contacts avec le monde. La perception de soi est le produit de représentations intérieures, qui, pour une large part, se forment comme un reflet des échanges précoces avec les personnes qui ont occupé très tôt une place importante, et aussi comme un reflet du rôle social.

Mais il se peut qu'une partie de nous-même veuille régresser vers un état antérieur, un état de félicité exempt de toute sensation d'isolement ou de séparation. Beaucoup de psychologues contemporains estiment que l'expérience précoce de « l'unicité » intègre notre subconscient, et qu'à l'âge adulte elle imprègne l'inconscient et les fantasmes les plus intimes. Ils pensent que, lorsqu'on est amoureux, la fusion avec l'être aimé fait écho à l'expérience de la fusion avec la mère dans la prime enfance. Cette impression magique, cette sensation d'omnipotence, se recrée, comme si tout était possible. Une telle sensation demeure sans équivalent.

Il n'est pas étonnant, dès lors, que la quête de l'amour romantique exerce une telle emprise. Mais où réside le problème, et pourquoi le Dalaï-Lama affirme-t-il tranquillement que la quête de l'histoire d'amour est une pulsion négative ?

L'occasion m'a été donnée récemment d'analyser une relation où l'histoire d'amour tenait lieu de refuge et de source de bonheur. Se présente à mon cabinet David, un architecte paysagiste de trente-quatre ans, avec les symptômes classiques d'une sévère dépression clinique qui, m'explique-t-il, résulte probablement de tensions mineures dans son métier. Nous envisageons qu'il prenne un antidépresseur, ce qu'il accepte, et nous convenons de mettre en place un traitement. Le médicament se révèle très efficace : en trois semaines, ses symptômes aigus s'effacent et il retrouve un emploi du temps normal. Toutefois, en explorant son histoire personnelle, je ne suis pas long à m'apercevoir qu'en plus de sa dépression aiguë il souffre également de dysthymie, une forme plus insidieuse de dépression chronique, présente chez lui depuis de nombreuses années. Nous commençons alors d'examiner son parcours, afin de comprendre la dynamique psychologique responsable de ce processus au long cours.

Un jour, après quelques séances seulement, David entre dans mon cabinet : il jubile.

— Je me sens très bien ! me déclare-t-il. Cela fait des années que je ne me suis pas senti aussi bien !

En réaction à ces merveilleuses nouvelles, je lui fais immédiatement part de la possibilité que cette transformation totale corresponde en fait à la phase maniaque de son trouble mental. Cela ne semble pourtant pas le cas.

— Je suis amoureux ! m'annonce-t-il. Je l'ai rencontrée la semaine dernière sur un site pour lequel je prépare un concours d'architecture. C'est la plus belle fille que j'aie jamais vue... Nous sommes sortis ensemble presque tous les soirs de cette semaine, et c'est comme si nous étions deux âmes sœurs. Depuis deux ou trois ans je n'étais plus sorti avec une femme, j'en étais arrivé à croire que je n'allais plus jamais rencontrer personne, et puis, tout d'un coup, elle est là.

David passe l'essentiel de cette séance à dresser la liste de toutes les remarquables qualités de sa nouvelle amie.

— Ce n'est pas seulement une histoire de sexe. Nous avons les mêmes centres d'intérêt, et nous avons la même façon de penser, à un point tel que c'en est presque effrayant. Bien sûr, je suis réaliste, et je sais pertinemment que personne n'est parfait...

La semaine suivante, David m'annonce son intention d'abandonner sa psychothérapie.

— Tout va si bien dans ma vie, je ne vois pas pourquoi je poursuivrais une psychothérapie, m'explique-t-il. Ma dépression est finie, je dors comme un bébé, mon travail marche de nouveau très bien, et je vis une relation formidable. Je pense avoir tiré quelque chose de ces séances, mais à l'heure actuelle je ne me vois pas dépenser de l'argent pour une cure quand il n'y a rien sur quoi travailler.

Je me félicite de le voir aller si bien, mais je lui rappelle certaines problématiques d'ordre familial que nous avions commencé de cerner, et qui ont pu le mener à ce processus de dysthymie chronique. Et, tandis que je lui parle, des termes courants en thérapie, comme « résistance » et « défenses », me viennent en tête.

Il n'est pas convaincu.

— Ce sont peut-être des questions sur lesquelles j'aurai envie de me pencher un jour, me dit-il, mais je pense que ma dépression tenait pour l'essentiel à ma solitude, au sentiment qu'il me manquait quelqu'un, une personne d'exception avec laquelle partager plein de choses, et à présent je l'ai trouvée.

Son souhait de mettre un terme à sa thérapie est sans appel. Nous prenons des dispositions pour que son médecin de famille suive son traitement médical, nous consacrons cette séance à dresser le bilan et à conclure, et je finis par l'assurer que ma porte lui reste ouverte à tout moment.

Plusieurs mois plus tard, David revient à mon cabinet :

— J'ai été minable, m'avoue-t-il, très abattu. La dernière fois que je vous ai vu, tout allait si bien. J'ai vraiment cru avoir trouvé la compagne idéale. J'ai même abordé le sujet du mariage. Mais on aurait dit que, plus je voulais me rapprocher d'elle, plus elle reculait. Finalement, elle a rompu. Après ça, je suis retombé dans une véritable dépression pendant deux ou trois semaines. Je me suis même mis à l'appeler, uniquement pour entendre sa voix à l'autre bout du fil avant de raccrocher, et je passais en voiture devant son bureau juste pour voir si elle était garée devant. Au bout d'un mois, ma propre conduite m'a écœuré – j'étais ridicule –, et, au moins, mes symptômes de dépression se sont calmés. Je mange et je dors correctement, mon travail marche, et je regorge d'énergie, mais j'ai toujours l'impression qu'une partie de moi-même me manque. C'est comme si j'étais revenu à la case départ : je me sens exactement comme pendant toutes ces années...

Et nous avons repris la thérapie.

Cela paraît clair : comme source de bonheur, l'histoire d'amour laisse pour le moins à désirer. Et quand le Dalaï-Lama la décrit comme un pur « fantasme » qui ne vaut pas les efforts que l'on y consacre, est-il si loin de la vérité ? Peut-être son jugement n'est-il pas faussé par des années de formation monacale, mais décrit-il la nature objective de l'idylle amoureuse. Même le dictionnaire donne des mots « aventure » et « romantique » des définitions plutôt péjoratives : « entreprise dont l'issue est incertaine », « exaltation », « rêverie ». Il semble en réalité que la conception de la civilisation occidentale ait connu une mutation. L'ancien concept d'*Éros*, qui signifie implicitement ne plus faire qu'un, ou fusionner avec l'autre, a revêtu un sens nouveau. L'histoire d'amour a pris un tour artificiel, au parfum d'infidélité et de tromperie, qui a conduit Oscar Wilde à cette observation lugubre : « Quand on est amoureux, on commence toujours par se tromper soi-même, et on finit toujours pas tromper les autres. C'est cela que le monde appelle la passion amoureuse. »

Si l'attirance sexuelle ou le « coup de foudre » peuvent jouer un rôle dans la formation d'un lien initial, à l'image d'une colle synthétique, pour que « durcisse » un lien durable, l'agent initial doit être mélangé avec d'autres composants : affection, compassion et respect mutuel. Cela vaut avec l'amant(e) ou l'époux(se), mais aussi avec les amis, les étrangers.

Voilà qui ouvre à n'en pas douter des possibilités de communication illimitées.

7

La valeur et les effets bénéfiques de la compassion

Définir la compassion

Au fur et à mesure de nos conversations, je découvre que la compassion joue dans la vie du Dalaï-Lama un rôle réellement central. En réalité, l'épanouissement de la compassion fait partie intégrante de son cheminement spirituel.

— Étant donné l'importance que lui accorde le bouddhisme, qu'entendez-vous exactement par compassion, pièce maîtresse du développement spirituel ?

— La compassion se définit sommairement comme un état d'esprit non violent, non offensif, non agressif. C'est une posture mentale fondée sur le souhait de voir les autres se libérer de leur souffrance, et qui va de pair avec le sens de l'engagement, de la responsabilité et du respect d'autrui.

« *Tse-wa*, "compassion" en tibétain, sous-entend que l'on se souhaite de bonnes choses à soi-même. Autrement dit, rien n'interdit de commencer par alimenter ce sentiment en se souhaitant d'être libre de toute souffrance, pour ensuite le cultiver, le renforcer, et l'étendre au monde extérieur en y englobant les autres.

« S'agissant de la compassion, on court toujours le risque de la confondre avec l'attachement. Aussi importe-t-il d'en distinguer deux types. La première sorte de compassion se nuance d'attachement – on exerce sur l'autre une certaine emprise, ou bien on l'aime pour en être aimé en retour. Cet amour ordinaire est tout à fait partial et faussé. Même si on identifie l'autre comme une personne amie. Au moindre changement de situation, s'il y a désaccord, ou colère, tout à coup cette projection mentale se modifie. Vous verrez alors s'évanouir cette impression d'attachement et, en lieu et place de ce sentiment, vous irez jusqu'à éprouver de l'aversion, voire de la haine.

« Cependant, il existe un second type de compassion qui ne repose pas sur le fait que telle ou telle personne me soit chère, mais plutôt sur la considération suivante : tous les êtres humains caressent le désir d'être heureux et de surmonter leurs souffrances, tout comme moi-même. Et, tout comme moi-même, ils ont naturellement le droit de réaliser cette aspiration fondamentale. Une fois reconnue cette communauté d'aspiration, il se déploie un sentiment d'affinité et de proximité avec l'autre, qu'il soit perçu comme un ami ou comme un ennemi. Cette compassion repose davantage sur les droits fondamentaux de l'autre que sur notre propre projection mentale.

« Dès lors, on voit en quoi il est essentiel de cultiver cette compassion authentique dans la vie quotidienne. Le mariage comporte en général une part d'attachement. Mais je crois que, s'il intègre également cette composante de la compassion authentique, alors cette union aura toutes les chances de durer.

S'épanouir dans une compassion plus universelle, dissociée de tout sentiment personnel, cela me paraît beaucoup demander, et je suis perplexe.

— L'amour ou la compassion sont des sentiments très subjectifs. Pourtant, la tonalité affective, le sentiment amoureux ou la compassion seraient identiques, me semble-t-il, qu'ils se « nuancent d'attachement » ou qu'ils soient « authentiques ». Si l'émotion ou la sensation sont similaires dans ces deux sortes d'état amoureux, pourquoi importe-t-il tellement de les distinguer ?

Le Dalaï-Lama me fait une réponse catégorique :

— Tout d'abord, je pense qu'il existe réellement une différence de qualité entre un authentique sentiment d'amour ou de compassion, et un amour basé sur l'attachement. La compassion authentique est plus forte, plus ample ; sa qualité première, c'est la profondeur. De même, l'amour qui en découle est plus stable, plus fiable. Regardez un poisson qui se tortille au bout d'un hameçon. Spontanément, sa douleur vous sera insupportable, pourtant vous n'avez aucun lien exceptionnel avec cet animal en particulier. Vous ne vous dites pas : « Ce poisson est mon ami. » Dans ce cas précis, la compassion se fonde simplement sur le fait que cet être éprouve lui aussi des sensations, connaît la douleur, et qu'il a le droit de ne pas souffrir. Cette sorte de compassion, où ne se mêlent ni désir ni attachement, est solide et durable.

— Dans cet exemple, vous soulevez un point crucial en associant cette conception au caractère insupportable de la douleur de l'animal.

— Oui, confirme le Dalaï-Lama. En un sens, on pourrait définir la compassion comme la sensation de l'insoutenable devant la souffrance de l'autre, de tout être sensible. Je crois donc que plus on comprend pleinement la souffrance, les souffrances, plus profond sera le degré de compassion.

— En fait, la compassion implique de s'ouvrir à la souffrance de l'autre, de la partager. Mais cela soulève une question plus fondamentale : presque tous, nous effectuons de longs détours pour nous éviter de souffrir, au point de recourir aux médicaments. Pourquoi endosserions-nous volontairement la souffrance de l'autre quand déjà nous refusons la nôtre ?

Le Dalaï-Lama me répond sans hésitation :

— Il y a une différence de taille entre votre propre souffrance et celle que vous éprouverez dans un état de compassion, à la faveur duquel vous allez endosser et partager la souffrance de l'autre – une différence qualitative. Quand vous pensez à votre propre souffrance, vous avez l'impression d'être totalement submergé, écrasé, impuissant. Une lassitude vous gagne, pour ainsi dire un engourdissement de vos facultés.

« Or, quand vous générez de la compassion, là aussi vous pouvez connaître un certain malaise initial, une pénible sensation d'inconfort. Et pourtant, la compassion change tout, car le fait d'accepter volontairement la souffrance de l'autre en vue d'un but plus élevé éveille en vous une force de l'esprit et une détermination inédites. C'est une sensation de communication, une volonté d'aller vers l'autre, une impression de renouvellement plus que de lassitude. C'est une situation similaire à celle du sportif. En se soumettant à un exercice rigoureux, il souffre – il s'entraîne, il sue, il peine. N'importe qui trouverait cela douloureux, épuisant. Mais l'athlète, lui, perçoit cette souffrance comme un accomplissement, qu'il associe à une forte sensation de plaisir. En revanche, s'il était soumis à un effort physique supplémentaire qui ne fasse pas partie de son entraînement, il se dirait : “Pourquoi me met-on au supplice ?" En somme, c'est bien la posture mentale, on le comprend aisément, qui fait toute la différence.

Ces quelques mots, prononcés avec une telle conviction, me donnent vraiment l'impression que l'on peut résoudre le problème de la souffrance en la transcendant.

— La première étape, dites-vous, c'est de prendre la souffrance en compte. Mais y a-t-il d'autres techniques bouddhiques susceptibles de renforcer ce mouvement de compassion ?

— Oui. Par exemple, dans la tradition Mahayana du bouddhisme, deux techniques en particulier permettent de cultiver la compassion. Elles sont connues sous le nom de méthodes « de la cause et de l'effet en sept points » et « de l'échange et de l'égalité entre soi et les autres ». La méthode « de l'échange et de l'égalité » se trouve dans le huitième chapitre du *Guide du chemin de vie des Bodhisattva*, de Shantideva.

La vraie valeur de la vie humaine

Je poursuis à la séance suivante.

— Supposons maintenant qu'un riche homme d'affaires vienne vous voir et vous dise : « Votre Sainteté, vous déclarez la chaleur et la compassion essentielles au bonheur. Mais, par nature, je ne suis ni très chaleureux ni très affectueux. Pour être honnête, je n'éprouve aucune compassion, aucun altruisme particuliers. Je suis plutôt quelqu'un de rationnel, de pragmatique, un peu cérébral, et je n'éprouve aucune émotion de ce genre. Pourtant, je me sens bien dans l'existence, je suis heureux de la vie que je mène. Mes affaires marchent à merveille, j'ai des amis, je subviens parfaitement aux besoins de ma femme et de mes enfants, et apparemment j'ai de bons rapports avec eux. Je ne ressens aucun manque. La compassion, la chaleur humaine, l'altruisme, tout cela m'a l'air parfait, mais, pour moi, quel intérêt ? »

— Avant tout, me répond le Dalaï-Lama, je douterais que cet homme soit heureux au fond de lui-même. Je crois vraiment que la compassion est à la base de la survie humaine, la vraie valeur de la vie. Faute de quoi, c'est une pièce maîtresse qui fait défaut. Sans grande sensibilité à ce que ressentent les autres, un homme aurait par exemple du mal à communiquer avec sa femme. S'il était réellement si indifférent à la souffrance et aux sentiments des autres, alors quand bien même serait-il milliardaire, aurait-il reçu une bonne éducation, ne connaîtrait-il aucun souci d'ordre familial, et serait-il entouré d'amis, hommes d'affaires fortunés, politiciens, chefs d'État, je considérerais l'ensemble de ces éléments positifs comme superficiels.

« Mais s'il maintenait envers et contre tout qu'il ne ressent aucune compassion, et que rien ne lui manque... alors il serait assez ardu de l'aider à saisir toute l'importance de la compassion...

Le Dalaï-Lama s'interrompt pour réfléchir. Ces pauses qui émaillent nos entretiens, loin d'installer un silence gênant, confèrent plus de poids et de sens à ses propos lorsque la conversation reprend.

— Pourtant, même dans ce cas, je relèverais plusieurs aspects. Tout d'abord, je suggérerais à cet homme de réfléchir à sa propre expérience. Il verra qu'être traité avec affection et compassion le rend heureux. Cette première expérience l'aidera à comprendre que les autres aussi se sentent bien quand on leur témoigne chaleur et compassion. Reconnaître ce fait pourrait l'amener à mieux respecter la sensibilité des autres et à leur apporter plus volontiers cette compassion et cette chaleur. Il découvrirait que, plus on donne aux autres, plus on reçoit en retour. Je ne crois pas qu'il serait très long à s'en apercevoir, et à prendre cela pour base d'une confiance et d'une amitié mutuelles.

« Je conçois, jusqu'à un certain point, que cet homme puisse même, en n'éprouvant ni chaleur humaine ni affection, ne ressentir aucune impression de manque. Mais s'il juge que tout va pour le mieux, que rien ne le pousse à développer un sentiment de compassion, je dirais que sa conception de l'existence est le fruit de l'ignorance. En apparence, les autres entretiennent avec lui une relation épanouie. En réalité, c'est qu'ils le perçoivent essentiellement comme une source de réussite et de richesse. Entretiennent-ils vraiment une relation avec lui ? Ne sont-ils pas influencés par sa fortune et son pouvoir ? S'ils ne reçoivent de lui aucune chaleur humaine, aucune affection, peut-être s'en contentent-ils et n'en attendent-ils pas plus ? Mais si la fortune de cet homme vient à décliner, la base de cette relation va s'affaiblir, et il va commencer de ressentir les effets de l'absence de chaleur humaine, et aussitôt il en souffrira.

« En revanche, on peut réellement compter sur la compassion : quoi qu'il arrive, on conserve quelque chose à partager avec ses semblables. L'équilibre économique mondial est précaire et nous sommes sujets à bien des pertes dans le cours d'une vie, mais la compassion est une richesse que l'on emporte toujours avec soi.

Un serviteur en robe rouge pénètre dans la pièce et verse le thé en silence.

— Naturellement, quand on essaie d'expliquer l'importance de la compassion, il arrive que l'on se heurte à un être endurci, individualiste, égoïste, uniquement soucieux de lui-même ou de ses propres intérêts. Et puis certaines personnes n'ont vraiment aucun don de sympathie, fût-ce avec l'être aimé ou avec un proche. Pourtant, à ces gens-là, il est encore possible d'exposer que la compassion et l'amour serviront leurs intérêts. Souhaitent-ils vivre en bonne santé, longtemps, et connaître la paix de l'esprit, le bonheur, la joie ? On détient la preuve scientifique que tous ces bienfaits peuvent se trouver renforcés par des sentiments d'amour et de compassion... Mais en qualité de médecin, de psychiatre, peut-être en savez-vous plus sur ces thèses scientifiques ?

— Oui, admets-je. Sans conteste, il existe des preuves scientifiques des avantages physiologiques et affectifs de la compassion.

— Alors je crois que tout individu à qui l'on communiquerait l'existence de ces études scientifiques se verrait encouragé à cultiver la compassion, commente le Dalaï-Lama. Cela étant, d'autres arguments peuvent être puisés dans l'expérience quotidienne. Ainsi, le manque de compassion conduit à se montrer impitoyable. Or, à un certain niveau, tout au fond d'eux-mêmes, les êtres impitoyables souffrent en général d'une forme de tristesse et de frustration – je songe à un Staline, à un Hitler. Ces gens-là sont tenaillés par l'insécurité et la peur. Jusque dans leur sommeil, cette peur demeure... Le phénomène n'est pas facile à comprendre, mais on peut affirmer que ce qui fait défaut à ces individus ne manque pas aux êtres plus compatissants : un sentiment de liberté, d'abandon, qui autorise, ne serait-ce que dans le sommeil, à se détendre et à se laisser aller. Cette liberté est interdite aux individus sans pitié : ils sont toujours sous l'emprise de quelque chose.

« Bien entendu, ce ne sont là de ma part que spéculations, mais imaginons que l'on ait demandé à ces individus : “Quand vous êtes-vous senti le plus heureux ? Dans l'enfance, quand votre mère prenait soin de vous et lorsque vous étiez proche de votre famille, ou maintenant que vous détenez le pouvoir ?” Je pense qu'ils auraient répondu avoir préféré leur jeunesse. Même un Staline a dû être aimé de sa mère dans son enfance.

— En citant le nom de Staline, lui fais-je observer, vous illustrez parfaitement les conséquences d'une vie dépourvue de compassion. Son caractère impitoyable et soupçonneux était, on le sait, le trait dominant de sa personnalité. Il voyait des ennemis partout. Les purges massives et les campagnes répétées contre toutes sortes de groupes et de couches sociales, à travers tout le pays, ont abouti à des emprisonnements et à des exécutions par millions. Il est allé jusqu'à se retourner contre son entourage. Peu de temps avant sa mort, il confia à Nikita Khrouchtchev : « Je ne fais confiance à personne, même pas à moi-même ! » Et manifestement, plus il devenait puissant et sans pitié, plus il était malheureux. C'est ce qui amena l'un de ses proches à déclarer qu'en fin de compte le seul trait humain de sa personnalité, c'était qu'il se sentait malheureux.

« Il reste qu'il est pour le moins périlleux d'essayer de comprendre ce qui a pu le pousser à commettre ces actes horribles. À ce propos, qu'en est-il de tous ces gens qui n'ont pas vécu d'enfance heureuse, qui n'ont pas eu de mère aimante, de tous ceux qui dès le début ont été maltraités ? Ne faut-il pas, pour qu'un adulte parvienne à s'épanouir dans la compassion, que ses parents, ou ceux qui ont pris soin de lui, l'aient élevé avec chaleur et affection ?

— Oui, c'est important, je le crois. (Il observe un silence, médite un instant.) Certains êtres ont d'emblée beaucoup souffert et manqué d'affection – à telle enseigne que, plus tard, ces individus paraissent dépourvus de tout sentiment humain, de toute aptitude à la compassion et à l'affection…

Le Dalaï-Lama marque à nouveau un temps de silence et il donne l'impression de soigneusement peser ma question un long moment. Il se penche sur sa tasse, dans une posture qui est celle d'un homme plongé dans ses pensées. Nous buvons notre thé. Finalement, il hausse les épaules, admettant par ce geste qu'il n'a pas de solution.

— Pensez-vous que des techniques propres à renforcer le sentiment de sympathie et à développer la compassion seraient salutaires à des individus accablés d'un si lourd passé ?

— Les effets bénéfiques de ces méthodes et de ces techniques agissent à des degrés divers, en fonction des circonstances propres à chacun, explique-t-il. Dans certains cas, elles se révèlent inefficaces...

« Cela étant, s'agissant de ce type de personnalité, les techniques qui pourraient éventuellement s'appliquer sont celles que nous avons évoquées précédemment. Toutefois je ne peux que réitérer ma mise en garde : elles visent à aider autant de gens que possible, mais ne sauraient toucher tout le monde.

« L'essentiel, c'est que chacun consente un effort sincère pour développer sa capacité compassionnelle. Jusqu'à quel point en est-on réellement capable ? Qui peut le dire ? Cela dépend de tant de choses. Mais si chacun déploie tous ses efforts de bonté, si chacun cultive la compassion pour aller vers un monde meilleur, alors il pourra se dire : “Au moins, j'ai fait de mon mieux.”

Les effets bénéfiques de la compassion

Quand David McClelland, psychologue à Harvard, a montré à un groupe d'étudiants un film sur le travail de Mère Teresa auprès des malades et des pauvres de Calcutta, les étudiants ont admis que le film avait éveillé en eux des sentiments de compassion. Après quoi, l'analyse de leur salive a révélé une augmentation du taux d'immunoglobuline-A, un anticorps qui aide à combattre les infections respiratoires. Dans le cadre d'une autre enquête, conduite par James House, du centre de recherches de l'université du Michigan, les enquêteurs ont pu établir que participer régulièrement à des missions bénévoles, agir auprès des autres avec chaleur et compassion, augmente nettement l'espérance de vie, et probablement la vitalité générale.

Par ailleurs, venir en aide aux autres induit un sentiment de bonheur, apaise l'esprit, atténue la dépression. Après une étude menée sur une période de trente ans auprès d'un groupe de diplômés de Harvard, le chercheur George Vaillant a conclu qu'un mode de vie altruiste est essentiel pour une bonne santé mentale. Une autre enquête, menée par Allan Luks auprès de plusieurs milliers d'individus participant régulièrement à des activités bénévoles, a révélé, chez les neuf dixièmes d'entre eux, une forme d'enthousiasme manifestement associée à cette activité, un mélange de chaleur humaine, d'énergie et d'euphorie. Ces personnes acquièrent de plus une conscience accrue de leur propre valeur.

Même si la science vient manifestement étayer la position du Dalaï-Lama, il est à la limite superflu de s'appuyer uniquement sur ces expériences pour valider ses conceptions. Il suffit, dans notre propre existence et dans celle de notre entourage, de souligner les liens étroits qui existent entre l'attention portée aux autres, la compassion et le bonheur individuel. Joseph, un entrepreneur du bâtiment âgé de soixante ans, en fournit une bonne illustration. Trois décennies durant, Joseph avait trouvé le bon filon : pour faire fortune, il avait misé sur un boom du bâtiment qui, en Arizona, semblait ne devoir jamais connaître de limites. Pourtant, à la fin des années quatre-vingt, l'Arizona traverse la plus grande crise immobilière de son histoire. Joseph s'endette lourdement et perd tout. Il finit par déposer le bilan de son entreprise. Ses problèmes financiers soumettent son mariage à de vives tensions, qui débouchent sur un divorce après vingt-cinq ans de vie commune. Joseph se met à boire. Heureusement, il parvient ensuite à se libérer de la boisson grâce aux Alcooliques anonymes. Dans le cadre de sa cure de désintoxication, il parraine à son tour des alcooliques et les aide à rester à jeun. Il découvre que son rôle d'animateur social lui plaît, qu'il aime venir en aide aux autres, et devient bénévole au sein d'autres organismes. Il utilise sa connaissance des affaires pour soutenir les personnes défavorisées. Évoquant son existence actuelle, Joseph explique :

« Je dirige maintenant un petit cabinet de conseil en organisation d'entreprise. J'ai un revenu modeste, mais j'ai compris que je ne serai plus jamais aussi riche que dans le passé. Et pourtant, le plus cocasse, c'est que je n'ai plus vraiment envie de cet argent-là. Je préfère de beaucoup consacrer du temps comme bénévole à des associations ou des institutions, à travailler au contact des autres, à les aider du mieux que je peux. Désormais, je retire davantage de joie pure de chacune de mes journées que naguère d'un mois entier passé à réaliser de bonnes affaires. Je suis plus heureux que jamais ! »

Méditation sur la compassion

Fidèle à sa parole, le Dalaï-Lama conclut l'une de ses conférences en Arizona par une méditation sur la compassion. Ce n'est qu'un simple exercice. Et pourtant, avec autant de puissance que d'élégance, cet exercice de cinq minutes qui va droit à l'essentiel résume et cristallise le contenu de sa réflexion.

— Générer de la compassion, cela signifie tout d'abord reconnaître que l'on refuse de souffrir et que l'on a droit au bonheur. Chacun peut le vérifier dans son expérience personnelle. Ensuite, on reconnaît que les autres, eux non plus, ne souhaitent pas souffrir et qu'ils ont droit, eux aussi, au bonheur. Cela, c'est la base.

« Commençons par nous représenter une personne qui souffre profondément, ou qui connaît un intense chagrin. Pendant les trois premières minutes de cette méditation, analysez de plus près la souffrance de cet individu. Puis essayez d'établir le lien avec vous-même, et dites-vous : "Cet individu a la même capacité de connaître la douleur, la joie, le bonheur et la souffrance que moi." Ensuite, tâchez de laisser libre cours à votre réaction naturelle, compatissante. Essayez de parvenir à la conclusion suivante : songez à quel point vous désirez que cette personne s'affranchisse de cette souffrance. Et prenez la décision de l'aider à se soulager. Finalement, attachez-vous à cette décision, et consacrez les dernières minutes de cette méditation à simplement essayer de générer dans votre esprit un état de compassion ou d'amour. »

Là-dessus, le Dalaï-Lama adopte une posture de concentration, jambes croisées, et, complètement immobile, se livre à sa méditation. Silence absolu dans l'auditoire. Mais ce matin-là il y a quelque chose d'émouvant à se retrouver au milieu de cette assemblée. L'individu le plus endurci pourrait-il contenir son émotion, entouré de mille cinq cents personnes toutes animées en leur for intérieur d'une pensée compassionnelle ? Au bout de quelques minutes, le Dalaï-Lama rompt le silence pour entamer un chant tibétain. Sa voix profonde, mélodieuse, délicatement modulée, apaise et réconforte.

TROISIÈME PARTIE

Transformer la souffrance

8

Face à la souffrance

Aux temps du Bouddha, une femme nommée Kisagotami a la douleur de perdre son unique enfant. Incapable de l'accepter, elle se met en quête de tous ceux qui pourraient lui fournir le remède qui redonnera la vie à son enfant. Le Bouddha, dit-on, possède semblable remède.

Kisagotami va voir le Bouddha, lui rend hommage et lui demande :

— Peux-tu préparer un remède qui rendra la vie à mon enfant ?

— J'en connais l'existence, lui répond le Bouddha. Mais, pour le préparer, j'ai besoin de certains ingrédients.

Soulagée, la femme dit :

— Quels ingrédients te faut-il ?

— Apporte-moi une poignée de graines de moutarde, fait le Bouddha.

La femme promet de lui en procurer, mais, alors qu'elle prend congé, il ajoute :

— J'exige que cette graine de moutarde provienne d'une maison où aucun enfant, aucune épouse, aucun parent, aucun serviteur n'est jamais mort.

La femme acquiesce et va de maison en maison, à la recherche de la graine de moutarde. Dans chaque maison, les gens acceptent de lui remettre cette graine, mais, quand elle leur demande si quelqu'un est mort dans cette maisonnée, elle ne peut trouver aucun foyer que la mort n'ait visité – ici, une fille, là, un serviteur, là encore, un mari ou un parent est décédé. Ainsi donc, Kisagotami est incapable de trouver un foyer affranchi de la douleur de la mort. Voyant qu'elle n'est pas seule dans son chagrin, cette mère accepte que le corps de son enfant reste sans vie et s'en revient devant le Bouddha, qui lui déclare avec une infinie compassion :

— Tu croyais être la seule à avoir perdu un fils. La loi de la mort veut que, parmi toutes les créatures vivantes, il n'y ait nulle permanence.

La recherche de Kisagotami lui a appris que personne n'échappe à la douleur. Cet éclaircissement n'a pas éliminé l'inévitable souffrance de sa terrible infortune, mais il a atténué la douleur causée par la lutte contre cette triste réalité de l'existence.

Que la douleur et la souffrance soient des phénomènes universellement partagés ne les rend pas plus faciles à accepter. Afin de les éviter, les êtres humains ont mis au point une vaste palette de stratégies. Il s'agit parfois de substances chimiques, faites pour étouffer et traiter la souffrance, ou d'alcool. Nous possédons également toute une panoplie de mécanismes internes, des défenses psychologiques souvent inconscientes, qui font office de tampon. Parfois, ces mécanismes sont très primitifs, comme le simple refus de reconnaître l'existence d'un problème. Autrement, nous en admettons vaguement la réalité, mais pour ne pas y penser nous nous étourdissons à grand renfort de distractions et de divertissements. Ou encore nous tombons dans la projection : incapables d'accepter la chose, nous la projetons inconsciemment sur les autres et nous leur faisons porter la responsabilité de notre souffrance.

S'éviter de souffrir, cela n'a qu'un temps. Tout se passe alors comme pour une maladie que l'on ne traite pas, ou que l'on traite superficiellement, avec des médicaments qui ne font que masquer les symptômes sans soigner en profondeur : immanquablement, le mal couve et empire. Certes, l'état d'euphorie provoqué par les médicaments ou l'alcool soulage la douleur pendant un temps. Mais, à la longue, leur absorption endommage l'organisme, et notre existence supporte ensuite d'autres dégâts, cette fois d'ordre social. Il en résulte des souffrances bien plus violentes que la vague insatisfaction ou la douleur affective aiguë qui nous ont conduits de prime abord à les prendre. À ce stade, nos défenses psychologiques internes, telles que la dénégation ou la répression, peuvent encore nous protéger un certain temps de la souffrance, sans la faire disparaître.

Prenons le cas de Randall. Voici un peu plus d'un an, il a perdu son père d'un cancer. Comme il était très proche de lui, sur le moment, tout le monde a été surpris de le voir si bien réagir à ce décès.

« Naturellement, je suis triste, confiait-il à l'époque, stoïque. Mais vraiment, je vais bien. Évidemment, il va me manquer, mais la vie continue. Et de toute façon, pour l'instant, je ne peux pas me permettre de laisser toute mon existence tourner autour de ce manque : je dois organiser les obsèques et m'occuper de sa succession, il faut que je le fasse pour ma mère... »

Cependant, un an plus tard, peu de temps après la date anniversaire de ce décès, Randall sombre dans une grave dépression. Il vient me voir et m'explique :

— Je n'arrive tout simplement pas à comprendre la cause de cette dépression. Tout m'a l'air d'aller très bien. Cela ne peut être à cause de mon père. Cela fait plus d'un an qu'il est mort, et j'ai déjà accepté sa disparition.

Il a suffi d'une très courte thérapie pour clairement montrer qu'en luttant pour tenir ses émotions par la bride, afin d'être « fort », Randall ne s'est jamais pleinement confronté au chagrin de cette perte. Ses émotions n'ont cessé d'enfler, jusqu'à cette dépression écrasante qu'il est désormais contraint d'affronter.

La dépression de Randall a trouvé une solution rapide, car nous avons travaillé sur la souffrance et le sentiment de la perte, et il a su prendre la pleine mesure de son chagrin. Toutefois, il arrive que les stratégies inconscientes que nous déployons pour éviter de regarder un problème en face soient plus profondément enracinées, et il devient difficile de s'en extraire. Presque tous, nous avons dans notre entourage un ami, une connaissance ou un membre de la famille qui, afin d'esquiver ses problèmes, les projette sur les autres et leur en fait porter la faute – il les accuse de fautes qui sont en réalité les siennes. Ce n'est certainement pas la bonne méthode pour éliminer ses problèmes, et en général on se condamne à une vie de malheur aussi longtemps qu'on reproduira ce schéma de comportement.

Le Dalaï-Lama précise son approche de la détresse humaine – sa démarche suppose d'accepter la souffrance comme une donnée naturelle de l'existence, pour s'attaquer courageusement aux problèmes, sans détour. Car, en dernière analyse, ne l'oublions pas, il croit en la possibilité de s'en affranchir.

— Les plus graves tourments de l'existence, ce sont ceux que l'on ne peut esquiver, comme le grand âge, la maladie et la mort. Essayer de les éviter, ou simplement ne pas y penser, peut soulager provisoirement, mais selon moi il existe une meilleure approche. Dès que l'on prend la peine de se confronter directement à sa souffrance, on se met en position d'évaluer la profondeur et la nature du problème. Dans une bataille, tant que l'on ignore la position et les capacités militaires de l'ennemi, on reste totalement pris au dépourvu, paralysé par la peur. En revanche, dès que l'on sait quelles armes il possède, on est en bien meilleure position quand il s'agit de s'engager dans une guerre. De même, se confronter aux problèmes plutôt que les ignorer nous place en position de les aborder.

À l'évidence, c'est là une approche qui paraît rationnelle. Toutefois, poussant plus loin la réflexion, je lui demande :

— Et si, confronté directement à un problème, on s'aperçoit que l'on n'a pas de solution ?

— Alors je persiste à croire qu'il vaut mieux faire face, me répond-il d'un ton décidé. Ainsi, le grand âge et la mort peuvent être tenus pour des événements négatifs, indésirables : dès lors, pourquoi ne pas tout simplement essayer de les oublier ? Mais tôt ou tard, si l'on s'est évité la peine d'y réfléchir, le jour où surviendra l'un de ces événements, le choc provoquera une tension psychique insoutenable. En revanche, si l'on consacre un peu de temps à réfléchir au sens de la vieillesse, de la mort ou d'autres épreuves, on saura faire preuve de bien plus de fermeté d'esprit parce que l'on aura appris au préalable à les connaître, et parce qu'on les aura anticipées.

« C'est pourquoi je crois utile de s'y préparer en se familiarisant longtemps à l'avance avec les différentes sortes de souffrance que l'on sera amené à rencontrer. Pour reprendre l'analogie de la bataille, pourquoi ne pas assimiler la réflexion sur la souffrance à un exercice militaire ? Qui n'a jamais entendu parler de guerre, de canons, de bombardements aura toute chance de s'évanouir en montant au combat. Mais à force d'entraînement et de manœuvres, grâce à cette capacité de l'esprit à se familiariser à tout, si la guerre éclate, l'épreuve sera moins rude.

— Je vois l'intérêt de se familiariser avec les souffrances susceptibles de survenir dans l'existence, et ce afin de contenir sa peur et son appréhension. Il n'en reste pas moins que certains dilemmes n'offrent guère d'autre choix que la souffrance.

— Quel genre de dilemme ?

— À la suite d'une amniocentèse ou d'une échographie, une femme enceinte découvre que l'enfant est atteint d'une importante malformation congénitale et qu'il sera victime d'un handicap physique ou mental grave. Naturellement, la future mère est en proie à l'angoisse, car elle ne sait que faire. Face à cette situation, elle peut choisir d'agir et de se faire avorter, pour épargner à l'enfant une vie de souffrance, mais alors elle connaîtra une sensation aiguë de perte et de douleur, et peut-être se jugera-t-elle aussi coupable. À l'inverse, elle peut décider de laisser la nature suivre son cours et garder le bébé. Mais, en ce cas, elle se soumettrait à une vie entière d'épreuves et de souffrance pour elle et pour l'enfant.

Le Dalaï-Lama m'écoute attentivement. Avec un soupçon de mélancolie dans la voix, il me confie cette réponse :

— Que l'on aborde ces questions du point de vue occidental ou bouddhiste, ce sont là des dilemmes très douloureux. Concernant le cas de figure que vous évoquez, personne ne sait vraiment ce qui vaudrait mieux à long terme. Il a beau s'agir d'un enfant malformé à la naissance, il se peut, avec le temps, qu'il vaille mieux le garder, tant pour la mère et la famille que pour le bébé lui-même. Mais si l'on envisage les conséquences de ce choix sur le long terme, n'est-il pas au contraire préférable d'avorter ? En l'occurrence, qui décide ? C'est extrêmement délicat. Même du point de vue bouddhiste, cette sorte de jugement dépasse nos facultés rationnelles… (Il marque un temps, puis il ajoute :) Je pense néanmoins que leur milieu et leurs convictions auraient leur rôle à jouer dans la réaction qu'adopteraient des individus bien précis face à une situation aussi délicate…

Nous sommes restés là, assis, en silence.

Avec un mouvement de la tête, il conclut enfin :

— Nous préparer mentalement très à l'avance à ce genre de choix, certes, ne suffit pas à régler la situation, mais, sans pour autant remédier au problème, cela nous mettra dans une disposition mentale qui nous aidera à l'affronter et à contenir la peur. Si un enfant va naître atteint d'une malformation congénitale, vous aurez beau y avoir réfléchi à l'avance, il vous reste à trouver comment prendre la situation en main. Donc, la difficulté demeure.

Il pointe une note de tristesse dans la voix du Dalaï-Lama voire même plus que de la tristesse –, mais la petite musique intérieure que je capte, elle, n'a rien de désespéré. Pendant une longue minute, il s'interrompt une fois encore en fixant la fenêtre, comme s'il embrassait le monde du regard, avant de poursuivre :

— Il n'y a vraiment pas lieu de se dérober à la souffrance : elle fait partie de la vie. Or nous avons naturellement tendance à peu supporter nos souffrances et nos soucis. En tout état de cause, je ne crois pas que les gens aient l'habitude de considérer que souffrir soit la véritable nature de l'existence… (Subitement, le Dalaï-Lama éclate de rire.) À notre anniversaire, on nous souhaite « Bon anniversaire », alors qu'en réalité le jour de notre naissance fut aussi celui de la naissance de notre souffrance. Et pourtant personne ne va nous souhaiter : « Joyeux anniversaire, tous nos vœux de souffrance les plus sincères ! » plaisante-t-il.

« Une fois admis que la souffrance fait partie de notre vie quotidienne, pourquoi ne pas commencer par examiner les causes de contrariété ou de chagrin ? En règle générale, on est heureux de recevoir des félicitations, de connaître la renommée, la fortune... En revanche, être privé de ces bienfaits ou qu'un autre – le cas échéant, un rival... – les obtienne à notre place suffit à nous peiner ou à nous contrarier. Observons un instant la vie quotidienne : les motifs de douleur, de souffrance et d'insatisfaction sont légion, tandis que, par comparaison, les occasions de joie ou de bonheur sont relativement rares. Il faut en passer par là, que cela nous plaise ou non. Puisque telle est la réalité de l'existence, n'est-ce pas toute notre attitude vis-à-vis de la souffrance qu'il nous faut revoir ? C'est important, car cela peut affecter notre manière de supporter la douleur quand elle survient. Or c'est le plus souvent par l'intolérance et l'aversion que nous y réagissons. *Pourtant, savoir transformer notre attitude devant la souffrance, pour mieux la tolérer, voilà qui peut grandement aider à neutraliser la tristesse, l'insatisfaction ou le mécontentement.*

« En ce qui me concerne, ce qui m'aide le plus efficacement, c'est de comprendre que la souffrance constitue la nature sous-jacente de *Samsara*[1], de l'existence au stade où elle est privée de l'Éveil. Or, quand nous souffrons physiquement ou quand nous rencontrons un problème, sur le moment, notre première réaction

1. *Samsara* (terme sanskrit) désigne les cycles sans fin de la vie, de la mort et de la réincarnation. Ce terme renvoie aussi à notre existence de tous les jours, qui se caractérise par la souffrance. Subissant les imprégnations des actions issues de vies antérieures, sous l'emprise de dispositions mentales négatives et « illusoires », tous les êtres participent de cet état, jusqu'à ce qu'ils parviennent à effacer toutes ces tendances négatives de l'esprit pour atteindre un état de Libération.

sera : “Que c’est pénible !” La souffrance va de pair avec cette réaction de rejet : “Je ne mérite pas de subir ça.” Mais si, à cet instant, vous étiez capable d’envisager la situation sous un autre angle et de comprendre que ce corps (le Dalaï-Lama se frappe le bras pour ponctuer sa démonstration) est véritablement la base de toute souffrance, cela suffirait à atténuer cette réaction de rejet, cette impression de ne pas mériter de souffrir, d’être une victime. Une fois comprise et acceptée cette réalité, vous intégrez la souffrance comme une chose tout à fait naturelle.

« Songez aux épreuves qu’a dû traverser le peuple tibétain. C’est au point que l’on en vient à se demander : “Comment cela a-t-il pu arriver ?” Mais, sous un autre angle, on peut aussi juger que le Tibet se trouve aujourd’hui en plein Samsara, fait-il en riant, à l’instar de cette planète et de toute la galaxie. (Et il rit encore.) En somme, je crois que percevoir l’existence comme un tout influence l’attitude que l’on adopte à l’égard de la souffrance. À la base, vouloir l’éviter à tout prix envenimerait singulièrement les choses. En revanche, accepter que la souffrance fasse partie de l’existence permet sans aucun doute de mieux supporter l’adversité. Faute d’une certaine tolérance à l’égard de sa propre souffrance, la vie devient détestable. Une vie pareille ressemblerait à une mauvaise nuit de sommeil, qui paraît durer une éternité et ne jamais devoir finir.

— À vous écouter, la nature de l’existence serait caractérisée par une souffrance et une insatisfaction élémentaires. Cette vision des choses me paraît pessimiste, voire même franchement décourageante !

Le Dalaï-Lama précise aussitôt sa pensée :

— Il faut bien comprendre que ces réflexions sur la nature insatisfaisante de l’existence méritent d’être resituées dans la voie bouddhiste. Faute de cela, je l’admets, on risque de se méprendre et de juger cette démarche pessimiste et négative. Par conséquent, il importe de comprendre la position bouddhiste devant toute la problématique de la souffrance.

« Dans ses propres leçons, la première chose qu'a enseignée le Bouddha fut le principe des Quatre Nobles Vérités, la première d'entre elles étant la Vérité de la Souffrance. Ici, l'accent est mis sur la compréhension de la souffrance inhérente à la nature de chacun.

« Il faut avoir présent à l'esprit que la réflexion sur la souffrance a son importance parce qu'une alternative s'offre à nous. *Il est possible de se libérer de la souffrance*. En supprimer les causes permet d'atteindre la Libération. Selon la pensée bouddhiste, l'ignorance, le désir sans frein et l'aversion sont les racines de la souffrance. Ce sont là ce qu'on appelle "les trois poisons de l'esprit". Dans la tradition bouddhiste, ces termes possèdent des connotations précises. Ainsi, l'"ignorance" ne renvoie-t-elle pas au manque d'information comme on l'entend couramment, mais plutôt à une mauvaise appréciation de la vraie nature du moi et de l'ensemble des phénomènes du monde réel. Par l'introspection, en s'attachant à percevoir la vraie nature de la réalité et à éliminer toutes les plaies de l'esprit, on peut atteindre un état mental complètement purifié, affranchi de toute souffrance. Dans l'approche bouddhiste, songer que l'existence quotidienne se caractérise par la souffrance encourage à se livrer à des pratiques qui en élimineront les causes. Faute de quoi, s'il n'y avait aucun espoir, aucun moyen de s'en affranchir, la seule réflexion sur la souffrance ne serait plus que pensée morbide, et s'avérerait tout à fait négative.

À l'écoute du Dalaï-Lama, je commence à entrevoir quel rôle cette réflexion sur notre « nature souffrante » pourrait jouer en remettant nos problèmes quotidiens en perspective. Cette nature peut être resituée dans un cadre élargi, sur un chemin spirituel plus élevé, celui du bouddhisme, qui reconnaît donc la possibilité de purifier l'esprit et de parvenir à un état dénué de toute souffrance. Cela étant, je suis curieux de savoir comment le Dalaï-Lama, à titre personnel, réagit à la perte d'un être cher.

Lors de ma première visite à Dharamsala, j'avais fait la connaissance de son frère aîné, Lobsang Samden. J'avais beaucoup d'affection pour lui et la nouvelle de sa mort subite, voici quelques années, m'avait attristé. Sachant combien ils étaient proches l'un de l'autre, je lui dis :

— J'imagine que la mort de votre frère a été un coup très rude...

— Oui. Évidemment, la nouvelle de sa mort m'a fort chagriné, me répond-il tranquillement.

— Et qu'est-ce qui vous a aidé ?

— Je l'ignore, avoue-t-il, pensif. J'ai vécu quelques semaines de chagrin, puis cela s'est progressivement estompé. Pourtant, il subsiste une impression de regret...

— De regret ?

— Oui. Au moment de sa mort, j'étais absent, et je crois que, si j'avais été là, peut-être aurais-je pu lui venir en aide. C'est pourquoi je conserve cette impression de regret.

Une vie passée à peser le caractère inévitable de la souffrance humaine a pu aider le Dalaï-Lama à admettre ce deuil, sans engendrer pour autant un être froid : la tristesse de sa voix révèle un homme capable de profondes émotions. Simultanément, sa sincérité et sa franchise, totalement exemptes d'apitoiement sur soi ou de ressentiment, laissent entendre qu'il a pleinement accepté la perte de cet être cher.

Ce jour-là, notre conversation s'est prolongée tard dans l'après-midi. Des lances de lumière dorée transperçaient les volets de bois, pénétraient lentement dans la pièce qui s'assombrissait et s'imprégnait d'une atmosphère mélancolique : notre conversation touchait à sa fin, je le savais. Pourtant j'espérais examiner le problème plus en détail, savoir si le Dalaï-Lama disposait, au-delà de la seule acceptation du caractère inévitable de la souffrance, d'un moyen de faire le deuil d'un être cher.

Il semble avoir l'esprit ailleurs, une ombre de lassitude dans les yeux. Son secrétaire entre calmement dans la pièce et, d'un regard aigu, rodé par des années passées au service de Sa Sainteté, me signifie qu'il est temps de prendre congé.

Le lendemain, il revient sur la question en séance publique. Une personne de l'assistance, visiblement affligée, lui demande :

— Avez-vous quelques suggestions sur la manière de supporter une grande perte, comme celle d'un enfant ?

Sur un ton empreint de douceur et de compassion, il propose cette réponse :

— À un certain degré, cela dépend des convictions de chacun. Si l'on croit en la réincarnation, on peut soulager son chagrin ou ses angoisses en tirant consolation de la certitude que l'être cher va renaître.

« Pour ceux qui n'y croient pas, il existe néanmoins quelques moyens fort simples de mieux endurer cette perte. D'abord, ils songeront qu'une angoisse assez puissante pour les accabler sous le poids de la perte, un accablement qui finirait par les hanter sans relâche seraient destructeurs et dommageables, pour leur santé, et sans aucun bénéfice pour le disparu.

« Dans mon cas personnel, j'ai perdu mon précepteur, un homme très respecté, ma mère et aussi l'un de mes frères. Leur disparition m'a beaucoup attristé, c'est bien naturel. Mais, par la suite, je me suis dit qu'il ne servait à rien de trop s'angoisser et que, si réellement j'aimais ces êtres, alors il me fallait accomplir leurs souhaits l'esprit en repos. Aussi ai-je tâché d'agir en ce sens. C'est pourquoi j'estime que c'est la démarche qui convient si vous avez perdu un être particulièrement cher à votre cœur. La meilleure façon de préserver sa mémoire, de se souvenir de lui, c'est de veiller à accomplir ses souhaits.

« De prime abord, je vous le concède, il est humain et naturel de réagir par le chagrin et l'anxiété. Mais, en laissant ces sentiments persister, vous courez un danger. Si on leur laisse libre cours, ils engendrent une forme d'égocentrisme : on ne se préoccupe plus que de soi, on se laisse écraser, on se croit seul dans l'épreuve. La dépression s'installe. Or, en réalité, d'autres individus traversent exactement la même épreuve. C'est pourquoi, si l'anxiété vous gagne, penser aux autres personnes qui vivent des tragédies similaires, voire pires encore, vous serait d'une grande aide. Une fois que vous l'aurez compris, vous ne vous sentirez plus isolé : votre sort ne se distinguera plus de celui des autres. Voilà qui est de nature à vous apporter un certain réconfort.

Tous les êtres humains connaissent la douleur et la souffrance, mais ceux qui ont été élevés au sein d'une culture orientale paraissent mieux tolérer l'une et l'autre. Cela ne serait-il pas dû pour partie à leurs convictions ? Il est vrai aussi que la souffrance est plus visible parmi les nations pauvres que dans les pays riches. La faim, la pauvreté, la maladie et la mort y sont présentes, au vu et au su de tous. Celui qui tombe malade, celui qui vieillit, n'y est pas marginalisé : on ne le place pas en maison de retraite pour le confier à des professionnels de la santé – il demeure au sein de la communauté, sa famille prend soin de lui. Du coup, dans ces sociétés où l'on vit journellement au contact des réalités de l'existence, il est moins facile de nier que la vie se caractérise par la souffrance, que cette dernière fait naturellement partie de l'existence.

À mesure que la société occidentale a acquis la faculté d'améliorer les conditions de vie matérielles, d'en soulager la rudesse, elle semble avoir perdu son aptitude à faire face aux souffrances qui subsistent malgré tout. Les sociologues ont mis en évidence que beaucoup de gens, dans la société occidentale, ont tendance à vivre dans l'idée que le monde serait somme toute un endroit agréable, que la vie serait équitable, et que les braves gens – comme eux – ne mériteraient de vivre que de bonnes choses. Inévitablement, la souffrance vient ébranler ces croyances.

Dans nos sociétés, le progrès technologique et le confort matériel accru ont introduit un bouleversement de la perception. Dès lors que la souffrance devient moins visible, elle n'est plus tenue pour une part fondamentale de la nature humaine – mais plutôt comme une anomalie, le signe de l'« échec » d'un système, une atteinte à notre droit au bonheur garanti !

Ce type de pensée est perfide. À partir du moment où nous jugeons la souffrance contre nature, alors nous sommes mûrs pour nous mettre en quête de quelqu'un à qui en faire supporter la faute. Suis-je malheureux ? Je dois être la « victime » de quelqu'un ou de quelque chose – le gouvernement, le système éducatif, des parents abusifs, une « famille déséquilibrée », le sexe opposé, une compagne ou un compagnon indifférents. Nous avons aussi la latitude de retourner la faute contre nous-mêmes : je suis la victime d'une maladie, ou d'un défaut génétique. Reporter ainsi la faute sur autrui, conserver une posture de victime, tout cela n'est qu'une manière de perpétuer la souffrance – avec la colère, la frustration et le ressentiment qui vont de pair.

À l'évidence, vouloir s'affranchir de la souffrance est le corollaire du désir d'être heureux. C'est pourquoi il est tout à fait juste de rechercher les causes du malheur, en explorant des solutions à tous niveaux – mondial, social, familial et individuel. Mais tant que nous verrons dans la souffrance un état contre nature, une situation anormale que nous redoutons, que nous évitons et rejetons, nous n'en débusquerons jamais les causes.

9

La souffrance que l'on se crée

Lors de sa première visite, cet homme d'âge mûr, aimable et réservé, vêtu d'un austère et néanmoins élégant costume noir, me relate ce qui l'amène à mon cabinet. Il parle plutôt doucement, d'une voix posée, mesurée. Je passe en revue la série de mes questions habituelles : maladies éventuelles, âge, milieu d'origine, situation matrimoniale…

— La putain ! s'écrie-t-il soudain, s'étranglant de rage. Ma femme, quelle ordure ! Mon ex-femme, à présent. Elle avait une liaison, dans mon dos ! Après tout ce que j'ai fait pour elle. Cette petite… cette petite roulure !

Durant les vingt minutes qui suivent, il ne fait que hausser le ton, ajoutant à sa colère, sans cesse plus fielleux, me rapportant grief sur grief contre son ex-épouse.

Comprenant qu'il n'arrêtera pas de s'échauffer les sangs, et qu'il poursuivrait volontiers sur ce ton-là des heures, je le ramène à la raison.

— Presque tout le monde a du mal à s'adapter à un divorce, et c'est sûrement là-dessus que nous allons faire porter le travail des prochaines séances, annoncé-je pour le réconforter. Au fait, depuis combien de temps êtes-vous divorcé ?

— Dix-sept ans au mois de mai dernier.

Il est des souffrances inévitables, et d'autres que nous nous créons. Trop souvent, nous perpétuons notre douleur, nous l'alimentons mentalement en rouvrant inlassablement nos blessures, ce qui ne fait qu'accentuer notre sentiment d'injustice. Nous revenons sur nos souvenirs douloureux avec le désir inconscient que cela sera de nature à modifier la situation – en vain. Ressasser nos maux peut servir un objectif limité, en pimentant l'existence d'une note dramatique ou exaltée, en nous attirant l'attention et la sympathie d'autrui. Maigre compensation, en regard du malheur que nous continuons d'endurer.

Le Dalaï-Lama évoque en ces termes cette propension à envenimer notre souffrance :

— Nous contribuons activement, et de bien des façons, à notre agitation psychique et à notre souffrance. Si, en règle générale, les troubles psychiques ou affectifs surviennent pour ainsi dire naturellement, c'est souvent en alimentant de nous-mêmes ces émotions négatives que nous les aggravons. Lorsque nous éprouvons de la colère ou de l'aversion à l'égard de quelqu'un, si nous traitons la chose avec indifférence, il est peu vraisemblable que cela s'envenime. En revanche, songer aux injustices qui nous sont faites (croyons-nous), aux mauvais traitements qui nous sont infligés, les ressasser indéfiniment, voilà qui nourrit la haine. Il en va de même quand nous sommes très attachés à un être : songer à sa beauté, aux qualités que nous projetons en lui, entretiendra cet attachement, qui gagnera en intensité. Mais cela ne montre qu'une seule chose : en fréquentant l'autre régulièrement, en songeant constamment à lui, c'est de nous-mêmes que nous renforçons et intensifions nos émotions.

« Il n'est pas rare que nous fassions preuve d'une sensibilité excessive en exagérant les événements mineurs de façon disproportionnée, et simultanément nous savons souvent rester indifférents aux choses réellement importantes, celles qui exercent leurs effets en profondeur et à long terme.

« Vous découvrez que quelqu'un tient des propos déplaisants sur votre compte ? Si vous réagissez à cette information en vous sentant blessé ou furieux, alors c'est votre tranquillité d'esprit que vous détruisez. En revanche, si vous ignorez la calomnie en faisant la sourde oreille, vous vous protégerez contre cette impression blessante. Certes, vous ne pouvez toujours éviter les situations délicates, mais vous avez la latitude d'atténuer l'ampleur de la souffrance en choisissant de ne pas réagir.

Souvent, nous aggravons notre douleur et notre souffrance en prenant les choses trop à cœur. Ces propos du Dalaï-Lama définissent clairement l'origine des maux qui s'accumulent jour après jour sur notre tête jusqu'à constituer une source majeure de souffrance. Les thérapeutes nomment parfois ce processus la « personnalisation de la douleur » – cette tendance à resserrer le champ de perception psychologique en interprétant à tort ou en commettant un contresens sur l'impact réel de ce qui nous arrive.

Un soir, je dîne au restaurant avec un confrère. Il se plaint de la lenteur du service. Nous ne sommes pas pressés, mais il passe tout le dîner à récriminer à propos de tout et de rien : la nourriture, le couvert, rien ne trouve grâce à ses yeux. À la fin du repas, à titre de dédommagement, le serveur vient nous offrir deux desserts.

— Je dois vous demander de bien vouloir nous excuser, mais ce soir nous manquons de personnel. L'un de nos cuisiniers a eu un deuil dans sa famille, et un serveur nous a avertis au dernier moment qu'il était souffrant. J'espère que cela ne vous aura pas causé trop de gêne...

— N'empêche, je ne remettrai plus les pieds dans cet endroit, marmonne mon confrère entre ses dents.

Ce n'est là qu'une illustration mineure de la tendance à prendre la moindre contrariété pour un affront personnel. Pour peu que ce mode de pensée s'étende à la moindre réflexion émise par un parent ou un ami, voire même en société, il devient une source non négligeable de malheur.

À propos de cette étroitesse d'esprit, Jacques Lusseyran a émis cette observation pénétrante. Aveugle depuis l'âge de huit ans, fondateur d'un groupe de résistants durant la Seconde Guerre mondiale, capturé par les Allemands et détenu à Buchenwald, il relate son expérience des camps en ces termes : «... Le malheur, c'est alors que je l'ai compris, s'empare de chacun de nous parce que nous nous prenons pour le centre du monde, car nous avons la misérable conviction d'être seuls à souffrir l'insoutenable. Le malheur provient toujours de ce que l'on se sent prisonnier à l'intérieur de sa propre peau, de sa propre cervelle. »

« Mais ce n'est pas juste ! »

Dans la vie de tous les jours, il y a forcément des problèmes auxquels nous savons nous confronter directement en concentrant notre énergie sur la recherche d'une solution ; des soucis qui peuvent se transmuer en défis. En revanche, si un sentiment « d'injustice » s'ajoute à ce problème, il va nous distraire, nous consumer, et nous priver de l'énergie nécessaire à la résolution du problème initial.

— Comment aborder ce sentiment d'injustice qui, si souvent, nous met à la torture ?

— Il y a diverses manières de le traiter. J'ai déjà évoqué l'importance de savoir accepter la souffrance, donnée naturelle de l'existence humaine. Et, à certains égards, je pense les Tibétains mieux placés pour accepter la réalité de ces situations difficiles. En effet, ils se disent : « Peut-être est-ce en raison de mon karma. » Attribuant cette réalité à des actions négatives commises dans cette vie ou dans une vie précédente, leur degré d'acceptation n'en est que plus grand. Dans les villages indiens où nous résidons, j'ai vu des familles en situation très difficile – vivant dans le plus grand dénuement, et qui plus est élevant des enfants aveugles ou attardés. Et ces pauvres femmes parvenaient à s'en occuper simplement avec ces mots : « C'est leur karma, c'est leur destin. »

« Je veux souligner ici qu'un malentendu sur cette doctrine pousse parfois à mettre le karma en cause à tout propos : on tente ainsi de se dégager de toute responsabilité, de toute initiative personnelle. Rien n'interdit en effet de se lamenter : "Tout cela est dû à mon passé, qu'y faire ? Je suis impuissant." C'est là une conception totalement erronée, car si les expériences de vie de chacun sont bien la conséquence d'actes passés, cela ne signifie pas que l'individu soit privé de choix ou qu'il ne lui reste aucun espace pour prendre l'initiative d'un changement positif. Et il en va de même dans tous les domaines de l'existence. On ne doit pas céder à la passivité et tenter de s'exonérer de toute initiative personnelle au motif que tout découlerait du karma. Au contraire, comprendre convenablement le concept de karma doit amener à saisir qu'il est synonyme d'"action". C'est un processus très actif, et qui concerne l'action commise dans le passé, certes, mais par un agent qui n'est autre que nous-mêmes.

Aussi le futur est-il pour une large mesure entre nos mains, dans les initiatives que nous saurons prendre dès aujourd'hui.

« Cela laisse entendre que l'agent individuel a un rôle à jouer pour infléchir le cours du processus karmique, fût-ce par un acte ou dans un but aussi simples que la satisfaction de ses besoins en nourriture... Rien que pour cela, il nous faut agir : chercher de la nourriture, la manger. Cela montre assez que le but le plus simple ne peut s'atteindre que grâce à l'action...

— Atténuer le sentiment d'injustice en l'acceptant pour résultat du karma, c'est à la portée d'un bouddhiste, ai-je objecté. Mais celui qui n'adhère pas à cette doctrine du karma ?

— Celui qui croit en l'idée d'un Créateur, d'un Dieu, acceptera plus aisément que les écueils fassent partie intégrante de la création ou du plan divin. Même si la situation lui paraît des plus négatives, il estimera que Dieu est tout-puissant et miséricordieux, et qu'il y a donc là un sens, une signification qui lui échappent. Sa foi, je le crois, le soutiendra dans les moments de souffrance.

« Quant au non-croyant... (le Dalaï-Lama médite quelques instants avant de poursuivre), peut-être le pragmatisme de l'approche scientifique peut-il l'aider. Les scientifiques s'en tiennent à une vision objective des problèmes, à un examen dénué de toute implication émotionnelle. Cette démarche objective permet de lutter. (Il rit.) Et si, par la suite, vous finissez par vous apercevoir qu'il n'y a pas moyen de gagner, vous disposez toujours d'un dernier recours : cesser d'y penser.

« L'analyse froide d'une difficulté ou d'une situation problématique révèle bien souvent qu'en coulisse d'autres éléments sont à l'œuvre. Se sent-on injustement traité ? Et si l'on n'était pas directement visé par le comportement de l'autre ? Certes, vous devrez toujours faire face, mais au moins vous éviterez-vous d'y ajouter l'anxiété.

— Cette approche « scientifique », cette analyse objective, permettrait de comprendre en quoi l'on contribue à se créer un problème et atténuerait le sentiment d'injustice ?

— Oui ! répond-il avec enthousiasme. Tout est là. L'examen attentif, honnête et impartial d'une situation donnée met en évidence notre part de responsabilité.

« Ainsi, beaucoup de gens se sont opposés lors de la guerre du Golfe à l'attaque contre Saddam Hussein. Après coup, j'ai eu diverses occasions d'exprimer mon opinion : cette guerre était injuste. En l'occurrence, je suis désolé pour Saddam Hussein, réellement. Sans conteste, c'est un dictateur, et il a quantité de méfaits sur la conscience. À première vue, il est facile de l'accabler, ce tyran d'un régime totalitaire même ses yeux font un peu peur ! s'exclame le Dalaï-Lama en riant. Mais, sans son armée, sa capacité de nuisance est limitée, et, sans équipement militaire, cette puissante armée ne peut fonctionner. Et puis tout cet équipement militaire ne vient pas de nulle part ! En l'espèce, beaucoup de nations sont impliquées.

« Or, fréquemment, notre mouvement naturel consiste à attribuer l'origine de nos problèmes à des causes extérieures. Qui plus est, nous avons aussi tendance à rechercher une cause unique, pour essayer ensuite de nous exonérer de toute responsabilité. Chaque fois que des émotions intenses sont à l'œuvre, il semble qu'il s'instaure une distorsion entre l'apparence et la réalité. En l'espèce, l'analyse rigoureuse montre que Saddam Hussein n'est que la source partielle du problème. Une fois cela compris, l'attitude qui consistait à faire de lui la cause unique se dissipe d'elle-même, et la réalité émerge.

« Cette approche suppose de percevoir les choses dans leur ensemble – de comprendre que plusieurs événements différents concourent à créer une situation. Ainsi, voyez les problèmes auxquels nous, Tibétains, sommes confrontés avec la Chine : nous y avons notre part. Et non seulement notre génération a sa part de responsabilité, mais, si l'on remonte quelques décennies en arrière, il est incontestable que les générations précédentes ont fait preuve de négligence. Je pense donc que nous, peuple tibétain, avons participé à créer cette situation tragique. Il n'est donc pas juste d'en rejeter toute la faute sur la Chine. Inversement, cela ne signifie pas que nous soyons les seuls en cause. Il y a là tant de niveaux de réalité. Ainsi, les Tibétains n'ont jamais complètement plié sous l'oppression chinoise. Il y a eu résistance permanente. C'est pour cette raison que les Chinois ont mis en œuvre une nouvelle politique de transferts massifs de population de la Chine vers le Tibet (afin que les Tibétains soient quantité négligeable), et de déplacement des populations tibétaines (afin de priver le mouvement pour la liberté de son efficacité). Sans conteste, à cet égard, nous ne pouvons rien reprocher à la résistance tibétaine, ni la tenir pour responsable de la politique chinoise.

— Mais que penser quand rien n'est notre faute ? Par exemple, si quelqu'un nous ment ?

— Évidemment, je serais navré de son insincérité, et pourtant, après plus ample examen, le motif de ce mensonge sera-t-il si blâmable ? Et si mon interlocuteur se méfiait de moi parce qu'il me sait notoirement incapable de garder un secret ? Par nature, j'ai tendance à me montrer très franc. Du coup, il a pu juger que je n'étais pas la bonne personne à qui se confier. En d'autres termes, c'est à cause de ma personnalité que je ne mérite pas pleinement sa confiance. En l'espèce, les torts me reviennent. En somme, lorsque je suis déçu par quelqu'un, j'essaie de considérer l'incident sous un autre angle.

Le Dalaï-Lama formule ce raisonnement, et la sincérité de sa voix ne laisse aucune place au doute : il recourt bel et bien à cette technique dans sa vie personnelle pour s'aider dans l'adversité. Au moment d'envenimer une situation, il n'est pas dit que nous réussirons à nous appliquer cette technique avec autant de succès. Toutefois, le seul fait de s'y essayer en toute honnêteté suffit à déplacer notre vision des choses et à sortir des schémas étroits qui alimentent en nous ce sentiment d'injustice, sentiment destructeur s'il en est, source de mécontentement vis-à-vis de nous-mêmes et du monde.

Culpabilité

Reconnaître sincèrement ses torts peut aider à rectifier ses erreurs et à se corriger. En revanche, laisser le regret dégénérer en culpabilité excessive, s'accrocher au souvenir de ses fautes passées en persistant dans l'auto-accusation et la haine de soi ne servira qu'à se punir et à alimenter sa propre souffrance.

Lorsque nous avons évoqué la mort de son frère, j'étais curieux de savoir comment le Dalaï-Lama affrontait les regrets et la culpabilité dont il avait fait état.

— Dans notre vie, d'autres situations vous ont-elles inspiré des regrets ?

— Oh oui ! Je pense à un vieux moine qui vivait en ermite. Il avait pour habitude de venir me rendre visite afin de recevoir de moi certains enseignements. C'était pour lui une sorte de rituel, même si je trouvais cet homme bien plus accompli que je ne le suis. Quoi qu'il en soit, il est venu m'interroger un jour à propos d'une pratique ésotérique très ardue. Je lui ai fait remarquer qu'il s'agissait là d'une pratique que, d'ordinaire, on doit entamer à l'adolescence. Par la suite, j'ai appris que ce moine s'était donné la mort, dans l'espoir de se réincarner dans un corps plus jeune afin de pouvoir s'engager dans cette initiation...

— Comment avez-vous fait face à vos remords ? Comment vous en êtes-vous délivré ?

Le Dalaï-Lama hoche tristement la tête. Il réfléchit en silence un long moment avant de me répondre :

— Je ne m'en suis pas délivré.

Il s'interrompt encore, avant d'ajouter :

— Ce remords est toujours présent, mais il ne s'accompagne d'aucune pesanteur, il n'a pas la force de me tirer en arrière. Il ne serait d'aucune utilité que je le laisse peser sur moi, devenir en pure perte une source de découragement et de dépression, ou me priver de mes meilleures facultés.

Le Dalaï-Lama regrette sincèrement cet incident, mais avec élégance et dignité. J'en viens à me demander parfois si l'aptitude à vivre sans se laisser aller à une culpabilité autodestructrice n'est pas en partie une affaire de culture. En relatant à un ami, un universitaire tibétain, ma conversation avec le Dalaï-Lama, j'ai appris qu'en fait la langue tibétaine ne possède pas d'équivalent du mot français « culpabilité », même si elle connaît d'autres termes signifiant « remords », « repentir », ou « regret », au sens de « rectifier les choses pour le futur ».

Résister au changement

La culpabilité survient quand on se convainc d'avoir commis une erreur irréparable, et nous torture si l'on pense que notre problème restera permanent. Or il n'est rien qui ne soit sujet au changement, aucun problème ne persiste indéfiniment. Telle est la face positive. La face négative, c'est que l'on résiste à la mutation dans presque tous les domaines de la vie. Se délivrer de la souffrance, cela commence par comprendre cette résistance.

Évoquant la nature éternellement changeante de la vie, le Dalaï-Lama me livre cet éclaircissement :

— Il est extrêmement important de rechercher les causes ou les origines de la souffrance, de savoir comment elle survient. Il faut prendre en compte la nature impermanente, transitoire de l'existence. Les choses, les événements, les phénomènes, tout est dynamique, tout change à tout moment, rien ne reste statique. La circulation sanguine en est une bonne illustration : le sang circule, se déplace constamment, il ne reste jamais immobile. Le caractère protéiforme de la circulation sanguine est inhérent à l'organisme. Le changement permanent est dans la nature de tout phénomène. À l'inverse, la capacité à demeurer identique fait défaut à toute chose. C'est pourquoi toute chose est sous l'influence d'autres facteurs. En conséquence, qu'elle soit ou non source d'agrément ou de plaisir, aucune expérience n'est durable. Ce constat tient lieu de fondement à une catégorie de souffrance que le bouddhisme connaît sous le nom de « souffrance du changement ».

Le concept d'impermanence occupe une place centrale dans la pensée bouddhique. Méditer à ce sujet sert deux fonctions principales. Au niveau le plus terre à terre, le « méditant » réfléchit sur sa propre impermanence – sur la précarité de l'existence et l'ignorance où nous sommes de la date de notre mort. S'il a, par ailleurs, la foi dans la possibilité d'atteindre la Libération spirituelle, de se délivrer de la souffrance et des cycles de réincarnation éternels, cette méditation raffermit sa résolution. Grâce à ces pratiques spirituelles qui entraîneront sa Libération, le « méditant » saura faire le meilleur usage de son temps. Plus profondément, celui qui sait méditer sur les aspects les plus subtils de l'impermanence, sur la nature impermanente de tous les phénomènes, se met en quête de la vraie nature de la réalité. Cette connaissance lui permet de dissiper l'ignorance, source ultime de notre souffrance.

Mais la méditation et la connaissance de l'impermanence sont-elles praticables par des non-bouddhistes ? Si l'on inscrit le concept d'« impermanence » dans la perspective du « changement », alors la réponse est sans aucun doute positive. Après tout, que ce soit du point de vue bouddhiste ou occidental, le fait demeure : *la vie est changement*. Et plus on refuse d'accepter ce fait, plus on résiste aux changements naturels de l'existence, plus on perpétue sa souffrance.

Souvent, on refuse de renoncer au passé, on s'accroche à une apparence ou à des aptitudes passées, alors il est certain que l'on ne se prépare pas une vieillesse heureuse. En revanche, admettre pour principe général que le changement est inévitable nous évite beaucoup d'angoisses. C'est une mère, en me racontant sa visite à deux heures du matin au service des urgences d'un hôpital, qui m'a révélé tout l'intérêt de savoir reconnaître les changements naturels de l'existence.

— Quel est le problème ? lui demande le pédiatre.

— Mon bébé ! Quelque chose ne va pas ! lui crie-t-elle. On dirait qu'il étouffe ! Il sort sans arrêt la langue... sans arrêt... comme s'il essayait de recracher quelque chose, mais il n'a rien dans la bouche.

Après quelques questions et un bref examen, le médecin la rassure :

— Il n'y a rien d'inquiétant. En grandissant, un bébé prend conscience de son organisme et de ce qu'il est capable de faire. Votre bébé, lui, vient tout simplement de découvrir sa langue.

Le cas de Margaret, une journaliste de trente et un ans, en fournit une autre illustration. Elle est venue se plaindre d'un état d'angoisse diffuse : elle pense avoir du mal à s'adapter à son récent divorce.

— J'ai besoin que vous m'aidiez à enterrer le passé et à négocier cette transition, ce retour à la vie célibataire.

Je lui demande de me décrire les circonstances de son divorce.

— On peut dire que cela s'est passé à l'amiable. Mon ex-mari et moi-même avons de bons métiers, et nous n'avons eu aucun mal à trouver un accord au plan financier. Notre fils a l'air de s'être bien adapté à la séparation, et le système de garde partagée avec son père fonctionne bien...

— Qu'est-ce qui vous a menés à ce divorce ?

— Nous avons cessé d'être amoureux, soupire-t-elle. Petit à petit, l'histoire d'amour s'est éteinte. Nous n'avions plus la même intimité qu'au début de notre mariage. Nous étions tous deux très pris par notre métier et par notre fils, et peu à peu nous nous sommes éloignés l'un de l'autre. Nous avons eu recours à quelques séances de conseil matrimonial, sans succès. Nous nous entendions, mais à la façon d'un frère et d'une sœur. Je ne me sentais plus amoureuse, pas comme dans un mariage digne de ce nom. En fin de compte, d'un commun accord, nous avons estimé qu'il valait mieux divorcer.

Après quelques séances consacrées à cadrer le problème, nous sommes convenus d'entamer une brève psychothérapie. Dans l'ensemble, cette jeune femme était intelligente, pourvue d'un bon équilibre affectif.

Elle a très bien réagi à cette thérapie et opéré sans difficulté sa transition vers la vie célibataire.

Ainsi, en dépit de leur évidente affection mutuelle, Margaret et son mari ont donc interprété un changement de degré dans la passion comme le signe que leur mariage devait prendre fin. Trop fréquemment, nous interprétons l'affaiblissement de la passion comme le signal d'un problème fatal au couple. Et trop souvent le moindre souffle de changement vient susciter un sentiment de panique, l'impression d'une erreur radicale : et si, après tout, nous n'avions pas choisi le bon partenaire ? Le conjoint ne ressemble plus à la personne dont on est tombé amoureux. Les désaccords surgissent. On découvre des différences passées inaperçues jusqu'alors. Conclusion : c'est sûrement la fin. Après tout, il est inutile de tourner autour du pot : le fossé se creuse. Rien n'est plus comme avant : pourquoi ne pas divorcer ?

À partir de là, que faisons-nous ? Les experts du couple concoctent des livres par dizaines, dans lesquels ils nous livrent leurs recettes quand la passion et la flamme de l'amour faiblissent. Ils proposent des kyrielles de conseils pratiques censés aider à ranimer l'histoire d'amour : réaménager son emploi du temps pour donner la priorité aux moments amoureux, prévoir des dîners ou des week-ends à deux, faire des compliments à son conjoint, avoir des conversations intéressantes. Parfois, tout cela peut aider. Et quelquefois cela n'aide en rien.

Mais avant de prononcer la fin d'une union, il serait très bénéfique, lorsqu'on remarque un changement, de prendre du recul, d'évaluer la situation et de se renseigner le mieux possible sur toutes les transformations qui, dans un couple, sont monnaie courante.

De la petite enfance jusqu'au grand âge, à mesure que nous avançons dans l'existence, nous acceptons ces mutations individuelles comme une progression naturelle. Or un couple est lui aussi un système vivant et dynamique, composé de deux organismes liés l'un à l'autre au milieu d'un environnement qui n'est pas moins vivant. Il est naturel que le couple traverse des étapes successives. Toute relation de couple comporte différentes dimensions de proximité – physique, affective et intellectuelle. Le contact charnel, le partage des émotions, des pensées, l'échange des idées sont les voies par lesquelles on se lie à ceux que l'on aime. Il n'y a rien là que de très légitime, et il n'est pas moins normal que cet équilibre connaisse des aléas : il arrive que la proximité soit moins physique qu'affective ; d'autres fois, on n'a pas envie d'échanger des mots mais d'être dans les bras de l'autre. À l'évidence, la passion initiale est une source immense de plaisir, mais lorsqu'elle refroidit, au lieu de s'en inquiéter ou de s'en agacer, pourquoi ne pas s'ouvrir à de nouvelles formes d'intimité qui peuvent se révéler tout aussi satisfaisantes, sinon plus ? On peut aimer son partenaire moins comme un amant que comme un compagnon, et tirer ainsi grand profit d'un amour plus stable, d'un lien plus profond.

Dans son livre, *Intimate Behavior* (« Comportement intime »), Desmond Morris décrit les changements normaux qui affectent ces divers besoins de proximité. Selon lui, on ne cesse de passer et de repasser par trois stades : « Serrez-moi fort », « Posez-moi » et « Laissez-moi tranquille ». Ce cycle apparaît au cours des premières années de la vie, lorsque le bébé sort de la phase « Serrez-moi fort », caractéristique de la prime enfance, à « Posez-moi », quand il commence à explorer le monde, à ramper, à marcher, et à acquérir une autonomie relative par rapport à sa mère. Tout cela s'inscrit normalement dans son développement et sa croissance. Toutefois, ces trois étapes ne sont ni homogènes ni exclusives l'une de l'autre. Ainsi, chaque fois que le sentiment de séparation devient trop marqué, un enfant éprouvera de l'angoisse. Alors il revient vers sa mère pour qu'elle le console. Dans l'adolescence, c'est au contraire la phase « Laissez-moi tranquille » qui prédomine : l'enfant lutte pour se forger une identité individuelle. Si difficile et si douloureux cela soit-il pour les parents, les spécialistes s'accordent pour reconnaître qu'il s'agit là d'une phase normale et nécessaire de la transition de l'enfance à l'âge adulte. Dans cette période, il s'opère un mélange entre les trois étapes. L'adolescent qui lance à ses parents « Laissez-moi tranquille » comblera simultanément ses besoins de « Serrez-moi fort » en s'identifiant fortement à d'autres jeunes gens de son âge. Dans les relations entre adultes, il s'échange les mêmes émotions, une forte intimité alternant avec une plus grande distance. Cela aussi s'inscrit dans le cycle normal de la croissance et du développement. Pour exploiter tout notre potentiel, savoir être autonome, grandir, étoffer notre personnalité, nous avons besoin de compenser nos besoins de proximité et d'union avec l'autre par d'autres moments plus intérieurs.

Une fois que l'on a compris cela, on ne réagit plus avec horreur dès que « le fossé se creuse » avec son partenaire, pas plus que l'on ne panique en voyant la mer se retirer à marée basse. Certes, parfois, la distance affective qui se creuse au sein du couple peut être le signe de problèmes graves, et une cause éventuelle de rupture. Dans cette hypothèse, une psychothérapie se justifiera. Mais il faut surtout garder à l'esprit que distance n'est pas forcément synonyme de désastre. Tout cela peut s'inscrire dans un cycle de redéfinition du couple, pour le cas échéant recomposer l'intimité passée sous une forme neuve, sinon la dépasser.

Il est donc vital de laisser une large place au changement dans les relations avec l'autre. Cela permet de découvrir, au moment où l'on se sent déçu (comme si l'on constatait la disparition de quelque chose), qu'en réalité une profonde transformation est sur le point de s'opérer. Ces transitions tiennent lieu de périodes charnières, où l'amour véritable mûrit et s'épanouit. Le couple ne se basera plus sur la passion intense, sur la vision de l'autre en tant que perfection incarnée, ou sur le désir de fusion. En échange, on est désormais en position de vraiment connaître l'autre – de le voir tel qu'il est, avec ses défauts et ses faiblesses, un être humain comme soi-même. Ce n'est qu'à ce stade que l'on est en mesure de s'engager sincèrement auprès de l'autre – un véritable acte d'amour.

Le mariage de Margaret n'aurait-il pu être sauvé si son mari et elle avaient accepté la mutation naturelle de leur relation pour former un couple neuf fondé sur autre chose que la passion et la séduction ?

Fort heureusement, leur histoire ne s'est pas arrêtée là. Deux ans après ma dernière séance avec Margaret, je suis tombée sur elle dans une galerie marchande (comme à la plupart de mes confrères, rencontrer par hasard un ancien patient dans un lieu public me fait toujours un drôle d'effet).

— Comment allez-vous ? lui ai-je demandé.

— Cela ne pourrait pas aller mieux ! Le mois dernier, mon ex-mari et moi, nous nous sommes remariés. Et tout va très bien. Nous avions continué de nous voir, bien sûr, du fait de la garde partagée. Après le divorce, la tension s'est relâchée. Nous n'attendions plus rien l'un de l'autre. Et nous avons découvert que nous nous aimions vraiment, que nous nous aimions d'amour. Ce n'est plus pareil que lors de notre premier mariage, mais apparemment peu importe, nous sommes réellement heureux ensemble.

10
Changer de perspective

Il y avait une fois un disciple d'un philosophe grec à qui son maître ordonna de donner de l'argent à toute personne qui l'insulterait, et ce trois années durant. Lorsque cette période d'épreuve toucha à son terme, le maître lui dit : « Maintenant, tu peux aller à Athènes apprendre la Sagesse. »

Quand le disciple entra dans Athènes, il rencontra un sage assis à la porte qui insultait tous ceux qui arrivaient dans la ville et tous ceux qui en sortaient. Il insulta aussi le disciple, qui éclata de rire : « Pourquoi ris-tu quand je t'insulte ? » demanda le sage. « Parce que, avoua le disciple, pendant trois ans j'ai payé pour me faire insulter, et toi maintenant tu me donnes ça pour rien. – Entre dans la ville, lui fit le sage, elle est toute à toi. »

Au IVe siècle, les Pères du désert, un groupe hétéroclite de personnages insolites qui s'étaient retirés dans le désert de Scythie pour y mener une vie de sacrifice et de prière, enseignaient cette histoire pour illustrer la valeur de la souffrance et des épreuves. Ce ne sont pas seulement les épreuves qui ouvrent « la cité de la sagesse » au disciple. Avant tout, ce qui lui permet de faire face si adroitement à une situation délicate, c'est sa capacité de changer de perspective pour la considérer d'un point de vue plus avantageux.

Cette aptitude peut se révéler l'un des instruments les plus puissants et les plus efficaces dont nous disposons pour démêler les problèmes de la vie de tous les jours. Le Dalaï-Lama l'explique ainsi :

— En s'exerçant à varier sa vision des choses, on saura mettre à profit certaines expériences, certaines tragédies pour acquérir une plus grande sérénité d'esprit. Il ne faut jamais oublier que chaque phénomène, chaque événement possède plusieurs facettes. Tout est relatif. Prenons mon propre cas : j'ai perdu mon pays. Vue sous cet angle, la perte est tragique – et il y a pire que mon sort personnel, car entre-temps mon pays, lui, continue de subir des ravages. En revanche, si je considère le même événement sous un autre angle, je m'aperçois qu'être réfugié m'ouvre des perspectives : cette qualité m'exempte des formalités, des cérémonies, du protocole. Tant que tout va pour le mieux, ce sont là des obligations auxquelles on se plie, quitte à donner le change. Mais, quand on traverse des situations désespérées, il n'est plus temps de se prêter à des simulacres. De ce point de vue, cette expérience tragique m'a donc été fort salutaire. De même, ma vie de réfugié me crée quantité d'occasions nouvelles de rencontrer du monde, des gens ayant d'autres traditions religieuses, d'autres modes de vie. Je ne les aurais peut-être pas rencontrés si j'étais resté dans mon pays.

« Souvent, au moindre écueil, on rétrécit sa vision. Toute l'attention se concentre sur les préoccupations. On s'imagine être le seul à en passer par de telles difficultés. Cette illusion conduit à une espèce d'égocentrisme qui, à son tour, ne fera que rendre le problème encore plus aigu. À l'inverse, selon moi, élargir le champ peut aider – par exemple à prendre conscience que quantité de gens connaissent des épreuves similaires, voire pires encore. Cela peut même se révéler salutaire face à certaines maladies.

Peu de temps avant l'une de mes séances avec le Dalaï-Lama, j'ai croisé l'administrateur d'un dispensaire dans lequel j'avais travaillé. Nous ne cessions de nous quereller à l'époque, car j'estimais qu'il ne considérait que l'aspect financier, au détriment des patients. Je ne l'avais plus revu depuis belle lurette, et dès que je l'ai aperçu tous nos différends ont refait surface : j'ai senti la colère monter à nouveau en moi. Lorsqu'on m'a introduit dans la suite du Dalaï-Lama, j'avais retrouvé mon calme, mais l'incident me perturbait encore.

— Admettons que quelqu'un me mette en colère, ai-je fait en débutant la séance. Lorsqu'on est blessé, la réponse immédiate et naturelle, c'est la colère. Mais bien souvent cela ne s'arrête pas là : la colère revient chaque fois que l'on repense à cette circonstance déplaisante. Comment passer outre ?

Le Dalaï-Lama a hoché la tête, l'air pensif, puis il m'a regardé.

— Observez attentivement, et vous découvrirez que le geste qui vous a mis en rage vous a aussi fourni certaines opportunités, qui auraient été impossibles autrement.

— Et si je ne trouve aucun aspect positif à un événement ou à une personne ?

— C'est que cela exige un effort plus important de votre part, afin de chercher un autre point de vue. Il vous faudra recourir à toute votre puissance de raisonnement, évaluer la situation aussi objectivement que possible. Vous songerez que, lorsque vous êtes réellement irrité contre quelqu'un, vous avez tendance à le percevoir négativement, tout comme, lorsque vous êtes attiré par quelqu'un, vous avez tendance à ne lui attribuer que des qualités. Mais aucune de ces deux perceptions ne correspond à la réalité. Si l'ami que vous jugez si merveilleux devait se montrer blessant, vous vous apercevriez soudain qu'il ne possède pas que des qualités. Pareillement, si votre ennemi devait sincèrement implorer votre pardon et ne plus faire preuve que de bonté à votre égard, croyez-vous que vous continueriez à le haïr ? Par conséquent, si, malgré votre colère, vous percevez chez l'autre des qualités, cela signifie qu'en réalité personne n'est totalement mauvais. Chacun possède des qualités – il suffit de vouloir les rechercher. À partir de là, admettez que votre vision complètement négative d'un être est due à votre propre perception, fondée sur votre projection mentale, plus qu'à sa véritable nature.

« De même, une situation initialement perçue comme totalement négative peut comporter certains aspects positifs. Il reste à consolider cette vision positive en se la remémorant autant de fois que nécessaire, jusqu'à progressivement modifier l'impression d'ensemble. *Généralement, dans une situation difficile, se contenter d'adopter une ou deux fois tel ou tel mode de pensée particulier ne suffit pas à faire changer d'attitude. Bien plutôt, c'est à travers un processus d'apprentissage et d'entraînement, en s'habituant à ces points de vue neufs, que l'on sera capable de circonscrire le problème.*

Le Dalaï-Lama a réfléchi un moment et, fidèle à sa position pragmatique, il a ajouté :

— Si toutefois, en dépit de vos efforts, vous ne pouvez envisager l'autre sous aucun angle positif, alors, les choses étant ce qu'elles sont, mieux vaudra prendre le parti de ne plus y penser.

M'inspirant des propos du Dalaï-Lama, plus tard dans la soirée j'ai essayé de toucher du doigt les « facettes positives » de cet administrateur. Cela n'a pas été bien difficile. Je le savais bon père, élevant ses enfants de son mieux. Et il m'a fallu reconnaître que nos altercations, finalement, m'avaient été profitables : elles avaient compté dans ma décision de quitter le dispensaire, ce qui m'avait permis d'exercer dans des conditions beaucoup plus satisfaisantes. Évidemment, toutes ces raisons ne m'ont pas conduit aussitôt à déborder d'affection pour cet homme. Néanmoins, elles ont sans aucun doute radouci mes sentiments de haine à son endroit et, à mon grand étonnement, sans plus d'effort que cela.

Voir l'ennemi autrement

Le Dalaï-Lama n'allait pas s'en tenir là. Il ne tarda pas à me proposer une leçon plus importante encore : comment totalement transformer son attitude envers un ennemi et apprendre à l'aimer.

— En général, c'est évident, nous ne voulons guère de bien à nos adversaires. Certes, mais enfin, agir pour le seul malheur de son ennemi, y a-t-il vraiment là de quoi se réjouir ? Si l'on y réfléchit attentivement, qu'y a-t-il de plus dérisoire que d'emporter partout avec soi le fardeau de l'hostilité et de la rancune ? À dire vrai, veut-on réellement faire tant de mal ?

« Prendre sa revanche contre ses ennemis crée une sorte de cercle vicieux. L'autre ne sera pas disposé à accepter votre vengeance – à son tour, il exercera des représailles, puis vous en ferez autant, et cela n'aura plus de fin. En particulier à l'échelle d'une communauté, le cercle vicieux peut se perpétuer de génération en génération. À partir de là, tout ce qui fait le but de l'existence est souillé. C'est ce à quoi l'on assiste dans les camps de réfugiés, où les clans cultivent et attisent leur haine réciproque. Cela intervient dès l'enfance et c'est désolant. La colère et la haine, ce sont les hameçons du pêcheur. Il importe absolument de ne pas se laisser crocheter par eux.

« Certains jugent que la haine peut servir l'intérêt national. Je tiens cette position à courte vue pour très négative. Contrecarrer cette manière de penser, c'est la base de l'esprit de non-violence et de compréhension mutuelle.

« Le bouddhisme est très attentif à l'attitude que l'on adopte envers ses adversaires ou ses ennemis. C'est que la haine peut devenir une pierre d'achoppement à l'épanouissement de la compassion et du bonheur. En revanche, cultiver patience et tolérance envers ses ennemis facilite tout : la compassion envers les autres coulera de source.

« Chez un adepte de la spiritualité, les ennemis jouent un rôle crucial. Pour accéder pleinement à l'amour et à la compassion, il est indispensable de pratiquer la patience et la tolérance. Il n'est pas de force d'âme comparable à la patience, tout comme il n'est pas de pire affliction que la haine. C'est pourquoi on doit s'efforcer de ne nourrir aucune haine envers son ennemi, et plutôt le saisir comme une chance qui s'offre à nous de raffermir notre patience et notre tolérance.

« D'ordinaire, ce ne sont pas nos amis qui nous mettent à l'épreuve ; ils ne nous fournissent aucune occasion de cultiver la patience. Seuls nos ennemis détiennent ce privilège. Partant de là, considérons notre ennemi comme notre grand éducateur, et avec déférence, puisqu'il nous offre cette chance précieuse.

« Un ennemi est chose rare. Tout comme si l'on découvrait par hasard un trésor caché dans sa propre maison, il faut se réjouir. En effet, si vous deviez aboutir dans votre pratique de la patience et de la tolérance, indispensable à la neutralisation des émotions négatives, sachez que vous le devrez tant à vos propres efforts qu'à votre ennemi.

« Vous vous dites sans doute : "Pourquoi devrais-je lui témoigner tant de déférence puisque tout cela se fait à son insu. Sa seule intention est de me nuire, ma seule réponse appropriée est de le haïr. Il n'est pas digne de respect." En réalité, c'est bien sa volonté de blesser qui confère aux actes de votre ennemi leur caractère unique. En revanche, si nous ne tenions compte que d'une action qui vise à faire mal, alors nous haïrions les médecins, parce qu'il leur arrive quelquefois de recourir à des techniques douloureuses, comme la chirurgie. Et pourtant, leurs gestes ne sont pas nuisibles, ce ne sont pas ceux d'un ennemi, car l'intention des médecins est de nous venir en aide.

Traiter nos ennemis avec la plus grande déférence, en raison des opportunités qu'ils nous offrent de mûrir ; la chose paraît singulière ! Pourtant, n'y a-t-il pas là quelque analogie avec l'exercice physique, qui tonifie et muscle le corps ? Certes, au début, soulever des haltères est éprouvant : les poids sont lourds, on peine, on sue, on se bat. Or c'est justement l'acte de lutter qui, en fin de compte, aguerrit nos forces. Tout l'intérêt de l'exercice physique réside non pas dans le plaisir immédiat qu'il procure, mais dans les bénéfices ultérieurs que l'on en retire.

Et si après tout les affirmations du Dalaï-Lama sur la « rareté » et la « valeur » de l'ennemi valaient mieux que des spéculations intellectuelles fantaisistes ? Le simple récit que me font mes patients de leurs difficultés est assez éclairant : en général, les ennemis ou les adversaires qu'ils ont à combattre ne sont pas légion, tout au moins à l'échelon individuel. D'ordinaire, leurs conflits se limitent à quelques personnes. À cet égard, l'ennemi est vraiment « rare » : le stock est limité. Et le combat, le processus de résolution du conflit avec l'ennemi – apprendre, examiner, trouver des modes de relations alternatifs –, aboutit à la maturité, à l'introspection véritable, et à une psychothérapie fructueuse.

Imaginez ce que serait l'existence si nous ne croisions jamais un ennemi, jamais le moindre obstacle. Si, du berceau jusqu'à la tombe, on ne faisait que nous dorloter, nous prendre dans les bras, nous donner la becquée (nous faire avaler des aliments mous et fades, faciles à digérer), nous amuser avec des grimaces et des minauderies. Si, depuis l'enfance, on nous transportait dans un couffin (et par la suite sur une litière), sans jamais nous confronter à aucun défi, à aucune épreuve – bref, si tout le monde continuait de nous traiter comme un enfant en bas âge. Ce mode d'existence s'adapte parfaitement aux premiers mois de la vie ; en revanche, si cela devait continuer, nous finirions par nous transformer en une espèce de masse gélatineuse, un monstre vraiment – avec le développement mental et affectif d'un veau. Véritablement, c'est le combat de l'existence qui fait de nous ce que nous sommes. Et ce sont nos ennemis qui nous mettent à l'épreuve, qui nous fournissent cette capacité de résistance si nécessaire à la croissance.

Est-ce une attitude praticable ?

L'approche rationnelle des problèmes, apprendre à voir ses soucis ou ses ennemis sous un autre angle : en quoi cette quête peut-elle réellement, fondamentalement, transformer notre attitude ? Le Dalaï-Lama a expliqué dans un article qu'à titre d'exercice spirituel quotidien il récite une prière, *Les Huit Versets pour l'exercice de l'âme*, écrit au XIe siècle par un saint tibétain, Langri Thangpa, dont voici un extrait :

Chaque fois que je m'associe avec quelqu'un, puissé-je, au fin fond de mon âme, songer que je suis plus bas que tout et placer autrui au pinacle !

Quand je vois des êtres malfaisants, sous l'emprise du péché de violence et de l'affliction, puissé-je les tenir pour des êtres très rares et très chers, aussi précieux qu'un trésor !

Quand autrui, par envie, me maltraite, me trompe et me calomnie, puissé-je endurer la défaite et lui faire don de ma victoire !

Quand celui en qui j'ai placé grand espoir me fait grand mal, puissé-je le tenir pour un guide suprême !

Enfin puissé-je directement ou indirectement offrir bonheur et bienfait à tous les êtres vivants, puissé-je secrètement endosser toute la douleur et toute la souffrance de tous les êtres !

— Vous avez longuement médité sur les termes de cette prière, mais croyez-vous vraiment qu'elle s'applique à l'époque actuelle ? Le moine auteur de ces vers vivait dans un monastère, un lieu où la pire des déconvenues consistait à être la cible des ragots ou des mensonges ou, le cas échéant, à recevoir un coup ou une gifle. Dans ce contexte, il était aisé de « faire don de la victoire à l'autre ». En revanche, dans la société moderne, le mal ou les mauvais traitements que l'on subit de la main de l'autre peuvent aller jusqu'au viol, à la torture, au meurtre. En l'occurrence, l'attitude prônée par cette prière ne paraît guère applicable.

Je me sens assez fier de mon observation, que je juge de simple bon sens.

Le Dalaï-Lama demeure silencieux quelques instants, le sourcil froncé, pensif, avant d'admettre :

— Il y a du vrai dans ce que vous dites.

Puis il évoque les circonstances dans lesquelles l'attitude prônée par ce moine mériterait en effet d'être amendée, par exemple face à la nécessité de se défendre contre l'agression.

Plus tard, ce soir-là, je repense à deux points saillants de notre conversation. Premièrement, je suis resté frappé par son extraordinaire aptitude à porter un regard neuf sur ses propres convictions et ses propres pratiques – en l'espèce, il s'est montré tout disposé à réévaluer le sens d'une prière chère à son cœur, qui, à n'en pas douter, à force d'avoir été répétée durant des années, a fini par ne plus faire qu'un avec son être le plus intime. Deuxièmement, j'ai dû me résoudre à cette réflexion passablement moins exaltante : j'ai été d'une arrogance confondante. N'ai-je pas osé lui laisser entendre que cette prière n'était guère adaptée aux dures réalités du monde moderne ? Ce n'est qu'après coup que j'ai songé à qui je m'adressais : à un homme qui a perdu son pays, suite à une invasion parmi les plus brutales de l'histoire. Un homme qui vit en exil depuis près de quarante ans, alors qu'une nation entière a placé en lui ses espoirs et ses rêves de liberté. Un homme doté d'un sens profond de la responsabilité personnelle, qui a écouté avec compassion un flot constant de réfugiés venus lui livrer le récit de meurtres, de viols, de tortures et de l'avilissement du peuple tibétain par les Chinois. Plus d'une fois, j'ai vu son expression infiniment attristée, à l'écoute de ces comptes rendus, souvent de la bouche de gens qui avaient traversé l'Himalaya à pied (un voyage de deux jours) pour avoir tout juste le temps de l'apercevoir.

Et dans ces histoires il n'était pas seulement question de violences, mais aussi de toutes sortes de tentatives visant à détruire l'âme du peuple tibétain. L'un de ces réfugiés m'a raconté l'« école » chinoise, dont, en tant que jeune Tibétain, il était forcé de suivre les cours. Les matinées étaient consacrées à l'endoctrinement et à l'étude du *Petit Livre rouge* du président Mao. Et les après-midi étaient dédiés au compte rendu oral des devoirs. En général, ces « devoirs » étaient concoctés pour éradiquer l'esprit du bouddhisme profondément enraciné chez le peuple tibétain. Ainsi, sachant que le bouddhisme proscrit le meurtre et tient toute créature vivante pour un être précieux, doué de sensation, un enseignant donna pour devoir à ses élèves de tuer une créature vivante et de la rapporter le lendemain à l'école. Chaque élève recevrait une note en fonction d'un « barème » par animal : une mouche vaudrait un point ; un ver, deux points ; une souris, cinq ; un chat, dix, et tout à l'avenant. (Quand j'ai relaté cette histoire à un ami, il a remué la tête de dégoût : « Je me demande combien de points l'élève aurait obtenus pour la mort du professeur ? »)

Les exercices spirituels tels que la récitation des *Huit Versets pour l'exercice de l'âme* ont permis au Dalaï-Lama d'accepter la réalité de sa situation, sans cesser de faire activement campagne depuis quarante ans pour la liberté et les droits de l'homme au Tibet. Simultanément, il ne s'est jamais départi envers les Chinois d'une attitude d'humilité et de compassion qui a inspiré des millions d'individus de par le monde. Et me voilà en train de lui suggérer que cette prière n'est pas adaptée aux « réalités » du monde d'aujourd'hui. Chaque fois que je repense à cette conversation, j'en rougis encore.

À la découverte de nouvelles perspectives

J'ai eu malgré moi une autre occasion de m'exercer à la méthode du Dalaï-Lama – modifier sa vision de

« l'ennemi ». Au cours de la préparation de ce livre, je me rendais régulièrement sur la côte ouest des États-Unis pour aller y suivre les enseignements du Dalaï-Lama. Un soir, je regagne Phoenix par un vol sans escale. Malgré les enseignements spirituels que je venais de recevoir, j'étais plutôt d'humeur grincheuse en montant à bord de l'appareil bondé. Comme à mon habitude, j'avais réservé un siège côté hublot et je m'aperçois que l'on m'en a par erreur attribué un du côté de l'allée centrale : me voilà pris en sandwich entre un homme aux proportions généreuses qui a la manie fort gênante de poser son bras épais sur ma moitié d'accoudoir, et une femme entre deux âges que je prends immédiatement en grippe car, ai-je décidé, elle a usurpé ma place côté hublot. Quelque chose chez cette femme me dérange franchement : une voix un peu trop perçante, des manières un peu trop revêches, que sais-je. Juste après le décollage, elle se met à bavarder sans arrêt avec l'homme assis devant elle, qui se révèle être son mari. Je lui offre « galamment » d'échanger nos places. Il ne saurait en être question : tous deux ont des sièges côté hublot. Mon agacement ne fait que croître. La perspective de passer au bas mot cinq heures assis à côté de cette femme me paraît intolérable.

Prenant conscience de la virulence de ma réaction à l'égard d'une femme que je ne connais même pas, je me dis qu'il doit s'agir d'un « transfert » : il est probable qu'elle me rappelle inconsciemment une personne de mon enfance. J'entreprends de passer ma mémoire au peigne fin, mais impossible de débusquer un candidat vraisemblable au transfert : cette dame ne me rappelle personne.

Ensuite, l'idée me vient que je tiens là l'occasion rêvée de m'exercer à la patience. J'applique la technique qui consiste à me représenter l'ennemi qui occupe le siège côté hublot comme un très cher bienfaiteur, placé tout exprès à côté de moi à seule fin de m'enseigner la patience et la tolérance. Je m'imagine que ce sera un jeu d'enfant : après tout, en fait d'« ennemi », il est difficile de trouver plus bénin. Je viens à peine de rencontrer cette femme, et elle ne m'a fait aucun mal. Rien à faire : au bout de vingt minutes, elle me tape encore et toujours sur les nerfs ! Je me résigne à rester d'humeur massacrante jusqu'à la fin du vol. Maussade, je fusille du regard sa main refermée, l'air de rien, comme une serre de rapace sur mon accoudoir. Je hais tout ce que cette femme représente. L'air absent, je fixe distraitement l'ongle de son pouce, quand cette question me vient en tête : est-ce que je hais cet ongle ? Pas vraiment. Ce n'est qu'un ongle ordinaire. Parfaitement quelconque. Ensuite, j'ai scruté son œil et je me suis demandé : est-ce que je hais cet œil ? Oui, en effet. (Et sans raison valable, naturellement : y a-t-il forme de haine plus pure que celle-là ?) Je serre son œil de plus près. Est-ce que je hais cette pupille ? Non. Est-ce que je hais cette cornée, cet iris, ou cette sclérotique ? Non. Alors, cet œil, est-ce que je le hais vraiment ? Il m'a fallu admettre que non. Fort de ce premier résultat, je me suis dit que je tenais le bon bout. Je suis passé à une phalange, un doigt, un maxillaire, un coude. Quelque peu surpris, je me rends compte que certaines parties du corps de cette femme ne suscitent en moi aucune haine. En me concentrant sur des détails, sur des particularités, au lieu de vastes généralités, j'accomplis un changement intérieur subtil, je me radoucis. Ce glissement de perspective ouvre une brèche dans mes préjugés, assez large pour me permettre de voir cette femme comme un être humain, tout simplement. À l'instant où je ressens cette ouverture qui se fait en moi, elle se tourne vers moi et engage la conversation. Je ne me souviens pas de quoi nous avons parlé – des banalités, pour l'essentiel –, mais, à la fin du vol, la colère et l'agacement s'étaient dissipés. Certes, elle n'est pas devenue ma nouvelle grande amie, mais elle n'est tout de même plus l'usurpatrice de mon siège. Elle n'est qu'un être humain comme un autre, comme moi, vivant du mieux qu'elle peut.

L'esprit souple

C'est la souplesse d'esprit qui nourrit la faculté de changer de perspective, de « varier les angles ». Le suprême avantage de cette souplesse d'esprit, c'est qu'elle permet d'embrasser toute l'existence – de se montrer pleinement humain, d'être pleinement en vie.

Nous sommes à Tucson. Après une longue journée de conférences, le Dalaï-Lama regagne sa suite. Il se dirige d'un pas lent vers sa chambre. Un banc de nuages rosâtres barre le ciel, absorbe la lumière de cette fin d'après-midi, fait ressortir les monts Catalina, en creuse les reliefs : tout le paysage n'est plus qu'une vaste palette de nuances pourpres. L'effet est spectaculaire. L'air chaud chargé des fragrances du désert, l'humidité et une brise assez vive portent la promesse d'un de ces orages violents dont la région de Sonora est coutumière. Le Dalaï-Lama s'arrête. Il scrute l'horizon un long moment, s'imprègne du panorama, et finalement émet un commentaire sur la beauté du site. Il fait quelques pas, marque un nouveau temps d'arrêt, se penche pour examiner de plus près un menu bouton de lavande. Il le touche délicatement, remarque sa forme gracile, et se demande à haute voix quel est le nom de cette plante. Je suis frappé par la ductilité de son esprit. Après s'être imprégné d'un vaste panorama, il fixe son attention sur un simple bouton de fleur. Il sait être à la fois sensible à la totalité d'un paysage et au plus petit détail. Il possède la capacité d'englober toutes les facettes, tout le spectre de la vie.

Chacun peut développer cette souplesse d'esprit. Elle repose directement, tout au moins en partie, sur les efforts que nous accomplissons pour élargir notre vision des choses en essayant d'y intégrer de nouveaux points de vue. Le résultat final, c'est la conscience simultanée du tableau d'ensemble et de notre situation personnelle. Cette attitude duale, cette vision concomitante du « Vaste Monde » et de notre « Petit Univers », fonctionne comme une gare de triage : elle nous aide à distinguer ce qui est important dans la vie de ce qui ne l'est pas.

Tout au long de nos entretiens, il a fallu que le Dalaï-Lama me pousse – avec tact – dans mes retranchements avant que je commence à briser ma coquille. De par ma nature et ma formation, j'ai toujours eu tendance à aborder les problèmes à partir de la dynamique individuelle : une série de processus psychologiques survenant dans le seul et unique domaine de l'esprit. Les points de vue politiques ou psychologiques ne m'ont jamais beaucoup intéressé. Lors d'un de nos entretiens, j'ai interrogé le Dalaï-Lama sur l'intérêt d'élargir notre vision des choses. Ayant bu plusieurs tasses de café, je me lance dans un discours assez animé, et j'évoque la faculté de changer de perspective comme un processus interne, une quête solitaire, uniquement fondée sur la décision individuelle.

Le Dalaï-Lama m'interrompt au milieu de ce discours enflammé :

— Élargir la perspective suppose d'œuvrer en commun avec les autres. Lorsque se présente une de ces crises mondiales par nature, qu'elle touche à l'environnement ou aux structures économiques modernes, elle appelle un effort concerté et coordonné, un sens de la responsabilité et de l'engagement de la part de quantité de gens. Cela dépasse le plan personnel ou individuel.

Cela me contrarie qu'il tienne à introduire cette dimension quand je m'efforce, moi, de me concentrer sur celle de l'individu (et cela me gêne d'avoir à l'admettre : j'ai le front de persister dans cette attitude alors qu'il s'agit justement de savoir élargir sa vision des choses).

— Mais cette semaine, ai-je insisté, lors de nos entretiens et dans vos conférences, vous avez longuement souligné l'importance de la transformation personnelle qui s'accomplit de l'intérieur. Ainsi, vous avez évoqué l'importance de la compassion, de la bonté de cœur, de savoir dépasser la colère et la haine, de cultiver la patience et la tolérance...

— Oui. Le changement doit être intérieur. Mais, si l'on cherche à résoudre des problèmes globaux, il faut être apte à les aborder à la fois du point de vue individuel et de la société au sens large. Être souple, savoir élargir le champ, requiert une capacité de traiter les problèmes à plusieurs échelons – individuel, collectif et global.

«Minimiser la haine, c'est comme procéder à un désarmement intérieur, et celui-ci doit aller de pair avec un désarmement extérieur. Heureusement, depuis l'effondrement de l'Empire soviétique, tout au moins en l'état actuel des choses, la menace de l'holocauste nucléaire est levée. Je crois donc l'époque excellente : ne manquons pas cette occasion. Il faut maintenant consolider les forces de paix authentiques – de paix réelle, pas seulement l'absence de violence ou de guerre. L'absence de guerre peut être générée par les armes – c'est l'équilibre de la terreur. Mais la simple absence de guerre, ce n'est pas la paix mondiale authentique et durable. La paix doit se développer sur la base de la confiance mutuelle. Les armes étant le plus puissant obstacle au développement de la paix mutuelle, je pense qu'il est grand temps d'imaginer le moyen de s'en débarrasser. C'est essentiel. À l'évidence, cela n'adviendra pas du jour au lendemain. Selon moi, le réalisme voudrait que l'on avance dans cette voie pas à pas. Quoi qu'il en soit, il convient de formuler très clairement l'objectif ultime : la démilitarisation de la planète. En somme, nous devrions travailler à la paix intérieure et simultanément œuvrer dans le sens du désarmement et de la paix, que chacun y contribue, autant que faire se peut. C'est là notre responsabilité.

L'importance de la souplesse d'esprit

Il y a une relation de réciprocité entre la souplesse d'esprit et l'aptitude à changer de point de vue : un esprit souple aide à aborder les problèmes sous plusieurs angles et, à l'inverse, considérer les problèmes sous plusieurs angles revient en quelque sorte à exercer l'esprit à la flexibilité. Dans le monde actuel, développer sa souplesse d'esprit n'est pas un exercice réservé aux intellectuels oisifs et complaisants : cela peut être une question de survie. Sur l'échelle de l'évolution, ce sont les espèces les plus adaptables aux mutations de l'environnement qui ont survécu et prospéré. La vie se caractérise aujourd'hui par des changements inattendus aussi subits que violents. La souplesse d'esprit peut aider à accepter les transformations du monde extérieur. Elle peut aussi nous aider à accepter nos conflits intérieurs, nos inconséquences et nos hésitations. Faute de cultiver la malléabilité de l'esprit, nous nous fragilisons et notre rapport au monde s'englue dans la peur. En revanche, aborder l'existence en se montrant souple et malléable permet de conserver son sang-froid dans les situations les plus perturbées. Ce sont nos efforts pour acquérir cette souplesse mentale qui alimentent la capacité de résistance de l'esprit humain.

Au fur et à mesure que j'ai appris à connaître le Dalaï-Lama, sa souplesse et sa capacité à intégrer toute une variété de points de vue n'ont cessé de m'étonner. Or, son rôle unique de figure universellement reconnue du bouddhisme le place en quelque sorte dans la position d'un défenseur de la foi.

C'est avec cette pensée en tête que je lui demande :

— Vous arrive-t-il jamais de vous sentir trop rigide, de tomber dans une certaine étroitesse d'esprit ?

Il pèse sa réponse un moment avant de me faire cette réponse très ferme.

— Non, je ne le crois pas. En fait, c'est tout le contraire. Parfois, je suis d'une telle souplesse que l'on m'accuse volontiers de ne suivre aucune politique avec constance... (Il éclate d'un rire tonitruant.) Si quelqu'un vient me soumettre une idée, je vais la trouver sensée, tomber d'accord et m'enthousiasmer. Arrive la personne suivante, qui défend le point de vue opposé, et, là encore, je vais trouver son idée sensée et je vais approuver. Cela m'attire quelquefois des critiques, et j'ai toujours besoin que l'on me rafraîchisse la mémoire : « Nous nous sommes engagés dans cette voie, alors pour l'heure tenons-nous à notre position. »

Sur la foi de ce seul aveu, on pourrait conclure à l'indécision du Dalaï-Lama, à l'absence chez lui de tout principe directeur. En fait, rien n'est plus éloigné de la vérité. Le Dalaï-Lama se fonde sur une série de convictions qui tient lieu de socle à tous ses actes : il croit en la bonté intrinsèque de tous les êtres humains, en la valeur de la compassion, en une politique de la bonté, en un sens de la communauté avec toutes les créatures vivantes.

Être souple, malléable, savoir s'adapter ne signifie pas qu'il nous faille tous devenir des caméléons, nous imprégner du premier système de pensée qui se présente, changer d'identité, absorber passivement toutes les nouvelles idées auxquelles nous sommes exposés. Les étapes supérieures de la maturité et du développement dépendent du système de valeurs qui nous guide, qui confère à l'existence sa continuité et sa cohérence, et permet de prendre l'exacte mesure de ce que l'on vit. Ce système de valeurs aide à décider quels objectifs en valent vraiment la peine et si ce que l'on cherche a un sens ou n'en a pas. Toute la question est de savoir si nous sommes capables de nous y tenir avec constance et fermeté, sans rien perdre de notre souplesse.

Le Dalaï-Lama semble y être parvenu en ramenant son système de pensée à quelques données fondamentales : 1/Je suis un être humain. 2/Je veux être heureux et je refuse de souffrir. 3/D'autres êtres humains, tout comme moi, veulent aussi être heureux et refusent de souffrir. En mettant l'accent sur les points communs plutôt que sur les différences, il finit par se sentir lié avec tous les êtres humains et cela le conduit à croire fondamentalement en la valeur de la compassion et de l'altruisme. En recourant à la même démarche, on prendra simplement le temps de réfléchir à son propre système de valeurs pour le ramener, comme le fait le Dalaï-Lama, à ses principes élémentaires. C'est cette aptitude à isoler les éléments les plus fondamentaux qui nous apporte la plus grande liberté, la plus grande souplesse face aux problèmes quotidiens.

Trouver l'équilibre

Approcher l'existence avec souplesse est une recette fondamentale pour accéder à *l'équilibre*.

Ce matin-là, en s'installant confortablement dans son fauteuil, le Dalaï-Lama souligne toute la valeur d'une vie équilibrée.

— L'équilibre, le savoir-faire et le soin d'éviter les extrêmes, ce sont là des données capitales de la vie quotidienne qui ont également leur importance dans tous les domaines de l'existence. Lorsqu'on plante la jeune pousse d'un arbre ou d'une plante, au tout début, il faut agir avec adresse et délicatesse. L'excès comme le manque d'humidité ou de soleil détruiront la plante. Cette jeune pousse a besoin d'un environnement très équilibré où elle grandira sainement. S'agissant de la santé physique de l'individu, l'excès ou le manque peuvent avoir des effets destructeurs similaires : ainsi, le surplus ou la carence en protéines seront néfastes.

« Cette démarche toute de délicatesse et de savoir-faire, loin des extrêmes, s'applique aussi à un développement affectif et mental sain. Un succès ou une qualité supposés nous rendent-ils arrogants, imbus de nous-mêmes ? Il y a un antidote, et ce sera d'accorder un peu plus d'attention à nos problèmes ou à notre souffrance, de considérer les aspects les moins satisfaisants de l'existence. Voilà qui aidera à contenir cette euphorie, à garder les pieds sur terre. À l'inverse, à force d'être insatisfait de l'existence, on se sent submergé, on est victime de l'autre extrême, qui mène au découragement total, à l'impuissance, à la dépression, à des réflexions comme : "Je suis incapable de rien faire, je ne vaux rien." En l'occurrence, il faut savoir alléger son esprit en songeant à ses qualités, à ce que l'on a su mener à bien, afin de sortir de l'ornière du découragement. Ici, tout est question de doigté.

« Non seulement cette approche concourt à l'équilibre affectif et physique, mais elle s'applique aussi au développement spirituel. La tradition bouddhiste comprend quantité de pratiques et de techniques différentes.

Mais, là encore, il importe de faire preuve de beaucoup de savoir-faire dans l'application, de ne pas se montrer trop extrême. En ce domaine comme dans tous les autres, il convient d'adopter une approche équilibrée. Lorsqu'on se consacre à la pratique bouddhiste, il s'agit de coordonner sa démarche, d'allier l'étude et l'apprentissage avec la contemplation et la méditation. Il faut se garder de favoriser la formation universitaire et théorique par rapport à la mise en pratique, sous peine d'intellectualiser et d'étouffer les pratiques plus contemplatives. En revanche, trop insister sur l'application pratique au détriment de l'étude interdira de comprendre. L'équilibre, tout est là...

Après un instant de réflexion, il ajoute :

— En d'autres termes, la véritable pratique spirituelle, le *dharma*, agit un peu comme un dérivateur en électricité dont la fonction est de prévenir les sautes de tension et de fournir une source électrique constante.

— Vous soulignez l'importance de se garder des extrêmes, mais ne sont-ce pas ces extrêmes qui pimentent l'existence ? Choisir toute sa vie la « voie médiane », cela ne conduit-il pas à la rendre terne ?

D'un mouvement de la tête, il écarte mon argument :

— Il vous faut comprendre, je le crois, la source ou la base de l'attitude extrême. S'agissant par exemple de la quête des biens matériels – un toit, des meubles, des vêtements, etc. –, la pauvreté peut être vue comme une extrémité, et on a tout à fait le droit de lutter contre elle pour s'assurer le confort matériel. L'autre extrémité, c'est l'excès de luxe et de richesse. Notre visée ultime dans la recherche de la richesse, c'est la satisfaction et le bonheur. Mais au fond, à en vouloir toujours plus, on a l'impression d'un manque, d'un mécontentement, qui n'émane pas des objets que l'on veut posséder, mais bien plutôt de notre état d'esprit.

« C'est souvent un secret inassouvissement qui alimente notre tendance à rechercher les extrêmes. Superficiellement attirants ou "excitants", ils sont nocifs en réalité ; les exemples ne manquent pas. Soigneusement analyser ces situations doit permettre de comprendre qu'il finira par en résulter de la souffrance. À l'échelle planétaire, la pêche pratiquée sans limitation aucune, sans considération des conséquences à long terme, sans aucun sens des responsabilités, aboutira à dépeupler les mers. Il en est de même du comportement sexuel. La pulsion biologique de la reproduction, le plaisir de l'acte sexuel méritent d'être pris en compte, mais, si le comportement sexuel devient irresponsable, il débouche sur quantité de problèmes, d'abus et de mauvais traitements.

— Hormis l'inassouvissement, y a-t-il d'autres motivations qui conduisent aux extrêmes ?

— Oui, c'est certain. Je pense notamment que l'étroitesse d'esprit en fait partie.

— En quel sens ?

— Je parlais à l'instant de la pêche effrénée : en l'occurrence, on ne regarde que le court terme, on ignore le tableau général. Or, l'éducation et la connaissance seraient de nature à élargir la vision du problème.

Le Dalaï-Lama prend le chapelet bouddhique posé sur la table basse, le fait glisser entre ses mains tout en tournant et retournant cette question, avant de poursuivre :

— À bien des égards, les attitudes étriquées mènent tout droit à des pensées extrêmes. Ainsi, pendant des siècles, le Tibet a été une nation bouddhiste. C'était là le résultat naturel d'un sentiment partagé par tous les Tibétains : le bouddhisme était pour eux la meilleure des religions, et ils estimaient que l'humanité entière serait bien inspirée de s'y convertir. L'idée que tout le monde devrait devenir bouddhiste est le type même de l'idée extrême source de problèmes. Mais nous avons quitté le Tibet, ce qui nous a donné la chance d'apprendre à connaître d'autres traditions religieuses. Voilà qui a contribué à nous rapprocher de la réalité, à nous confronter à quantité de conceptions différentes, et à réaliser que convertir le monde entier au bouddhisme serait impraticable. Désormais, nous voyons la confrontation avec une autre religion sous un jour positif. Que d'autres jugent leurs traditions plus adaptées, plus efficaces, c'est parfait ! C'est comme d'aller au restaurant : rien n'empêche de tous s'asseoir autour d'une même table et que chacun commande des plats différents. Nous n'allons pas manger la même chose, mais personne n'y trouvera rien à redire !

« C'est pourquoi, je le crois, élargir son horizon permet bien souvent de dépasser cette espèce de mode de pensée extrême qui induit tant de conséquences négatives.

Sur cette dernière réflexion, le Dalaï-Lama passe le chapelet bouddhique à son poignet, me donne une tape amicale sur la main, et se lève pour clore la conversation.

11

Trouver le sens de la douleur et de la souffrance

Victor Frankl, un psychiatre juif emprisonné par les nazis durant la Seconde Guerre mondiale, déclara un jour : « L'homme est prêt à toutes les souffrances, tant qu'il peut y déceler un sens. » Frankl s'est servi de son expérience brutale et inhumaine des camps pour en retirer des vues pénétrantes sur la manière dont les gens ont survécu à ces atrocités. En observant de près ceux qui ont survécu, il a pu déterminer que la survie ne reposait pas sur la jeunesse ou sur la force physique, mais plutôt sur cette force qui découle de la volonté, et sur la faculté de trouver un sens à son existence et aux épreuves que l'on traverse.

Trouver une signification à la souffrance est certes une méthode puissante pour faire face aux périodes les plus noires de l'existence. Mais ce n'est pas une tâche aisée. Souvent, la souffrance semble dénuée de signification, paraît frapper au hasard, aveuglément : à partir de là, comment y trouver quoi que ce soit de positif ? Quand on est en proie à la douleur, toute l'énergie se concentre sur la recherche d'une issue. Dans les périodes de crise aiguë ou de tragédie, il est tout naturel de les juger injustes et dépourvues de sens, et de se demander : « Pourquoi moi ? » En de pareils moments, réfléchir à un sens au-delà de la souffrance est au-dessus de nos forces. Heureusement, il est d'autres moments, avant ou après une épreuve, où l'on a plus de latitude pour comprendre. C'est pourquoi on recherchera le sens caché de la souffrance quand tout va bien, afin de mettre toutes les chances de son côté pour en récolter les fruits. Ainsi, quand le mal frappera de nouveau, on sera récompensé du temps et des efforts consentis en des temps plus cléments. Un arbre qui plonge loin ses racines résistera au plus violent des orages ; en revanche, il ne peut faire croître ses racines juste quand l'orage pointe à l'horizon.

Mais par où commencer ? Beaucoup de gens s'appuient sur leur tradition religieuse. Chaque religion a sa manière de comprendre le sens et le but de la souffrance humaine, et toutes proposent des stratégies de réponse fondées sur des convictions profondément enfouies.

Dans le bouddhisme et le modèle hindou, la souffrance est le résultat de nos actions négatives passées, et elle catalyse la quête de la libération spirituelle.

Dans la tradition judéo-chrétienne, l'univers a été créé par un Dieu juste et bon, et, même si les voies du Seigneur semblent mystérieuses et impénétrables, la foi et la confiance dans le plan divin permettent de mieux tolérer la souffrance. Comme il est dit dans le Talmud, en effet, « tout ce que Dieu fait, Il le fait pour le mieux ». La vie n'en est pas moins pénible pour autant, mais, à l'image de la douleur de l'accouchement pour une femme, nous croyons que cette peine sera compensée par le bien ultime qu'elle engendre. Ceux qui ont la foi sont soutenus par la conviction que Dieu leur assigne un but, selon la recommandation de ce sage hassidique : « Un homme qui souffre ne doit pas dire : “Cela fait mal ! Cela fait mal !” Rien de ce que Dieu impose à l’homme n’est mal. Il est plus exact de dire : “Que la souffrance est amère ! Que la souffrance est amère !” Car, parmi les médecines que l’on administre, il en est qui sont composées d’herbes amères. » Ainsi, dans la conception judéo-chrétienne, la souffrance servira bien des objectifs : elle peut mettre à l’épreuve et pour ainsi dire tremper la foi, elle peut secrètement rapprocher de Dieu, tout au fond de soi, ou distendre les liens avec le monde matériel et nous attacher à Dieu comme à un refuge.

Dans cette quête du sens, la tradition religieuse peut certes offrir un secours valable, mais ceux qui ne souscrivent à aucune vision religieuse du monde peuvent aussi, sur la foi d’une réflexion attentive, trouver signification et valeur à leur souffrance. Malgré la répugnance universelle qu’elle inspire, il ne fait guère de doute que notre souffrance peut fortifier et approfondir notre expérience de la vie. Le Dr Martin Luther King n’a-t-il pas dit un jour : « Ce qui ne me détruit pas me rend plus fort » ? Et s’il est naturel de reculer devant la souffrance, elle peut aussi nous mettre au défi et parfois faire ressortir le meilleur de nous-mêmes. Dans *Le Troisième Homme*, Graham Greene ironise : « En Italie, pendant trente ans, sous le règne des Borgia, ce ne fut que guerre, terreur, meurtre et effusion de sang – mais qu’en est-il sorti ? Michel-Ange, Léonard de Vinci et la Renaissance. En Suisse, où tout n’est qu’amour fraternel, en cinq siècles de paix et de démocratie, qu’ont-ils produit ? Le coucou. »

Souffrir peut aguerrir et renforcer. Ou encore, à l’inverse, la valeur de la souffrance peut être d’adoucir, de rendre plus sensible, plus délicat. La vulnérabilité que l’on éprouve alors peut favoriser l’ouverture vers les autres et approfondir la relation avec eux. C’est ainsi que le poète William Wordsworth a pu affirmer :

« Une détresse profonde a humanisé mon âme. » L'une de mes connaissances, Robert, peut illustrer cette réflexion : Robert était directeur général d'une entreprise florissante. Il y a plusieurs années, il connut un grave revers financier qui déclencha une sévère dépression. Nous nous sommes rencontrés un jour où il était au plus bas. J'avais toujours vu en lui un modèle de confiance en soi et d'enthousiasme, et cela m'a fort inquiété de le voir l'air si abattu. D'un ton angoissé, il me raconta : « Je ne me suis jamais senti aussi mal de ma vie. Je n'arrive pas à m'en sortir. Je ne savais pas qu'il était possible de se sentir submergé, désespéré, bref, de perdre pied à ce point. » Après qu'il eut évoqué ses difficultés, je l'adressai à un collègue pour qu'il traite sa dépression.

Plusieurs semaines après, je rencontrai sa femme, Karen, et lui demandai de ses nouvelles.

— Il va bien mieux. Le psychiatre que tu lui as recommandé lui a prescrit un antidépresseur qui l'aide beaucoup. Naturellement, régler les problèmes de l'entreprise va nous prendre encore un certain temps, mais il se sent bien mieux et on va s'en sortir…

— Cela me fait plaisir de l'entendre.

Karen hésita un instant, avant de me confier ceci :

— Tu sais, cela m'a fait horreur de le voir déprimé. Mais, en un sens, je pense que c'est une bénédiction. Un soir, lors d'une crise, il s'est mis à pleurer. Il ne pouvait pas s'arrêter. J'ai fini par le prendre dans mes bras un moment, il était en sanglots, et finalement il s'est endormi. En vingt-trois ans de mariage, c'est la première fois qu'il arrive une chose pareille… et, pour être honnête, jamais, de toute ma vie, je ne me suis sentie aussi proche de lui. D'une certaine manière les choses ont changé. Une brèche s'est ouverte… Avoir dû partager ses soucis, avoir traversé cette épreuve ensemble, cela a modifié notre relation, nous a rapprochés.

Dans notre recherche du sens de la souffrance, tournons-nous encore une fois vers le Dalaï-Lama, qui illustre comment cette quête peut s'inscrire dans la voie bouddhiste.

— Dans la pratique du bouddhisme, la souffrance, en fournissant l'occasion de pratiquer le *Tong-Len*, devient un moyen de raviver la compassion. Tong-Len est une pratique Mahayana : nous visualisons la prise en charge de la douleur et de la souffrance de l'autre et, en échange, nous lui faisons don de toutes nos ressources – santé, fortune, etc. Ultérieurement, je vous fournirai des instructions plus détaillées sur cette pratique. Lorsque vous subissez maladie, douleur ou souffrance, formulez la pensée suivante : « Puisse ma souffrance se substituer à la souffrance de tous les êtres doués de sensation. Que cette expérience me permette de sauver tous les êtres doués de sensation qui subissent une souffrance identique. » Ainsi, votre souffrance vous donnera l'occasion de prendre en charge celle d'autrui.

« Il me faut cependant souligner une chose. Supposons que vous tombiez malade et que vous pratiquiez cette technique de réflexion : "Que ma maladie se substitue à la maladie de tous les autres êtres doués de sensation." Si vous visualisez cette prise en charge de leur mal et de leur souffrance pour leur apporter la santé, je ne vous suggère pas pour autant de négliger votre propre état de santé. Il importe avant tout de prendre des mesures préventives, notamment un régime alimentaire adapté. Et, lorsque vous tombez malade, prenez les médicaments appropriés, et n'hésitez pas à faire appel, le cas échéant, aux méthodes de la médecine conventionnelle.

« Toutefois, en cas de maladie, le Tong-Len, comme d'autres pratiques, peut sensiblement modifier votre manière de réagir au plan mental. Au lieu de gémir sur votre situation, de vous plaindre, vous vous épargnerez la douleur physique et une souffrance mentale superflues en adoptant la juste attitude. La méditation Tong-Len, autrement dénommée “donner et recevoir”, ne soulagera pas la douleur physique, ne soignera pas forcément vos symptômes, mais elle vous évitera d’y ajouter une douleur ou une angoisse inutiles. Par cette seule pensée (“Qu’endurer cette douleur et cette souffrance me rende capable d’aider les autres, de les sauver s’ils doivent en passer par des épreuves similaires”), *votre souffrance revêtira une signification nouvelle, en servant de base à une pratique religieuse ou spirituelle*. Il se peut même que, grâce à elle, vous finissiez par considérer la douleur comme une opportunité, comme un privilège, et par vous réjouir de l’enrichissement que vous en aurez retiré.

— On peut, dites-vous, se servir de la souffrance dans la pratique du Tong-Len. Précédemment, vous avez souligné l’utilité de prendre en considération notre nature souffrante, afin de mieux l’accepter comme une part naturelle de l’existence…

— C’est tout à fait exact.

— Y a-t-il d’autres moyens de comprendre le sens de la souffrance, ou tout au moins d’en mesurer la valeur pratique ?

— Oui, nous l’avons déjà dit : dans la voie bouddhiste, la réflexion sur la souffrance revêt une importance capitale. En effet, en comprenant la nature de la souffrance, on est plus résolu à mettre un terme aux causes et aux actes néfastes qui y conduisent. Et ce n’est qu’avec plus d’enthousiasme que l’on s’engagera dans les actions et les gestes salutaires qui mènent à la joie et au bonheur.

— Mais les non-bouddhistes retireront-ils un bénéfice de cette réflexion sur la souffrance ?

— À mon avis, oui. Observer pareille discipline aura une valeur pratique dans certains cas : on se montrera moins arrogant, moins prétentieux. Bien sûr, précise-t-il en riant de bon cœur, celui qui ne considère pas l'arrogance ou la fierté comme un défaut n'y verra ni bénéfice concret ni motif suffisant !

« Quoi qu'il en soit, notre expérience de la souffrance est vitale au moins à un titre, la conscience que nous en avons sert à développer l'aptitude à la sympathie, la capacité de percevoir les sentiments de l'autre, et sa propre souffrance. Tout cela est de nature à féconder la faculté compassionnelle envers autrui. Donc, en nous aidant à entrer en relation avec l'autre, cette conscience nous montre toute sa valeur.

Et le Dalaï-Lama conclut :

— À voir la souffrance de la sorte, on change d'attitude. Elle n'a plus l'air aussi néfaste et vraie qu'il y paraît.

Devant la douleur physique

Mettre à profit les périodes plus calmes pour réfléchir à la souffrance, quand les choses connaissent une relative stabilité et vont plutôt bien, cela permet d'en découvrir la signification profonde et la valeur. Cependant, il arrive que l'on soit confronté à des souffrances sans aucune utilité apparente, sans nul caractère rédempteur. C'est bien souvent le cas de la douleur physique. Mais il y a une différence entre cette douleur-là, qui est un processus physiologique, et la souffrance, qui est une réaction mentale et affective à la douleur. Dès lors, la question se pose : mettre en évidence l'objet et la signification implicites de la douleur modifiera-t-il notre attitude ? Et ce changement d'attitude en diminuera-t-il l'intensité ?

Dans son livre, *Pain : the Gift Nobody Wants* (« La Douleur : ce cadeau dont personne ne veut), le Dr Paul Brand explore l'utilité et la valeur de la douleur physique. Spécialiste mondialement connu de la chirurgie de la main et de la lèpre, le Dr Brand a passé les premières années de sa vie en Inde. Fils de missionnaires, il vit là-bas entouré de gens qui souffrent et connaissent des conditions de vie extrêmement rudes. Ayant relevé qu'en Inde on semble mieux la tolérer que dans les pays occidentaux, le Dr Brand a été amené à s'intéresser aux mécanismes de la douleur physique dans l'organisme. Ensuite, en travaillant auprès de patients atteints de la lèpre, il a fait cette remarquable découverte : les ravages de la lèpre ne sont pas seulement dus au mal qui décompose leurs chairs, mais à la perte de toute sensation dans les membres que provoque la maladie. Sans la protection de la douleur, les lépreux sont privés du mécanisme signalant les dégâts causés dans les tissus. Le Dr Brand a pu ainsi observer des patients qui, la peau déchiquetée ou les os à vif, continuaient de marcher ou de courir sur leurs membres inférieurs, détériorant encore plus leur état général. Privés de la douleur, ils allaient jusqu'à plonger la main dans les flammes pour y récupérer quelque chose. Enfin, il a noté chez ses patients une totale indifférence face à la destruction de soi. Dans son livre, il a ainsi relaté quantité d'effets dévastateurs dus au manque de perception de la douleur – blessures à répétition, rats déchiquetant doigts et orteils du malade à coups de crocs, pendant qu'il dort paisiblement.

Le Dr Brand s'est ainsi forgé peu à peu une vision neuve de la douleur : non plus l'ennemi universel, tel qu'on la conçoit en Occident, mais un mécanisme biologique remarquable, complexe et harmonieux, prévu pour nous avertir et nous protéger des dégâts infligés à l'organisme.

Mais pourquoi faut-il que l'expérience de la douleur soit si désagréable ? C'est justement ce caractère-là qui lui permet de nous protéger si efficacement et qui contraint l'organisme à traiter le problème. Au-delà des mouvements réflexes, première barrière de protection qui nous éloigne rapidement de la source de la douleur, c'est cette sensation pénible qui alerte l'ensemble du corps et le pousse à agir. Et c'est elle, enfin, qui loge cette expérience dans la mémoire, ce qui sert à se protéger à l'avenir.

De même que découvrir un sens à la souffrance permet de se sortir des problèmes de la vie de tous les jours, comprendre l'utilité de la douleur physique, estime le Dr Brand, peut réduire la souffrance qui va de pair. Dans le droit-fil de cette théorie, il propose le concept d'« assurance-douleur ». Selon lui, on peut se préparer à la douleur quand on est en bonne santé, en en comprenant les raisons et en prenant le temps de réfléchir à ce que serait la vie sans elle. Cependant, sachant qu'elle peut détruire toute objectivité, il convient de se livrer à cette réflexion « à froid ». Être capable d'envisager la douleur comme « un message vital que délivre l'organisme, qui recourt, pour ce faire, au meilleur moyen d'attirer l'attention », va atténuer la souffrance qui en résulte d'ordinaire. « Je suis convaincu, affirme le Dr Brand, que l'attitude que l'on a su cultiver par avance détermine la manière dont la souffrance nous affecte quand elle survient. » D'après lui, nous pouvons même aller jusqu'à en être satisfait, non pas tant pour l'expérience de la douleur en soi, que pour les processus cérébraux transmetteurs de l'information.

Sans aucun doute, l'attitude générale et les conceptions mentales influent fortement sur la souffrance induite par la douleur physique. Prenons deux individus, un ouvrier du bâtiment et un pianiste de concert, tous deux blessés au doigt. Leur douleur aura beau être identique, l'ouvrier du bâtiment en souffrira peu, et, le cas échéant, il ne sera pas mécontent du mois d'arrêt de travail dûment rémunéré que lui vaudra sa blessure. En revanche, la même blessure provoquera chez le pianiste une souffrance intense. En effet, elle le prive de sa première source de plaisir dans l'existence : jouer.

De nombreuses études et expériences scientifiques ont démontré que la posture mentale influe sur l'aptitude à percevoir et à endurer la douleur. Les chercheurs ont commencé par en tracer les circuits de perception. Cela débute par un signal sensoriel – un véritable signal d'alarme qui se déclenche dès que les terminaisons nerveuses sont stimulées par ce qui est ressenti comme un danger. Des millions de signaux sont envoyés par la moelle épinière à la base du cerveau. Ensuite, ils sont triés et un message de douleur se transmet aux régions cérébrales supérieures. Le cerveau opère à son tour un tri parmi ces messages qui ont fait l'objet d'un filtrage préalable, et décide de la réponse. C'est précisément à ce stade que l'esprit peut assigner une valeur et une signification à la douleur, intensifier ou modifier sa perception. *C'est mentalement que nous convertissons la douleur en souffrance.* Pour la diminuer, il faut distinguer entre la douleur propre à la douleur, et celle que nous créons rien qu'en y pensant. La peur, la colère, la culpabilité, la solitude et le désespoir sont autant de réactions émotionnelles susceptibles de l'intensifier. On peut donc non seulement travailler sur les premiers degrés de perception de la douleur, en ayant recours aux instruments de la médecine moderne, médicaments ou autres traitements, mais on peut aussi travailler sur les degrés supérieurs en modifiant ses conceptions et son attitude.

Beaucoup de chercheurs ont étudié le rôle du mental dans la perception de la douleur. Le Russe Pavlov a formé des chiens à surmonter la douleur instinctive en associant la récompense (en l'occurrence une écuelle de nourriture) à un choc électrique. Le chercheur Ronald Melzak a poussé un peu plus loin les expériences de Pavlov. Il a élevé des chiots fox-terriers dans un environnement capitonné qui en quelque sorte les « privait » de tous les coups et égratignures qui sont le lot de la période de croissance. À telle enseigne qu'il a manqué à ces chiots l'apprentissage de base des réactions à la douleur. Lorsqu'ils se fichaient une épine dans le bout des pattes, ils restaient sans réaction, au contraire de leurs compagnons de litière. Ce type d'expérience a permis à Melzak de conclure que, pour l'essentiel, ce que l'on nomme douleur, y compris la réaction émotionnelle désagréable, relève plus de l'acquis que de l'inné. Autrement dit, la douleur n'est pas instinctive, elle s'apprend. D'autres expériences conduites sur des êtres humains, comprenant des séances d'hypnose et le recours à des placebos, ont également démontré qu'en bien des cas les fonctions cérébrales supérieures sont capables d'annuler les signaux émis par les étages inférieurs sur le chemin de la douleur. C'est une indication de la manière dont le cerveau s'y prend pour adapter sa perception de la douleur ; elle permet d'expliquer les découvertes des Drs Richard Sternback et Bernard Tursky, de la faculté de médecine de Harvard, qui ont relevé, entre des groupes ethniques distincts, des différences significatives dans la perception et la résistance à la douleur.

Affirmer que notre attitude à l'égard de la douleur influence le degré de souffrance ne repose pas simplement sur des spéculations philosophiques : des preuves scientifiques viennent étayer cette idée. En essayant de découvrir l'utilité cachée de la douleur, le Dr Brand a mis en évidence une observation essentielle et fascinante, fondée sur les propos de nombreux lépreux, qui affirment : « Bien sûr que je peux voir mes mains et mes pieds, mais d'une certaine manière je ne les sens pas comme s'ils faisaient partie de moi. Je les vois juste comme des outils. » Privés de la sensation de la douleur, nos mains et nos pieds, ces parties de nous-mêmes, semblent ne plus appartenir à notre corps. C'est pourquoi la douleur ne se contente pas d'avertir et de protéger : c'est elle qui crée notre sensation de posséder un corps et, au-delà, elle agit au plan général comme une force unificatrice qui nous relie aux autres ; *notre souffrance constitue l'élément le plus fondamental que nous partageons avec les autres, le ciment qui nous lie à toutes les créatures vivantes.* Peut-être faut-il voir là une signification suprême.

Nous conclurons notre conversation à propos de la souffrance humaine par ces conseils du Dalaï-Lama sur la pratique du Tong-Len. Ainsi qu'il l'explique, cette méditation par la visualisation a pour but de renforcer la compassion. Mais elle peut être également comprise comme un puissant instrument de transmutation de la souffrance. Devant l'épreuve, quelle qu'elle soit, on peut y recourir pour s'encourager à la compassion, se visualiser soulageant les autres, en absorbant leurs souffrances et en les dissolvant dans les nôtres – c'est là une sorte de souffrance par procuration.

La pratique du Tong-Len

Le Dalaï-Lama a exposé ces principes de méditation devant un vaste public, par un après-midi de septembre particulièrement chaud, en plein désert de l'Arizona. La climatisation, déjà fort sollicitée par une température extérieure caniculaire, avait finalement rendu les armes face au surcroît de chaleur générée par les corps de six cents êtres humains. La température de la salle avait grimpé jusqu'à un niveau d'inconfort particulièrement propice à la pratique de cette méditation sur la souffrance.

— Nous allons méditer sur la pratique du Tong-Len, « donner et recevoir ». Cette pratique vise à exercer l'esprit à renforcer la puissance et la force de compassion naturelles. La méditation Tong-Len permet d'y parvenir car elle neutralise l'égoïsme. Elle accroît la puissance et la force de l'esprit en nous encourageant à nous ouvrir à la souffrance des autres.

« Pour débuter l'exercice, commencez par visualiser à côté de vous un groupe de personnes que vous avez fortement envie d'aider, qui vivent dans la souffrance, dans des conditions d'extrême pauvreté, de privation. Ensuite, visualisez-vous, vous-même, incarnation de l'égocentrique, avec vos comportements égoïstes habituels, indifférent au bien-être et aux besoins des autres. Après quoi, entre ce groupe de gens qui souffrent et cette représentation égoïste de vous-même, placez-vous en observateur neutre.

« Là-dessus, observez de quel côté vous vous sentez naturellement attiré. Par l'individu seul, personnification de l'égoïsme ? Ou bien vos sentiments de sympathie naturelle vont-ils au groupe de ces individus plus faibles qui sont dans le besoin ? Si vous regardez les choses objectivement, vous verrez que le bien-être d'un groupe ou d'un grand nombre d'individus a plus d'importance que celui d'un individu isolé.

« Après cela, concentrez votre attention sur ces indigents, sur ces désespérés. Dirigez vers eux toutes vos énergies positives. Mentalement, faites-leur don de tous vos succès, de toutes vos ressources, de toutes vos vertus. Cela fait, visualisez-vous en train de prendre en charge leur souffrance, leurs soucis, et toute leur négativité. « Par exemple, visualisez un innocent petit Somalien qui meurt de faim, et ressentez quelle serait votre réaction spontanée à cette vision. En pareille circonstance, le profond sentiment de communion que l'on éprouve avec la souffrance d'un individu ne repose pas sur des considérations comme : “C'est un parent”, ou : “C'est mon ami.” Vous ne le connaissez même pas. Mais le simple fait qu'il s'agisse d'un être humain comme vous-même favorise l'émergence de votre sympathie naturelle, et vous permet de lui tendre la main. Visualisez donc une image de ce genre et dites-vous : “Cet enfant ne peut se soulager tout seul de ses difficultés ou de ses épreuves.” Prenez en charge mentalement toutes ses souffrances liées à la pauvreté, à la faim, et, toujours mentalement, faites don de vos facilités matérielles, de vos biens et de votre réussite à cet enfant. C'est en pratiquant cette sorte de visualisation, “donner et recevoir”, que vous vous formerez l'esprit.

« Quand on s'engage dans cette discipline, il peut être utile de commencer par s'imaginer ses propres souffrances futures et, par une attitude compassionnelle, de souhaiter s'affranchir de toute souffrance à venir. Une fois acquise cette disposition compassionnelle tournée vers soi-même, on l'étendra à la souffrance des autres.

« Quand vous pratiquez cette visualisation, aidez-vous en vous figurant ces souffrances, ces soucis et ces difficultés sous forme de substances vénéneuses, d'armes dangereuses ou d'animaux terrifiants – toutes choses dont la vue suffit à donner la chair de poule. Visualisez la souffrance sous ces diverses formes, et puis absorbez le tout dans votre cœur.

« Le but de la visualisation de ces formes négatives et terrifiantes, c'est de détruire les comportements égoïstes habituels qui ont élu domicile dans votre cœur. Néanmoins, ceux à qui la haine de soi, la colère envers soi-même ou une mauvaise opinion de soi posent problème jugeront si cette pratique est ou non adaptée à leur situation. Il se peut qu'elle ne le soit pas.

« Cette pratique du Tong-Len peut se révéler très puissante si vous combinez cet exercice, "donner et recevoir", avec votre respiration. Imaginez que vous "recevez" sur l'inspiration et que vous "donnez" sur l'expiration. Cette visualisation vous causera sûrement une légère gêne. C'est le signe qu'elle atteint sa cible : l'égocentrique qui a élu domicile en vous. À présent, méditons.

Le Dalaï-Lama a conclu par une observation importante. Aucun exercice ne peut plaire ou être adapté à tout le monde. Or, dans cette initiation spirituelle, il importe que chacun décide si un exercice lui convient ou non. Parfois, de prime abord, un exercice paraît rebutant : avant qu'il ne soit efficace, il reste à mieux le comprendre. Ce fut très certainement mon cas lorsque j'ai suivi les instructions du Dalaï-Lama pour la pratique du Tong-Len cet après-midi-là. J'ai ressenti une impression de malaise, de résistance, que je n'ai pu cerner sur le moment. Plus tard, dans la soirée, j'ai repensé aux consignes du Dalaï-Lama et j'ai compris que cette résistance s'était installée au début de sa leçon, lorsqu'il a affirmé que le groupe importait plus que l'individu isolé. Mais j'avais un autre point de désaccord avec cette démonstration. Avant d'oser m'en ouvrir au Dalaï-Lama, j'en ai fait part à un ami, qui étudie le bouddhisme de longue date.

— Une chose me gêne, lui ai-je confié. Prétendre que les besoins du grand nombre prennent le pas sur ceux d'un seul individu a du sens en théorie, mais, dans la vie de tous les jours, ce n'est pas avec la masse des gens que nous entrons en relation. Nous n'avons de rapport qu'avec une seule personne à la fois, ou à la rigueur avec une série d'individus. Et, dans ce tête-à-tête, pourquoi leurs besoins individuels devraient-ils supplanter les miens ? Je suis, moi aussi, un individu singulier... Nous sommes égaux...

Mon ami a réfléchi un instant.

— C'est vrai, en effet. Mais je pense que, si tu parvenais à considérer chaque individu véritablement comme ton égal – pas plus important, mais pas moindre non plus –, je crois que cela suffirait pour commencer.

Du coup, je n'ai pas soulevé la question auprès du Dalaï-Lama.

QUATRIÈME PARTIE

Surmonter les obstacles

12
Amener le changement

Le processus du changement

— Nous avons discuté la possibilité de parvenir au bonheur en travaillant à éliminer nos comportements et nos états d'esprit négatifs. De manière générale, comment s'y prendre, selon vous, pour accomplir les changements positifs nécessaires ?

— *Apprendre, c'est la première étape,* me répond le Dalaï-Lama. L'éducation, tout est là. Il me semble avoir déjà mentionné l'importance de l'apprentissage...

— Lorsque nous avons souligné l'importance de comprendre que les émotions et les attitudes négatives nuisent à la quête du bonheur, et insisté sur l'utilité des émotions positives ?

— Oui. L'apprentissage est la première étape permettant d'introduire des changements positifs. Puis, d'autres facteurs interviennent : la conviction, la détermination, l'action, et l'effort. *L'étape suivante, ce sera donc la conviction.* L'apprentissage et l'éducation sont importants car ils aident à se convaincre de la nécessité du changement et renforcent l'engagement en ce sens. *Ensuite, la conviction de la nécessité du changement se transforme en détermination, puis la détermination en action*. Être fermement déterminé permet de soutenir l'effort nécessaire à de réels changements. *Le dernier élément, l'effort, est crucial.*

« Supposons que vous essayiez d'arrêter de fumer. Tout d'abord il faut avoir conscience que fumer est nocif pour l'organisme. Vous devez vous éduquer en ce sens. L'information et l'éducation du public sur les effets nocifs du tabac ont modifié, je le crois, le comportement des gens. Grâce à l'information, il y a moins de fumeurs dans les pays occidentaux qu'en Chine communiste. Mais le seul apprentissage ne saurait suffire. Il faut renforcer cette prise de conscience jusqu'à ce qu'elle débouche sur la ferme conviction de la nocivité du tabac. Voilà qui renforce la détermination au changement. En fin de compte, il faut faire l'effort de prendre de nouvelles habitudes. C'est ainsi, en toutes choses, quel que soit le domaine, que prennent place le changement et la mutation intérieurs.

« Quel que soit le comportement que vous voulez essayer de changer, quel que soit le but ou l'acte vers lequel vous faites converger tous vos efforts, il faut commencer par affirmer une forte volonté, un fort désir d'y parvenir. Il s'agit d'être enthousiaste. *Et là, le sentiment de l'urgence est un élément clé*. Ce sentiment de l'urgence peut puissamment aider à surmonter un problème. La connaissance des graves conséquences du sida a créé un sentiment d'urgence qui a changé le comportement sexuel de bien des gens. Souvent, une fois que l'on a obtenu l'information exacte, il en découle une notion de gravité et de responsabilité.

« Ce sentiment d'urgence peut donc constituer un élément vital du changement, et communiquer une incroyable énergie. Ainsi, au sein d'un mouvement politique, le désespoir sera de nature à créer un sentiment d'urgence assez puissant pour faire oublier la faim, et aucune fatigue, aucune lassitude ne viendra freiner les membres de ce mouvement dans la poursuite de leurs objectifs.

« L'importance de l'urgence ne s'applique pas seulement au niveau personnel, mais aussi à l'échelle de la collectivité et de la planète. À Saint-Louis, aux États-Unis, j'ai eu l'occasion de rencontrer le gouverneur de l'État. Il venait de se produire de graves inondations. Le gouverneur m'a raconté qu'aux premières heures de la catastrophe il était très soucieux : vu la nature très individualiste des Américains, les gens seraient-ils disposés à s'entraider, à participer à cet effort concerté de coopération ? Or la réaction des gens dans ce moment critique l'a stupéfié. Ils se sont montrés si coopératifs, se sont engagés si complètement, qu'il en est resté très impressionné. À mon avis, cela démontre que, pour atteindre les objectifs importants, le sentiment de l'urgence est indispensable : dans ce cas précis, la situation était tellement marquée par l'urgence que les gens, d'instinct, ont rassemblé leurs forces. Malheureusement, regrette le Dalaï-Lama, ce sentiment d'urgence nous fait souvent défaut.

Au regard du stéréotype occidental de l'Asiatique dont l'attitude fataliste serait le produit supposé de la croyance en la réincarnation, entendre le Dalaï-Lama insister de la sorte sur l'importance de l'urgence m'a surpris.

— Mais comment concevoir ce puissant enthousiasme pour le changement ou cette urgence dans la vie quotidienne ? Qu'est-ce que le bouddhisme peut proposer en ce sens ?

— Pour générer confiance et enthousiasme, le bouddhiste dispose de diverses techniques, me répond le Dalaï-Lama. Nous trouvons dans les écrits du Bouddha matière à débat sur le caractère très précieux de l'existence humaine. Nous discutons du potentiel inhérent à notre organisme, de sa signification, des objectifs salutaires qu'il peut servir, des bénéfices et des avantages d'avoir forme humaine, et ainsi de suite. Et toutes ces discussions finissent par nous inspirer l'obligation de faire un usage positif du corps humain.

« Ensuite, afin d'engendrer ce sentiment qu'il y a urgence à s'engager dans des pratiques d'ordre spirituel, l'adepte du bouddhisme se voit rappeler son impermanence, c'est-à-dire sa mort. J'entends l'impermanence au sens le plus terre à terre : il ne s'agit pas ici des aspects ineffables du concept d'impermanence. Un jour, nous pouvons ne plus être là : c'est de cette connaissance-là qu'il s'agit ici. C'est cette conscience de l'impermanence que l'on encourage : couplée avec la prise en compte de l'énorme potentiel de l'existence humaine, elle nous confère un sens de l'urgence : *chaque instant est précieux et nous devons en user au mieux.*

— Envisager l'impermanence et la mort. Cette technique n'est pas dénuée de puissance, ai-je remarqué. Elle a de quoi motiver et développer en chacun ce sens de l'urgence qui favorise les changements positifs. Mais est-elle à la portée des non-bouddhistes ?

— À tout le moins, appliquer ces techniques à des non-bouddhistes requiert beaucoup de prudence, prévient-il, pensif. C'est particulièrement vrai des pratiques bouddhiques. Après tout, ajoute-t-il en riant, on pourrait employer cette méditation dans un but exactement opposé : « Rien ne garantit que je serai encore en vie demain, alors autant me faire plaisir dès aujourd'hui. »

— Mais alors, comment un non-bouddhiste devra-t-il s'y prendre pour développer en lui ce sens de l'urgence ?

— Ainsi que je l'ai fait remarquer, c'est là qu'entrent en jeu l'éducation et la formation. Avant de rencontrer certains experts et spécialistes, je ne m'étais pas avisé de la dégradation de l'environnement. Une fois qu'ils m'eurent expliqué les problèmes auxquels nous sommes confrontés, j'ai compris la gravité de la situation. Cela peut s'appliquer à d'autres domaines.

— Mais il arrive que, même en disposant de l'information, l'on n'ait pas l'énergie de changer. Comment surmonter cet écueil ?

Le Dalaï-Lama prend le temps de réfléchir.

— À mon avis, ce manque d'énergie tient à plusieurs raisons. La première réside dans des facteurs biologiques, source d'apathie ou de manque d'énergie. En ce cas, il est possible de travailler sur son mode de vie : essayer de dormir suffisamment, de manger sainement, de s'abstenir de boire de l'alcool. Tout cela contribuera à rendre l'esprit plus alerte. Si la cause est une maladie, il convient évidemment de recourir aux médicaments. Mais il existe une autre sorte d'apathie ou de paresse, qui résulte d'une certaine faiblesse de caractère…

— Oui, c'est à elle que je faisais allusion…

— Pour la surmonter, susciter le sens de l'engagement, l'enthousiasme, pour dépasser les comportements négatifs, une fois encore, j'insiste, la méthode la plus efficace, et peut-être l'unique solution, sera de constamment surveiller leurs effets destructeurs. Il peut s'avérer nécessaire de se les remémorer sans arrêt.

Les paroles du Dalaï-Lama sonnent juste. Cependant, le psychiatre que je suis a une conscience aiguë du très fort enracinement dont sont capables ces modes de pensée négatifs. Et je sais à quel point certaines personnes ont du mal à changer. Soupçonnant que des facteurs psychodynamiques complexes étaient à l'œuvre, j'ai passé des heures à examiner et à disséquer les résistances de mes patients.

— Fréquemment, les gens veulent opérer des changements positifs dans leur vie, adopter des modes de comportement plus sains, mais une inertie semble s'y opposer... Comment l'expliquez-vous ?

— C'est très simple, fait-il, comme si cela allait de soi. C'est parce que nous nous sommes habitués à faire les choses d'une certaine façon. En un sens, à ne faire que ce qui nous plaît, que ce dont nous avons l'habitude. Nous devenons des enfants gâtés.

— Comment passer outre ?

— En retournant la force de l'habitude à notre avantage. *À force de se familiariser avec certaines habitudes, nous pouvons tout à fait instaurer de nouveaux modes de comportement*. En voici un exemple : à Dharamsala, d'ordinaire, je me réveille et je commence ma journée à trois heures et demie du matin ; en revanche, ici, en Arizona, je ne me réveille qu'à quatre heures et demie ; je m'accorde une heure de sommeil en plus, avoue-t-il en riant. Au début, il faut faire l'effort de se recaler sur son horaire habituel, mais au bout de quelques mois cela devient une sorte de routine qui n'exige plus aucun effort. Et même quand je me couche tard, si j'ai envie de dormir quelques minutes de plus, je me lève quand même à trois heures et demie sans avoir besoin d'y réfléchir, et je me consacre à mes exercices quotidiens. Tout cela ne tient qu'à la force de l'habitude.

« En ne relâchant pas son effort, on surmonte toutes les formes de conditionnement négatif pour parvenir à bien des changements positifs. Mais il reste à comprendre qu'aucun changement authentique ne survient du jour au lendemain. Dans mon propre cas, si je compare mon état d'esprit actuel à ce qu'il était voici vingt ou trente ans, grande est la différence. Mais cette différence est venue pas à pas. J'ai débuté l'apprentissage du bouddhisme à l'âge de cinq ou six ans, mais à cette époque je ne m'intéressais pas du tout aux enseignements du Bouddha, avoue-t-il en riant, même si l'on m'appelait sa très haute réincarnation. Je crois n'avoir sérieusement commencé de m'y intéresser qu'à seize ans. Et c'est à cet âge que j'ai tâché de me dédier sérieusement à la pratique. Ensuite, ce n'est qu'au bout de longues années que j'ai commencé de prendre profondément en compte les principes et les exercices du bouddhisme. Initialement, ils m'étaient apparus impraticables et presque artificiels, et puis ils ont fini par me devenir bien plus naturels et d'un abord beaucoup plus facile. Ce n'est venu qu'à force de me familiariser progressivement avec eux. Bien entendu, ce processus m'a pris plus de quarante ans.

« Ainsi donc, voyez-vous, tout au fond de soi, le développement mental prend du temps. Si quelqu'un m'affirme : “Ce n'est qu'au prix d'années d'épreuves que les choses ont changé”, je le prends au sérieux. Il y aura de fortes probabilités pour que ce soit authentique et durable. Si, en revanche, quelqu'un prétend : “En un laps de temps assez bref, deux ans à peu près, j'ai beaucoup changé”, je jugerai cette prétention irréaliste.

Indiscutablement, le Dalaï-Lama a une manière rationnelle d'aborder le changement. Pourtant, une question reste à aplanir :

— Vous avez indiqué que transformer l'esprit, introduire des changements positifs, nécessite un grand enthousiasme et une grande détermination. Pourtant, simultanément, nous savons que le processus est très lent. Une telle lenteur n'entraîne-t-elle pas un découragement ? Qu'en a-t-il été pour vous dans votre pratique spirituelle, voire dans d'autres domaines de votre vie ?

— J'ai été découragé, certainement.

— Comment y faites-vous face ?

— Dans les limites de ma pratique spirituelle, si je rencontre des obstacles ou des problèmes, cela m'aide de prendre du recul et d'envisager le long terme plutôt que le court terme. Je m'encourage en songeant à un verset en particulier, qui me soutient dans ma détermination.

Tant qu'il subsistera un espace
Tant qu'il restera des êtres doués de sensation
Puissé-je vivre moi aussi
Afin de dissiper les misères du monde.

« Toutefois, si l'on parle de la lutte pour la libération du Tibet, je jugerais stupide de m'appuyer sur la conviction exprimée dans ce verset - se préparer à attendre un temps infini... tant qu'il subsistera un espace, etc. En l'espèce, il faut s'impliquer de manière plus immédiate et plus active. Sans conteste, dans cette situation précise du combat pour la liberté, quand je repense à ces quatorze ou quinze années d'efforts de négociation sans résultat, j'en conçois une certaine impatience, une certaine frustration. Mais ce sentiment ne me décourage pas au point de me faire perdre espoir.

— Mais qu'est-ce qui vous retient de perdre espoir ?

— Même dans la situation que nous connaissons au Tibet, élargir la vision des choses peut tout à fait aider. Si je la considère d'un point de vue trop étroit, en l'appréhendant isolément, elle me paraîtra désespérée. En revanche, si j'ouvre la perspective à l'échelle mondiale, alors la situation internationale me montre que tous les systèmes communistes, tous les systèmes totalitaires s'écroulent les uns après les autres. En Chine même, il existe un mouvement pour la démocratie, et le moral des Tibétains reste au plus haut. Aussi, je ne renonce pas.

Étant donné l'envergure de sa culture et de sa formation, nourries par la philosophie et la méditation bouddhistes, il n'est pas anodin que le Dalaï-Lama préfère, pour première étape de cette mutation intérieure, l'apprentissage et l'éducation à des pratiques spirituelles transcendantales ou mystiques. On a beau reconnaître l'importance de l'éducation, son rôle vital dans la quête du bonheur est largement négligé. Et pourtant, des études ont attesté le lien qui existe entre les études supérieures et une vie épanouie. La corrélation positive entre une formation supérieure, la santé et la longévité protège l'individu de la dépression. Pour déterminer les effets bénéfiques de l'éducation, les scientifiques ont raisonné de la manière suivante : les individus mieux formés sont plus conscients des facteurs de risque en matière de santé, plus aptes à choisir un mode de vie sain, possèdent une meilleure opinion d'eux-mêmes, connaissent mieux leurs droits, font preuve de plus de savoir-faire et disposent de stratégies plus efficaces. Donc, si la seule formation universitaire conditionne une vie plus heureuse, quelle puissance n'auront pas l'apprentissage et l'éducation préconisés par le Dalaï-Lama – une éducation exclusivement centrée sur la compréhension et la mise en œuvre de tout ce qui conduit au bonheur durable ?

L'étape suivante sur la voie du changement ouverte par le Dalaï-Lama suppose de savoir générer « l'enthousiasme et la détermination ». L'importance de cette étape dans l'achèvement de nos objectifs est elle aussi largement admise par la science occidentale contemporaine. Ainsi, Benjamin Bloom, un psychopédagogue, a étudié la vie de quelques athlètes, artistes et scientifiques américains accomplis. Il a découvert que, plus qu'un grand talent naturel, ce sont leur énergie et leur détermination qui les ont conduits au succès dans leurs domaines respectifs. Pourquoi ce principe ne s'appliquerait-il pas également à l'art du bonheur ?

Les spécialistes du comportement se sont beaucoup consacrés à la recherche des mécanismes qui déclenchent, soutiennent et guident nos activités. Dans leur étude des « motivations humaines », ces psychologues ont identifié trois catégories. Celle des *motivations premières* réunit les pulsions reposant sur des besoins biologiques dont la satisfaction est nécessaire à la survie, comme les besoins de nourriture, d'air et d'eau. Une autre catégorie inclut le *besoin de stimulation et d'information* de l'être humain. Les chercheurs ont émis l'hypothèse qu'il s'agit là d'un besoin inné, requis pour la croissance, le développement et le fonctionnement corrects du système nerveux. Enfin, dernière catégorie, celle des *motivations secondaires*, qui sont fondées sur des besoins et des pulsions acquis. Nombre d'entre elles relèvent du succès, du pouvoir, du statut ou de l'accomplissement social. À ce niveau de motivation, le comportement et les pulsions peuvent être influencés par les forces sociales et modelés par l'apprentissage. C'est à ce stade que les théories de la psychologie moderne rencontrent le développement de « la détermination et de l'enthousiasme » tel que le conçoit le Dalaï-Lama. Toutefois, dans son système de pensée, la pulsion et la détermination ne servent pas seulement à la poursuite du succès matériel. Elles prennent toute leur ampleur lorsqu'elles servent une quête plus élevée, telle que celle de la bonté, de la compassion et du développement spirituel.

L'« effort » est le dernier élément porteur de changement. Le Dalaï-Lama y voit la composante nécessaire au nouveau conditionnement. L'idée que l'on puisse modifier les attitudes et les pensées négatives grâce à un nouveau conditionnement n'est pas seulement partagée par les psychologues occidentaux : en fait, c'est la pierre angulaire de toute la thérapie moderne du comportement. Ce type de thérapie repose sur la théorie élémentaire suivante : pour l'essentiel, les gens ont appris à être ce qu'ils sont et, en leur proposant des stratégies porteuses d'un nouveau conditionnement, la thérapie du comportement a démontré qu'elle savait résoudre efficacement une large gamme de problèmes.

Si la science a récemment établi que la prédisposition génétique joue clairement un grand rôle dans le mode de réaction au monde d'un individu, la plupart des scientifiques et des psychologues estiment dans une large mesure que le comportement, la pensée et les émotions sont déterminés par l'apprentissage et le conditionnement, produits de l'éducation et des forces sociales et culturelles qui nous environnent. Cette conviction que les comportements reposent largement sur le conditionnement, renforcés et amplifiés qu'ils sont par la « force de l'habitude », ouvre la possibilité, ainsi que le soutient le Dalaï-Lama, de mettre fin aux conditionnements néfastes pour leur en substituer un autre, plus salutaire, susceptible d'améliorer l'existence.

Transformer son comportement vis-à-vis du monde extérieur grâce à un effort soutenu n'aide pas seulement à effacer les mauvaises habitudes : cela permet aussi de modifier les attitudes et les sentiments sous-jacents. La science a démontré que non seulement les attitudes et les traits de caractère déterminent le comportement (une idée communément admise), mais aussi qu'à l'inverse notre comportement peut influencer nos attitudes. Les chercheurs ont découvert que, même artificiellement provoqués, un sourire ou un froncement de sourcils induisent les émotions correspondantes, colère ou bonheur. Cela laisse entendre que le simple fait d'exécuter les choses machinalement, de répéter un comportement positif, induira un changement intérieur. Voilà qui peut avoir d'importantes implications sur la manière dont le Dalaï-Lama envisage la construction d'une vie plus heureuse. Si l'on commence tout simplement par aider régulièrement les autres, même sans se sentir particulièrement gentil ou attentif, au fur et à mesure que l'on développera d'authentiques sentiments compassionnels, on constatera une transformation intérieure.

Ce qu'il est réaliste d'attendre

Le Dalaï-Lama y insiste : une authentique transformation intérieure exige un effort soutenu. Il s'agit là d'un processus graduel, qui contraste nettement avec ces techniques ou ces thérapies « minute », qui ont proliféré dans la culture occidentale au cours des dernières décennies et qui relèvent plus du système D – depuis « il faut po-si-ti-ver » jusqu'à « la découverte de l'enfant qui est en vous ».

L'approche du Dalaï-Lama vise, elle, une croissance et une maturation lentes. Il croit dans le formidable pouvoir de l'esprit (un pouvoir presque illimité), mais d'un esprit au préalable systématiquement exercé, centré, concentré, un esprit trempé par des années d'expérience et de raisonnement solidement charpenté. Les habitudes et les comportements mentaux fauteurs de problèmes ont mis du temps à s'imposer à nous. Instaurer les habitudes neuves du bonheur ne prend pas moins de temps. Détermination, effort et temps : ces ingrédients essentiels sont incontournables. Tels sont les réels secrets du bonheur.

Lorsqu'on s'engage dans la voie du changement, il importe de se fixer des attentes raisonnables. De trop fortes attentes nous exposent à la déception. Trop faibles, elles réduisent à néant la volonté de dépasser ses propres limites et de se montrer à la hauteur de son potentiel véritable. Dans le droit-fil de notre conversation sur le processus du changement, le Dalaï-Lama enrichit encore son propos.

— À mesure que l'on avance sur le chemin qui mène au but ultime, il ne faut jamais perdre de vue qu'il importe d'adopter une attitude réaliste, de savoir capter et respecter la réalité concrète de sa situation. Il faut reconnaître les difficultés inhérentes à ce chemin, et admettre que cela puisse prendre du temps et demander un effort constant. Il importe aussi de clairement distinguer les critères d'évaluation des progrès accomplis des idéaux que l'on vise. Un bouddhiste placera très haut ses idéaux : le complet Éveil, telle est son attente ultime ; un idéal qui n'a rien d'extrême. En revanche, commettre l'erreur de choisir l'Éveil pour critère d'évaluation ne causera que découragement et totale perte d'espoir, car on ne saurait atteindre l'Éveil rapidement. Il faut donc être réaliste. À l'inverse, si l'on se dit : « Je vais m'en tenir au moment présent, et surtout ne pas me soucier du futur ou de l'ultime réalisation de la bouddhéité. C'est ce qu'il y a de plus pratique », on se heurte à un autre extrême. Il s'agit donc de trouver une démarche qui se situe quelque part à mi-chemin. Il faut dégager un équilibre.

« Comment faire face à ses propres attentes ? La question est traîtresse. Des attentes excessives, sans fondements appropriés, conduiront à des difficultés. Au contraire, sans attentes, sans espoir, sans aspirations, pas de progrès. Une petite dose d'espoir est essentielle. Trouver l'équilibre n'est guère aisé. Il faut juger de chaque situation au cas par cas.

Je ne parviens pas à dissiper mes doutes. Il est certain que nous pouvons modifier nos comportements négatifs, moyennant du temps et des efforts. Mais jusqu'à quel point est-il vraiment possible d'éradiquer les sentiments négatifs ?

— Nous avons établi que le bonheur ultime dépend de l'élimination des comportements et des états mentaux négatifs – la colère, la haine, la convoitise, etc.

Le Dalaï-Lama approuve silencieusement.

— Mais ces émotions font naturellement partie de notre tempérament. Tous les êtres humains connaissent ces noirs sentiments, à un degré ou à un autre. Dès lors, est-il raisonnable de haïr, de renier ou de combattre cette part de nous-mêmes ? Il semble impraticable, voire artificiel, de tenter la complète éradication de ce qui fait partie intégrante du tempérament.

Le Dalaï-Lama ponctue sa réponse d'un mouvement de la tête.

— Oui, certains suggèrent que la colère, la haine et d'autres émotions négatives font naturellement partie de l'esprit humain. Puisqu'ils font partie du tempérament de chacun, il n'y aurait pas moyen de réellement modifier ces états mentaux. Eh bien, ils ont tort. Tous, nous sommes nés dans un état d'ignorance. En ce sens, l'ignorance est elle aussi tout à fait naturelle. Jeunes, nous sommes complètement ignorants. Mais à mesure que nous grandissons, jour après jour, grâce à l'éducation et à l'apprentissage, nous sommes en mesure d'acquérir la connaissance et de repousser l'ignorance. En revanche, si nous nous abandonnons à notre état d'ignorance sans consciemment entreprendre notre apprentissage, nous serons évidemment incapables de la repousser. Donc, si nous nous livrons à cet « état de nature » sans faire l'effort de le contenir, les forces antagonistes de l'éducation et de l'apprentissage ne sauraient s'imposer naturellement. Par analogie, un exercice approprié permettra de réduire graduellement les émotions négatives et de renforcer les états d'esprit positifs : l'amour, la compassion et l'indulgence.

— Mais si tout cela fait partie de notre psyché, comment réussir à combattre ce qui fait partie de nous-mêmes ?

— Combattre les émotions négatives peut servir à comprendre comment fonctionne l'esprit humain, me répond le Dalaï-Lama. L'esprit humain est aussi complexe qu'il est doué. Il est capable de trouver quantité de moyens d'aborder toute une diversité de situations et d'états. Face à un seul et même objet, il a la faculté d'adopter une pluralité de points de vue, à travers lesquels il peut résoudre des problèmes divers.

« Dans la pratique bouddhiste, cette faculté d'adopter des points de vue différents sert à quantité de méditations, dans lesquelles on isole diverses facettes de soi-même, pour aller ensuite jusqu'à engager le dialogue entre toutes ces facettes. Il existe une méditation conçue pour étoffer l'altruisme, où s'engage un dialogue entre l'"attitude égocentrique" (le moi qui incarne l'égocentrisme) et soi-même en tant qu'adepte de la pratique spirituelle, en tant que "méditant". Il s'agit là d'une relation de dialogue. De même, si des traits négatifs comme la haine ou la colère font partie de l'esprit, on peut choisir de les combattre.

« En outre, dans l'expérience quotidienne, on se retrouve souvent en situation de s'accuser ou de se critiquer. On fait porter la critique ou le blâme sur ses torts ou ses carences, on est furieux contre soi-même. Là aussi, on engage le dialogue avec soi. En réalité, que se passe-t-il ? Il n'y a pas deux moi distincts : au contraire, ce qu'on a là, ce sont deux individus qui coexistent en un seul pour former un continuum. Cela étant, se critiquer soi-même, s'en vouloir, cela n'a rien d'insensé. L'expérience nous l'enseigne.

« En revanche, l'individu a beau ne former qu'un seul continuum, rien n'interdit d'adopter deux points de vue différents. Que se passe-t-il quand on se soumet soi-même à la critique de la sorte ? Le "moi" qui critique du point de vue de soi-même considéré comme un tout et le "moi" qui se soumet à la critique se placent l'un comme l'autre dans l'ombre portée de l'expérience ou de l'événement en cause. Ainsi, c'est cette mise en perspective par rapport à une situation donnée qui offre en quelque sorte l'occasion d'une "relation de moi à moi".

« Pour développer cette faculté critique, il peut être utile de réfléchir aux diverses facettes de sa propre identité. Prenons l'exemple du moine bouddhiste tibétain. Il aura un sens de son identité personnelle de moine, de "soi-même en tant que moine". Par ailleurs, il possédera éventuellement un autre niveau d'identité, où le moine s'effacera derrière son origine ethnique de Tibétain, ce qui lui fait dire : "Moi, en tant que Tibétain." Et puis, à un troisième niveau d'identité, son état de moine et son origine ethnique ne joueront plus aucun rôle. Il dira alors : "Moi, en tant qu'être humain." Ainsi, on le voit, l'identité individuelle d'une personne se laisse appréhender sous des angles différents.

« Sur un plan plus conceptuel, cette superposition des identités nous indique assez que nous avons la capacité d'envisager un phénomène sous plusieurs angles. En outre, cette capacité de voir au pluriel est tout à fait sélective : on est à même de se concentrer sur un angle, sur un aspect bien précis du phénomène considéré, et on saura tout à fait dégager un point de vue en particulier. Cette capacité joue un rôle important quand on cherche à identifier et à éliminer certains aspects négatifs de sa personnalité, ou à en étoffer des traits positifs. *Cette capacité d'adopter un point de vue différent permet d'isoler les parties de soi que l'on cherche à éliminer et de livrer bataille contre elles.*

« À ce stade, une question capitale se pose : effectivement, nous pouvons engager le combat contre la colère, la haine et d'autres états d'esprit négatifs, mais quelle garantie, quelle assurance avons-nous de remporter la victoire ?

« S'agissant de ces états d'esprit négatifs, je me réfère à ce que l'on appelle en tibétain *Nyong Mong*, ou *Klesha* en sanskrit. Littéralement, ce terme signifie "ce qui afflige de l'intérieur". À cette traduction longue, on préfère souvent celle d'"illusion". L'étymologie du mot tibétain *Nyong Mong* permet de comprendre qu'il s'agit d'un événement affectif et cognitif qui afflige spontanément l'esprit, détruit toute sérénité, introduit le trouble dans le psychisme. Si nous y prêtons garde, il est facile de reconnaître le caractère d'affliction de ces "illusions", tout simplement parce qu'elles ont cette tendance bien reconnaissable à annihiler toute paix et toute présence d'esprit. En revanche, il est bien plus ardu de savoir si l'on peut les surmonter. Voilà qui soulève directement la question de la pleine et entière réalisation du potentiel spirituel. Question grave et difficile s'il en est.

« Quelles raisons avons-nous de croire qu'il est possible d'éradiquer et d'éliminer ces afflictions ou ces "illusions" de notre esprit ? La pensée bouddhiste dispose de trois principes ou motifs principaux sur lesquels fonder cette conviction.

« Le premier principe stipule que tous les états "illusoires", toutes les afflictions, toutes les détresses ont un caractère essentiellement faussé, dénaturé, car elles prennent racine dans des perceptions erronées de la réalité. Quelle que soit leur puissance, en profondeur, ces émotions négatives sont dénuées de valeur.

Elles reposent sur l'ignorance. En revanche, toutes les émotions et tous les états d'esprit positifs, l'amour, la compassion, la perspicacité, s'appuient, eux, sur une base solide. Lorsque l'esprit traverse ces états d'esprit positifs, il ne subit aucune distorsion, aucune dénaturation. En outre, ces facteurs positifs sont ancrés dans la réalité. Cet ancrage et cet enracinement dans la raison et la compréhension peuvent se vérifier au moyen de l'expérience. Ce n'est pas le cas pour ces afflictions que sont la colère et la haine. Au surplus, tous ces états d'esprit positifs partagent cette caractéristique commune : on peut renforcer leur capacité et accroître leur potentiel sans limite aucune, pourvu que l'on s'y exerce régulièrement à travers une pratique constante…

J'interviens :

— Pouvez-vous mieux expliquer ce que vous entendez par états d'esprit positifs possédant une « base valable », et par états d'esprit négatifs qui en sont dépourvus ?

Il apporte cette clarification :

— La compassion est tenue pour une émotion positive. En la générant, on commence par reconnaître que l'on ne veut pas souffrir et que l'on a droit au bonheur. Cela, chacun peut le vérifier et le valider dans sa propre expérience. Ensuite, on reconnaît que les autres, tout comme soi-même, ne veulent pas souffrir, eux non plus, et qu'ils ont droit au bonheur. Cette perception tient lieu de base dès que vous commencez de générer de la compassion.

« Pour l'essentiel, les émotions ou états d'esprit positifs et négatifs se rangent en deux catégories. Le premier moyen de les classer, c'est de comprendre que les émotions positives sont celles que l'on peut justifier, et les émotions négatives celles qui demeurent injustifiables. Précédemment, nous avons discuté du thème du désir, des désirs positifs et négatifs. Le désir de satisfaire des besoins élémentaires est positif. Il est justifiable. Il se fonde sur le fait que, tous, nous existons et que, tous, nous avons le droit de survivre. Et, pour survivre, certaines choses sont nécessaires, certains besoins doivent être satisfaits. Ce type de désir a un fondement valable. Et, nous en avons également débattu, d'autres types de désirs sont négatifs, comme l'envie excessive ou la convoitise. Ces désirs-là ne reposent pas sur des raisons valables, et ne font souvent que susciter le trouble et compliquer l'existence. Ils sont simplement basés sur un sentiment de mécontentement, sur l'envie de posséder toujours plus, alors même que ces objets de désir ne nous sont pas réellement nécessaires. Aucune raison solide ne vient soutenir ces sortes-là de désir. C'est en ce sens que l'on peut dire que les émotions positives ont un fondement ferme et justifié, et qu'aux émotions négatives ce fondement justifié fait défaut.

Le Dalaï-Lama poursuit plus avant son examen de l'esprit humain, dissèque les fonctionnements mentaux avec l'attention minutieuse d'un botaniste qui classerait des variétés de fleurs rares.

— Cela nous amène au deuxième principe sur lequel repose l'affirmation de la possibilité d'éradiquer et d'éliminer nos émotions négatives. *Ce principe se fonde sur le fait que nos états d'esprit positifs peuvent agir comme antidotes à nos tendances négatives et à nos états d'esprit fauteurs d'illusions. Ainsi, ce deuxième principe veut que, plus on renforcera l'efficacité de ces antidotes, plus on sera capable d'atténuer la puissance des afflictions mentales et affectives*, et plus on sera apte à réduire leurs influences et leurs effets.

« Lorsqu'on parle d'éliminer les états d'esprit négatifs, il faut avoir une idée présente à l'esprit. Dans la pratique bouddhiste, cultiver certaines qualités mentales, la patience, la tolérance, la gentillesse, pour ne nommer que celles-ci, agit comme antidote spécifique aux états d'esprit négatifs tels que la colère, la haine et l'attachement. L'emploi d'antidotes comme l'amour et la compassion réduira sensiblement le degré ou l'influence des afflictions mentales et émotionnelles. Toutefois, comme elles ne visent qu'à l'élimination de certaines afflictions individuelles bien précises, ces mesures restent partielles. Au bout du compte, ces afflictions, telles que l'attachement ou la haine, sont enracinées dans l'ignorance : on se méprend sur la vraie nature de la réalité. C'est pourquoi toutes les traditions du bouddhisme sont parvenues à un consensus : pour dépasser complètement toutes ces tendances négatives, on doit recourir à l'antidote contre l'ignorance – au "facteur de la Sagesse". C'est indispensable. Le "facteur de la Sagesse" suppose de savoir porter un regard pénétrant et perspicace sur la vraie nature de la réalité.

« Dans la tradition bouddhiste, nous ne disposons pas seulement d'antidotes à des états d'esprit spécifiques, par exemple la patience et la tolérance, qui agissent en qualité d'antidotes spécifiques à la colère et à la haine, nous avons également un antidote général – la faculté de pénétrer la nature première de la réalité –, qui s'applique à tous les états négatifs de l'esprit. C'est la même chose que de se débarrasser d'une plante vénéneuse : vous pouvez en éliminer les effets nocifs en taillant les branches et les feuilles, ou encore vous avez la latitude d'éliminer la plante tout entière en la déracinant.

Pour conclure cette conversation sur l'élimination de nos états mentaux négatifs, le Dalaï-Lama expose le troisième principe :

— La nature essentielle de l'esprit est pureté : c'est là le troisième principe, fondé sur la conviction que la conscience sous-jacente, élémentaire, ineffable, demeure intacte de toute émotion négative. Sa nature est pure, un état de pureté que l'on désigne ainsi : « L'esprit de Lumineuse Clarté ». Cette nature fondamentale de l'esprit, c'est aussi ce que nous nommons Nature de Bouddha. Puisque les émotions négatives ne font pas intrinsèquement partie de cette Nature de Bouddha, il est possible de les éliminer et de purifier l'esprit.

« C'est à partir de cette hypothèse que le bouddhisme accepte l'idée que l'on puisse, en définitive, éliminer les afflictions mentales et affectives en cultivant des forces telles que l'amour, la compassion, la tolérance et l'indulgence, qui agissent comme antidotes, et grâce à des pratiques de méditation.

Cette idée que la nature fondamentale de l'esprit est pure et que nous détenons la capacité de totalement éliminer nos modes de pensée négatifs, le Dalaï-Lama l'avait déjà exprimée devant moi. Il avait alors comparé l'esprit à un verre rempli d'eau boueuse : les états d'affliction mentale sont pareils aux « impuretés »; ou à la boue, qu'il faut retirer pour révéler la « pureté » cachée de l'eau. Le propos pouvant paraître un peu abstrait, j'avais essayé de l'amener à des considérations plus concrètes.

— Admettons cette possibilité d'éliminer les émotions négatives, et supposons le premier pas franchi dans cette direction. Cela demandera probablement un effort considérable d'éradiquer cette face obscure – un énorme travail d'analyse, de contemplation, de recours constant à tous ces antidotes, de pratiques méditatives intensives, et ainsi de suite. Pareil effort convient fort bien à l'existence d'un moine, qui peut consacrer beaucoup de temps et d'attention à ces pratiques. Mais une personne normale, avec une famille et tout ce qui va de pair, en aura-t-elle le temps et l'opportunité ? Ne vaudrait-il pas mieux pour elle limiter ses ambitions :

en essayant de maîtriser ces afflictions, d'apprendre à vivre avec elles et à les traiter comme il convient, plutôt que de tenter leur complète éradication ? Cela me fait songer aux malades du diabète. Sans doute n'ont-ils pas les moyens de guérir, mais en respectant un régime alimentaire, en s'injectant de l'insuline, ils sont en mesure de contrôler la maladie et d'en prévenir les symptômes et les séquelles.

— Oui, c'est tout à fait la voie ! me répond le Dalaï-Lama avec enthousiasme. Je suis d'accord avec vous. Si modeste soit le pas accompli, il peut réduire l'influence des émotions négatives. Voilà qui peut absolument aider à vivre une existence plus heureuse et plus satisfaisante. Toutefois, les plus hauts échelons de la réalisation spirituelle n'en restent pas moins à la portée du profane, de celui qui exerce un métier, qui a une famille, une relation sexuelle avec une épouse, et ainsi de suite. Et non seulement cela, mais il est des gens qui n'ont entamé une pratique sérieuse que sur le tard, la quarantaine ou la cinquantaine venue, voire même passé quatre-vingts ans, ce qui ne les a pas empêchés de devenir de grands maîtres hautement accomplis.

— Avez-vous personnellement rencontré beaucoup d'individus qui, à vos yeux, ont atteint un tel degré d'accomplissement ?

— Cela me semble très difficile d'en juger. À mes yeux, les méditants véritablement sincères n'en font pas étalage.

Et il éclate de rire.

En Occident, beaucoup de gens trouvent le bonheur dans la foi religieuse. La démarche du Dalaï-Lama est différente : elle repose plus sur le raisonnement et l'exercice de l'esprit que sur la foi proprement dite. À certains égards, cette démarche s'apparente à une science du psychisme, à un système que l'on peut appliquer tout comme une psychothérapie. Mais le Dalaï-Lama va plus loin. Chez nous, la psychothérapie, par exemple la thérapie du comportement, vise des mauvaises habitudes bien précises – le tabac, la boisson, les sautes d'humeur. En revanche, il n'est pas dans nos habitudes de cultiver certains traits positifs – l'amour, la compassion, la patience, la générosité – pour en faire des armes et les retourner contre toutes les émotions et toutes les dispositions d'esprit négatives. Ne l'oublions pas : la méthode du bonheur se fonde, elle, sur cette idée révolutionnaire s'il en est : les dispositions mentales négatives ne font pas intrinsèquement partie de l'esprit humain. Ce ne sont que des obstacles transitoires qui brident l'expression de la joie et du bonheur au fond de nous.

En Occident, la plupart des écoles de psychothérapie se consacrent à la résolution d'une névrose, plutôt qu'à la refonte totale du comportement. Elles explorent l'histoire de l'individu, ses relations, ce qu'il vit au jour le jour (y compris ses rêves et ses fantasmes), jusques et y compris sa relation avec le psychothérapeute, en vue de résoudre les conflits intérieurs du patient : ses motivations inconscientes et les dynamiques psychologiques qui participent de ses problèmes ou de son chagrin. En l'occurrence, le but est de mettre au point des stratégies de défense, d'adaptation et de résolution des symptômes, plutôt que d'exercer l'esprit au bonheur.

En revanche, l'idée centrale, dans la méthode du Dalaï-Lama, c'est que *les dispositions d'esprit positives peuvent agir comme antidotes aux dispositions négatives*. Si l'on veut trouver un équivalent de cette idée dans la science moderne du comportement, il faut se tourner vers la thérapie cognitive : c'est elle qui se rapproche le plus de cette idée. Il s'agit là d'un type de psychothérapie qui a connu un succès croissant au cours des dernières décennies. Elle a prouvé son efficacité dans le traitement de toute une série de problèmes courants, notamment la dépression et l'anxiété. La psychothérapie cognitive repose sur l'idée que les contrariétés et les comportements mal adaptés sont causés par des déformations de la pensée et des convictions irrationnelles. Elle aide le patient à procéder à l'identification systématique et à l'analyse de ces déformations de la pensée, afin qu'il puisse les corriger. Tout ce bagage de réflexions correctrices devient en un sens un antidote aux modes de pensée faussés qui sont à la source de la souffrance.

Prenons l'exemple d'une personne qui, chaque fois qu'elle est rejetée par les autres, réagit de manière excessive en se sentant blessée. La psychothérapie cognitive l'aidera d'abord à identifier la conviction irrationnelle qui est en elle et qu'elle formule comme suit : « J'ai tout le temps besoin que tous les gens qui comptent pour moi m'aiment et m'approuvent, sinon ma vie est épouvantable et je ne vaux rien. » Ensuite, le psychothérapeute présentera au patient des éléments de preuves susceptibles de remettre en cause cette croyance irréaliste. En dépit des apparences, cette méthode n'a rien de superficiel, et nombre d'études ont montré que la psychothérapie cognitive fonctionne. Dans la dépression, ce sont les pensées défaitistes et négatives qui sous-tendent le mal.

De même que les bouddhistes voient toutes les afflictions comme des émotions dénaturées, les psychothérapeutes cognitifs considèrent ces pensées négatives génératrices de la dépression comme « essentiellement dénaturées ». Dans la dépression, la pensée est faussée par une vision des événements formulée en termes de « tout-ou-rien » ou de généralisation excessive (vous perdez un emploi ou vous ratez un examen, et vous vous dites : « Je ne suis qu'un raté ! »), ou par la perception sélective de certains événements (dans une journée où il arrivera au dépressif trois bonnes choses et trois mauvaises, il ignorera les premières pour ne retenir que les secondes). Le psychothérapeute aide le patient à traiter sa dépression en l'encourageant à contrôler l'émergence spontanée des pensées négatives (« Je ne vaux rien »). Partant de là, il va corriger activement ces pensées dénaturées en rassemblant des informations et des éléments de preuves qui viennent les contredire ou les réfuter (« J'ai travaillé dur pour élever mes deux enfants », « J'ai un don pour le chant », « Je suis fidèle en amitié », « J'ai tenu le coup dans un métier difficile », etc.). Les chercheurs ont pu prouver que le simple fait de remplacer ces modes de pensée faussés par des informations exactes peut suffire à agir sur le mental et sur le moral.

Le fait même que l'on puisse modifier ses affects et neutraliser ses réflexions négatives en recourant à des modes de pensée alternatifs vient étayer la position du Dalaï-Lama. Et quand ce fait va de pair avec la démonstration, récemment apportée par la science, que l'on peut modifier la structure et la fonction du cerveau en entretenant de nouvelles pensées, alors c'est toute l'idée d'atteindre le bonheur par l'exercice de l'esprit qui prend corps.

13

Face à la peur et à la colère

> « Si l'on rencontre une personne touchée par une flèche, on ne perd pas de temps à se demander d'où provient cette flèche, à quelle caste appartient l'individu qui l'a décochée, à analyser dans quelle essence de bois est taillée la tige de cette flèche, ou comment en a été confectionnée la pointe. Bien plutôt, on s'attache immédiatement à extraire la flèche. »
>
> SHAKYAMUNI, le Bouddha

Nous allons nous tourner à présent vers certaines de ces « flèches » : les dispositions négatives destructrices du bonheur, et leurs antidotes respectifs. Toutes les dispositions mentales négatives agissent comme des obstacles au bonheur, mais nous commencerons par la colère, qui paraît être l'un des blocages les plus puissants. Sénèque, le stoïcien romain, prévient contre « cette passion qui est plus que toute autre affreuse et enragée[1] ». Les effets destructeurs de la colère et de la haine sont attestés par de récentes études scientifiques. Évidemment, il n'est guère besoin de preuves

1. « De la colère », Sénèque, *Entretiens*, Robert Laffont, coll. « Bouquins »

scientifiques pour comprendre de quelle manière ces émotions peuvent obscurcir le jugement, susciter des sensations de malaise extrême, ou causer les plus grands dégâts dans nos rapports avec autrui. Mais l'on sait désormais répertorier les effets physiologiques de la colère et de l'hostilité : elles peuvent provoquer des maladies ou la mort prématurée, des dizaines d'études l'ont démontré. Les Drs Redford Williams et Robert Sapolsky ont démontré que la colère, la rage et l'hostilité endommagent surtout le système cardio-vasculaire. À force d'accumuler les preuves des effets dommageables de l'hostilité, on a fini par la considérer en fait comme le principal facteur de risque dans les affections cardiaques, au moins aussi nocive, sinon plus, que les traditionnels excès de cholestérol ou autre hypertension.

Une fois admis les effets dommageables de la colère et de la haine, la question reste posée : comment se dominer ?

Lors de ma première consultation de jeune psychiatre dans un dispensaire, un membre de l'équipe me montre mon nouveau bureau, lorsque, à l'autre bout du couloir, j'entends des cris à vous glacer le sang.

— Je suis en colère...

— Plus fort !

— Je suis en colère !!

— Plus fort ! Montrez-le-moi ! Il faut que je le voie !

— Je suis en colère ! Je suis en colère ! Je vous hais ! Je vous hais !

Je prends vraiment peur. J'attire l'attention de ma collègue : ne dirait-on pas une patiente en crise ? Ne faut-il pas s'en occuper d'urgence ?

— Ne vous en faites pas pour ça, me rassure-t-elle en riant. C'est juste une séance de psychothérapie de groupe : on aide la patiente à appréhender sa colère.

Plus tard, le même jour, je fais la connaissance de cette même patiente lors d'un entretien en tête à tête. Elle a l'air exténuée.

— Je me sens si détendue, rectifie-t-elle. Cette séance m'a vraiment fait de l'effet. Je me sens comme si j'avais sorti toute la colère qu'il y avait en moi.

Cependant, lors de notre séance suivante, le lendemain, cette patiente me déclare :

— Tout bien réfléchi, je n'ai pas l'impression d'avoir encore exprimé toute ma colère. Immédiatement après être partie, je suis sortie du parking, et un abruti m'a coupé la route... Ça m'a rendue furieuse ! Et je n'ai pas arrêté d'insulter cet abruti entre mes dents, jusqu'à ce que je sois rentrée chez moi. Je dois encore avoir besoin de quelques séances pour exprimer ma colère jusqu'au bout.

Pour dominer la colère et la haine, le Dalaï-Lama commence par étudier la nature de ces émotions destructrices.

— Sur un plan général, m'explique-t-il, il existe beaucoup de sortes d'émotions négatives ou d'afflictions : la suffisance, l'arrogance, la jalousie, le désir, la luxure, l'étroitesse d'esprit, et ainsi de suite. Mais de tous ces maux, ce sont la colère et la haine qui sont considérées, et de loin, comme les pires, comme les plus grands obstacles à la compassion et à l'altruisme, destructeurs de toute vertu et de toute sérénité.

« Il peut exister deux sortes de colère. La première, due à une motivation bien particulière, peut-être positive. Par exemple, cette colère peut être motivée par la compassion ou par le sens de la responsabilité. La colère motivée par la compassion servira d'impulsion ou de catalyseur à une action positive. Dans ces circonstances, la colère, en créant une forme d'énergie, peut forcer à agir sans délai, et de manière décisive.

Cette colère est quelquefois positive. Cependant, trop souvent, elle a beau agir comme une protection et insuffler un surcroît d'énergie, il s'agit d'une énergie aveugle, et dont l'issue demeure incertaine : sera-t-elle destructrice ou constructive ?

« Donc, malgré de rares circonstances où elle peut s'avérer positive, en général, la colère conduit à la rancune et à la haine. Et dès que la haine entre en jeu, il ne peut jamais rien en ressortir de positif. La haine ne produit aucun bienfait. Elle est toujours et totalement négative.

« Supprimer la colère et la haine ne suffit pas. *Encore faut-il cultiver activement les antidotes de la haine : la patience et la tolérance*. Je ne peux que le répéter : pour cultiver la patience et la tolérance, il faut de l'enthousiasme et fortement le désirer. Plus fort sera l'enthousiasme, plus grande sera l'aptitude à résister aux épreuves. Dans la pratique de la patience et la tolérance, c'est en fait dans un combat contre la haine et la colère que l'on s'engage. Et dans un combat, ce que l'on vise, c'est la victoire. Mais il faut aussi se préparer à l'éventualité de la défaite. Vous affronterez des revers, ne l'oubliez jamais. Vous devrez savoir leur faire front. C'est pourquoi celui qui l'emporte contre la haine et la colère après un parcours aussi ardu mérite d'être considéré comme un véritable héros.

« C'est là que l'enthousiasme prend sa source. L'enthousiasme résulte de la connaissance des effets bénéfiques de la tolérance et de la patience, et des effets destructeurs, négatifs, de la colère et de la haine. Et cet acte même, cette prise de conscience, est en soi créateur de tolérance et de patience, et rend plus prudent, plus circonspect à l'égard des pensées de haine. Cette prudence, cette répugnance, peut agir en soi comme une mesure préventive.

« Les effets destructeurs de la haine sont parfaitement visibles, évidents et immédiats. Quand elle monte en vous avec toute sa puissance, elle vous submerge et détruit toute sérénité : vous perdez toute présence d'esprit. Une colère ou une haine si intense neutralise le meilleur de l'intellect, à savoir la faculté de juger du bien, du mal et des conséquences de vos actions à court et à long terme. Votre faculté de jugement devient totalement inopérante. Cela s'apparente à une forme de folie. Cette haine vous plonge dans un état de confusion qui ne fait qu'aggraver vos difficultés.

« La haine, de plus, transforme l'individu de la façon la plus déplaisante et la plus repoussante qui soit. On a beau adopter une posture très digne, le visage se déforme et s'enlaidit. L'expression est très peu engageante, et on irradie d'hostilité. Les autres le sentent. C'est comme si l'organisme relâchait un flot de vapeurs. Et tous, humains comme animaux, n'auront qu'une envie : éviter pareil individu. De même, quand une personne abrite en elle des pensées haineuses, celles-ci s'accumulent jusqu'à causer la perte de sommeil ou d'appétit et susciter un surcroît de tension.

« C'est pour cela que l'on compare la haine à un ennemi. Cet ennemi intérieur n'a d'autre fonction que de nous faire du tort, que de nous détruire, à court et à long terme. C'est notre véritable ennemi, notre ennemi suprême.

« Cet ennemi n'a rien d'ordinaire. Un ennemi ordinaire, lui, agira de manière à nous causer du tort, mais au moins aura-t-il d'autres fonctions dans la vie que celle-ci – ne serait-ce que manger ou dormir. Et, justement du fait de toutes ses autres fonctions, il ne peut pas se consacrer à nous nuire et nous détruire vingt-quatre heures sur vingt-quatre. En revanche, la haine, elle, ne possède aucune autre fonction, ne vise aucun autre objectif que de nous détruire. Une fois qu'on l'a compris, cela devrait suffire pour nous décider à ne jamais laisser la moindre prise à cet ennemi.

— S'agissant de la colère, que pensez-vous des méthodes de la psychothérapie occidentale, qui en encouragent l'expression ?

— Les situations sont multiples, il faut le comprendre. En certains cas, les gens abritent en eux une forte colère, un fort ressentiment à cause de ce qu'ils ont subi par le passé, mauvais traitements ou que sais-je encore, et ce sentiment est resté refoulé. Une expression tibétaine dit que, si une impureté encombre la coquille du crustacé, il suffit de souffler dessus. Par analogie, on dira que l'on peut remédier à une situation en laissant s'exprimer la colère ou d'autres émotions refoulées.

« Néanmoins, je crois que la colère et la haine, laissées sans surveillance, ont tendance à s'aggraver. Loin de les contenir, leur laisser libre cours ne pourra que les faire croître. Aussi peut-on œuvrer à l'avance à son contentement intérieur et cultiver bonté et compassion. Cela sera porteur d'une sérénité qui aidera à prévenir la colère. Et puis, quand une situation vous met en colère, confrontez-vous à cette dernière, analysez-la. Examinez-en précisément les causes. Poussez l'analyse : la colère est-elle une réponse adaptée ? Est-elle destructrice ou constructive ? Disciplinez-vous, contenez-vous, combattez-la en recourant aux antidotes : neutralisez ces émotions négatives par des pensées empreintes de patience et de tolérance.

Le Dalaï-Lama marque un temps de silence, avant d'ajouter, toujours pragmatique :

— Au début de ce travail, vous verrez que vous laisserez encore place en vous aux émotions négatives. Tout est affaire de degré : si votre colère est modérée, vous pouvez essayer de la combattre directement, sur l'instant. En revanche, s'il s'agit d'une forte émotion négative, il peut s'avérer très difficile d'y faire face. En ce cas, le mieux est encore de l'ignorer. Pensez à autre chose. Une fois calmé, vous pourrez analyser, raisonner.

En d'autres termes, il faut savoir s'accorder un temps de répit.

— Puisque patience et tolérance sont indispensables contre la colère et la haine, concevez-les en ces termes : contre les effets destructeurs de la haine et de la colère, la richesse ne vous sera d'aucune protection. Vous aurez beau être millionnaire, vous resterez sujet à ces effets destructeurs. Et aucune éducation ne suffira à vous en garantir, pas plus que la loi. Les armes nucléaires elles-mêmes, si élaboré soit le système de défense, ne sauraient vous protéger et vous défendre contre ces effets...

Après un temps de silence, le Dalaï-Lama conclut d'une voix ferme et claire :

— *Le seul refuge, la seule protection contre ces effets destructeurs de la colère et de la haine, c'est la pratique de la tolérance et de la patience.*

Une fois encore, la sagesse traditionnelle du Dalaï-Lama rejoint la science. Ainsi, le Dr Dolf Zillmann a montré que la colère entraîne un état d'excitation physiologique qui crée un terrain encore plus favorable : autrement dit, la colère ajoute à la colère. Et, à mesure que croît cette excitation, le déclenchement en est facilité par les stimulations extérieures.

Si l'on n'y prend pas garde, la colère tend à s'intensifier. Comment s'en défaire ? Comme le laisse entendre le Dalaï-Lama, y donner libre cours n'a d'avantages que très limités. L'expression thérapeutique de la colère comme moyen de catharsis trouve son origine dans la théorie des émotions formulée par Freud, qui opère, selon lui, comme un système hydraulique : dès que la pression augmente, elle a besoin de se relâcher. L'idée de se débarrasser de la colère en lui donnant libre cours a quelque chose de très séduisant, voire même de divertissant, mais cette idée ne fonctionne guère. Au cours des quarante dernières années, il a été amplement démontré que l'expression physique et verbale de la colère ne la dissipe en rien et ne fait que l'aggraver. Le Dr Aaron Siegman, psychologue et auteur de recherches sur la colère, croit que c'est justement son expression réitérée qui déclenche les systèmes d'excitation internes et les réactions biochimiques qui, selon toute vraisemblance, sont responsables des dégâts causés à nos artères.

Pour autant, il ne s'agit pas d'ignorer la colère. Les chercheurs rejoignent le Dalaï-Lama : puisque le stress abaisse le seuil de déclenchement de la colère, la première étape devra être préventive. Manifestement, cultiver le contentement intérieur et la sérénité, cela peut aider. Et quand la colère survient, la recherche a montré que la défier activement, l'analyser logiquement, et refaire le cheminement de pensée qui a pu y mener contribuent à la dissiper. L'expérimentation a également démontré que changer de perspective ou multiplier les angles se révèle d'une efficacité certaine. La chose est plus facile lorsqu'il s'agit d'une colère modérée : donc, l'intervention précoce, avant que la colère et la haine ne prennent toute leur ampleur, a son importance.

— Dans la vie de tous les jours, la tolérance et la patience sont très bénéfiques. Si on possède cette capacité, même en vivant dans un environnement très stressant, on ne perdra ni son calme ni sa sérénité.

« L'autre avantage de réagir aux situations difficiles par la patience plutôt qu'en cédant à la colère, c'est que cela protège du préjudice ou du tort que l'on vous a fait ; en dépit du malaise ou de la blessure temporaire, vous vous éviterez des conséquences potentiellement dangereuses à long terme. En passant sur les choses sans importance, en se soumettant aux menus problèmes, aux menues épreuves, on s'évite des souffrances ultérieures bien plus pénibles. Si, en guise de châtiment, le sacrifice d'un bras suffisait à sauver la vie d'un condamné à mort, ce dernier ne serait-il pas reconnaissant qu'on lui offre cette opportunité ?

— Dans la conception occidentale, ai-je observé, la patience et la tolérance sont des vertus. Mais, quand on vous cause activement du tort, réagir par la « patience et la tolérance » passera pour de la faiblesse ou de la passivité.

Désapprouvant d'un mouvement de la tête, le Dalaï-Lama me fait cette réponse :

— Dès lors que la patience et la tolérance découlent de l'aptitude à rester ferme et inébranlable, il ne faut pas y voir un signe de faiblesse ou de renoncement, mais plutôt un signe de force. Réagir de la sorte suppose d'avoir de la retenue, ce qui est l'apanage d'un esprit fort et discipliné.

« Cela étant, la patience revêt elle aussi des formes négatives ou positives. L'impatience n'est pas forcément mauvaise. Elle peut inciter à agir pour que les choses se fassent. Dans les corvées de la vie quotidienne, l'excès de patience vous ralentira. J'invoquerai un autre exemple, d'un ordre différent : être impatient de parvenir à la paix mondiale, n'est-ce pas positif ?

À mesure qu'il va plus loin dans sa recherche du sens de la patience, le Dalaï-Lama s'anime visiblement.

— L'humilité et la patience sont étroitement liées, je le crois. L'humilité suppose tout d'abord une capacité de confrontation, de représailles, pour qu'ensuite intervienne au contraire la décision délibérée de n'en rien faire. Voilà ce que j'appelle l'humilité authentique.

Selon moi, la vraie tolérance, la vraie patience supposent autodiscipline et retenue – la conscience que l'on aurait pu agir autrement, plus agressivement, mais que l'on en a décidé autrement. En revanche, être forcé de réagir passivement, par impuissance ou par incapacité, ce n'est pas ce que j'appellerais de l'humilité authentique. Ce n'est pas de la tolérance.

« Pour comprendre comment faire preuve de tolérance envers ceux qui nous causent du tort, il ne faut pas se méprendre et croire qu'il s'agit d'humblement tout accepter.

Le Dalaï-Lama s'interrompt, éclate de rire.

— Plutôt, le mieux, le plus sage, serait encore tout simplement de fuir, très loin !

— On ne peut pas toujours fuir...

— Oui, c'est vrai. Parfois, certaines situations exigent de prendre des mesures. Toutefois, je crois que la compassion ou le souci des autres, bien plus que la colère, sont de nature à placer en position de force et à permettre de prendre ces mesures. L'une des raisons pour lesquelles ces dernières sont indispensables, c'est que, si on laisse faire – quel que soit le tort ou le crime –, alors le danger existe que l'autre prenne tout simplement l'habitude d'agir négativement à notre égard. En définitive, cette habitude ne pourra être que très destructrice et qu'entraîner sa propre perte. C'est pourquoi, s'il est indispensable de prendre des mesures, c'est bel et bien avant tout par compassion et par souci de l'autre qu'il faut le faire. Prenons à nouveau l'exemple de nos relations, à nous Tibétains, avec la Chine : même si la réaction de haine est la plus vraisemblable, nous nous surveillons, volontairement, pour en réduire la portée. En fin de compte, envers les Chinois aussi, nous tâchons de développer une attitude compassionnelle. En tout état de cause, chacune des mesures que l'on est amené à prendre est, je le crois, plus efficace quand elle est dépourvue de haine et de colère.

« *Le résultat final, ou le produit de la patience et de la tolérance, c'est le pardon. Quand on est vraiment patient et tolérant, alors le pardon vient naturellement.*

« En dépit des événements négatifs que l'on aura connus dans le passé, par la patience et la tolérance, il est possible de renoncer à la colère et au ressentiment. L'analyse de la situation fera comprendre que le passé est le passé, et qu'il est donc inutile de poursuivre plus avant dans cette posture de colère, qui ne change rien à la situation mais perturbe le mental et perpétue le malheur. Naturellement, on a le droit de se souvenir de ces événements pénibles. L'oubli et le pardon sont deux choses différentes. Il n'y a rien de mal à simplement se souvenir des événements négatifs. Un esprit aigu se souvient toujours, fait-il en riant. D'après moi, Bouddha devait se souvenir de tout. Mais la patience et la tolérance permettent justement de renoncer aux émotions négatives qui se mêlent invariablement au souvenir.

Méditations sur la colère

Outre sa principale méthode qui neutralise la colère et la haine par la logique, le Dalaï-Lama a recours à d'autres méthodes. Lors de ses conférences, il a exposé ces deux méditations simples destinées à surmonter la colère.

Méditation sur la colère. Premier exercice

— Imaginons un scénario où l'une de vos connaissances, quelqu'un de proche, de cher, perd son calme. Cela peut arriver si cette personne se trouve confrontée à l'animosité d'autrui ou à une situation bouleversante. Sa colère est telle qu'elle en perd tout sang-froid, allant jusqu'à se frapper elle-même ou jusqu'à fracasser les objets qui lui tombent sous la main.

« Réfléchissez aux effets immédiats de cette crise de rage. Observez la transformation physique de cet être que vous connaissez bien. Cette personne dont vous vous sentez si proche, que vous appréciez, en temps normal, le simple fait de la voir vous fait plaisir. Et voilà qu'elle se transforme à présent en un être repoussant, y compris physiquement parlant. Pourquoi, me direz-vous, est-il nécessaire que vous visualisiez ce qui arrive à l'autre ? Parce qu'il est plus facile de voir les défauts des autres que les nôtres. Alors, en vous servant de votre imagination, prenez la peine de vous livrer à cette visualisation et à cette méditation pendant quelques minutes.

« À la fin de cette visualisation, analysez la situation et faites le lien avec votre propre expérience. Reconnaissez que vous vous êtes mis vous-même dans cet état à maintes reprises. Et décidez ce qui suit : "Je ne vais plus jamais tomber sous le coup d'une colère et d'une haine aussi intenses, car alors je me mettrais dans une position similaire. Et je pâtirais de toutes les conséquences qui vont de pair, je perdrais ma sérénité, mon sang-froid, et je prendrais cette apparence physique repoussante." Une fois cette décision prise, employez les dernières minutes de cette méditation à focaliser votre esprit sur cette conclusion. Sans chercher à aller plus loin dans l'analyse, tenez-vous-en à cette résolution de ne plus tomber sous l'influence de la colère et de la haine.

Méditation sur la colère. Second exercice

— Pratiquons une autre méditation par la visualisation. Commencez par visualiser quelqu'un que vous n'aimez pas, qui vous contrarie, qui vous cause des problèmes ou qui vous tape sur les nerfs. Puis imaginez un scénario dans lequel cette personne vous irrite, vous blesse ou vous contrarie. En imagination, quand vous visualisez ceci, laissez-vous aller à votre réaction naturelle. Voyez ensuite comment vous vous sentez, voyez si cela accélère les battements de votre cœur, etc. Regardez si vous vous sentez à l'aise ou mal à l'aise. Voyez si cela vous tranquillise ou si vous ressentez une impression de malaise. Jugez par vous-même, cherchez. Ainsi, pendant trois ou quatre minutes, jugez, jaugez. Et puis à la fin de cet examen, si vous reconnaissez : « Oui, cela ne sert à rien de s'irriter. Je perds immédiatement ma sérénité », alors dites-vous : « À l'avenir, je ne le referai plus. » Affirmez-le avec détermination. Finalement, pour les dernières minutes de l'exercice, centrez votre esprit uniquement sur cette conclusion ou sur cette détermination. Tel est le contenu de cette méditation.

Le Dalaï-Lama s'interrompt, regarde la salle remplie d'étudiants sincèrement disposés à méditer, il rit et il ajoute :

— Je pense que si j'avais des facultés, des aptitudes cognitives, ou la claire conscience d'être capable de lire les pensées des autres, alors quel spectacle ce serait dans cette salle !

Une vague de rires a brièvement parcouru l'assistance, avant que l'auditoire ne se plonge dans cette méditation, tout disposé à livrer bataille contre la colère.

14

Face à l'angoisse, s'aimer soi-même

On estime que, sur la durée d'une vie, au moins un Américain sur quatre souffrira d'une anxiété telle qu'elle fera l'objet d'un diagnostic d'angoisse clinique. Même ceux qui ne souffriront jamais d'angoisse pathologique ou incapacitante connaîtront à un moment ou à un autre de leur existence des niveaux d'anxiété ou d'inquiétude qui gâcheront leur bonheur et leur compliqueront l'existence.

Le cerveau humain est équipé d'un système élaboré conçu pour enregistrer la peur et l'inquiétude. Ce système remplit une fonction importante – il nous mobilise pour que nous réagissions au danger en mettant en œuvre une séquence complexe d'événements biochimiques et physiologiques. L'inquiétude possède en quelque sorte une facette adaptable qui nous sert à anticiper le danger et à agir préventivement. En fait, certains types de peur et un certain degré d'inquiétude peuvent être salutaires. Toutefois, l'angoisse peut fort bien persister et augmenter, même en l'absence de toute peur véritable. Quand cet état émotionnel est disproportionné, il génère des troubles de l'adaptation.

L'inquiétude et l'angoisse excessives peuvent, comme la haine et la colère, avoir des effets dévastateurs sur le mental et le physique, devenir la source de beaucoup de souffrance émotionnelle et même de maladies.

Au niveau mental, l'anxiété chronique peut porter atteinte au jugement, accroître l'irritabilité et entraver l'efficacité. Elle peut aussi générer des problèmes d'ordre physiologique : diminution des fonctions immunitaires, affections cardiaques, troubles du système digestif, fatigue, tension musculaire et douleur. On a par exemple montré que les troubles de l'anxiété provoquent des retards de croissance chez les adolescentes.

Quand on aborde ce problème de l'anxiété, il faut admettre, comme l'a relevé le Dalaï-Lama, que les causes en sont multiples, et parfois d'ordre biologique. Certaines personnes semblent ainsi présenter une vulnérabilité neurologique à l'inquiétude ou à l'anxiété. Récemment, les scientifiques ont justement découvert chez les individus sujets à l'anxiété et aux pensées négatives un gène responsable de ces états. Cela étant, tous les cas nocifs d'anxiété ne sont pas d'origine génétique, et il ne fait guère de doute que l'apprentissage et le conditionnement jouent un rôle majeur dans leur étiologie.

Mais, que la cause prédominante de notre anxiété soit d'ordre physiologique ou psychologique, l'information essentielle et positive, c'est que nous y pouvons quelque chose. Dans la plupart des cas graves d'anxiété, l'administration d'un médicament peut faire utilement partie du traitement. Cela étant, nous tous qui sommes pour ainsi dire journellement tenaillés par le souci et l'anxiété, nous n'avons besoin d'aucune pharmacologie. Les spécialistes estiment généralement que l'approche multidimensionnelle est la meilleure : il s'agira tout d'abord d'écarter l'hypothèse d'un problème d'origine physiologique pour ensuite améliorer l'état général par un régime alimentaire approprié et par l'exercice physique. Enfin, ainsi que l'a souligné le Dalaï-Lama, cultiver la compassion et approfondir ses liens avec les autres peuvent être une source de bonne hygiène mentale et aider à combattre les états d'anxiété.

Toutefois, parmi toutes les stratégies qui permettent de surmonter l'anxiété, il en est une qui s'avère particulièrement efficace : l'intervention cognitive. C'est d'ailleurs l'une des méthodes principales qu'emploie le Dalaï-Lama pour dépasser les soucis et les angoisses de tous les jours. Comme face à la colère et à la haine, il s'agit là de contrer activement les pensées génératrices d'anxiété et de les remplacer par des pensées et des attitudes rationnelles.

Dans notre culture, l'anxiété a quelque chose d'envahissant. C'est pourquoi j'étais impatient d'aborder le sujet avec le Dalaï-Lama. Il avait un emploi du temps particulièrement chargé ce jour-là, et je me suis senti justement très anxieux quand, quelques instants avant notre entretien, son secrétaire est venu m'informer qu'il nous faudrait abréger la conversation. Me sentant pressé par le temps, soucieux de ne pouvoir traiter tous les sujets dont je voulais débattre avec lui, je me suis assis sans tergiverser et j'ai aussitôt pris la parole, cédant une fois de plus à mon penchant : chercher à obtenir de lui des réponses trop simplificatrices.

— La peur et l'anxiété, on le sait, peuvent dresser des obstacles majeurs sur notre route. En psychiatrie, nous disposons de diverses méthodes pour aborder ces problèmes, mais je suis curieux de savoir, de votre point de vue, quelle est celle que vous recommandez tout particulièrement ?

Résistant à ma tendance à la simplification excessive, le Dalaï-Lama me répond suivant sa démarche habituelle, pleine de rigueur.

— Face à la peur, je crois que ce dont nous avons besoin en tout premier lieu, c'est de reconnaître qu'il en existe de différentes sortes. Certains types de peur sont d'une grande authenticité, reposent sur des raisons valables, que ce soit par exemple la peur de la violence ou de l'effusion de sang. Nous voyons bien tout ce qu'il y a là de mal. Ensuite, il y a la peur des conséquences à long terme de toutes nos actions négatives : peur de la souffrance, peur de nos émotions nocives telles que la haine. Je considère que ce sont là de bonnes peurs. Éprouver ces peurs-là nous met sur la bonne voie, nous rend plus chaleureux.

Il s'interrompt pour réfléchir, puis il ajoute, songeur :

— Même si, en un sens, ce sont bien là des peurs, peut-être y a-t-il une nette différence entre le fait de craindre ces choses et l'esprit qui perçoit leur nature destructrice...

Il se tait à nouveau un long moment, absorbé dans sa réflexion, et moi, je n'arrête pas de jeter des coups d'œil furtifs à ma montre. Il est clair qu'il ne se sent pas autant pressé par le temps que je le suis. Enfin, il reprend la parole, sur un ton mesuré.

— D'un autre côté, certaines peurs sont nos propres créations. Ces peurs reposent essentiellement sur des projections mentales. Elles sont très enfantines, ces peurs-là ! fait-il en riant. C'est comme quand, petits, nous passions dans un endroit sombre, en particulier dans les pièces plongées dans l'obscurité du Potala[1], et

1. Le Potala était traditionnellement le palais d'hiver des Dalaï-Lamas, symbole de l'héritage historique et religieux du Tibet. Construit à l'origine par le roi tibétain Song-tsen Gampo au VIIe siècle, il fut par la suite détruit et ne fut

que cela nous effrayait – ce n'était que pure projection mentale. Ou encore, quand les personnes chargées du ménage ou de veiller sur moi me prévenaient qu'il y avait là un hibou qui attrapait les petits enfants et qui les mangeait ! fait le Dalaï-Lama en riant de plus belle. Et moi je les croyais !

« Il y a encore d'autres sortes de peur basées sur la projection mentale, poursuit-il. Par exemple, si vous avez des pensées négatives, en raison de votre humeur du moment, vous projetterez ces pensées sur quelqu'un d'autre, qui alors vous paraîtra hostile et négatif. Et en fin de compte, vous en éprouverez de la peur. Ce genre de peur, à mon sens, est lié à la haine et survient comme une sorte de création mentale. C'est pourquoi il faut d'abord se servir de sa capacité de raisonnement pour tâcher de découvrir si cette peur repose sur une base valable ou non.

— Plutôt qu'une peur intense ou ciblée sur une situation ou un individu spécifiques, pour la plupart, ce qui nous ronge, c'est une anxiété diffuse touchant à toute une série de problèmes quotidiens. Comment manier cette peur-là, selon vous ?

Avec un hochement de tête, il me fait cette réponse :

— Personnellement, l'une des approches que je trouve assez salutaire pour résorber cette sorte d'anxiété, c'est de s'attacher à cultiver la pensée que voici : *Si cette situation ou ce problème sont tels que je ne puis y remédier, alors cela ne sert à rien de s'en soucier.* En d'autres termes, s'il existe une solution ou une issue, ce n'est pas la peine de se laisser submerger. L'action

---

reconstruit qu'au XVIIe siècle par le cinquième Dalaï-Lama. Le bâtiment actuel s'élève majestueusement à plus de cent dix mètres au-dessus du sommet de la « Colline Rouge », à Lhassa. Long de plus de quatre cents mètres, haut de treize étages, il compte plus de mille pièces, salles de réunion, autels et chapelles.

adéquate, c'est la recherche de la solution. Il est plus raisonnable de dépenser son énergie à se concentrer sur une solution qu'à se faire du souci. *À l'inverse, s'il n'y a pas d'issue, pas de solution, aucune possibilité de rien résoudre, cela ne sert non plus à rien de se faire du souci, puisque de toute façon vous n'y pouvez rien*. En l'espèce, plus vite vous vous résoudrez à cet état de fait, plus vous vous faciliterez les choses. Ce qui implique naturellement de vouloir se confronter directement au problème. Faute de quoi, vous ne serez pas en mesure de savoir s'il existe ou non une solution.

— Et si cela n'aide pas à soulager l'anxiété ?

— Alors il vous faudra faire l'effort d'y réfléchir plus en profondeur, et d'y revenir à maintes et maintes reprises. En tout cas, je crois vraiment que cette démarche est de nature à résorber l'anxiété et à soulager les soucis, ce qui ne veut pas dire pour autant qu'elle fonctionne à tout coup. Si vous vous trouvez confronté à un état d'anxiété prolongé, selon moi, c'est que la situation mérite d'être examinée en détail. Il y a différents types d'anxiété, et différentes causes. Certains états d'anxiété ou de nervosité auront des causes biologiques. Par exemple, certaines personnes ont les mains moites, ce qui, dans la médecine tibétaine, peut indiquer un déséquilibre de certains flux énergétiques subtils. D'autres types d'anxiété, tout comme certains types de dépression, auront des racines biologiques, pour lesquelles un traitement médical s'imposera. Pour plus d'efficacité devant l'anxiété, il importe de prendre en compte et le type et la cause.

« L'anxiété est aussi diverse que la peur. Je pense encore à une sorte d'anxiété très répandue, la peur du ridicule ou la crainte que les autres ne médisent de vous…

— Avez-vous jamais connu ce genre d'anxiété ou d'inquiétude vous-même ?

Le Dalaï-Lama éclate d'un rire vigoureux, et me répond sans l'ombre d'une hésitation :

— Oh, mais oui !

— Pouvez-vous nous dire en quelles circonstances ?

Il réfléchit un instant.

— Tenez, en 1954, en Chine, le jour de ma première rencontre avec le président Mao Zedong, et puis en une autre occasion, lors d'un entretien avec Zhou En-Lai. À l'époque, je n'étais pas franchement au courant du protocole et des conventions. La procédure en usage lors de ce genre de rencontre supposait évidemment de commencer par une conversation à bâtons rompus, avant d'engager l'entretien de travail proprement dit. Mais en cette occasion j'étais si tendu que j'ai abordé d'entrée les points à l'ordre du jour !

Le Dalaï-Lama rit encore à ce souvenir.

— Je me souviens qu'après coup mon interprète, un communiste tibétain qui était de toute confiance, un de mes très bons amis, m'a regardé et s'est mis à rire et à me taquiner.

« Aujourd'hui encore, avant de prendre la parole en public ou quand je vais débuter une conférence, je me sens toujours un peu tendu, si bien que mes assistants me disent toujours : “Si tel est le cas, pourquoi avez-vous accepté cette invitation à donner ces conférences ?”

Et il rit de plus belle.

— Alors comment vous y prenez-vous pour vous libérer de cette tension ?

D'une voix dépourvue de la moindre affectation, il reconnaît tranquillement :

— Je ne sais pas…

Il s'interrompt, et nous restons silencieux un long moment. Une fois encore, il semble réfléchir. Enfin, il me dit :

— Je pense qu'avoir la motivation et l'honnêteté qui conviennent constituent les deux clés qui permettent de surmonter cette sorte de peur et d'anxiété. Aussi, lorsque je suis tendu avant de prendre la parole, je me rappelle que la raison principale, le but de cette conférence, c'est d'être bénéfique aux autres, et non pas de faire étalage de mes connaissances. Ainsi, les questions que je connais, je les explique. Et pour celles que je ne comprends pas exactement, tant pis, je me contente de reconnaître : « Pour moi, la chose est difficile. » Il n'y a aucune raison de se cacher ou de dissimuler. Partant de là, fort de cette motivation, je n'ai pas à me soucier de passer pour un sot ou à me préoccuper de ce que les autres pensent de moi. *Donc, j'ai découvert que la motivation sincère agit comme un antidote pour résorber la peur et l'anxiété.*

— Parfois, l'anxiété va au-delà du simple fait de passer pour un sot aux yeux des autres. Ce qui est en jeu, c'est plus la peur d'échouer, d'être incompétent...

Je réfléchis un moment, me demandant s'il n'est pas malvenu de lui faire part de certaines interrogations toutes personnelles.

Le Dalaï-Lama m'écoute attentivement, hochant la tête en silence à mes paroles. Je ne suis pas certain de ce qui se produit à cet instant. Peut-être est-ce son attitude de compréhension empreinte de sympathie : sans même m'en rendre compte, je délaisse les questions d'ordre général pour solliciter son avis sur quelques-unes de mes propres peurs et anxiétés.

— Certains de mes patients sont très difficiles à traiter ; en l'occurrence, ils souffrent de troubles graves de la personnalité, ne réagissent pas au médicament et leur psychothérapie n'avance guère, en dépit de tous mes efforts. Parfois, c'est au point que je ne sais plus que faire, comment les aider. Et cela me donne l'impression d'être immobile, impuissant. Je me sens incompétent, et cela provoque en moi une forme de peur, une certaine anxiété.

Il écoute avec gravité, puis il me demande d'une voix pleine d'aménité :

— Diriez-vous que vous vous estimez capable de venir en aide à sept patients sur dix ?

— Au moins, oui, tout de même, lui ai-je répondu.

En me tapotant la main avec douceur, il ajoute :

— Alors je pense qu'il n'y a là rien de problématique. Si vous n'étiez capable de guérir que trois patients sur dix seulement, j'aurais pu vous suggérer d'envisager une autre profession. Mais, en l'occurrence, je pense que vous vous débrouillez tout à fait bien. Voyez mon propre cas : moi aussi, des gens viennent me demander de l'aide. Beaucoup d'entre eux attendent des miracles ou que sais-je encore, et naturellement je ne puis aider tout le monde. Mais je pense que le principal, c'est la motivation – être sincèrement motivé pour venir en aide. Ensuite, si vous faites de votre mieux, il n'y a aucune raison de se faire du souci.

« Moi aussi, il m'arrive de rencontrer des situations terriblement délicates, extrêmement préoccupantes, et en outre j'ai de lourdes responsabilités. Le pire, selon moi, c'est lorsque les gens ont trop confiance ou croient trop en moi. En pareil cas, cela laisse place à l'anxiété, évidemment. Mais, là encore, nous en revenons à l'importance de la motivation. J'essaie alors de me rappeler à quel point c'est ma propre motivation qui est sollicitée, j'agis avec sincérité et je fais de mon mieux. Mû de la sorte par une motivation sincère, celle de la compassion, même si je commettais une erreur ou si j'échouais, cela ne me causerait aucun regret. Pour ma part, j'ai agi au mieux. Et, voyez-vous, si j'ai échoué, c'est parce que la situation était au-dessus de mes forces, en dépit de tous mes efforts. Cette sincérité de la motivation supprime la peur et donne confiance en soi. En revanche, si votre motivation implicite est de tromper l'autre, et si vous échouez, alors là, oui, cela sera source de tension. Mais si vous êtes motivé par la compassion, et si vous échouez, il n'y a pas de regret à avoir.

« Je crois donc, encore et toujours, qu'une motivation convenable peut agir comme une sorte de bouclier contre ces sensations de peur et d'anxiété. C'est tellement important, la motivation. En fait, toutes les actions humaines peuvent être vues en termes de mouvement, et derrière toute action, ce qui fait le mouvement, c'est la motivation. Si vous développez une motivation pure et sincère, par le désir de venir en aide aux autres en vous fondant sur la gentillesse, sur la compassion et sur le respect, alors vous serez en mesure de mener à bien n'importe quelle tâche, en quelque domaine que ce soit, et vous serez plus efficace, vous serez moins inquiet car vous ne redouterez plus ce que les autres pensent, vous n'aurez plus peur de vous demander si au bout du compte vous atteindrez votre objectif. Même si vous échouez, vous vous sentirez bien, car vous aurez déployé tous ces efforts. À l'inverse, si votre motivation est mauvaise, on pourra toujours vous féliciter, vous aurez beau atteindre votre but, cela ne vous rendra pas heureux pour autant.

En exposant ses antidotes à l'anxiété, le Dalaï-Lama propose deux remèdes, qui fonctionnent chacun à un niveau différent. Le premier implique de combattre activement cette forme de rumination chronique et d'inquiétude en lui appliquant une pensée qui la neutralise : *S'il y a une solution, cela ne sert à rien de s'inquiéter. S'il n'y a pas de solution, s'inquiéter est tout aussi inutile.*

Le second antidote est un remède au spectre plus large, qui suppose de changer de motivation. Il est à noter que l'approche du Dalaï-Lama est en contraste avec la science et la psychologie occidentales. Les chercheurs qui ont étudié les mécanismes de la motivation humaine se sont penchés sur les besoins et les pulsions qui relèvent soit de l'instinct, soit de l'acquis. Le Dalaï-Lama s'est concentré, lui, sur le développement et le recours à des pulsions acquises susceptibles de fortifier « l'enthousiasme et la détermination ». À certains égards, cette vision est similaire à celle de beaucoup de spécialistes occidentaux, qui cherchent eux aussi à doper l'enthousiasme et la détermination. À cela près que le Dalaï-Lama cherche à bâtir la détermination et l'enthousiasme pour favoriser les comportements sains et éliminer les traits mentaux négatifs, plutôt que de mettre l'accent sur la réussite sociale, l'argent ou le pouvoir. Et la différence la plus frappante tient peut-être à ceci : alors que les hérauts de la motivation se préoccupent d'attiser tout ce qui motive la réussite sociale, et que les théoriciens occidentaux s'affairent à classer les motivations humaines en catégories, le Dalaï-Lama, lui, s'attache essentiellement à remodeler et à modifier la motivation sous-jacente de chacun, pour la réorienter vers la compassion et la bonté.

Dans le système du Dalaï-Lama, *plus on est motivé par l'altruisme, moins on a peur face aux circonstances les plus anxiogènes*. Mais qui peut le plus peut le moins, et le même principe s'applique aussi lorsque la motivation n'est pas complètement altruiste. Le seul fait de prendre du recul pour simplement s'assurer que l'on ne veut de mal à personne et que l'on est sincèrement motivé suffit à diminuer l'anxiété dans les situations de la vie courante.

Peu après cette conversation avec le Dalaï-Lama, j'ai déjeuné en compagnie d'un groupe de gens, parmi lesquels un jeune étudiant que je rencontrais pour la première fois. Pendant le repas, quelqu'un m'a demandé comment se déroulaient mes entretiens avec le Dalaï-Lama. J'ai relaté notre conversation sur l'anxiété. Après m'avoir écouté tranquillement évoquer cette idée d'une « motivation sincère, antidote à l'anxiété », cet étudiant m'a confié avoir toujours été très anxieux et très timide chaque fois qu'il se trouvait en société. Songeant à la manière dont il pourrait appliquer cette technique pour surmonter cette anxiété, il a fait, en marmonnant entre ses dents :

— Tout cela est très intéressant, mais selon moi, le plus difficile, c'est cette noble motivation pour la bonté et la compassion.

— C'est probablement vrai, m'a-t-il fallu admettre.

Nous sommes passés à d'autres sujets de conversation, et le repas s'est achevé. La semaine suivante, je suis tombé sur le même étudiant dans ce même restaurant.

Il s'est approché de moi, l'air très enjoué :

— Vous vous souvenez de notre conversation sur la motivation et l'anxiété ? Eh bien, j'ai essayé et ça marche ! Il y a une fille qui travaille dans un grand magasin de la galerie marchande, je l'ai vue plusieurs fois, et ça faisait longtemps que j'avais envie de l'inviter, mais je ne la connais pas et je me suis toujours senti trop timide, trop nerveux pour lui adresser la parole. L'autre jour, je suis encore entré dans ce magasin, mais cette fois je me suis mis à réfléchir sur ce qui me motivait. C'était évidemment de sortir avec elle. Mais, au-delà de ça, il y avait simplement le désir de trouver quelqu'un que j'aime et qui m'aime. En y réfléchissant, j'ai compris qu'il n'y avait rien de mal à ça, et que cette motivation était sincère. Je ne lui voulais aucun mal, pas plus qu'à moi-même. Je ne lui voulais que du bien. Rien que garder cette simple idée à l'esprit, et me la remettre deux ou trois fois en tête, cela m'a aidé. Cela m'a donné le courage d'engager la conversation avec elle. J'avais le cœur battant, mais je suis vraiment content d'avoir eu au moins le courage de lui parler.

— Je suis ravi de l'apprendre. Et qu'est-il arrivé ?

— En fait, elle a déjà un petit ami. Cela m'a un peu déçu, mais ça va. Cela m'a fait simplement du bien d'avoir pu dépasser ma timidité. Et cela m'a fait comprendre avec certitude qu'il n'y a rien de mal dans ce qui me motive. Et si je garde cette idée en tête, cela m'aidera la prochaine fois que je me trouverai dans la même situation.

L'honnêteté, antidote à la mauvaise opinion de soi-même ou à l'excès de confiance en soi

Avoir normalement confiance en soi, c'est essentiel pour atteindre ses objectifs, qu'il s'agisse d'un diplôme universitaire, de monter une affaire qui marche, de bâtir une relation satisfaisante, ou d'exercer l'esprit au bonheur. Le manque de confiance en soi inhibe nos efforts pour aller de l'avant, pour relever les défis, pour prendre certains risques nécessaires à la poursuite de nos objectifs. Inversement, l'excès de confiance sera tout aussi périlleux. Ceux qui s'exagèrent leurs propres mérites et leurs succès s'exposent en permanence à la frustration, à la déception et à la colère aussitôt que la réalité fait intrusion et que le monde extérieur ne valide pas cette image idéalisée qu'ils ont d'eux-mêmes. Et dès qu'ils ne se jugent pas à la hauteur de cette image, ils sont au bord de sombrer dans la dépression. Au surplus, cette enflure de l'ego les mène souvent à une forme d'arrogance qui les éloigne des autres et leur interdit d'entretenir des relations affectives satisfaisantes. Au bout du compte, surestimer leurs capacités les conduit à prendre des risques inconsidérés.

Il est de tradition, dans la psychothérapie occidentale, de relier tant le manque que l'excès de confiance en soi à des troubles de l'image de soi. On a recherché les racines de ces troubles dans les premiers temps de l'éducation de l'enfant. Considérant qu'il s'agit là des deux facettes de la même médaille, l'excès de confiance en soi a été déterminé comme une défense inconsciente contre un sentiment sous-jacent d'insécurité et une perception négative de soi. Les psychothérapeutes ont élaboré des théories pour expliquer comment surviennent ces distorsions. Ils montrent comment l'image de soi se forme lorsque l'individu intègre les effets en retour de son environnement. Ils montrent comment il modèle sa conception de lui-même en incorporant les messages explicites et implicites le concernant émis par ses parents. À partir de là, des distorsions peuvent survenir quand ses rapports précoces avec son entourage ne sont ni équilibrés ni féconds.

Quand les troubles de l'image de soi sont assez graves, beaucoup de gens se tournent vers la psychothérapie. La psychothérapie analytique s'attache à aider les patients à comprendre les schémas de dysfonctionnement dans leurs relations avec leur environnement précoce. Elle leur apporte les informations en retour appropriées et un environnement thérapeutique au sein duquel ils peuvent graduellement restructurer leur image de soi. Pour sa part, le Dalaï-Lama se demande pourquoi les gens ont une pauvre estime d'eux-mêmes ou souffrent d'un excès de confiance en soi, et propose de combattre directement ces dispositions d'esprit négatives.

Au cours des dernières décennies, la nature du « moi » a été l'un des principaux objets de recherches dans le champ de la psychologie. Les années quatre-vingt ont vraiment été la « décennie du moi ». Chaque année, des milliers d'articles ont exploré des questions touchant à l'opinion de soi ou à la confiance en soi. C'est avec tout cet arrière-plan théorique en tête que j'aborde le sujet avec le Dalaï-Lama.

— Lors d'une conversation, vous avez parlé de l'humilité comme d'un trait positif, et de son rapport avec la patience et la tolérance. Dans la psychologie occidentale, et dans notre culture en général, on néglige volontiers l'humilité, et on valorise beaucoup plus l'estime de soi ou la confiance en soi. Selon vous, les Occidentaux en font-ils trop grand cas, jusqu'à la complaisance et à l'égocentrisme ?

— Pas nécessairement, me répond le Dalaï-Lama, même si c'est là une question très compliquée. Par exemple, les grandes figures spirituelles sont celles qui ont fait vœu d'éradiquer tous les états d'esprit négatifs afin d'être en position d'aider tous les êtres doués de sensation dans leur quête du bonheur. Ils ont cette vision et cette aspiration, qui requièrent une énorme confiance en soi. Cette confiance est capitale parce que c'est elle qui vous donne l'intrépidité d'esprit qui accompagne l'accomplissement des plus hautes ambitions. D'une certaine manière, cela peut passer pour de l'arrogance, mais dans un sens qui n'a rien de négatif. En ce cas précis, je tiendrais ces individualités pour très courageuses : je les considérerais tout simplement comme héroïques.

— S'agissant d'un grand maître spirituel, ce qui pourra apparaître en surface pour une forme d'arrogance pourrait bien relever en fait de la confiance en soi et du courage, ai-je admis. Mais pour les individus normaux, dans le quotidien, n'est-ce pas plutôt l'inverse : une grande confiance en soi, une haute opinion de soi-même confineront en réalité à l'arrogance pure et simple. C'est pourquoi on estime qu'il faut éviter ou dépasser cette arrogance, tout en valorisant la forte confiance en soi. En somme, la ligne de partage semble des plus minces. Comment les différencier et cultiver l'une tout en amenuisant l'autre ?

— Il est quelquefois très difficile de distinguer entre la confiance et l'arrogance, a-t-il concédé. Peut-être le bon moyen consiste-t-il à sonder la solidité de ce sentiment. On aura une sensation de supériorité très solide ou très justifiée vis-à-vis de quelqu'un ou, à l'inverse, on aura un moi excessivement affirmé, sans justification : ce sera de l'arrogance. Au plan de leur manifestation, les deux phénomènes peuvent sembler très similaires…

— Mais l'arrogant estime avoir toujours une bonne raison de l'être…

— C'est juste, c'est juste, reconnaît-il.

— Alors comment faire la distinction ?

— Selon moi, ce n'est parfois possible que rétrospectivement, que ce soit du fait de la personne concernée ou d'un tiers.

Le Dalaï-Lama marque un temps de silence, avant de poursuivre sur le ton de la plaisanterie :

— Peut-être cette personne devrait-elle aller en justice pour que le tribunal statue sur son cas : « Monsieur le juge, dites-moi, s'agit-il de fierté ou d'arrogance ? »

Et il éclate de rire !

— Pour formuler cette distinction entre la suffisance et une confiance en soi justifiée, poursuit-il, on songera aux conséquences : en général, la suffisance et l'arrogance ont des conséquences négatives, tandis que la confiance en soi, lorsqu'elle est saine, entraîne des conséquences plus positives. S'agissant de la « confiance en soi », il faut regarder de plus près de quel « soi » l'on parle. Pour moi, il en existe deux catégories : la première, celle de l'« ego », ne concerne que l'intérêt personnel, les désirs égoïstes, sans nul égard pour le bien-être des autres. La seconde se fonde sur un authentique souci des autres, et sur le désir d'être utile. Pour réaliser ce désir d'être utile, il faut avoir au préalable un moi affirmé, et une grande confiance en soi. Cette confiance-là aura des conséquences positives.

— Vous expliquiez que l'une des manières de réduire l'arrogance ou la fierté (pour peu que l'on considère la fierté comme un défaut et que l'on veuille s'en défaire) serait de considérer la souffrance de l'autre, de réfléchir à toutes les souffrances auxquelles nous sommes sujets. Hormis cela, voyez-vous d'autres techniques, d'autres antidotes à la fierté ?

— Le premier antidote, c'est de songer à la multiplicité des disciplines dont vous n'avez pas la moindre connaissance. Ainsi, le système éducatif moderne compte une multitude de disciplines. Songez à tous les domaines où vous êtes ignorant, et cela vous fera perdre votre fierté !

Le Dalaï-Lama s'interrompt, et quant à moi je me plonge dans mes notes. Mais subitement, il reprend la parole, comme s'il réfléchissait à haute voix :

— Vous savez, nous avons parlé de développer une confiance en soi qui soit saine... *Il me semble que l'honnêteté et la confiance en soi sont étroitement liées.*

— Voulez-vous dire être honnête avec soi-même quant à ses capacités, ou être honnête avec les autres ?

— Les deux, me répond-il. Plus vous serez honnête, plus vous serez ouvert, moins vous aurez peur, parce que vous n'éprouverez plus aucune anxiété à l'idée d'être exposé ou révélé aux yeux des autres. Plus vous serez honnête, plus vous aurez confiance en vous...

— Cela m'intéresse de comprendre comment vous traitez ce problème, vous personnellement. Vous avez dit que les gens viennent à vous en s'attendant à ce que vous accomplissiez des miracles. Ils vous adressent de grandes demandes et nourrissent de grands espoirs.

Même si vous êtes dûment motivé, cela ne vous inspire-t-il pas un certain manque de confiance en vos aptitudes ?

— Il me semble tout d'abord qu'il faut expliciter ce que vous entendez par « manquer de confiance » ou « avoir confiance ». Manquer de confiance implique d'avoir en quelque sorte la conviction que l'on peut faire la chose, qu'elle est à votre portée. Et c'est lorsque vous ne parvenez pas à faire cette chose qui pourtant est à votre portée que vous vous dites : « Peut-être ne suis-je pas assez doué ou pas assez compétent, peut-être ne suis-je pas à la hauteur. » Quoi qu'il en soit, pour ma part, comprendre que je ne peux accomplir de miracles ne m'amène pas à manquer de confiance, parce que je ne me suis jamais imaginé détenir cette capacité. Je ne m'attends pas à être capable de réaliser ce qu'ont pu accomplir les Bouddhas parvenus au complet Éveil : être capable de tout savoir, de tout percevoir, ou de faire la chose juste en toutes circonstances. Aussi, lorsque les gens viennent me demander de les guérir ou d'accomplir un miracle, au lieu de me faire perdre confiance, cela me rend simplement un peu mal à l'aise.

« *De manière générale, je pense qu'être honnête avec soi ou envers les autres sur l'étendue de ses capacités, sur ce que l'on est ou non capable de faire, doit suffire à neutraliser cette impression de manque de confiance.*

« Mais par exemple, s'agissant de la situation que nous connaissons avec la Chine, il est vrai qu'il m'arrive parfois de manquer de confiance en moi. Là-dessus, je consulte des personnalités officielles, voire même quelquefois des personnalités qui n'ont pas de responsabilités officielles. Je m'enquiers de l'opinion de mes amis et c'est ensuite seulement que je débats de la question concernée. Dès lors que beaucoup de nos décisions ne sont pas prises précipitamment, mais sur la base de discussions avec toutes sortes de gens, chacune d'entre elles m'inspire tout à fait confiance et aucun regret ne vient interférer.

La conscience de sa propre valeur, honnête et sans crainte, peut être une arme puissante contre le doute et le manque de confiance en soi. Le Dalaï-Lama est convaincu que cette sorte d'honnêteté peut agir comme antidote contre la négativité. De nombreuses études récentes viennent confirmer cette conviction : les gens qui ont une vision exacte et réaliste d'eux-mêmes ont tendance à mieux s'aimer et sont plus confiants que ceux qui se connaissent mal ou faussement.

Quelle ne fut pas ma surprise la première fois que je l'ai entendu, devant un vaste public, répondre à une question par un simple : « Je ne sais pas. » Au rebours de l'habitude que j'avais de conférenciers universitaires ou de personnalités faisant soi-disant autorité, il admettait son défaut de connaissance sans le moindre embarras, sans détour, ou sans masquer son ignorance en esquivant la question.

En fait, il donne l'impression de prendre un malin plaisir à se retrouver confronté à une question à laquelle il n'a pas de réponse, et c'est souvent pour lui matière à plaisanterie. Par exemple, un après-midi, à Tucson, il avait commenté un verset du *Manuel de vie du Bodhisattva*, de Shantideva, dont la logique était particulièrement complexe. Il s'est débattu avec ce verset un bon moment, avant de perdre le fil pour finalement éclater de rire :

— Je suis perdu ! Je pense qu'il vaut mieux passer au verset suivant...

En réaction à l'hilarité de l'assistance, il s'est mis à rire de plus belle, avec ce commentaire :

— Nous avons une expression à ce sujet, qui dit en substance : « C'est comme un vieux qui mange, un vieux avec de très mauvaises dents. Mange les choses molles ; laisse les choses dures. »

Toujours en riant, il a ajouté :

— Donc, nous nous en tiendrons là pour aujourd'hui.

En la circonstance, il ne s'est pas départi un seul instant de sa suprême confiance en lui.

Réfléchir à notre potentiel comme antidote à la haine de soi-même

Deux ans avant la visite du Dalaï-Lama en Arizona, je l'ai brièvement rencontré chez lui, à Dharamsala. C'était en 1991, lors d'un de mes voyages en Inde. Il venait de consacrer une semaine à un séminaire avec un groupe de scientifiques occidentaux de haut niveau, médecins, physiologistes et enseignants de pratiques méditatives. Ce séminaire était consacré au couple corps-esprit et aux rapports entre expérience émotionnelle et santé. Tard un après-midi, j'ai retrouvé le Dalaï-Lama après l'une de ces séances. Vers la fin de l'entretien, il me demande :

— Vous êtes au courant de cette réunion avec ces scientifiques ?

— Oui...

— Une question s'est posée qui m'a beaucoup surpris. Ce concept de « haine de soi ». Ce concept vous est familier ?

— Absolument. Une bonne proportion de mes patients en est atteinte.

— Cette semaine, chaque fois que mes interlocuteurs en parlaient, au début je n'étais pas certain de comprendre correctement ce concept, me confie-t-il en riant. Je me suis dit : « Bien sûr que nous nous aimons nous-même ! Comment peut-on se haïr ? » Je croyais avoir une certaine compréhension du fonctionnement de l'esprit humain, mais cette idée de haine de soi était pour moi complètement nouvelle. Ce qui m'a rendu cette idée inconcevable, c'est que les bouddhistes pratiquants travaillent à dépasser tout égocentrisme, toute pensée et motivation égoïstes. Vu sous cet angle, je pense en effet que nous nous aimons trop. Alors songer que l'on puisse non seulement ne pas s'aimer, voire même se haïr, voilà qui pour moi était tout à fait incroyable. Vous qui êtes psychiatre, pouvez-vous m'expliquer ce concept, et comment survient cette haine de soi ?

Je lui ai dressé une brève description psychologique de la haine de soi. Je lui ai expliqué comment l'image de soi est formée par les parents et par l'éducation, comment nous captons les messages implicites que ceux-ci émettent au fur et à mesure de notre croissance. Ensuite, j'ai défini les conditions spécifiques créatrices d'une image négative de soi. J'ai passé en revue les facteurs susceptibles d'exacerber cette forme de haine, lorsque notre comportement n'est pas à la hauteur de l'image idéalisée que l'on a de soi. Enfin, je lui ai indiqué de quelle façon la haine de soi peut être aggravée pour des raisons culturelles, en particulier chez les femmes et au sein des minorités. Tout en débattant de ces questions, le Dalaï-Lama ne cessait de hocher la tête, pensif. La perplexité se lisait sur son visage, comme s'il avait encore du mal à saisir ce concept étrange.

Groucho Marx a eu un jour ce mot piquant : « Jamais je n'adhérerai à aucun club qui m'acceptera pour membre. » Étendant cette sorte de vision négative de soi à une observation sur la nature humaine,

Mark Twain disait : « Aucun homme, tout au fond de son cœur, n'a beaucoup de respect pour lui-même. » Et, reprenant cette vision pessimiste de l'humanité pour l'incorporer dans ses théories psychologiques, le psychologue humaniste Carl Rogers a pu déclarer : « La plupart des gens se méprisent, se jugent sans valeur et indignes d'être aimés. »

Il est une notion populaire dans notre société, partagée par la plupart des psychothérapeutes contemporains, selon laquelle la haine de soi sévit dans toute la culture occidentale. Le phénomène est indéniable, mais, heureusement, il pourrait ne pas être aussi répandu qu'on veut bien le dire. C'est assurément un problème commun à tous ceux qui ont recours à la psychothérapie, mais parfois, dans leur pratique clinique, les psychothérapeutes ont une représentation biaisée des choses, une tendance à fonder leur vision d'ensemble de la nature humaine sur les seuls individus qui franchissent la porte de leur cabinet. Or, presque toutes les enquêtes portant sur les qualités individuelles et les talents sociaux qui sont les plus désirés l'ont établi : les gens ont souvent tendance (ou tout au moins c'est leur envie) à se voir eux-mêmes sous un jour favorable, à se juger « supérieurs à la moyenne ».

Toutefois, si la haine de soi n'est pas aussi universelle qu'on le croit communément, il n'en reste pas moins qu'elle peut constituer un obstacle considérable pour beaucoup de gens. J'ai été aussi surpris de la réaction du Dalaï-Lama qu'il l'a été lui-même de ce concept de haine de soi. À elle seule, sa réaction initiale est aussi révélatrice que réconfortante, et remarquable à deux titres, qui méritent plus ample examen.

Le premier point, c'est que l'existence de la haine de soi lui est tout simplement inconnue. L'affirmation implicite selon laquelle celle-ci serait un problème humain largement répandu donne l'impression qu'elle est profondément enracinée dans la psyché humaine. Mais le fait est qu'elle peut rester pratiquement ignorée de cultures entières. Cette réalité doit nous rappeler à quel point cette disposition mentale perturbante, comme tous les autres états mentaux négatifs que nous avons abordés, *ne fait pas intrinsèquement partie de l'esprit humain*. Nous ne sommes pas nés avec, cela ne fait pas partie de notre bagage, ce n'est pas une caractéristique indélébile de notre nature. On peut s'en défaire. Cette seule prise de conscience peut servir à en affaiblir la puissance, nous donner espoir, et nous engager plus fortement à l'éliminer.

Le second point, c'est son exclamation : « Se haïr ? Bien sûr que nous nous aimons nous-même ! » Pour ceux qui souffrent de cette haine de soi ou qui connaissent quelqu'un qui en souffre, à première vue, cette réaction paraîtra d'une incroyable naïveté. Mais elle peut aussi renfermer une vérité pénétrante. L'amour est difficile à définir, et il peut y en avoir de multiples conceptions. Mais la plus pure et la plus exaltée, c'est sans doute le désir total, absolu et inconditionnel de faire le bonheur de l'autre, sans se soucier des blessures qu'il nous inflige ni même, comble de tout, de savoir si nous l'aimons ou non. Tout au fond de notre cœur, il ne fait aucun doute que chacun de nous veut être heureux. *Par conséquent, si notre définition de l'amour se fonde sur le désir authentique de faire le bonheur de l'autre, alors chacun s'aime – tous, nous voulons sincèrement être heureux*. Dans mon expérience de clinicien, il m'est arrivé de rencontrer les cas les plus extrêmes de haine de soi, au point que le patient est sujet de façon récurrente à des pensées suicidaires. Et pourtant, même dans ces cas aigus, le désir de mort repose en dernière analyse sur le désir (aussi dénaturé et malencontreux soit-il) de se libérer de la souffrance, pas de la provoquer.

Alors peut-être le Dalaï-Lama n'était-il pas si loin de la cible, dans sa conviction que tous, au fond, nous nous aimons. Et cette idée suggère un puissant antidote à la haine de soi : nous pouvons directement neutraliser les pensées méprisantes que nous nous infligeons. Il suffit pour cela de se remémorer qu'en dépit de toute notre aversion pour certains de nos traits de caractère, en réalité, nous voulons tous être heureux, et c'est là un amour profond.

Lors d'une visite ultérieure au Dalaï-Lama, toujours à Dharamsala, je suis revenu avec lui sur le sujet de la haine de soi. L'idée ne lui était désormais plus étrangère, et il avait déjà entrepris de développer certaines méthodes pour combattre la chose.

— Du point de vue bouddhiste, m'expliqua-t-il, être dépressif, être découragé, est une sorte d'état extrême qui peut clairement constituer un obstacle dans l'accomplissement de nos objectifs. La haine de soi est même bien plus extrême que le simple découragement, et cela peut être très, très dangereux. Pour ceux qui se livrent à la pratique du bouddhisme, l'antidote sera de réfléchir au fait que tous les êtres, y compris soi-même, possèdent en eux la Nature de Bouddha : la semence ou le potentiel de la perfection, du complet Éveil. Et ce, quel que soit le degré de faiblesse, de privation ou de pauvreté dans lequel on se trouve. Par conséquent, les personnes qui s'engagent dans la pratique bouddhiste et qui souffrent de dégoût de soi devraient prendre soin d'éviter de trop considérer la nature douloureuse de l'existence, ou l'insatisfaction qui la sous-tend. Au lieu de quoi, ils devraient plutôt se concentrer sur les aspects positifs de l'existence, apprécier le formidable potentiel qui existe en chacun de nous, en chaque être humain. Et, en y réfléchissant, ils seront à même d'étoffer le sens de leur propre valeur et leur confiance en eux.

Je lui ai alors posé ma question désormais rituelle de non-bouddhiste :

— Et quel pourrait être l'antidote pour celui qui n'aurait jamais entendu parler du concept de Nature de Bouddha ou qui, tout simplement, n'est pas bouddhiste ?

— En ce cas, de manière générale, il est une chose que l'on peut mettre en avant : c'est que nous autres, êtres humains, nous sommes dotés de cette merveilleuse intelligence. Au surplus, tous les êtres humains sont capables de détermination, et peuvent diriger cette forte détermination dans la direction qu'ils jugeront utile. Cet acquis ne fait aucun doute. Donc, rester conscient de ce potentiel, se le remémorer sans relâche jusqu'à ce que cela fasse partie de notre manière habituelle de percevoir les êtres humains – y compris soi-même –, peut servir à résorber ces sentiments de découragement, d'impuissance et de mépris de soi.

Le Dalaï-Lama s'interrompt un instant, avant de poursuivre sur un ton qui indique assez qu'il continue d'explorer activement la question, qu'il s'est engagé dans la découverte d'un problème inédit.

— Je pense que l'on peut risquer ici une sorte de parallèle avec la manière dont nous traitons certains maux d'ordre physiologique. Quand les médecins soignent une maladie précise, ils ne se contentent pas d'administrer au patient des antibiotiques appropriés à ses symptômes. Ils s'assurent également que l'état général du malade autorise la prise de ces antibiotiques, et qu'il les tolérera. À cette fin, les médecins vérifient par exemple que le sujet est bien nourri, et il se peut qu'il faille lui donner des vitamines ou d'autres substances pour fortifier l'organisme. Aussi longtemps que le sujet possédera cette force sous-jacente dans son organisme, il conservera la capacité ou le potentiel de se guérir par lui-même de la maladie grâce à l'action du médicament. *Pareillement, aussi longtemps que nous sommes conscients de ce don merveilleux qu'est l'intelligence humaine et de la capacité de développer notre détermination pour en faire un usage positif, alors en un sens nous possédons cette santé mentale intérieure. Une force intérieure qui tient à la conscience de détenir ce grand potentiel humain.* Cette prise de conscience peut agir comme une sorte de mécanisme intégré qui nous permet de faire face à toutes les difficultés, quelle que soit la situation, sans perdre espoir et sans sombrer dans la haine de soi.

« Se rappeler les dons immenses que nous partageons avec tous les êtres humains neutralise la pulsion qui nous pousse à penser que nous sommes bons à rien ou inutiles. Beaucoup de Tibétains en font leur pratique de méditation journalière. Peut-être est-ce la raison pour laquelle la haine de soi n'a jamais eu prise sur la culture tibétaine.

CINQUIÈME PARTIE

Comment mener une vie spirituelle : quelques réflexions en guise de conclusion

15

Les valeurs spirituelles fondamentales

L'art du bonheur comporte quantité d'éléments. Comme nous l'avons vu, on commence par développer la compréhension des sources de bonheur les plus authentiques, pour qu'ensuite elles tiennent lieu de fondement aux priorités de l'existence. Cela implique une discipline intérieure, un processus graduel d'éradication des états mentaux destructeurs, afin de les remplacer par des dispositions d'esprit positives et constructives, telles que la gentillesse, la tolérance et l'indulgence. En identifiant les facteurs qui mènent à une vie pleinement satisfaisante, nous conclurons par une discussion sur le composant ultime : la spiritualité.

Il existe une tendance naturelle à associer la spiritualité à la religion. L'accomplissement du bonheur selon le Dalaï-Lama repose sur une approche forgée par des années d'exercice rigoureux. Il a beau être aussi une figure de premier plan du bouddhisme, ce ne sont pas ses conceptions philosophiques complexes que beaucoup de gens jugent les plus attirantes, mais plutôt sa chaleur, son humour, et son approche réaliste de la vie. Tout au long de nos conversations, sa profonde humanité a débordé son rôle de moine bouddhiste. Malgré son crâne rasé et sa robe rouge, en dépit de sa position, celle d'une des personnalités religieuses les plus marquantes de la planète, le ton de nos conversations est simplement demeuré celui de deux êtres humains, discutant des problèmes qui nous sont communs à tous.

Pour nous aider à comprendre le sens véritable de la spiritualité, le Dalaï-Lama a commencé par distinguer entre spiritualité et religion :

— Je crois essentiel de prendre la pleine mesure de notre potentiel d'êtres humains et de reconnaître l'importance de la transformation intérieure. On doit y parvenir à travers ce que l'on pourrait appeler un processus de développement mental. Parfois, c'est ce que j'appelle avoir une dimension spirituelle dans sa vie.

« Il peut y avoir deux niveaux de spiritualité. Le premier niveau est en rapport avec nos convictions religieuses. Dans ce monde, il y a tant de gens différents, une telle multiplicité de situations individuelles. Nous sommes plus de cinq milliards d'êtres humains et, en un sens, je pense que ce dont nous avons besoin, c'est de cinq milliards de religions différentes, en raison justement de cette infinie variété. Je crois que chaque individu devrait veiller à s'engager dans le cheminement spirituel le mieux adapté à ses dispositions mentales, à ses inclinations naturelles, à son tempérament, à ses convictions, à sa famille, et à son milieu culturel.

« Par exemple, en tant que moine bouddhiste, je trouve que c'est le bouddhisme qui me convient le mieux. Mais cela ne signifie pas pour autant que le bouddhisme soit ce qu'il y a de mieux pour tout le monde. C'est clair et net. Je serais bien sot de croire une chose pareille, car des gens différents ont des dispositions mentales différentes. La variété des individus appelle une variété de religions. Le but de la religion, c'est le bienfait des gens, et je pense que, si nous n'avions qu'une seule religion, passé un certain temps elle cesserait d'être bénéfique. Supposez un restaurant où l'on ne serve qu'un plat unique – tous les jours, à tous les repas –, au bout d'un moment, ce restaurant ne recevrait plus beaucoup de clients. Les gens ayant tous des goûts différents, ils ont besoin de nourritures variées. De la même manière, les religions visent à nourrir l'esprit humain. Et je pense que nous pouvons apprendre à célébrer cette diversité des religions et à en apprécier profondément la variété. À partir de là, certains jugeront le judaïsme, le christianisme ou l'islam les plus efficaces à leurs yeux. C'est pourquoi nous devons apprécier à leur juste valeur toutes les grandes traditions religieuses de la planète.

« Toutes ces religions peuvent effectivement être d'un apport bénéfique à l'humanité. Toutes, elles sont conçues pour donner plus de bonheur aux individus, et pour rendre le monde meilleur. Cependant, pour que la religion ait plus d'impact sur le monde, je crois important que chaque pratiquant suive sincèrement les enseignements de sa religion, quelle qu'elle soit. Quel que soit l'endroit où l'on vit, il faut intégrer ces enseignements dans sa vie personnelle, pour y puiser une force intérieure. Et il faut aussi acquérir une connaissance approfondie des idées qui font une religion, pas seulement au niveau intellectuel, mais en les ressentant intensément, pour qu'elles fassent partie de l'expérience intérieure.

« Je crois possible que chacun cultive un profond respect de toutes les traditions religieuses. L'une des raisons pour lesquelles il faut respecter les traditions des autres, c'est que toutes peuvent fournir un cadre éthique susceptible de déterminer notre comportement et d'exercer des effets positifs. Ainsi, dans la tradition chrétienne, croire en Dieu peut apporter un cadre éthique cohérent et clairement défini à même de déterminer le comportement et le mode de vie – et cette approche peut avoir beaucoup de force parce qu'il se crée une certaine intimité dans la relation avec Dieu. Or, l'un des moyens de montrer son amour à Dieu, au Dieu qui vous a créé, c'est de faire preuve d'amour et de compassion envers ses semblables.

« Je crois qu'il existe beaucoup de raisons du même ordre de respecter les autres traditions religieuses. Tout au long des siècles, toutes les grandes religions ont apporté de formidables bienfaits à des millions d'êtres humains. Et aujourd'hui même, des millions de gens retirent une certaine inspiration de ces diverses traditions religieuses qui continueront à en être pour les générations à venir. C'est un fait. C'est pourquoi il importe de saisir cette réalité et de respecter ces religions.

« Je pense que l'un des moyens de renforcer le respect mutuel, c'est de resserrer les liens entre les différentes fois – et ce à travers le contact d'individu à individu. Ces dernières années, j'ai fait l'effort de rencontrer les communautés juive et chrétienne et de dialoguer avec elles, et je pense que cela a produit beaucoup de résultats positifs. À travers ce genre de contacts étroits, on peut apprendre quelles contributions utiles ces religions ont apportées à l'humanité et puiser dans ces autres traditions matière à réflexion. Nous pouvons même découvrir des méthodes et des techniques pour les incorporer à notre propre pratique religieuse.

« Il est donc essentiel de développer des liens plus étroits entre religions. C'est là un effort collectif que nous pouvons faire pour le bien de l'humanité. Il y a tant de choses qui divisent l'humanité, tant de problèmes dans le monde. La religion devrait servir de remède pour aider à résorber les conflits et la souffrance du monde, au lieu d'être une source de conflit supplémentaire.

« Souvent, les gens disent que tous les êtres humains sont égaux. Ce que nous entendons par là, c'est que chacun, manifestement, désire le bonheur. Tout le monde a le droit d'être heureux. Et chacun a le droit de vaincre la souffrance. Par conséquent, si les autres retirent du bonheur ou tirent bénéfice d'une tradition religieuse, il importe de respecter leurs droits en apprenant à respecter les grandes traditions religieuses.

Durant ces semaines de conférences du Dalaï-Lama à Tucson, l'esprit de respect mutuel n'a pas été un vœu pieux. On trouvait dans l'auditoire des adeptes de différentes religions, parmi lesquels bon nombre de représentants du clergé chrétien. En dépit de ces différences de traditions, la pièce baignait dans une atmosphère harmonieuse et paisible. C'était palpable. Il y avait, chez les non-bouddhistes, un esprit d'échange et une vraie curiosité pour ce qui constituait la pratique spirituelle quotidienne du Dalaï-Lama. Cette curiosité a poussé quelqu'un à lui demander :

— Que l'on soit bouddhiste ou que l'on appartienne à une autre tradition, pourquoi met-on toujours tellement l'accent sur la prière dans la vie spirituelle ?

Voici la réponse qu'il fit :

— Selon moi, la prière est, principalement, un aide-mémoire journalier de nos principes et de nos convictions les plus profonds. Moi-même, je répète certains versets bouddhiques tous les matins. Ces versets s'apparentent à des prières, mais en fait ce sont des aide-mémoire. Ils me remémorent comment parler aux autres, comment les aborder, comment affronter les problèmes de la vie quotidienne, ce genre de choses. Ainsi, pour l'essentiel, ma pratique comporte ces aide-mémoire – grâce auxquels je passe en revue l'importance de la compassion, de l'indulgence, etc. –, et naturellement également certaines méditations bouddhistes sur la nature de la réalité, ainsi que certaines pratiques de visualisation. Au total, ma propre pratique journalière, mes prières, si je m'y consacre sans me presser, me prennent quatre heures chaque jour. C'est très long.

L'idée de passer quatre heures par jour à prier a incité une autre personne dans l'auditoire à poser la question suivante :

— Je suis une mère qui travaille avec des enfants encore petits, et j'ai très peu de temps libre. Pour quelqu'un de vraiment très pris, comment trouver le temps pour ces prières et ces méditations ?

— Même moi, si je veux me plaindre du manque de temps, je le peux, fait observer le Dalaï-Lama. Je suis également très pris. Toutefois, moyennant un petit effort, vous pouvez toujours trouver un peu de temps, disons, tôt le matin. Et puis il reste aussi du temps le week-end. Vous pouvez faire le sacrifice de quelques plaisirs, suggère-t-il en riant, disons, au moins à raison d'une demi-heure par jour. Ou, en faisant réellement attention, peut-être arriverez-vous à trouver, disons, une trentaine de minutes le matin et une autre demi-heure dans la soirée. En prenant la peine d'y penser vraiment, peut-être trouverez-vous donc le moyen de dégager un peu de votre temps.

« Quoi qu'il en soit, si vous réfléchissez pour de bon au vrai sens de ces pratiques spirituelles, vous comprendrez qu'elles ont à voir avec le développement et avec l'exercice de votre état mental, de vos attitudes, de votre état psychologique et émotionnel, et avec votre bien-être au sens large. Vous devez éviter de borner votre compréhension de ces pratiques spirituelles à des activités d'ordre physique ou verbal, comme de prier ou de chanter des psaumes. Car, si vous vous limitez de la sorte, vous aurez évidemment besoin d'un temps donné, séparé du reste, dédié à cette pratique – parce que vous ne pouvez pas vaquer à vos tâches quotidiennes, faire la cuisine, ou que sais-je encore, en récitant des mantras ! Cela pourrait finir par se révéler fort gênant pour votre entourage. En revanche, si vous comprenez cette pratique spirituelle en son sens véritable, alors vous pourrez y consacrer les vingt-quatre heures de votre journée. *La vraie spiritualité est une attitude mentale que vous pouvez pratiquer à tout moment.* Par exemple, si, dans une situation donnée, vous êtes tenté d'injurier quelqu'un, alors prenez immédiatement vos précautions et retenez-vous. Pareillement, si vous êtes sur le point de perdre votre calme, soyez attentif et dites-vous : "Non, ce n'est pas la bonne façon de faire." Cela, en fait, c'est déjà une pratique spirituelle : vue sous ce jour, vous vous apercevrez que vous en trouverez toujours le temps.

« Cela me rappelle Potowa, un maître tibétain du Kadampa, qui disait que, pour un méditant parvenu à un certain degré de stabilité et de conscience, tout événement, toute expérience auxquels vous êtes exposé interviennent comme une sorte d'enseignement. Tout est matière à leçon. Et je crois que c'est très vrai.

« Aussi, dans cette perspective, même lorsque vous êtes confronté à des scènes de violence et de sexe, à la télévision ou au cinéma, il vous est loisible d'être surtout attentif aux effets dommageables de ces comportements extrêmes. Ensuite, au lieu de vous laisser totalement submerger par ces visions, vous prendrez plutôt ces scènes comme une sorte d'indicateur de la nocivité des émotions négatives incontrôlées. Vous en tirerez la leçon.

Tirer leçon de ce genre de scènes de violence ou de sexe est une chose. Cependant, le régime spirituel personnel du Dalaï-Lama, en tant que bouddhiste pratiquant, inclut certainement des traits singuliers qui n'appartiennent qu'à la voie bouddhiste. En faisant la description de sa pratique quotidienne, il a évoqué la méditation sur la nature de la réalité et certaines visualisations. Si, dans le contexte de ces discussions à bâtons rompus, il n'a mentionné ces pratiques que pour illustrer son propos, j'ai eu maintes fois l'occasion, tout au long de ces années, de l'entendre développer ces sujets. Lors de ses conférences, il formulait les analyses les plus complexes qui soient, et sur tous les thèmes. Ses propos sur la nature de la réalité étaient remplis d'arguments philosophiques et d'analyses proprement labyrinthiques. Ses descriptions des visualisations tantriques étaient incroyablement élaborées – des méditations et des visualisations dont le but est de construire, par l'imagination, une sorte d'atlas holographique de l'univers. C'est sachant toute la portée monumentale de ces travaux méditatifs que je l'ai interrogé :

— Pouvez-vous indiquer quels bénéfices spirituels vous avez retirés de ces pratiques dans votre vie de tous les jours ?

Le Dalaï-Lama est resté silencieux un long moment, et puis il m'a répondu calmement :

— Malgré la modestie de ma propre expérience, il est une chose que je puis vous dire avec certitude. À travers l'exercice bouddhique, je sens que mon esprit s'est beaucoup apaisé. Je suis formel. Même si le changement est intervenu progressivement, peut-être centimètre après centimètre, ajoute-t-il en riant, je pense que mon attitude envers moi-même et les autres a changé. Même s'il m'est difficile de cerner les causes précises de ce changement, je pense qu'il a été influencé par une certaine prise de conscience, certes incomplète : je dirais par la perception de la nature fondamentale, inhérente de la réalité, et aussi par la réflexion sur des notions telles que l'impermanence, notre nature souffrante, et la valeur de la compassion et de l'altruisme.

« Par exemple, même lorsque je pense aux communistes chinois qui ont causé tant de torts à une partie du peuple tibétain, ma formation de bouddhiste me permet d'éprouver une certaine compassion envers les tortionnaires. Je comprends en effet que ces derniers étaient en réalité poussés par d'autres forces négatives. De ce fait, et en raison de mes vœux et de mon engagement dans le Bodhisattva, même si une personne commet des atrocités, je n'arrive tout simplement pas à penser qu'à cause de ces atrocités elle devrait traverser des expériences négatives ou ne connaître aucun moment de bonheur[1]. Le vœu de Bodhisattva m'a aidé à développer cette attitude. Cela m'a été très utile, et du coup j'ai pour ce vœu un amour naturel.

« Cela me rappelle un maître de chant qui réside au monastère Namgyal. Il est resté prisonnier politique dans les geôles et les camps de travail chinois pendant vingt ans. Un jour, je lui ai demandé quelle avait été la situation la plus difficile qu'il ait affrontée en prison. À ma grande surprise, il m'a dit que le plus grand danger qu'il ait encouru, c'était de perdre sa compassion pour les Chinois ! Ces histoires sont légion. Par exemple, voici trois ans, j'ai rencontré un moine qui a passé lui aussi de nombreuses années dans les prisons chinoises. Il m'a dit qu'il avait vingt-quatre ans lors du soulèvement tibétain de 1959. À l'époque, il s'est enrôlé dans les forces tibétaines à Norbulinga. Il a été pris par les Chinois qui l'ont mis en prison avec trois de ses frères,

1. Dans le serment de Bodhisattva, le novice affirme son intention de devenir un Bodhisattva – littéralement « guerrier éveillé », qui est celui qui, par l'amour et la compassion, a atteint la conscience de *Bodhicitta*, un état mental qui se caractérise par une aspiration sincère et spontanée au complet Éveil, afin d'être un bienfait pour tous les êtres.

tous morts en captivité. Deux autres frères ont été tués dans les mêmes circonstances. Ensuite, ses parents ont trouvé la mort dans un camp de travail. Mais il m'a dit que, lorsqu'il était en prison, il a réfléchi sur son existence et il en a conclu qu'il avait eu beau passer toute sa vie comme moine au monastère de Drepung, jusqu'à ce jour il estimait ne pas avoir été un bon moine. Il se jugeait même stupide. À cette époque, il s'est juré que, maintenant qu'il était en prison, il essaierait de se conduire authentiquement en bon moine. Et donc, grâce aux pratiques bouddhistes, parce qu'il a exercé son esprit, il a pu conserver un état mental de grand bonheur alors qu'il souffrait dans son corps. Même quand il subissait la torture et lorsqu'on le rouait de coups, il a été capable d'y survivre et de se sentir heureux malgré tout, en considérant cette épreuve comme une manière de se purger de son karma passé négatif.

« À travers ces exemples, on peut réellement mesurer tout l'intérêt d'adopter des pratiques spirituelles dans la vie de tous les jours.

Et c'est ainsi que le Dalaï-Lama a mis la touche finale à sa définition d'une vie heureuse : la dimension spirituelle. À travers les enseignements du Bouddha, le Dalaï-Lama et tant d'autres avec lui ont pu découvrir une matrice pleine de sens qui leur permet d'endurer et même de transcender la douleur et la souffrance. Nous-mêmes, nous pouvons, dans nos religions respectives, percevoir le pouvoir de la foi dans les menus événements de la vie quotidienne. De temps à autre, ce pouvoir va jusqu'à faire la une des journaux. Souvenons-nous du supplice de Terry Anderson, un homme comme tout le monde, enlevé dans Beyrouth par des extrémistes, un matin de 1985. Enroulé dans une couverture, poussé dans une voiture, il fut retenu sept ans en otage par le Hezbollah. Jusqu'en 1991, il est resté emprisonné dans des caves humides et sales et dans des cellules exiguës, les yeux bandés et enchaîné pendant des semaines, régulièrement roué de coups. Quand finalement il a été libéré, le monde entier a découvert un homme exultant de joie à l'idée de retrouver sa famille et une vie normale, mais étonnamment peu amer, exempt de toute haine envers ses ravisseurs. Aux questions des journalistes sur la source de cette force remarquable, il a répondu que la foi et les prières l'avaient considérablement aidé dans son supplice.

De récentes enquêtes paraissent confirmer que la foi contribue de façon substantielle au bonheur, et attestent que les gens qui sont animés d'une foi, quelle qu'elle soit, se sentent en général plus heureux que les athées. D'après ces études, la foi permet de mieux affronter l'âge, les périodes critiques ou les événements traumatisants. Qui plus est, les statistiques montrent que les familles des individus animés d'une foi puissante présentent des taux de délinquance, d'alcoolisme, de consommation de médicaments et d'échec matrimonial plus bas. Certains indices tendent même à démontrer que la foi est bénéfique à la santé, même en cas de maladies graves. Des centaines d'études épidémiologiques attestent un lien entre la foi, un taux de mortalité plus bas et une meilleure santé. Dans le cadre d'une de ces études, des femmes âgées très croyantes étaient capables de retrouver l'usage de leurs jambes après une intervention chirurgicale à la hanche, plus vite que celles qui n'avaient guère de convictions religieuses. En outre, leur phase de dépression post-opératoire s'est aussi révélée moins aiguë. Ronna Casar Harris et Mary Amanda Dew, du Centre de recherches médicales de l'université de Pittsburgh, ont découvert qu'après une transplantation cardiaque les patients très croyants ont eu moins de mal à surmonter leur traitement médical post-opératoire et font preuve d'une meilleure santé physique et d'un meilleur équilibre émotionnel à long terme. Dans une autre étude, l'équipe dirigée par le Dr Thomas Oxman, de la faculté de médecine de Dartmouth, a découvert que les patients de plus de cinquante-cinq ans ayant subi une opération à cœur ouvert et qui avaient trouvé refuge dans la foi avaient trois fois plus de chance de survie que les autres.

Certaines de ces récompenses de la foi sont propres à une religion en particulier, mais il est d'autres éléments fortifiants de la vie spirituelle communs à toutes les religions. L'engagement dans quelque groupe religieux que ce soit peut suffire à créer un sentiment d'appartenance, des liens communautaires, un rapport attentif à ses coreligionnaires. Ces convictions peuvent apporter l'espoir face à l'adversité, à la souffrance et à la mort. Elles peuvent aider à adopter le point de vue de l'éternité, à sortir de soi-même quand on est submergé par les problèmes.

Cela étant, les convictions religieuses ne suffisent pas à garantir le bonheur et la paix. Au moment même où Terry Anderson croupissait enchaîné dans sa cellule, vivant témoignage de ce que la foi peut offrir de meilleur, immédiatement à l'extérieur de sa cellule la violence de masse et la haine faisaient rage, exhibant tout ce que la foi religieuse peut comporter de pire. Au Liban, pendant des années, diverses sectes musulmanes ont fait la guerre aux chrétiens et aux juifs, une guerre alimentée par la haine chez toutes les parties en présence, avec pour résultat d'indicibles atrocités commises au nom de la foi.

Comme elles peuvent tout aussi bien engendrer la division et la haine, il est facile de perdre toute foi dans les institutions religieuses. Ce danger a conduit plusieurs figures religieuses, comme le Dalaï-Lama, à donner des leçons spirituelles qui soient universellement applicables par tout individu, sans distinction de religion, qu'ils en aient même une.

C'est ainsi, sur un ton de complète conviction, que le Dalaï-Lama conclut sa réflexion par sa vision de la véritable vie spirituelle :

— En abordant la dimension spirituelle de notre vie, nous avons identifié nos convictions religieuses comme un premier niveau de spiritualité. Si nous croyons dans une religion, c'est bien. Cependant, même sans conviction religieuse, nous pouvons parfaitement faire face. En certains cas, l'absence de conviction religieuse est même préférable. Quoi qu'il en soit, c'est là notre droit le plus strict. Si nous voulons croire, à la bonne heure ! Sinon, c'est tout aussi bien. Ensuite, il y a un autre niveau de spiritualité. C'est ce que j'appellerais la spiritualité élémentaire : il s'agit des qualités humaines de base, la bonté, la gentillesse, la compassion, le souci des autres. Que l'on soit croyant ou non-croyant, cette sorte de spiritualité est essentielle. Personnellement, je considère ce second niveau de spiritualité comme plus important que le premier car, en dépit de tout ce qu'une religion peut avoir de merveilleux, elle ne sera jamais reconnue et acceptée que par un nombre limité d'êtres humains, par une partie seulement de l'humanité. Il n'en reste pas moins qu'en tant qu'êtres humains, en tant que membres de la famille humaine, nous avons tous besoin de ces valeurs spirituelles élémentaires. Sans elles, l'existence humaine est rude, très desséchée, on ne peut être heureux, notre famille souffre, et au bout du compte c'est la société tout entière qui n'en sera que plus perturbée. Il est donc crucial de cultiver ces valeurs spirituelles de base.

« En cherchant à les cultiver, il faut se rappeler que, sur les quelque cinq milliards d'individus que compte cette planète, peut-être un ou deux milliards seulement croient sincèrement en une religion. Par croyants sincères, je ne fais évidemment pas allusion à ceux qui se contentent de dire "je suis chrétien" essentiellement à cause de leur milieu familial, mais qui, dans la vie de tous les jours, ne font pas grand cas de la foi chrétienne et ne la pratiquent guère. Donc, si l'on exclut ces gens, il ne doit rester selon moi qu'un milliard de pratiquants sincères. Cela veut dire que quatre milliards d'humains, la majorité des habitants de cette terre, sont des non-croyants. Et pourtant il nous faut bien trouver un moyen d'améliorer la vie de cette majorité, de ces quatre milliards d'individus qui ne se sentent concernés par aucune religion, un moyen de les aider à devenir de bons êtres humains, animés d'une morale, en dehors de toute religion. C'est là, je le crois, que l'éducation est cruciale : instiller dans l'esprit des gens la perception que la compassion, la gentillesse, et ainsi de suite, sont les qualités élémentaires de l'être humain, et pas seulement une affaire d'ordre religieux. Nous avons déjà longuement évoqué l'importance primordiale de la chaleur humaine, de l'affection et de la compassion pour la santé, le bonheur et la sérénité d'esprit. C'est là une question des plus pratiques, pas du tout une spéculation philosophique ou une théorie religieuse. C'est une question clé. Et je pense que c'est là en fait l'essence de tout enseignement religieux, qui reste tout aussi primordiale pour ceux qui n'ont pas choisi d'adhérer à une religion. Pour ces gens-là, je crois que nous pouvons les éduquer et leur faire comprendre que l'on peut tout à fait, sans religion aucune, être un bon être humain, un être sensé, doté d'un sens de la responsabilité et de l'engagement en vue d'un monde meilleur et plus heureux.

« En général, on peut marquer son appartenance à une religion ou à un cheminement spirituel à travers des signes extérieurs, en portant certains vêtements, en ayant un autel ou une chapelle dans sa maison, en récitant des prières ou en chantant des psaumes, que sais-je encore. Tout cela peut donc se manifester de façon extérieure. Toutefois, ces pratiques ou ces activités sont secondaires par rapport à un véritable mode de vie spirituel, fondé sur les valeurs spirituelles fondamentales. En effet, sous couvert de ces signes extérieurs, on peut fort bien trouver une personne qui abrite en elle un état d'esprit des plus négatifs. La vraie spiritualité, elle, devrait avoir pour résultat de rendre la personne plus calme, plus heureuse et plus sereine.

« Tous les états d'esprit vertueux – la compassion, la tolérance, l'indulgence, le souci de l'autre, etc. –, toutes ces qualités mentales sont d'authentiques *dharmas*, ou d'authentiques qualités spirituelles, parce que toutes ces qualités mentales intérieures ne peuvent coexister avec le ressentiment ou des états d'esprit négatifs.

« S'engager dans un exercice ou dans une méthode qui apportent la discipline intérieure de l'esprit, telle est l'essence de la vie religieuse. Cette discipline intérieure a pour but de cultiver ces états mentaux positifs. Ainsi, mener une vie spirituelle dépend de la réussite de cette discipline, d'un état d'esprit maîtrisé, et de la traduction de cet état d'esprit dans nos actes quotidiens.

Nous sommes en Arizona. Le Dalaï-Lama devait participer à une petite réception en l'honneur d'un groupe de donateurs, fermes soutiens de la cause tibétaine. Devant la petite salle de réception, une foule de gens attendait qu'il fasse son apparition. Au moment de son arrivée, la foule s'était faite vraiment très dense. Parmi les personnes présentes, j'entraperçus un homme que j'avais remarqué à deux ou trois reprises au cours de la semaine, d'une trentaine d'années, grand et très mince. En dépit de son allure débraillée, c'est surtout son expression qui me frappa, pour l'avoir souvent vue chez mes patients – une expression douloureuse à force d'angoisse et de profonde dépression. Et je crus remarquer ces légères contractions, répétitives et involontaires, des muscles autour de la bouche. « Dyskinésie tardive », diagnostiquai-je, un symptôme neurologique, effet secondaire causé par la prise des neuroleptiques. « Pauvre garçon », me dis-je sur le moment, pour rapidement oublier sa présence.

À l'arrivée du Dalaï-Lama, la foule se pressa pour le saluer. Le service d'ordre, pour la plupart des bénévoles, s'efforçait de contenir cette masse de gens et d'ouvrir la voie en direction de la salle de réception. Le jeune homme perturbé que j'avais vu auparavant, à présent l'air désemparé, s'était retrouvé écrasé par la foule, repoussé en lisière du passage ménagé par le service d'ordre. En se frayant un chemin, le Dalaï-Lama le remarqua pourtant. Il franchit le cordon de sécurité et s'arrêta pour lui parler. Visiblement éberlué, le jeune homme se mit à lui parler à toute vitesse, et le Dalaï-Lama lui répondit en quelques mots. Je ne pouvais entendre ce qu'ils se disaient, mais je voyais le jeune homme s'agiter de plus en plus à mesure qu'il parlait. Au lieu de lui répondre, le Dalaï-Lama, spontanément, lui prit la main dans la sienne, la lui tapota avec bienveillance, et se contenta simplement de rester là quelques instants, approuvant de la tête en silence. Il lui tenait fermement la main en le regardant dans les yeux et ne paraissait plus du tout se soucier de la masse de gens qui l'entouraient. Subitement, l'expression de douleur et d'agitation du jeune homme parut se dissiper, et des larmes coulèrent sur ses joues. Même si le sourire qui se dessina et finit par lui détendre les traits demeurait timide, une lueur de réconfort et de joie s'alluma dans ses yeux.

Méditation sur la nature de l'esprit

Le Dalaï-Lama a constamment souligné que la discipline intérieure est la base de la vie spirituelle. C'est la méthode fondamentale qui permet d'atteindre le bonheur. La pratique de la discipline intérieure comporte des méditations qui visent à donner à l'esprit sa stabilité et à atteindre la sérénité. En conclusion de sa série de conférences, le Dalaï-Lama nous a appris une méditation destinée à nous aider à apaiser nos pensées, à nous plonger dans l'observation de la nature inhérente de l'esprit, et, partant de là, à développer notre « sérénité d'esprit ».

Parcourant l'assistance du regard, il a commencé de parler à sa façon si singulière, comme si, au lieu de s'adresser à une vaste assemblée, il instruisait personnellement chacun des individus qui la composaient. Par moments, il se concentrait, immobile, et à d'autres il s'animait, s'accompagnant de menus hochements de tête, de gestes de la main et de légers mouvements de balancier.

— Le but de cet exercice est de commencer à reconnaître, à ressentir ce qu'est la nature de l'esprit, au moins traditionnellement parlant. En général, lorsqu'on fait allusion à l'« esprit », on évoque un concept abstrait. Si l'on nous demande d'indiquer ce qu'est l'esprit, et si nous n'avons aucune expérience directe de ce que c'est, nous pourrions tout aussi bien désigner le cerveau. Ou encore, nous pourrions dire qu'il s'agit de quelque chose qui a la capacité de « savoir », quelque chose de « clair et distinct » et de « cognitif ». Mais, si l'on n'a pas saisi ce qu'est l'esprit à travers des pratiques méditatives, ces définitions ne seront que des mots. Il est important d'être capable d'identifier l'esprit à travers l'expérience directe, et pas seulement comme un concept abstrait. Ainsi, le but de cet exercice, c'est de parvenir à directement sentir ou saisir la nature de l'esprit au sens le plus conventionnel du terme. De sorte que, lorsque vous direz que l'esprit possède ces qualités que sont la « clarté » et la « cognition », vous serez en mesure de l'identifier par l'expérience, et pas seulement comme un concept abstrait.

« Cet exercice vous aide à suspendre volontairement toute pensée discursive et vous entraîne progressivement à conserver cet état de plus en plus longtemps. À force de le pratiquer, vous finirez par avoir l'impression qu'il n'y a plus rien, une sensation de vacuité. Mais, si vous allez plus loin, vous commencerez à reconnaître la nature sous-jacente de l'esprit, et ces qualités que sont la “clarté” et la “sagesse”. C'est la même chose que d'avoir sous les yeux un verre de cristal plein d'eau. Si l'eau est pure, vous verrez le fond du verre, mais vous percevrez encore la présence de l'eau.

« Donc, aujourd'hui, méditons sur la non-conceptualité. Ce n'est pas un pur et simple état atone, ou assourdi. Commencez d'abord par générer en vous la détermination suivante : “Je vais rester dans un état dénué de pensées conceptuelles.” Voici comment vous devez vous y prendre :

« En général, notre esprit se tourne surtout vers des objets extérieurs. Notre attention suit l'expérience des sens. Cette attention demeure à un niveau essentiellement sensoriel et conceptuel. En d'autres termes, en temps normal, notre conscience est orientée vers l'expérience physique sensorielle et les concepts mentaux. Mais, dans cet exercice, il s'agit de tirer votre esprit en retrait. Ne le laissez pas se mettre à la poursuite des objets sensoriels ou même leur prêter attention. En même temps, ne le laissez pas se retirer au point de ressentir une sorte de vacuité ou de total manque d'attention. Ensuite, essayez de discerner l'état naturel de votre conscience – un état dans lequel elle n'est affligée par aucune pensée issue du passé, par les choses qui sont arrivées, par vos souvenirs, dans lequel votre conscience n'est affligée par aucune pensée du futur : projets, appréhensions, craintes et espoirs. Tâchez plutôt de rester dans un état naturel et neutre.

« C'est un peu comme une rivière qui coule avec un puissant courant, dont vous ne pouvez voir le lit très distinctement. Si toutefois il existait un moyen d'arrêter le cours de cette rivière, dans ses deux directions, à la fois en amont, dans le sens d'où provient l'eau, et en aval, dans le sens où elle s'écoule, alors vous pourriez la maintenir dans l'immobilité. Cela vous permettrait de discerner très clairement le fond de la rivière. De même, quand vous êtes capable d'arrêter votre esprit dans sa chasse aux objets sensoriels, de penser au passé, au futur ou que sais-je encore, tout en gardant votre esprit de la totale vacuité, alors vous commencerez de voir au-dessous de toutes ces turbulences un processus réflexif. Il y a là une immobilité sous-jacente, une clarté sous-jacente de l'esprit. Vous devez essayer d'observer ou de connaître cette propriété de l'esprit…

« Au début, cela peut être très difficile, aussi nous allons commencer dès cette séance. Au stade initial, quand vous commencez d'éprouver cet état naturel de conscience sous-jacente, vous pourrez connaître une forme d'absence. La raison en est que nous sommes habitués à comprendre notre esprit en termes d'objets extérieurs. Nous avons tendance à regarder le monde à travers nos concepts, nos images, et ainsi de suite. Aussi, lorsque vous soustrayez votre esprit à l'influence des objets extérieurs, tout se passe comme si vous ne le reconnaissiez plus. Il y a une sorte d'absence, de vacuité. Pourtant, à mesure que vous progressez et que vous vous habituez à la chose, vous remarquez une clarté sous-jacente, une lumière. Cela signifie que vous commencez de prendre la mesure de l'état naturel de votre esprit et de le comprendre.

« La plupart des expériences méditatives les plus profondes doivent intervenir sur la base de cette tranquillité d'esprit... (Et il ajoute en riant :) J'allais oublier de vous prévenir : dans ce type de méditation, comme on n'a aucun objet en particulier sur lequel se concentrer, on risque... de s'endormir !

« Pour commencer, effectuez d'abord trois cycles de respirations complètes, et concentrez votre attention uniquement sur cette respiration. Concentrez-vous d'abord sur l'inspiration, puis sur l'expiration, à l'exclusion de tout le reste, et puis inspirez et expirez encore – trois fois en tout. Ensuite, la méditation débute.

Le Dalaï-Lama ôte ses lunettes, croise les mains sur ses genoux et médite, sans un geste. Un silence total envahit la salle, tandis que mille cinq cents personnes se tournent sur elles-mêmes, dans la solitude de mille cinq cents mondes à part, cherchant à apaiser leurs pensées et, peut-être, à entr'apercevoir une lueur de la vraie nature de leur esprit. Au bout d'une quinzaine de minutes, le silence est entamé, sans être rompu pour autant, par un chant que le Dalaï-Lama commence à psalmodier doucement, d'une voix basse et mélodieuse, tirant doucement son auditoire de sa méditation.

À la fin de la séance, ce jour-là, le Dalaï-Lama, comme toujours, joint les mains, s'incline devant l'assistance en gage d'affection et de respect, se lève et se fraie un chemin à travers la foule qui l'entoure. Il garde les doigts croisés et continue de s'incliner en quittant la pièce. Tout en fendant la foule, il s'incline si bas qu'en fait les gens qui se trouvent à plus de quelques pas de lui ne peuvent le voir. Il a l'air perdu dans une marée de visages. Même à distance, on peut encore déceler son sillage, en suivant les ondoiements à peine perceptibles de la foule à mesure qu'il s'éloigne. C'est comme s'il avait cessé d'être un objet visible pour ne plus être qu'une présence.

REMERCIEMENTS

Ce livre n'aurait pu voir le jour sans les efforts et la prévenance de bien des gens. Avant tout, je voudrais remercier du fond du cœur Tenzin Gyatso, quatorzième Dalaï-Lama, avec une profonde gratitude pour son infinie gentillesse, sa générosité, l'inspiration et l'amitié qu'il m'a apportées. Ainsi que mes parents, James et Bettie Cutler, avec mon souvenir et mon amour, car ils m'ont donné les bases du cheminement vers le bonheur.

Mes remerciements sincères vont à quantité d'autres personnes :

Au Dr Thupten Jinpa, pour son amitié et son aide dans le travail d'édition du texte du Dalaï-Lama, et pour son rôle primordial d'interprète des conférences de ce dernier, ainsi que de beaucoup de nos conversations privées. Sans omettre Lobsang Jordhen, son vénérable *lhakdor*, qui a fait office d'interprète pour nombre de conversations en Inde.

À Tenzin Geyche, Rinchen Dharlo et Dawa Tsering, pour leur soutien et leur aide tout au long de ces années.

À toutes les personnes qui ont travaillé avec acharnement pour faire de la visite de 1993 du Dalaï-Lama en Arizona une expérience enrichissante : Claude d'Estrée,

Ken Bacher, le conseil d'administration et toute l'équipe d'Arizona Teachings, Inc., Peggy Hitchcock, et le conseil d'administration de l'Association des amis du Tibet en Arizona, le docteur Pam Wilson et tous ceux qui ont participé à l'organisation de la communication du Dalaï-Lama à l'université d'État d'Arizona, ainsi que les dizaines de bénévoles infatigables qui ont assisté aux leçons du Dalaï-Lama en Arizona.

À mes agents, Sharon Friedman et Ralph Vicinanza, et leur équipe, pour leurs encouragements, leur gentillesse, leur disponibilité et leur aide, ainsi que pour leur travail, au-delà des seules obligations professionnelles.

À tous ceux qui m'ont apporté leur aide éditoriale, leur œil extérieur, leur expérience, ainsi que leur soutien personnel durant ce long processus d'écriture : à Ruth Hapgood, pour son travail d'éditeur des premières versions du manuscrit, à Barbara Gates et au docteur Ronna Kabatznick, pour leur soutien dans le tri méthodique de cette matière volumineuse, ce qui a permis de l'organiser en une structure cohérente, et à mon éditeur de la maison Riverhead, Amy Hertz, qui a cru au projet et m'a aidé à donner au livre sa forme définitive. Sans oublier Jennifer Repo et l'équipe des lecteurs et des correcteurs de Riverhead Book. Je voudrais associer dans ces remerciements tous ceux qui m'ont aidé à transcrire les conférences du Dalaï-Lama en Arizona, et qui ont dactylographié les premières versions du manuscrit.

Enfin, mes sincères remerciements

à mes professeurs,

à ma famille et à tous les amis qui ont enrichi ma vie de mille manières : Gina Beckwith Eckel, le Dr David Weiss et Daphne Atkeson, le Dr Gillian Hamilton, Helen Mitsios, David Greenwalt, Dale Brozosky, Kristi Ingham Espinasse, le Dr David Klebanoff, Henrietta

Bernstein, Tom Minor, Ellen Wyatt Gothe, le Dr Gail McDonald, Larry Cutler, Randy Cutler, Lori Warren, avec une pensée toute particulière à l'attention de Candee et Scott Brierley – et à tant d'autres amis que je ne peux mentionner ici nommément, mais à qui je voue dans mon cœur un amour, une gratitude et un respect indéfectibles.

L'art du bonheur – 2

Traduit de l'anglais (États-Unis)
par A. Karachel

INTRODUCTION

À la fin de l'année 1998 paraissait *L'Art du bonheur*. À ma très grande surprise, le livre devenait rapidement un succès mondial. De toute évidence, les messages simples du Dalaï-Lama avaient trouvé un écho dans le cœur de millions de lecteurs :

« Le but de la vie, c'est le bonheur. »

« Votre bonheur dépend de votre état d'esprit plutôt que de circonstances ou d'événements externes, du moins dans la mesure où vos besoins fondamentaux de subsistance sont déjà satisfaits. »

« On peut atteindre le bonheur en entraînant nos cœurs et nos esprits, en modifiant nos attitudes et nos perceptions. »

« La clé de votre bonheur est entre vos mains. »

Le Dalaï-Lama avait été surpris autant que moi par le succès du livre. En fait, il n'avait pas une conscience claire du succès de l'ouvrage la première fois où je l'ai revu après la sortie du livre, alors que celui-ci figurait sur la liste des meilleures ventes depuis des mois. Le Dalaï-Lama est un moine bouddhiste et, en tant que tel, il se soucie fort peu de questions comme les ventes de ses livres, ses vœux monastiques lui interdisant d'ailleurs de rechercher la gloire ou la fortune. Il n'avait donc pas vraiment prêté attention à la progression du livre qui grimpait dans les listes des meilleures ventes à travers le monde. Lorsque je lui appris ce qui se passait, il eut l'air sincèrement étonné.

« Vraiment ? » questionna-t-il. Je lui assurai que c'était vrai. Il se trouvait aux États-Unis pour la première fois depuis la parution de *L'Art du bonheur* et, en raison de la grande visibilité du livre, je me disais que les journalistes lui poseraient peut-être des questions sur le sujet, et qu'il valait mieux que je le prépare. Après tout, ce n'était que le dernier en date des nombreux livres qu'il avait publiés depuis des années. Je le voyais déjà en direct à la télévision, face à un journaliste l'interrogeant sur le sujet et lui, répondant : « L'art du quoi ? » (En fait, c'est un peu ce qui s'est passé lorsque le journaliste vedette de CNN, Larry King, l'a interrogé : « Pourquoi s'agit-il d'un art ? »)

Le Dalaï-Lama n'avait pas la moindre idée de quoi il parlait, car le titre avait été choisi par l'éditeur. Puisqu'il s'en était entièrement remis à moi pour tout ce qui concernait la structure et la rédaction de l'ouvrage, je lui ai demandé s'il voulait savoir des choses sur le livre. Il ne me posa qu'une question :

« Le livre a-t-il été utile aux gens ?

— Oh oui ! »

Pour la première fois, il manifestait un véritable intérêt. Il s'est enquis, avec une vraie curiosité :

« De quelle manière ? »

Il m'avait pris au dépourvu. Je bégayai et haussai les épaules :

« Eh bien, à vrai dire… »

J'avais reçu un nombre considérable de lettres de lecteurs, mais je n'arrivais pas à me rappeler un seul exemple précis. J'ai fini par marmonner quelque chose. Aujourd'hui, je ne sais plus très bien ce que je lui ai dit, mais je me souviens que je me suis senti comme un étudiant pris en défaut par son examinateur.

Ensuite, j'ai réfléchi à sa question. Je n'avais aucun moyen de savoir si ses idées avaient vraiment aidé des gens, alors je me suis demandé si ses idées avaient eu un impact sur moi. De toute évidence, oui. Après avoir passé d'innombrables heures en sa compagnie et cinq années à peaufiner notre premier livre, étais-je plus heureux ? Oui. Sans l'ombre d'un doute, me suis-je dit à moi-même en souriant, faisant écho à sa propre réponse, des années plus tôt, lorsque je lui avais demandé s'il était heureux. Pourtant, je pensais qu'il devait y avoir autre chose. Ses idées m'avaient aidé à devenir une personne plus heureuse, mais j'avais encore du chemin à parcourir avant d'atteindre cette gaieté contagieuse qui semblait émaner de sa personne. Et je voulais parcourir ce chemin.

Il restait encore bien des lacunes et des questions sans réponse. Je me suis mis à rêver de m'asseoir à nouveau à ses côtés, de reprendre nos entretiens en les affinant, d'ajouter de nouvelles idées et de nouveaux points de vue, d'approfondir notre débat sur ce que le bonheur veut dire dans notre monde si compliqué. Et les questions n'étaient pas seulement les miennes. Depuis la parution de notre livre, de nombreuses personnes, des proches comme de parfaits inconnus, avaient signalé qu'il manquait certaines choses, avaient soulevé des questions et des sujets que nous n'avions pas englobés dans notre travail. Souvent, on voulait savoir si j'aurais l'occasion d'interroger le Dalaï-Lama à ce propos. Combien de fois ne m'a-t-on pas dit : « Howard, la prochaine fois que tu auras la possibilité de parler au Dalaï-Lama, pourrais-tu lui demander… ». Il n'a pas fallu longtemps pour que l'idée d'un deuxième livre ne germe dans mon esprit.

Bien sûr, il y avait un obstacle majeur. Le rôle du Dalaï-Lama sur la scène mondiale s'est amplifié au fil des ans, et son emploi du temps est on ne peut plus chargé. Aurait-il tout simplement du temps à me consacrer ? Après tout, il avait des choses bien plus importantes à faire. Il ne serait peut-être pas d'accord, il ne serait peut-être pas disponible. Pourtant, je connaissais son talon d'Achille, sa faiblesse secrète, que j'étais prêt à exploiter sans vergogne : son désir sincère d'aider les gens. Ceux qui le connaissent le savent bien : le Dalaï-Lama a du mal à repousser tout projet dont il pense qu'il pourra être un tant soit peu bénéfique pour autrui. En formulant ma demande, je savais aussi que si tout venait à échouer, il serait sensible à mes pleurnicheries...

Heureusement, je n'ai pas été forcé d'en venir à de telles extrémités. Dès que je lui ai expliqué l'utilité que cela aurait pour les gens, il fut d'accord, et nous nous sommes donc retrouvés une nouvelle fois chez lui, à Dharamsala, pour travailler à la suite de *L'Art du bonheur*.

Dans notre premier livre, nous nous étions surtout intéressés au thème général du développement intérieur. Mais, comme de nombreux lecteurs me l'avaient fait remarquer, on ne vit pas dans le vide. Nous vivons dans le monde, nous interagissons avec la société, et celle-ci peut manifestement avoir un impact sur notre personne. Nous avons donc commencé par établir un plan d'action, en dressant une liste des sujets que nous n'avions pas abordés dans le premier ouvrage. Nous y avions laissé de côté toute discussion poussée des problèmes sociaux, mais il y avait une raison à cela. Comme je le faisais remarquer dans *L'Art du bonheur*, tant ma formation que mes penchants me poussent à m'intéresser à l'exploration des mécanismes de l'esprit, de la psyché humaine. Et j'ai toujours été fasciné par sa dynamique interne, par la manière dont les émotions destructrices surgissent et se manifestent dans la vie des personnes. La discussion des questions sociales m'intéressait moins. En outre, les problèmes sociaux me semblaient si nombreux, si énormes, si intraitables, que ma réaction était simplement de ne pas y penser. Le déni, ce vieux mécanisme de défense, toujours aussi efficace. Mais à présent que je n'étais plus un psychothérapeute en exercice, je ne me souvenais que trop bien de toutes ces séances où mes patients commençaient à parler de leurs problèmes de travail, d'argent, de leur peur de la violence tandis que mon esprit s'évadait ailleurs. Je ne niais pas que ces questions étaient des motifs légitimes de souffrance pour mes patients, mais je ne savais tout simplement pas quoi faire. Dès que ces sujets venaient sur le tapis, une sorte de voile invisible recouvrait mon esprit. Je me rassurais en me disant que puisque je ne pouvais rien y faire, je ne pouvais pas les aider. Je me souviens même que je me sentais vaguement offensé, vexé, lorsque ces questions surgissaient au cours de la thérapie. Ce n'était pas mon boulot ! Pourquoi mes patients ne pouvaient-ils pas comprendre cela ?

Durant les entretiens qui ont mené à *L'Art du bonheur*, le Dalaï-Lama avait souvent abordé les questions sociales. Mais j'avais toujours réussi à le réorienter, à m'esquiver et à ramener la discussion sur le terrain de l'individu. Pourtant la question du cadre global n'était pas de celles dont on se débarrassait si facilement. La liste des sujets que nous avons décidé d'aborder était longue : la violence, l'insécurité, le racisme, l'intolérance, la pauvreté, la pollution, la destruction de l'environnement, la désintégration de la famille, la vieillesse dans un monde obsédé par la jeunesse, les problèmes économiques des gens, l'appât du gain et les scandales dans le monde des affaires, le chômage, l'insatisfaction des individus dans leur travail. La liste s'étalait sur des pages. Si notre but était d'explorer tous les aspects de l'expérience humaine, si nous souhaitions avoir une approche holistique de la souffrance et du bonheur, comment ne pas aborder directement ces problèmes ? Après le 11 septembre, après le scandale Enron, ces interrogations étaient plus pressantes que jamais.

Mais il y avait une autre raison à toutes mes réticences, quelque chose que j'ai dit très tôt au Dalaï-Lama : « Je sais que vous allez parler des problèmes sociaux. Et je suis vraiment intéressé par ce que vous allez dire. Vous m'avez confié un jour que vous vous voyez avant tout comme un moine bouddhiste, et j'ai assisté assez souvent à vos enseignements pour mesurer l'étendue de votre érudition dans ce domaine. Cependant je vous connais aussi depuis suffisamment longtemps pour savoir que votre compétence s'étend à bien d'autres sujets. Vous êtes profondément attaché à l'importance des valeurs éthiques, des valeurs humaines fondamentales. Et je ne compte pas le nombre de fois où je vous ai entendu évoquer avec passion la manière dont on doit appliquer ces valeurs éthiques à tous les domaines – les affaires, la politique, l'économie, etc. Ainsi, au fil des ans, je vous ai vu rencontrer non seulement de grands dignitaires religieux et spirituels, mais aussi des dirigeants dans toutes les sphères, des hommes d'État, des savants, des entrepreneurs, et engager le dialogue avec eux. Il hocha la tête, pour signaler qu'il n'avait rien à redire à mes propos. Vous avez acquis une connaissance de ces sujets par des discussions intenses avec des experts dans de nombreux domaines, et vous menez depuis longtemps une réflexion approfondie sur la manière d'y intégrer ces idéaux religieux...

— Surtout du point de vue d'une éthique laïque, m'interrompit-il pour me corriger.

— Oui, du point de vue d'une éthique laïque. Mais là où je veux en venir, c'est que je ne pense pas être qualifié pour aborder tous ces sujets avec vous. Ma formation est celle d'un médecin, d'un psychiatre, et avant cela celle d'un artiste. Je ne suis que de très loin l'actualité, du moins jusqu'au 11 septembre. En fait, je pense être la personne la moins qualifiée pour aborder ces sujets avec vous. »

Le Dalaï-Lama demeura silencieux un moment pendant qu'il réfléchissait à ce que je venais de dire.

« Ces problèmes humains, ces problèmes dans la société, ne surgissent pas de nulle part. Ils sont créés par des êtres humains, et trouvent leurs racines dans les difficultés que rencontrent tous les êtres humains, mais collectivement, à une plus grande échelle. C'est une sorte de phénomène additif. En tant que psychiatre, je pense que vous êtes qualifié pour comprendre les facteurs psychologiques qui contribuent aux comportements destructeurs individuels, qui eux-mêmes contribuent aux problèmes sociaux qui surgissent lorsque de nombreuses personnes se comportent d'une certaine manière. Et en plus, ajouta-t-il, vous êtes un être humain. Vous vivez dans le monde, comme n'importe qui. Aucune expertise n'est requise pour aborder ces questions. Pour que les choses changent, il ne suffit pas que des experts se réunissent pour en discuter. C'est à chaque individu de changer, et la seule manière d'y parvenir, c'est d'aider les gens ordinaires à prendre conscience des problèmes plus vastes, à comprendre la source du problème, de leur donner envie de changer les choses. Donc, en tant que membre de la société, vous êtes aussi qualifié que n'importe qui d'autre. Et la seule manière de changer, c'est de s'éduquer. Donc, si certaines questions vous paraissent complexes, lisez, étudiez et informez-vous à leur sujet. Trouvez vos propres exemples. C'est notre travail. C'est notre responsabilité. »

C'est ainsi que nous avons commencé. Au cours des deux années qui ont suivi, il est devenu évident que les sujets étaient si nombreux qu'il faudrait partager le matériau sur plusieurs livres. Et cela nous a conduits à la question suivante : par où commencer ? Comment organiser et présenter le matériel ? Le choix logique semblait être d'explorer l'activité qui, au quotidien, occupe la plus grande partie de notre temps : le travail.

Lorsque j'ai suggéré d'en faire le sujet de notre prochain livre, le Dalaï-Lama a été immédiatement d'accord, et s'est mis à rire :

« Vous savez, je voyage beaucoup, et j'essaie de prendre des avions à des moments qui me conviennent, mais après il y a des retards, des retards, et encore des retards. Il rit de plus belle. Je m'irrite un peu, je ressens un peu de "malheur" dans mon travail. Alors j'ai peut-être moi aussi besoin d'un livre sur "l'art du bonheur" ! »

Après en avoir longuement discuté, nous sommes tombés d'accord sur la manière de structurer les différents livres qui développeront les sujets introduits dans *L'art du bonheur*, et fourniront une approche plus complète au sujet complexe du bonheur humain. Nous commençons par ce deuxième volume, en appliquant les idées du Dalaï-Lama à la meilleure façon de trouver le bonheur dans son travail. Dans les volumes suivants, nous aborderons des aspects spécifiques du cadre de travail, la manière d'appliquer les valeurs humaines fondamentales et l'éthique dans les affaires et le commerce, et comment chacun peut cultiver les qualités requises pour être un bon dirigeant. Nous aborderons aussi le mode d'intégration des principes éthiques dans tous les domaines de la vie quotidienne et nous efforcerons de trouver une réponse à la question : « Comment être heureux dans la dure réalité du monde contemporain ? » Nous y explorerons aussi des questions fondamentales de l'existence comme la vieillesse, la maladie et la mort, ainsi que certains problèmes très difficiles du monde moderne : la violence, le racisme, la pauvreté et la destruction de notre environnement. Il y sera également question de la manière de vivre sans peur, mais avec courage et espoir. Le dernier volume de la série ajoutera la touche finale en montrant comment notre malheur est causé, en dernière instance, par le fossé existant entre l'apparence et la réalité, le fossé entre notre façon de percevoir les choses et ce que les choses sont réellement. Nous identifierons les racines de nos émotions destructrices, les états d'esprit qui créent notre souffrance et font barrage à notre bonheur : des déformations de notre manière de penser, de notre perception de nous-mêmes, des autres et du monde environnant. Dans le dernier volume, nous reviendrons donc vers notre monde intérieur, puis le Dalaï-Lama unifiera les concepts présentés dans les livres précédents et formulera un programme structuré pour favoriser le développement intérieur.

Et maintenant, au travail…

1
Transformer l'insatisfaction

La journée avait été longue pour le Dalaï-Lama. Au moment de prendre son frugal petit déjeuner de *tsampa*[1] et de thé à sept heures trente, il était levé depuis quatre heures du matin et avait attaqué son rigoureux régime quotidien de prières, d'étude et de méditation. Après le petit déjeuner commençait sa journée de travail « normale », faite d'un enchaînement continu de rendez-vous : un officier de liaison du gouvernement indien, le lama principal d'un ancien lignage du bouddhisme tibétain, le président d'une république ex-soviétique, un sujet important du gouvernement tibétain en exil, et différents membres de son cabinet privé. Et, au milieu de tout cela, je constatai qu'il avait trouvé le temps de recevoir un groupe fraîchement débarqué de réfugiés tibétains. Ils avaient franchi l'Himalaya à pied et arrivaient sans le moindre sou, leurs *chubas* traditionnelles poussiéreuses et déchirées par la longue route, leurs esprits fatigués par des années de souffrance sous la férule des

1. Le *tsampa* est le principal constituant du repas tibétain traditionnel. Il est fabriqué à partir d'orge grillé mélangé en une pâte épaisse à du thé.

communistes. La simple vue du Dalaï-Lama avait suffi à les raviver et à leur insuffler de l'espoir et de la joie. Il leur offrit des paroles d'espoir et d'encouragement, ainsi que des conseils plus pratiques : « L'éducation est indispensable à votre réussite », « Je conseille aux hommes de se méfier des prostituées, vous pourriez attraper une maladie. »

À quatorze heures, enfin, son dernier rendez-vous de la journée s'achevait. J'attendais. Il m'avait réservé plusieurs heures chaque après-midi pour que nous puissions travailler à notre livre, et je lui laissais peu de répit avec mon flot ininterrompu de questions, dont bon nombre lui paraissaient si dépourvues de sens ou impossibles, au point de mettre à rude épreuve sa patience légendaire, qu'elles étaient devenues un sujet de plaisanterie entre nous.

Le Dalaï-Lama m'accueillait chaleureusement sur le pas de la porte de sa maison, sous le porche recouvert de bougainvillées, avec pour arrière-plan les cimes enneigées des montagnes du Dhaludar, dans le nord de l'Inde. Peu de chose avait changé dans cette pièce depuis notre première rencontre, vingt ans plus tôt. Les mêmes peintures *thankas* tibétaines traditionnelles ornaient les murs jaune pâle, le même autel bouddhiste constellé d'icônes trônait dans un coin, et la même carte en relief du Tibet tapissait entièrement le mur opposé. Le modeste mobilier ne semblait pas avoir changé non plus, sauf le sofa, qui avait peut-être été retapissé.

Tandis que je déballais mes carnets et mon magnétophone, nous évoquions ses activités au cours de la journée. En règle générale, j'étais son dernier rendez-vous, et j'étais donc bien placé pour voir le défilé de mes prédécesseurs tandis que je patientais dans la salle d'attente. Ce jour-là, je ne sais pourquoi, j'avais été frappé par la variété des individus à qui il prodiguait son temps et ses conseils, des personnes qui venaient le voir de tous les points du globe.

J'avais cela présent à l'esprit au moment où nous allions commencer. Je lui ai dit :

« Vous savez, je n'ai pas pu m'empêcher de remarquer le nombre incroyable de gens différents que vous recevez, des gens qui font toute sorte de métiers. Et je pensais que vous-même êtes impliqué dans toutes sortes d'activités. Cette semaine, j'aurais aimé que nous nous penchions sur la question du travail…

— Oui, très bien, acquiesça-t-il.

— Et, puisque nous allons évoquer ce sujet, je me demandais, par curiosité, comment vous définiriez votre métier. »

Le Dalaï-Lama prit un air perplexe : « Que voulez-vous dire ? »

J'étais moi-même perplexe face à sa perplexité. La question m'avait pourtant l'air simple. Je m'expliquai :

« Eh bien, en Occident, lorsque vous rencontrez quelqu'un pour la première fois, on vous demande souvent : "Que faites-vous dans la vie ?", ce qui veut dire, en pratique : "Quel type de travail faites-vous ? Quel est votre métier ?" Donc, pour reformuler ma question, si vous rencontriez quelqu'un qui n'avait pas la moindre idée de qui vous êtes, qui ne saurait même pas que votre habit est celui d'un moine, s'il voyait simplement en vous un être humain et vous demandait : "Que faites-vous dans la vie ?", que répondriez-vous ? »

Le Dalaï-Lama réfléchit un long moment, et finit par laisser tomber : « Rien. Je ne fais rien. »

Rien ? Comme pour répondre à mon air ébahi, il répéta : « Si j'étais subitement confronté à cette question, c'est sans doute ce que je répondrais : je ne fais rien. »

Rien ? Je n'y croyais pas une seconde. Cet homme travaillait plus dur que la plupart de mes connaissances.

Cette journée par exemple avait été harassante, mais ce n'était rien au regard de son emploi du temps lors de ses fréquents voyages à l'étranger. En fait, l'année précédente, j'avais fait partie de son entourage lors d'une tournée de conférences aux États-Unis, et j'avais été le témoin direct de son incroyable activité : en tant qu'homme d'État, il avait rencontré le président Bush, le secrétaire d'État Powell, et toute une brochette de parlementaires de haut rang ; en tant que maître bouddhiste et très grand érudit, il avait donné de très nombreuses conférences sur les facettes les plus subtiles de la philosophie bouddhiste ; en tant que lauréat du prix Nobel et combattant infatigable pour la paix dans le monde et les droits de l'homme, il avait prononcé des discours devant des dizaines, des centaines de milliers de personnes ; en tant que chef spirituel œuvrant en faveur du dialogue et de l'harmonie entre les religions, il avait rencontré des figures représentatives de nombreuses croyances : prêtres, rabbins, swamis, et même le chef des mormons. Il avait enfin dialogué avec des scientifiques, des savants, des artistes, des célébrités et des inconnus. Et, partout où il se rendait, il ne laissait jamais passer l'occasion d'aller vers les réfugiés tibétains qui s'efforçaient de bâtir une existence et de prospérer dans leur nouveau pays. Il travaillait du matin au soir, passant d'une ville à l'autre à un rythme tel qu'elles semblaient se fondre l'une dans l'autre. Et pourtant, pas une seule rencontre, pas un seul événement au cours de cette tournée n'avait été entrepris à sa demande : il ne faisait que répondre à des invitations. Plus remarquable encore : son emploi du temps avait beau être rempli à craquer, il gérait tout ce travail sans effort apparent. Il était visiblement heureux.

Il ne faisait rien ? Mon œil… Je repris :

« Vraiment ? Et si la personne insistait et vous posait à nouveau la question ? »

Il rit :

« Eh bien, je dirais probablement que je fais attention à moi-même ! Que je prends simplement soin de moi ! »

Percevant peut-être ma frustration face à cette esquive, il sourit et poursuivit :

« Cette réponse ne vous paraît peut-être pas tout à fait sérieuse. Mais si vous y réfléchissez, vous verrez qu'elle est juste. Après tout, de quoi s'occupent les six milliards d'êtres humains si ce n'est du "principal" ? N'est-ce pas[1] ? Donc, quel que soit votre travail, quel que soit votre métier, de notre premier jour jusqu'au dernier, chacun de nous travaille simplement à prendre soin de soi. C'est notre tâche principale. »

Décidément, mes efforts pour lui faire décrire son travail ne menaient à rien. Ce n'était pas la première fois que j'étais le témoin de sa réticence à évoquer son rôle dans le monde. Il n'a tout simplement pas l'habitude de penser à lui-même en ces termes. J'ai donc décidé de laisser tomber la question pour le moment et d'aborder le problème du travail de manière plus générale.

« Mais, pour s'occuper de soi, on a bien besoin d'un travail ? Ne dites-vous pas tout le temps que le but de l'existence est le bonheur ?

— C'est vrai.

— Donc, nous devons être heureux aussi bien dans notre travail qu'à la maison, malgré que ce ne soit pas toujours facile. Laissez-moi vous donner un exemple. Peu de temps après sa parution, j'ai offert *L'art du bonheur* à l'une de mes amies. Elle m'a confié que c'était

1. Parfois, lorsqu'il s'exprime en anglais, le Dalaï-Lama utilise l'expression *is it not ?* (n'est-ce pas ?) pour dire « n'êtes-vous pas d'accord » ou « ne pensez-vous pas ? ».

devenu son livre de chevet, dont elle lisait quelques pages chaque soir avant de s'endormir. Elle était très inspirée par vos paroles, lesquelles lui donnaient le sentiment qu'il était vraiment possible d'être heureux. Mais elle ajoutait : "Quand j'éteins la lumière, je me dis que le bonheur est à portée de main, le véritable bonheur, pour peu que je m'en donne la peine. Pourtant, le lendemain, je dois me lever à cinq heures et faire une heure de voiture pour arriver à mon bureau. Aussi, dès que j'y mets les pieds, tout change : il y a les pressions, les exigences, mon patron qui est un salaud, mes collègues que je ne supporte pas. Et l'idée du bonheur semble s'évaporer, elle file entre mes doigts. Je suis tellement bousculée que je n'ai pas le temps de souffler, encore moins d'exercer mon esprit ou de songer à mon développement intérieur. De plus, mon employeur se fiche éperdument de mon bonheur, bien évidemment. Mais j'ai besoin de travailler. J'ai besoin de gagner ma vie. Je ne peux pas simplement démissionner et espérer que je trouverai un autre boulot. Comment puis-je alors trouver le bonheur dans mon travail ?" »

J'ai enchaîné :

« Bien sûr, le cas de mon amie n'est pas isolé. Dans de très nombreux pays les gens sont insatisfaits de leur job. J'ai lu, il y a peu, une enquête selon laquelle près de la moitié des salariés américains sont mécontents, malheureux. Certains experts auxquels je me suis adressé disent que le chiffre est sans doute plus élevé encore. Et les choses semblent aller de mal en pis. Selon l'organisation non gouvernementale qui a mené cette enquête, celle-ci a montré qu'au cours des cinq ou six dernières années le pourcentage de gens qui se disent satisfaits de leur travail a chuté d'environ huit pour cent. »

Le Dalaï-Lama eut l'air surpris :

« Comment cela se fait-il ?

— Eh bien, selon les études que j'ai consultées, les raisons sont diverses, allant de l'absence de récompenses à l'ennui pur et simple en passant par des facteurs plus complexes liés à la nature de l'activité ou aux conditions de travail. Toutes sortes de choses peuvent rendre quelqu'un malheureux dans son emploi : mauvaise ambiance, manque de reconnaissance, routine et bien d'autres choses. En fait, j'aimerais connaître votre opinion sur chacun de ces facteurs. Mais laissez-moi illustrer mon propos. Quelques jours avant mon départ pour Dharamsala, j'ai dîné avec des amis qui travaillent pour d'importantes sociétés de logiciels. Ils ont passé la soirée à se plaindre de leur travail ! Un des principaux problèmes selon eux était qu'ils n'exerçaient aucun contrôle sur ce qu'ils faisaient jour après jour. Ils n'avaient aucun sentiment d'autonomie, aucune liberté de travailler comme ils l'entendaient. D'un côté on ne leur donnait pas assez d'informations et de directives, mais de l'autre, dès qu'on leur attribuait une tâche précise, ils étaient surveillés de si près qu'il ne restait plus de place pour la créativité ou l'initiative personnelle. Non seulement ils n'avaient aucun contrôle sur le type de travail qu'ils devaient faire, mais ils n'en avaient pas davantage sur la manière de s'y prendre.

« Ma question est donc, que conseilleriez-vous à une personne souhaitant améliorer son autonomie ou sa liberté dans le travail ?

— Je ne sais pas, répondit le Dalaï-Lama après avoir réfléchi. Bien sûr, cela dépend entièrement de la situation dans laquelle se trouve la personne, des circonstances particulières.

— Vous n'avez pas de suggestions d'ordre général ?

— Prenons l'exemple d'un prisonnier. Bien évidemment, il est préférable de ne pas se trouver en prison, mais même dans cette situation, alors qu'on est privé de liberté, certains petits choix sont encore à notre portée. Et bien que l'on soit enfermé, soumis à des règles draconiennes, on peut utiliser certaines pratiques spirituelles pour essayer d'apaiser ses frustrations mentales, pour essayer de pacifier son esprit. On peut travailler à son développement intérieur. En fait, il existe un programme ici, en Inde, par lequel on apprend aux prisonniers à méditer.

« Donc, je me dis que si les gens sont en mesure de faire cela dans les conditions extrêmes de l'emprisonnement, ils doivent pouvoir découvrir dans leur travail des petites choses, de petits choix qui sont à leur portée. Cela est aussi vrai pour l'ouvrier sur une chaîne de montage, dont les tâches sont très répétitives, car il existe encore d'autres choix concernant l'attitude que l'on a, la manière dont on interagit avec ses collègues. On peut se servir de certaines qualités intérieures ou forces spirituelles pour changer sa façon d'être au travail, même lorsqu'il est pénible. N'est-ce pas ? Cela peut s'avérer utile.

« Bien sûr, quand on parle de règles rigides, de manque de liberté, cela ne veut pas dire que l'on est obligé d'obéir aveuglément et d'accepter tout ce que l'on vous dit. Si l'on vous exploite, si votre employeur ne pense qu'au profit et vous paie une misère tout en imposant des horaires interminables, où si l'on vous demande de faire des choses inappropriées ou contraires à votre éthique, vous ne devez pas vous contenter de penser "Eh bien, *cela* est mon karma", et ne rien faire. Dans ce cas, il ne suffit pas de penser « Je dois simplement me contenter ».

« Face à l'injustice, l'inaction constitue le mauvais choix. Les textes bouddhistes parlent de "tolérance mal placée", ou d'"endurance mal placée". Pour prendre le cas des Tibétains face à l'injustice chinoise, la patience ou l'endurance mal placée serait le sentiment d'endurance que ressentent certains individus lorsqu'ils sont soumis à une activité très destructrice, négative. Cela, c'est de l'endurance mal placée. De même, dans le contexte du travail, s'il y a beaucoup d'injustice ou d'exploitation, alors la tolérance passive est la mauvaise réponse. La réponse appropriée est plutôt de résister activement, d'essayer de changer l'environnement, non de l'accepter. On se doit d'agir.

— À quel type d'action pensez-vous ?

— Cela dépend encore de la situation, fut la réponse raisonnable du Dalaï-Lama. Mais peut-être faut-il parler à son patron, à ses supérieurs, pour s'efforcer de changer ce qui ne va pas ?

— Et si ça ne marche pas ?

— Alors il faut se rebeller ! dit-il en éclatant de rire. C'est ce que je conseille en général. Il faut résister activement à l'exploitation. Dans les cas extrêmes, il convient peut-être tout simplement de démissionner et de chercher un autre emploi.

— Une chose est sûre, c'est que dans notre monde l'exploitation est partout. Cependant, dans de nombreux cas, ce n'est pas une simple question d'exploitation outrancière. Il peut s'agir tout simplement de la nature particulièrement exigeante du travail. Par exemple, lorsque l'économie ne va pas bien, les sociétés procèdent à des licenciements. Et les salariés qui restent doivent assumer plus de responsabilités. Le travail devient alors encore plus stressant pour ceux qui restent. Avez-vous des suggestions pour ce type de situation, ce type de pression ou de stress ?

— La manière dont chaque individu réagit émotionnellement et psychologiquement est très variable, et cela dépend également de la nature du travail et de la société. Les facteurs dont il faut tenir compte sont donc très nombreux. Si vous percevez votre travail comme quelque chose qui en vaut vraiment la peine, ou si votre travail a un objectif élevé, alors même s'il s'agit d'un travail très dur, vous pouvez être plus disposé à endurer ces difficultés. Dans de telles circonstances, vous pouvez vous dire : « Bon, c'est une occasion de faire quelque chose de bien. » Donc, cela varie.

— Mais ça ne s'applique pas forcément à tout le monde. La question que je me pose porte plutôt sur l'existence d'une démarche générale pour faire face à une surcharge de travail, qui est une des sources les plus courantes d'insatisfaction.

— Qu'est-ce qu'une « surcharge de travail » ? me demanda le Dalaï-Lama. Sa curiosité était sincère. De toute évidence, il n'avait jamais entendu parler d'une telle chose.

Je cherchai mes mots :

« Eh bien, vous savez, quand vous avez trop de travail, cela devient une source de stress.

— Je ne saisis toujours pas ce que vous entendez par ce terme "surcharge". Par exemple, si votre patron vous confie une tâche que vous pouvez peut-être finir dans un certain laps de temps, ce n'est sans doute pas une "surcharge", puisque vous êtes capable de vous en acquitter, même si c'est difficile. Est-ce lorsqu'il vous donne un travail impossible à accomplir dans un certain délai ? Mais dans ce cas il faut simplement dire "Je ne peux pas faire cela". Qu'entendez-vous donc par là ? »

Il ne voyait vraiment pas de quoi je voulais parler. Et moi, je ne voyais pas pourquoi il ne voyait pas. Le concept de surcharge de travail n'est pas une obscure coutume américaine, et il n'est même pas propre à la culture occidentale. Après tout, les Japonais n'ont-ils pas inventé le mot *karoshi*, qui signifie « mort par excès de travail » ? Je reformulai encore ma question :

« Disons que vous êtes un jeune moine et que vous étudiez et pratiquez le bouddhisme. Votre maître est en quelque sorte l'équivalent d'un patron.

— Très bien, d'accord, acquiesça-t-il de la tête. Je comprends.

— Votre job, c'est donc de mémoriser certains textes. Disons que votre patron vous donne un texte que vous devez mémoriser en une semaine. C'est un texte rempli de difficultés. En travaillant très dur, vous parviendrez peut-être à l'apprendre par cœur pour la semaine suivante, mais cela promet d'être très dur. Or voilà que votre maître revient quelques heures plus tard et vous dit que vous devez mémoriser aussi un autre texte, et dans les mêmes délais. C'est votre patron, vous ne pouvez pas simplement répondre « je laisse tomber, je ne vais pas devenir moine ». Donc, dans ce contexte, la surcharge de travail c'est qu'on vous donne de plus en plus de choses à faire, mais sans disposer de plus de temps pour les faire.

— Je vois. Je crois que je comprends, maintenant. Je me souviens, lorsque j'avais vingt ans, au Tibet, j'ai dû donner un enseignement important. Pour me préparer, il fallait que j'étudie tôt le matin et tard le soir. Je devais me lever de très bonne heure avant que mes serviteurs arrivent, et une fois qu'ils étaient partis, je devais travailler tard dans la nuit, à lire et à mémoriser. Alors je me réveillais quelques heures plus tôt que d'habitude et je me couchais quelques heures plus tard. Est-ce que cela est une surcharge de travail ?

— Très exactement.

— Mais, pour l'accomplir, il m'a suffi d'un peu plus de concentration et d'énergie. Et d'ailleurs, je n'en ai pas souffert à court terme. Pourtant, si j'avais dû faire cela, dormir moins, pendant une longue période, si j'avais eu une telle surcharge pendant toute une année, alors il est vrai que cela aurait été impossible.

— C'est précisément ce à quoi de plus en plus de gens doivent faire face aujourd'hui.

— Pourquoi ces gens ne disent-ils pas alors tout simplement « je ne peux pas le faire » dès le début ? On les licencierait ?

— Bien souvent, oui.

— Dans ce cas, il me semble que cela renvoie à l'appréciation de nos propres limites. Si votre patron vous donne encore plus de travail, et si cela dépasse vos capacités, alors il faut protester. Il faut dire « c'est trop de travail » et parler pour essayer de le réduire. Et si cela ne fonctionne pas, alors peut-être faut-il changer de travail.

« Supposez en revanche que votre patron accepte de vous payer plus, alors c'est votre choix et vous n'avez pas de raison de vous plaindre d'une surcharge de travail. Par contre, si le patron vous donne trop de travail sans vous payer en conséquence, alors cette « surcharge » n'est que de l'exploitation, le type d'exploitation dont nous venons de parler.

« J'estime que, dans ce type de situation, l'employeur a pour responsabilité de juger ce que l'on peut raisonnablement demander à une personne. Surcharger les gens, c'est tout simplement ne pas se soucier de ce qui leur arrive. Même le fait de surcharger une bête de trait est un manque de respect envers cette vie. C'est donc de l'exploitation, donc injuste.

— Je suis heureux que vous ayez évoqué la question de l'injustice. Parce que c'est une autre grande source d'insatisfaction dans le travail. En fait, nous sommes en train de passer en revue les sources d'insatisfaction les plus courantes.

« Dans le contexte actuel, l'accent est souvent mis exclusivement sur la production, la productivité : produisez, produisez, produisez ! C'est peut-être en train de changer, mais lentement car, si de plus en plus d'entreprises sont attentives à la nécessité d'un environnement humain, bien souvent les sociétés se fichent du bien-être de leurs salariés, de leur satisfaction ou de leur frustration. Tout ce qui compte, c'est le bas de bilan : des profits plus importants, un cours élevé en Bourse. Et ce type d'environnement crée les conditions propices à toutes sortes d'injustices, de stress, d'iniquités, etc. Comment conserver un sentiment de calme et satisfaction intérieure quand tout autour de vous ne parle que de production et de profit ? »

Le Dalaï-Lama rit :

« Howard, certaines de vos questions sont vraiment impossibles ! C'est comme si vous me demandiez comment des individus qui sont en enfer peuvent apprendre à pratiquer la patience, la tolérance et la tranquillité. Il n'existe pas toujours de réponses faciles. Dans nos sociétés modernes, on trouve maints exemples d'injustice, de corruption chez les dirigeants, de népotisme, d'affairisme. Ces situations sont très fréquentes. Et il est bien difficile de se sentir satisfait. Comment faire ? C'est un vrai problème. C'est comme dans le cas de notre pays : nous sommes honnêtes, nous ne sommes pas anti-Chinois, mais les Chinois nous accusent de tout un tas de choses et utilisent la contrainte physique au Tibet. Dans ces circonstances, ils ont légalement tort, nous avons raison, mais c'est nous qui souffrons. Nous sommes battus. Dans de telles conditions, essayer d'obtenir une certaine mesure de satisfaction, une certaine tranquillité d'esprit, voilà qui est difficile !

« Des millions de personnes sont soumises à différentes formes d'injustice, n'est-ce pas ? Nous devons combattre l'injustice, mais il nous faut aussi trouver des moyens d'y faire face intérieurement, apprendre à nos esprits à rester calmes, à ne pas développer de la frustration, de la haine ou du désespoir. C'est la seule solution. Nos systèmes de croyance nous aideront peut-être, que l'on ait foi dans le karma ou en Dieu, mais nous pouvons aussi utiliser notre intelligence humaine pour analyser la situation et essayer de la voir sous un autre angle. Cela peut être utile », conclut-il avec conviction.

Me référant à nos nombreuses conversations passées, j'ai dit :

« Nous avons souvent parlé du fait que la clé du bonheur réside dans la formation de l'esprit, dans l'utilisation de la raison et de l'analyse pour façonner nos attitudes et nos points de vue. En réalité, il s'agit de ce que vous appelez la méditation analytique.

— C'est exact, répondit le Dalaï-Lama.

— Pourriez-vous développer un exemple spécifique de ce type de processus ? Disons que j'attendais une promotion et que je ne l'ai pas eue. Je ne me sens vraiment pas bien, j'ai le sentiment que c'est injuste, et je suis peut-être jaloux de la personne qui a été promue. Que dois-je faire ?

— Vous devez commencer par analyser objectivement si le fait de réagir par de la colère ou de la jalousie, par exemple, vous fera du bien ou du mal sur le long terme. Vous devez réfléchir profondément à la question de savoir si votre réaction vous apaisera, ou bien si cette réponse et ces émotions ne feront que vous rendre plus malheureux encore. Et vous devez relier cela à vos expériences antérieures, penser à l'effet de ces émotions sur votre santé physique et mentale. Penser aux occasions passées où vous avez ressenti de la jalousie ou de la haine et vous demander si elles ont rendu votre vie plus satisfaisante, si elles vous ont permis d'atteindre vos buts. Penser à la manière dont les autres ont réagi à votre égard lorsque vous manifestiez de la colère ou de la jalousie et analyser si cela vous a aidé à avoir de meilleures relations. Penser à tout cela jusqu'au moment où vous serez persuadé qu'il n'y a rien de plus dommageable que de réagir constamment par de l'hostilité, de la jalousie, et que vous percevrez les bienfaits des émotions positives comme la tolérance ou le contentement.

— D'accord, admettons que je sois convaincu. Et ensuite ?

— Donc, vous espérez de l'avancement ou un nouvel emploi. Vous disposez de toutes les qualifications et vous avez de la valeur, mais vous n'obtenez pas ce que vous espériez. Vous commencez par penser "Oui, je méritais ce travail", mais vous pouvez choisir la manière dont vous réagirez. Vous pouvez être empli de rancœur et de colère, ou bien vous pouvez penser au potentiel destructeur d'un tel état mental. Cette conviction à elle seule peut suffire à vous rendre méfiant vis-à-vis de ces émotions, et donc les réduire un peu. Par conséquent, il ne faut pas continuer à penser au travail que vous n'avez pas obtenu. Il y aura toujours de meilleurs emplois que vous n'avez pas. Ne continuez pas à vous sentir agressif ou jaloux. Cela ne fera qu'accroître votre inquiétude, votre insatisfaction.

« Mais vous avez encore besoin d'un moyen concret pour atteindre une certaine tranquillité d'esprit. C'est ici qu'intervient notre capacité de pensée critique, d'analyse. Vous devez commencer par comprendre qu'aucune situation n'est bonne ou mauvaise à cent pour cent. Parfois, surtout en Occident, je constate une tendance à penser en blanc et noir. Or, tout dans la vie est relatif. Donc, en partant de cette réalité, il vous faut cultiver une perspective plus globale de la situation, essayer de la voir sous divers angles. Vous pouvez pousser l'analyse encore plus loin et comprendre qu'avoir un meilleur travail et plus d'argent n'implique pas que vous n'aurez pas de problèmes. Vous obtiendrez peut-être un meilleur salaire, mais il y a un prix à payer, peut-être des horaires plus longs ou des responsabilités plus importantes, voire un danger physique ou d'autres difficultés encore. De fait, en regardant autour de vous les gens qui occupent des fonctions plus élevées, il se peut que vous découvriez qu'il y a plus de pression, plus de compétition, plus de jalousie. Vous réaliserez peut-être, par exemple, que si votre travail actuel est moins bien payé, il est en revanche plus facile à d'autres égards, voire moins dangereux.

« Donc, vous continuez à analyser la réalité et vous vous dites : Oh, oui, je n'ai pas de chance, je méritais ce poste, mais puisque vous ne l'avez pas eu, au lieu de ne considérer que l'absence d'un meilleur travail, vous pourriez élargir votre point de vue et considérer une autre direction, une direction qui vous permettrait de penser : Bon, d'accord, je suis moins bien payé et ce n'est pas le meilleur travail, mais si cela me permet de gagner assez pour ma famille et ma propre subsistance, je suis content, et cela me suffit. Ainsi, en pensant de cette façon, on peut faire naître un sentiment de satisfaction, même lorsque les choses ne se passent pas comme on le souhaite. »

Le Dalaï-Lama fit une pause, but une gorgée de thé, avant de poursuivre :

« Je pense donc que par nos propres efforts, en cultivant une perspective plus ample, il est possible d'éprouver plus de contentement envers son travail. »

Je ne pus m'empêcher d'interjeter :

« Bien évidemment, il existe de très nombreux motifs d'insatisfaction à l'égard de son travail. Je me demandais si vous n'aviez rien à ajouter, si vous proposiez d'autres manières de regarder les choses.

— Oh, oui, certainement, répondit-il immédiatement. Une autre démarche consiste simplement à réfléchir à la chance que l'on a d'avoir du travail, ce dont tant de gens sont privés. On peut aussi se dire qu'il y a bien d'autres bonnes choses dans la vie, et que l'on est, là aussi, plutôt mieux loti que certains. C'est encore la réalité.

« Nous avons tendance à l'oublier : nous sommes gâtés. Par exemple, aux États-Unis, les possibilités de trouver un emploi sont nombreuses. Et comme il existe aussi une grande liberté, l'initiative personnelle peut faire la différence. Avec l'initiative personnelle, on peut aller de l'avant. Mais de nombreux motifs de mécontentement et d'insatisfaction dans son travail demeurent. Dans d'autres endroits du globe, comme l'Inde ou la Chine, les possibilités sont réduites. Beaucoup de gens ne trouvent pas de travail. Mais j'ai remarqué que, dans ces pays, les individus sont davantage satisfaits de leur activité professionnelle, et aussi plus motivés. De même, on peut réfléchir à la vie plus difficile qu'ont connue les générations précédentes, avec les guerres mondiales et ce qui s'ensuit. Nous avons parfois tendance à oublier cela, mais en y réfléchissant on peut renforcer son sentiment de satisfaction. »

Je ne pouvais qu'être d'accord :

« Vous avez tout à fait raison. J'ai moi-même beaucoup voyagé, et j'ai vu des coolies ou des portefaix ici en Inde, ou des travailleurs saisonniers, de pauvres gens qui travaillent dans les rizières à travers toute l'Asie, ou des nomades dans votre propre pays, qui ont très souvent l'air sincèrement heureux. Cela ne fait pas de doute. Et je dois reconnaître que nous sommes gâtés. Mais mon pays, les États-Unis, a été bâti sur l'initiative personnelle. N'est-il pas normal que l'on ait envie d'avancer, plutôt que d'être juste satisfaits ?

— Oui, Howard, mais il ne faut pas confondre satisfaction et passivité ! Être heureux dans son travail, ce n'est pas se moquer de tout, refuser de grandir, d'apprendre, rester là où l'on se trouve même lorsque la situation est mauvaise, sans faire le moindre effort pour progresser, pour améliorer son sort. Si notre travail ne nous plaît pas, parce qu'il ne correspond peut-être pas à nos qualifications et nos compétences, notre devoir est de faire tout notre possible pour obtenir un meilleur emploi, d'essayer vraiment. Mais si cela ne marche pas, il ne faut pas sombrer dans la colère, la frustration, il ne faut pas penser : « J'ai essayé, mais je n'ai pas été capable de réussir. » Au contraire, il faut se dire : « Eh bien, je l'accepte, je vais garder ce travail. » Il faut savoir être satisfait du travail que l'on a. C'est lorsqu'on échoue que l'on peut, par la pratique du contentement, faire la différence entre la colère, l'aigreur, la frustration, et une attitude plus calme et plus heureuse. C'est ici qu'intervient l'entraînement de votre mental. Ce type de raisonnement peut réduire votre frustration et le trouble dans votre esprit. Donc, contentement. Il faut penser contentement. C'est l'élément clé. »

Tandis qu'il parlait, je me disais que bien des gens pourraient avoir du mal à adopter ce type de raisonnement pour désamorcer leur colère, leur haine et leur jalousie. J'ai alors compris que c'est la raison pour laquelle le Dalaï-Lama répète inlassablement qu'il n'est pas aisé d'entraîner son esprit et de remodeler ses attitudes, qu'il faut des efforts répétés. Et du temps. Pour que ce type de « méditation analytique » fonctionne, on doit réfléchir de manière approfondie aux différentes manières de percevoir sa situation. On doit être intimement convaincu de la vérité absolue de cette nouvelle perspective. Sinon, le risque existe d'utiliser ces lignes de raisonnement comme des rationalisations de mauvaise foi. Ces raisins sont trop verts... Vous vouliez cette promotion et ne l'avez pas eue ? Chaque fibre de votre corps vous dit que le salaire plus élevé, le poste plus important vous auraient rendu plus heureux. Dès lors, comment se convaincre, au-delà de tout doute raisonnable, que cela n'aurait pas été le cas ? Eh bien, en considérant les faits, en se demandant si la précédente promotion vous a rendu tellement plus heureux. Ou en considérant les personnes que l'on connaît à des postes élevés pour voir si elles sont vraiment plus heureuses que les autres. Ou en étudiant les données scientifiques. Dans le cas présent, par exemple, Robert Rice, un chercheur prolifique dans le domaine de la satisfaction professionnelle, a conduit avec ses collègues de l'université de l'État de New York à Buffalo une étude surprenante. Il a découvert que, contrairement à ce que l'on pourrait penser, les gens qui occupent des postes importants ne sont pas plus comblés que les autres. Ce résultat a été reproduit dans toute une série d'études du même type, qui ont toutes montré que la satisfaction dans son travail dépend de la satisfaction dans la vie en général et que, quel que soit le travail que l'on fasse, manuel, intellectuel, prestigieux ou non, il n'a que peu à voir avec le sentiment global de satisfaction.

Il existe une autre raison pour laquelle le processus de remodelage de nos attitudes et perspectives, de nos manières habituelles de percevoir et d'interpréter les situations ou les événements, peut être long et difficile. Il semblerait que bien des gens éprouvent de la difficulté à se passer de leur malheur. J'ai déjà eu l'occasion de le constater dans ma pratique de psychothérapeute. Même si l'on est malheureux comme les pierres, on peut éprouver une sorte de plaisir pervers à se complaire dans l'indignation que l'on ressent lorsqu'on est victime d'injustices. Nous tenons à notre douleur, elle devient une partie de nous, et nous avons du mal à l'abandonner. Après tout, nous sommes habitués à notre manière caractéristique de voir le monde, non ? La perspective d'abandonner nos réactions habituelles, aussi destructrices soient-elles, peut être quelque chose d'effrayant, et cette peur a de profondes racines dans notre inconscient. Il faut ajouter à cela, bien sûr, les bénéfices secondaires que l'on peut tirer du fait de s'agripper à ses rancœurs, ses haines, ses jalousies et son insatisfaction, tout comme nos plaintes constantes servent à susciter de la sympathie et de la compréhension chez autrui. C'est du moins ce que nous pensons, ou que nous espérons. Parfois cela fonctionne, et nos amis ou collègues se joignant à nous avec leur propre catalogue de griefs, nous nous laissons aller à notre petit festival, célébrant les iniquités de la vie et les travers de nos employeurs. Mais assez souvent, bien que nos plaintes soient reçues avec des signes extérieurs de sympathie et de compréhension, elles irritent. Chacun a ses propres problèmes à affronter...

Réfléchissant aux obstacles qui s'opposent à une authentique transformation de notre être et à la manière d'y faire face de manière novatrice, j'avançai :

« Ce sont de bonnes suggestions pratiques, mais cette approche risque de ne pas convenir à tout le monde.

— C'est vrai, admit le Dalaï-Lama, mais le but principal de mes remarques est de faire comprendre aux gens que si vous avez la possibilité de changer votre environnement de travail, vous pouvez tenter de le faire. Mais vous devez aussi d'essayer de comprendre la cause ultime des différents problèmes.

« Ce qui nous ramène une nouvelle fois à l'idée que tout est interconnecté.

« Que vous rencontriez des problèmes dans votre travail, que vous soyez menacé de licenciement, que vous ayez du mal à trouver un emploi, il y a toujours de très nombreux facteurs en jeu. Vous ressentez de l'insatisfaction. Vous souffrez. Mais c'est peut-être la situation économique mondiale ou des problèmes environnementaux qui sont à la racine du mal. Si c'est le cas, il ne sert à rien d'appréhender des choses si personnellement, de vous en prendre à la société, voire de diriger votre colère contre un patron en particulier. Celle-ci pourrait finir par se transformer en haine, laquelle risquerait de devenir incontrôlée. Et même si vous supprimez cette personne, cela ne changera en rien la situation, n'influera en rien sur les problèmes plus vastes.

« Prenez le cas de la communauté tibétaine qui vit en exil ici, en Inde. Certaines personnes sont mécontentes de l'activité du gouvernement tibétain en exil, et s'en plaignent constamment. Mais elles oublient que le gouvernement en exil est exactement cela : un gouvernement en exil. Et, de ce point de vue, la cause ultime du problème est l'invasion et l'occupation du Tibet par la Chine, qui nous a contraints à l'exil. C'est cela, la source du problème. Une fois que l'on se concentre sur la vraie question, cela crée un sentiment d'unité, qui amplifie le sentiment de satisfaction, à l'inverse des divisions et des conflits qui surgissent dès que nous perdons de vue les questions plus générales et commençons à nous disputer.

« Ainsi, dans ce type de situation, la compréhension des causes plus ultimes devrait vous inciter à donner une nouvelle direction à vos pensées au lieu de vous plaindre inlassablement ou de tourner votre colère contre votre patron. Pensez au monde, à l'économie mondiale. Pensez à l'environnement. Considérez les différentes formes d'injustice sociale. Peut-être même contribuerez-vous ainsi, même modestement, à améliorer les choses !

— Mais le plus souvent on ne peut pas faire grand-chose pour résoudre ces problèmes plus généraux !

— C'est vrai, répondit avec force le Dalaï-Lama. Vos efforts auront peu ou pas de résultats, les choses ne changeront peut-être pas énormément. Mais au moins vous transformerez votre énergie mentale, vous lui donnerez une tournure positive au lieu de sombrer dans la colère et la haine. Cette perspective plus large influera sur votre motivation, votre enthousiasme dans le travail s'en trouvera augmenté, et cela pourrait vous inciter à essayer d'obtenir des changements dont votre entreprise bénéficiera. Bien sûr, il faut du temps mais, en attendant, si vous êtes impuissant à changer l'environnement professionnel ou les forces plus vastes qui ont contribué à le forger, il vous faudra peut-être changer ou ajuster votre point de vue. Sinon vous serez toujours malheureux dans votre travail et dans votre vie. »

Notre rencontre touchait à sa fin et, pensant qu'il en avait fini, j'avais commencé à rassembler mes notes, lorsqu'il reprit le fil de son exposé sans détours sur la réalité.

« Écoutez. Les problèmes de la vie ne disparaîtront jamais. Il n'est tout simplement pas possible de traverser l'existence sans rencontrer de difficultés. Aucun événement ne peut vous satisfaire à cent pour cent, non ? Il y a toujours un résidu d'insatisfaction. Plus nous sommes à même de l'accepter, mieux nous parviendrons à faire face aux déceptions que nous réserve la vie.

« Prenez le cas d'une personne qui n'aime que les aliments sucrés, pas les aliments amers. Cette personne aime donc un certain type de fruit, au goût globalement sucré. Mais il se peut aussi que ce fruit soit un tout petit peu amer. Mais elle appréciera pourtant le fruit, en dépit de ce léger arrière-goût. Si elle veut continuer à manger ce fruit avec plaisir, elle devra accepter la petite part d'amertume. On ne peut pas les séparer l'un de l'autre, il y aura toujours le sucré et l'amer. La vie est exactement comme cela. Elle a de bons côtés, mais pose aussi des problèmes que vous n'aimerez pas. C'est comme ça. »

La vie est dure. C'était une conclusion un peu sévère à notre entretien. Et comme si tout avait été prévu pour la souligner, il y eut à ce moment précis un coup de tonnerre, et une averse assourdissante couvrit nos paroles tandis que nous prenions congé l'un de l'autre. Un instant plus tard, l'électricité était coupée, ce qui arrive presque tous les jours en cette saison à Dharamsala. Le Dalaï-Lama eut un petit rire. Son chaleureux sourire et sa jovialité coutumière faisaient un beau contraste avec l'obscurité de la pièce et l'orage qui faisait rage au-dehors. J'avais devant les yeux un homme heureux. Tout en lui semblait dire : une vie heureuse est possible, en dépit des inévitables difficultés. Lui-même avait connu son lot de problèmes, l'invasion de son pays, l'oppression de son peuple, l'exil. Et il continuait à affronter quotidiennement ces difficultés (pour préserver son héritage culturel, pour obtenir la liberté de son peuple, pour les droits de tous les peuples), souvent sans succès. Pourtant, depuis l'âge de six ans, il avait formé son esprit, il avait appris à rester heureux en dépit des problèmes inévitables de la vie. Et cela semblait avoir marché.

Le Dalaï-Lama dit que si nous pouvons changer certaines des conditions externes qui contribuent à notre insatisfaction dans le travail, nous devons le faire. Sinon, bien que cela ne soit pas toujours facile ou rapide, il est constamment possible d'être heureux dans son travail en remodelant, par un entraînement intérieur, son attitude et sa perception de l'extérieur.

2

Le facteur humain

Lors de notre premier entretien, j'avais parlé au Dalaï-Lama de mon amie qui s'était renseignée auprès de moi sur la façon de pratiquer l'art du bonheur dans son travail. Lorsque j'avais demandé à celle-ci quelles difficultés elle rencontrait en particulier, elle m'avait répondu : « Tout est très pénible en ce moment. Mais j'ai surtout des problèmes avec mon patron et certains de mes collègues. Mon patron est bien trop exigeant. Il pense que nous devons rester tard au bureau et faire des heures supplémentaires sans être payés, et il ne montre même pas qu'il est satisfait. Il est brutal et peu respectueux. De plus, je ne supporte pas certaines personnes. J'en suis au point où, chaque jour, je commence à redouter de me rendre à mon travail. »

J'ai souhaité qu'elle énonce précisément les problèmes qu'elle rencontrait avec ses collègues, et elle s'est lancée dans une longue description de conflits de bureau. N'ayant aucune expérience particulière dans son domaine, je ne suivais pas tous les détails, mais j'ai réussi à comprendre qu'un collègue très ambitieux s'était approprié le client de quelqu'un d'autre et avait provoqué ainsi la formation de deux camps hostiles dans son service. J'avais l'impression qu'elle me racontait un épisode du jeu télévisé « Koh-Lanta ».

Presque toutes les enquêtes sur les facteurs de satisfaction ou d'insatisfaction montrent que le climat social est capital. Les principaux spécialistes de ce que l'on appelle la « psychologie positive » – comme James Harter, Frank Schmidt et Corey Keyes – ont mis en évidence dans différentes études sur le bien-être professionnel que l'interaction sociale est un élément crucial. D'autres chercheurs, dont les sociologues Karen Loscocco et Sheila Henderson, ont confirmé que l'atmosphère joue un rôle central dans le sentiment de satisfaction des employés. Outre cet effet positif sur le sentiment de satisfaction, « le soutien social dans le cadre de travail » constitue aussi un facteur important de bien-être.

Il était donc inévitable que, dans nos discussions sur l'art du bonheur, nous nous arrêtions tôt ou tard sur la question des relations personnelles, du facteur humain dans le cadre de travail.

Reprenant notre conversation de la veille, le Dalaï-Lama attaqua : « De nombreux facteurs entrent en jeu dans le rapport entre travail et bonheur. Cela dépend de notre situation, de notre caractère, etc. Mais il ne faut jamais perdre de vue certaines considérations générales, la première étant que le but principal de toutes les activités humaines, qu'il s'agisse du travail ou de toute autre chose, est de profiter aux êtres humains. Reprenons la question : que recherchons-nous dans le travail, quel est son but ? Comme dans toute activité humaine, nous recherchons un sentiment d'accomplissement, de satisfaction et de bonheur, n'est-ce pas ? Et dès que nous parlons de bonheur, les émotions entrent en jeu. Nous devons donc prêter une attention particulière aux relations humaines dans le cadre du travail, à la manière dont nous interagissons les uns avec les autres, et nous efforcer de sauvegarder les valeurs humaines fondamentales, même dans le cadre professionnel.

— Par "valeurs humaines fondamentales", vous voulez dire...

— Tout simplement la bonté humaine de base. Soyez bon, soyez une bonne personne. Traitez les autres chaleureusement, affectueusement, honnêtement et sincèrement. Avec compassion. »

Le Dalaï-Lama resta immobile pendant un moment, comme s'il réfléchissait intensément à ces principes. C'était incroyable. Voici un homme qui passait sa vie à parler de ces valeurs humaines, à répéter inlassablement les mêmes idées et, pourtant, chaque fois qu'il les évoquait à nouveau, c'était comme s'il venait de découvrir ces concepts pour la première fois. Il avait beau avoir dit ces choses un nombre incalculable de fois, l'évocation des valeurs humaines semblait toujours lui procurer le même plaisir intense. Il reprit avec enthousiasme :

« Pour moi, il y a une chose qu'il faut garder par-dessus tout présente à l'esprit dès que l'on parle de valeurs humaines comme la compassion : ce ne sont pas des questions religieuses. La compassion ne constitue pas quelque chose de sacré, pas plus que la colère et la haine ne sont considérées comme profanes dans une perspective religieuse. Ces choses ne sont pas importantes parce que des textes religieux le disent, mais parce que notre bonheur même en dépend. Ces états mentaux, la compassion, l'affection, ont des effets bénéfiques sur notre santé, tant émotionnelle que mentale ou physique, sur notre travail, sur notre vie privée, et ils sont même essentiels pour le bien-être de la société dans son ensemble. Ils existent pour notre bien. Lorsque nous cultivons la compassion, nous en sommes les principaux bénéficiaires. Après tout, les humains sont des animaux sociaux ; nous devons coopérer avec les autres pour survivre. Aussi forte que soit une personne donnée, sans compagnons humains elle ne peut survivre, et sans amis certainement pas vivre une vie heureuse et satisfaisante. Donc, si dans votre travail vous faites preuve de cœur, d'affection, votre esprit sera plus serein. Cela vous donnera de la force et vous permettra aussi de mieux fonctionner mentalement, d'améliorer votre capacité de jugement, de décision, etc. »

Un serviteur vêtu d'une robe marron entra silencieusement dans la pièce et nous servit du thé.

« À un niveau fondamental, nous sommes tous des êtres humains, poursuivit le Dalaï-Lama. Nous avons tous la capacité d'entretenir des relations d'amitié chaleureuses, affectueuses, les uns avec les autres. Donc, si nous parlons du bonheur et du sentiment de satisfaction dans le travail, comme dans toute activité humaine, le facteur humain, la manière dont nous interagissons avec notre entourage, nos collègues, nos clients, notre patron, est d'une importance primordiale. Et je pense que si l'on fait un effort particulier pour cultiver de bonnes relations avec les collègues dans notre travail, si l'on apprend à connaître les autres personnes, si l'on met à contribution ses qualités humaines, alors cela peut faire une différence phénoménale. Quel que soit votre travail, il pourra se révéler une source de satisfaction. Vous aurez envie d'aller travailler, vous y serez plus heureux. Vous vous direz « ah, je vais au travail, je vais voir mes amis ». Le Dalaï-Lama prononça cette dernière phrase d'un ton si enjoué que je pouvais presque l'imaginer arrivant à l'usine, avec sa gamelle à la main, saluant les collègues qu'il croisait. Je ne pus m'empêcher de sourire.

« C'est quelque chose que chacun peut faire par lui-même pour améliorer son vécu, poursuivit le

Dalaï-Lama. Les gens attendent souvent de l'autre qu'il fasse le premier geste, mais je pense que c'est une erreur. C'est comme des personnes qui sont voisines des années durant sans jamais faire connaissance. Vous devez donc prendre l'initiative, même si c'est votre premier jour de travail, et essayer de vous lier d'amitié avec les autres, vous présenter, saluer, demander à vos collègues depuis quand ils travaillent dans l'entreprise, etc. Bien sûr, ils ne seront pas toujours bien disposés à votre égard. »

Il ajouta en riant :

« Moi-même, il m'arrive que des personnes à qui je souris me jettent des regards suspicieux ! »

Puis il reprit :

« Chacun a ses problèmes et ses frustrations, mais il ne faut pas abandonner simplement parce que les gens ne réagissent pas. Essayez pendant une semaine, un mois. Vous verrez, ils finiront par réagir. Certes, il est sans doute plus facile de laisser tomber. Par exemple, il m'arrive parfois de me trouver dans un hôtel ou un autre endroit et de sourire à quelqu'un qui continue de m'ignorer. Si les gens persistaient dans une telle attitude, je ferais comme eux et les ignorerais, glousssa-t-il. Je suppose que c'est la nature humaine. Mais cela montre comment une personne peut influer sur l'attitude d'une autre personne, ce qui implique que même une seule personne peut faire une grande différence. Une personne peut en effet suffire à changer l'ambiance d'un bureau. Il existe des équipes au sein desquelles les relations sont très tendues parce que les individus ne s'entendent pas, et puis arrive un nouvel employé, quelqu'un de chaleureux et d'amical. Après un moment l'humeur, l'attitude du groupe dans son ensemble changera pour le mieux. De la même manière, il se produit parfois exactement l'inverse : des gens s'entendent bien puis arrive quelqu'un qui crée des problèmes, et cela finit par exercer un effet sur les autres, voire altérer l'ambiance de travail. Dans ce cas, quelqu'un dans un poste subalterne pourra avoir sur son entourage immédiat plus d'impact que le chef de service.

« À ce propos, je connais des Tibétains qui se sont installés en Suisse, où ils ont travaillé en usine. Sans même parler la langue, ils ont réussi à se faire des amis, juste en souriant, en accomplissant leur travail honnêtement et en montrant par des moyens non verbaux qu'ils faisaient de leur mieux. Il y avait ce Tibétain qui mangeait à la cantine, où en général les salariés restaient entre eux ou formaient de petits clans. Un jour, il a décidé d'offrir le déjeuner à un groupe de ses collègues. Avant ce geste, ces gens n'auraient pas offert le déjeuner à quelqu'un qu'ils ne connaissaient pas très bien, mais cela ne l'a pas arrêté. Puis, le lendemain, une autre personne a offert le déjeuner à tout le monde, pour rendre la pareille. Puis d'autres ont commencé et bientôt chaque jour une personne différente offrait le déjeuner, et ils ont fini par tous se rapprocher. »

Une fois, j'ai entendu le Dalaï-Lama dire que nous pouvions utiliser nos vies comme une sorte de laboratoire pour expérimenter les principes qu'il ne cesse d'évoquer, et vérifier ainsi par nous-mêmes la véracité de ses assertions. Réfléchissant à ses idées sur le travail et le bonheur alors que je me rendais un jour au supermarché, je me suis amusé à faire comme si j'étais un chercheur en train de préparer une expérience. Voici quelles en étaient les conditions contrôlées : une demi-douzaine de rayons, les mêmes rayons avec les mêmes exemplaires des mêmes magazines, les mêmes tiroirs-caisses, et les mêmes linéaires de chewing-gums et lames de rasoir. La variable expérimentale : le facteur humain – un être humain différent derrière chaque caisse enregistreuse.

Dans mon supermarché, je connais deux caissières qui sont là depuis un bon moment. J'ai eu affaire à chacune d'elles d'innombrables fois. Jane est une femme d'une cinquantaine d'années. Elle est très efficace et consciencieuse, mais elle ne parle pour ainsi dire jamais, se contentant de réclamer dans son micro un prix de temps à autre. Chaque fois que je tombe sur elle, elle affiche une expression légèrement morose, presque boudeuse. Dorothy, de l'autre côté, qui approche la soixantaine, ne saurait être plus différente. Elle est toujours à papoter avec les clients, toujours souriante et serviable. Elle leur demande comment ils vont, et elle se souvient d'eux – elle se rappelle même ce qu'ils ont acheté la dernière fois ! C'est un véritable plaisir de l'écouter. Vous pouvez faire la queue devant sa caisse pendant que la personne devant vous déballe les cent trente-sept articles de son caddy, sort un paquet de bons de réduction et prend tout son temps pour remplir le chèque, cela ne vous dérangera pas. Enfin, disons que cela vous dérangera moins. Dorothy s'intéresse aussi bien à la nourriture qu'aux clients, et commente souvent en direct leurs choix, échangeant des tuyaux à mesure qu'elle tape les prix. « Oh, je n'ai pas encore essayé cette nouvelle marque de pizza surgelée. Elle est bonne ? » « Oh, je vois que vous avez encore acheté des Twinkies. J'ai un conseil à vous donner, achetez la pâte brisée Betty Crocker avec le pudding incorporé, et découpez les morceaux en fines lamelles, puis recouvrez de crème fraîche : c'est le septième ciel ! » (Et c'est vrai, j'ai essayé.) Elle me frappe toujours, comme quelqu'un qui aime sincèrement son travail.

Les attitudes différentes de Dorothy et Jane illustrent non seulement l'impact de votre attitude sur votre satisfaction ou insatisfaction, mais aussi comment une seule personne suffit à établir la différence pour les gens autour d'elle. Il y a peu, j'avais fait des courses importantes et avais donc rempli deux caddies. L'un des employés du supermarché s'était proposé pour m'aider à pousser un des caddies jusqu'à ma voiture, et nous avons discuté en chargeant les provisions dans le coffre. J'avais déjà remarqué que Dorothy considérait les préposés aux sacs avec respect, et certains des jeunes étudiants la traitaient comme leur mère. Pendant que nous chargions ma voiture, le jeune homme me confia qu'il préférait vraiment travailler les jours où Dorothy était de service, et il ajouta : « Je ne suis pas le seul. Lorsque Dorothy est là, tout le monde semble être de meilleure humeur, y compris le gérant. Je ne sais pas bien pourquoi, mais ces jours-là tout semble aller mieux. »

L'importance capitale du facteur humain dans le travail s'applique à tous les contextes, qu'il s'agisse d'un supermarché ou de la Bourse, d'un conseil d'administration ou d'un entrepôt. Quel que soit notre lieu de travail, nous devons trouver le moyen de bien nous entendre avec les gens qui nous entourent.

« Certaines personnes travaillent dans un environnement vraiment tendu et ne s'entendent pas forcément avec leurs collègues. Dans cette situation, avez-vous des idées sur la façon d'améliorer les choses ? l'ai-je interrogé.

— Cela dépend de la personne, de sa capacité et de sa volonté à maîtriser ses émotions comme la colère, la jalousie, etc. Nous devrions faire de notre mieux pour accepter la responsabilité de nos propres émotions, pratiquer la tolérance et essayer de réduire la jalousie, par exemple, mais bien évidemment ce n'est pas toujours facile et on y parvient plus ou moins bien.

« D'un point de vue plus général, on peut commencer par reconnaître que nous sommes tous interdépendants, que nous dépendons tous les uns des autres pour notre subsistance. C'est un bon point de départ. Plus notre compréhension de cette réalité sera profonde, plus notre désir de travailler en coopérant avec les autres sera grand. Parfois, nous avons comme un sentiment d'être séparés des autres, indépendants. Nous adhérons à l'idée que l'on gagne son propre argent, que l'on subvient à ses propres besoins. Alors, qui a besoin des autres ? Lorsqu'on est jeune et en bonne santé, cette tendance à penser qu'on peut se débrouiller tout seul, qu'on n'a pas besoin de se soucier des autres, est encore plus forte. Mais quel que soit notre travail, il y a toujours bien d'autres collègues qui contribuent à leur façon au fonctionnement de l'entreprise dont nous dépendons pour notre subsistance. Sans eux, en écartant nos clients, nos fournisseurs et tant d'autres sans qui notre survie serait impossible, elle n'existerait tout simplement pas.

— À moins bien sûr que nous ne travaillions seuls dans notre sous-sol, si nous sommes des faux-monnayeurs en train de fabriquer notre propre argent ! ai-je plaisanté. »

Le Dalaï-Lama rit poliment de mon faible sens de l'humour et poursuivit : « En fait, dans le contexte du travail, qui est ce dont nous parlons en ce moment, si l'on vise à mieux s'entendre avec notre entourage, la chose la plus importante est de reconnaître notre interconnexion, notre interdépendance. Voilà le facteur essentiel. Avoir une compréhension claire de cette réalité. Cette conscience nous dispose mieux à travailler avec les autres, quels que soient les sentiments que l'on ait à leur égard. À ce niveau, lorsqu'il s'agit de travailler en équipe, la compassion et l'empathie ne sont même pas nécessaires. Mais si vous voulez renforcer, améliorer la relation, si vous voulez atteindre des niveaux plus profonds et bien plus satisfaisants, alors la compassion et l'empathie sont nécessaires. Vous comprenez ?

— Oui, acquiesçai-je.

— Donc, pour revenir à votre question, si l'on se trouve confronté à des collègues hostiles ou des patrons très durs, il peut être utile d'adopter une perspective plus large, de réaliser que le comportement d'untel n'a rien à voir avec moi, qu'il est peut-être dû à d'autres facteurs, et qu'il ne faut donc pas trop le prendre pour soi. L'hostilité n'a peut-être rien à voir avec vous. On a parfois tendance à oublier ces vérités élémentaires.

« Et je me dois d'ajouter que, s'agissant de cultiver un sentiment de compassion plus profond pour les autres, celui-ci ne doit pas être biaisé ; idéalement, il doit s'adresser à tous de même manière identique. C'est cela, la véritable compassion, la compassion universelle. Les gens pensent souvent que la compassion est quelque chose que l'on éprouve pour ceux qui vivent une situation plus difficile que la nôtre, qu'ils soient pauvres ou dans une passe difficile. Bien sûr, dans un tel contexte, la compassion est une réaction tout à fait appropriée. Si quelqu'un est plus riche ou plus célèbre que nous, nous pensons qu'il n'est pas un objet approprié de compassion. Notre compassion s'assèche, et elle peut se changer en jalousie. Mais si vous regardez plus loin, les individus, quelle que soit leur fortune ou leur renommée, sont des êtres humains comme vous et moi, sujets aux changements de la vie de l'âge, de la vieillesse, de la perte, etc.

« Même si ce n'est pas apparent, tôt ou tard ils connaîtront la souffrance. Ils méritent la compassion pour cette raison, pour le simple fait que ce sont des êtres humains. Cela a un rapport direct avec la question du travail. Du fait que les gens sont souvent en conflit avec leurs supérieurs, leurs patrons, leurs collègues, vous pouvez ressentir de la jalousie, de la peur ou de l'hostilité à leur égard, alors que vous devez vous efforcer de penser à eux comme des êtres humains, dignes de votre compassion comme n'importe qui d'autre.

« Ce qui m'amène à la dernière démarche pour faire face aux situations éprouvantes et difficiles dans le travail. Tout dépend exclusivement de notre point de vue fondamental et de notre orientation, ainsi que des intérêts personnels de l'individu. Certaines personnes, qui ont un intérêt particulier pour la spiritualité, sont des gens qui essayent de former leur esprit, de cultiver des valeurs spirituelles comme la compassion, la patience, la tolérance et le pardon. Pour ces derniers, ces situations deviendront des éléments de leur pratique spirituelle, et ils percevront les situations de conflit comme autant d'occasions pour mettre en pratique ces merveilleuses qualités humaines. Pouvoir aussi utiliser son travail comme un lieu de pratique spirituelle est quelque chose de merveilleux. Comme je le dis souvent, pratiquer la patience et la tolérance ne veut pas dire que l'on doit passivement permettre à soi-même ou à d'autres d'être blessés, et dans de tels cas il faut prendre les contre-mesures appropriées. Cela a à voir avec vos propres réactions internes et aux conflits dans votre travail, ou aux situations qui peuvent provoquer des émotions comme la colère, la haine ou la jalousie. Cette approche est tout à fait praticable. Je connais moi-même de nombreux Tibétains qui ont été emprisonnés pendant de longues années, battus, affamés et torturés par les Chinois. Et pourtant, même dans ces conditions extrêmes, ils ont su utiliser, et parfois même renforcer, leurs pratiques spirituelles, tout en préservant leur compassion, y compris à l'égard de leurs geôliers.

« Il y avait ce vieux moine, par exemple, qui avait passé des années en prison. Un groupe de ses étudiants étaient enfermés au même endroit que lui. Un jour, j'ai rencontré un moine qui était l'un d'entre eux. Il m'a raconté que tout le monde était maltraité, mais que c'était particulièrement pénible lorsque leur maître était battu sous leurs yeux. Ils se mettaient en colère. Mais lui leur conseillait de ne pas se laisser submerger par la haine, il leur expliquait que c'était en fait une opportunité de développement intérieur. Il leur parlait de l'importance de préserver la compassion, même envers leurs geôliers, qui semaient par leurs mauvaises actions les graines de leur propre souffrance future. »

Le Dalaï-Lama consulta sa montre et s'aperçut qu'il était temps d'arrêter. Il se mit soudain à rire de bon cœur.

« Je parle de toutes ces choses, mais si je travaillais pour une société et si je me retrouvais dans ce type de situation pénible avec des collègues ou un patron, je me demande jusqu'où je pourrais suivre mes propres conseils ! Je commencerais peut-être à m'énerver, à hurler, je jetterais peut-être les meubles par la fenêtre ! Je me ferais licencier ! Et si nous tirons un livre de ces discussions, un jour un de nos lecteurs pourrait venir me voir et me dire : "Je vis une situation très difficile dans mon travail, mais vous avez l'air de savoir ce qu'il faut faire. Pourquoi ne prenez-vous pas ma place pour une semaine ? Vous verrez ce que c'est ! Enfin, merci de toute façon, Howard. Bonne nuit."

— Bonne nuit. Dormez bien. À demain. »

3
L'argent

L'après-midi suivant nous avons repris notre discussion sur les grands motifs d'insatisfaction dans la vie professionnelle. La veille, nous étions tombés d'accord pour dire qu'un climat délétère peut transformer tout travail en cauchemar. Pourtant, selon un sondage de l'institut Gallup, les Américains semblent plus satisfaits des aspects sociaux de leur travail que de la reconnaissance qu'on leur accorde. Pour bien des gens, le salaire est une mesure objective de la valeur que leur accorde leur employeur, mais, dans notre société, le niveau de rémunération représente en fait bien plus que cela. Il est aussi intimement lié à l'idée que l'on se fait de soi-même, à notre valeur telle que nous la percevons.

Comme l'expliquait un ancien courtier en Bourse reconnu dans sa profession, aujourd'hui retiré des affaires : « Pendant trente ans, j'étais tout en haut de l'échelle. Certains jours je faisais gagner des millions de dollars à mes clients, et je gagnais moi-même des dizaines de milliers de dollars. Mais le problème, bien sûr, c'est que d'autres jours j'en perdais autant. Pendant trente ans j'ai fait le yo-yo, pendant les périodes où je "gagnais", je planais. Je me sentais infaillible, et mes clients me couvraient de louanges. Je ne pouvais qu'être d'accord, bien évidemment, je méritais tous leurs compliments. J'avais l'impression d'être le type le plus intelligent de la planète. Je me montrais alors impatient, critique et intolérant avec les autres. Mais, à d'autres moments, les moments difficiles, quand les gens perdaient de l'argent, je sombrais souvent dans une dépression profonde. J'avais honte, et il m'arrivait de rester chez moi à boire, ce qui n'arrangeait rien. J'avais le sentiment d'être un raté, un idiot, et je n'avais même pas le courage d'affronter mes clients. Une fois ou deux j'en suis même arrivé au point de songer au suicide. »

En général, le rapport entre ce que l'on gagne et l'estime de soi est moins dramatique que pour cet homme. Mais son histoire illustre un principe important. Si on choisit un signe extérieur, salaire, succès, réputation, en tant que mesure de sa valeur intérieure, tôt ou tard on sera ébranlé par les changements inévitables de l'existence. Après tout, l'argent, ça va, ça vient, et c'est donc une source instable d'estime de soi, un fondement peu fiable sur lequel bâtir une identité.

Néanmoins, selon les sociologues, un tiers environ des salariés américains considèrent que le but principal de leur activité professionnelle est de gagner de l'argent, la nature du travail étant une considération secondaire. Ces gens seront particulièrement sujets à de forts sentiments de rancœur et d'insatisfaction s'ils sentent qu'ils ne sont pas justement récompensés pour leurs efforts.

Il était inévitable que nous abordions la question de l'argent avec le Dalaï-Lama, et j'étais curieux de savoir ce qu'il aurait à en dire.

« J'aimerais que nous parlions de l'argent, ai-je attaqué. C'est un vaste sujet, et il existe plusieurs angles d'attaque, mais puisque nous dissertons sur le travail, j'aimerais savoir ce que vous pensez de l'argent en tant que sa principale motivation.

— Je suis bien conscient que pour bien des gens le but de leur travail est simplement de gagner de l'argent. Il n'y a rien de mal à cela. Pour survivre dans une société industrielle moderne, chacun doit gagner sa vie, et il est très réaliste de considérer que le travail est avant tout un moyen de subsistance. Si vous avez une famille, surtout de jeunes enfants, vous devez subvenir à leurs besoins par votre travail, qui revêt alors une certaine noblesse. Les problèmes commencent lorsque gagner de l'argent devient un but en soi. On perd alors de vue la raison même pour laquelle nous devons en gagner : avoir les moyens d'accomplir quelque chose. En soi, l'argent n'est qu'un bout de papier sans grande valeur. C'est nous, la société, qui lui attribuons de la valeur. Sa valeur réelle, c'est le coût du papier sur lequel il est imprimé. Cela a peut-être l'air idiot, mais je pense qu'il est important de rappeler ce fait élémentaire de temps à autre.

« Le problème avec l'appât du gain, c'est que l'on devient les victimes d'une insatiable avidité. Nous devenons les esclaves de l'argent. J'ai des amis – je pense vous en avoir déjà parlé dans le passé – qui courent de droite à gauche, qui font le tour du monde à la recherche de chaque fois plus d'argent. Je me moque de leur asservissement à l'argent. Si cette activité les rend heureux et leur fournit le sentiment de satisfaction qu'ils cherchent dans la vie, alors tout cela a peut-être un sens. Mais ce n'est pas le cas. En fait, le véritable problème est que nous ne sommes jamais satisfaits de rien. À moins de devenir l'une des personnes les plus riches au monde, ce qui en tout état de cause est extrêmement peu probable, il y aura toujours quelqu'un qui aura beaucoup plus d'argent que vous. Vous serez toujours insatisfait. Si vous gagnez un million, vous voudrez dix millions, et quand vous en aurez dix, vous en voudrez cent. Donc, à moins d'apprendre à dire : "Cela me suffit", on ne peut jamais être vraiment satisfait. C'est comme un jeu où l'on changerait constamment la position des buts, ce qui interdit de jamais gagner.

— C'est peut-être vrai, mais certaines personnes cherchent à faire de l'argent, non pour l'argent en soi, ni pour les choses qu'il permet d'acheter, mais pour le pouvoir qu'il donne. Leur motivation, c'est le pouvoir. »

Le Dalaï-Lama secoua la tête :

« Je pense que le véritable pouvoir tient au respect que les gens ont pour vous. Le véritable pouvoir dépend de votre capacité à influencer le cœur et l'esprit d'autrui. Gandhi, par exemple, avait un véritable pouvoir qui n'était pas fondé sur l'argent. Le pouvoir que confère l'argent est artificiel, superficiel, et il ne dure pas. On respecte votre argent, on ne vous respecte pas vous ; donc, le jour où vous n'avez plus d'argent, pouvoir et respect s'évanouissent. C'est comme le pouvoir que vous donne le fait de tenir une arme ; dès que vous posez le pistolet, il n'y a plus ni pouvoir ni respect pour la personne qui le tenait. »

Poussant les choses un peu plus loin, j'ajoutai :

« Je pense que, au fond d'eux-mêmes, les gens se disent que plus ils seront riches, plus ils seront libres. Ils auront la liberté d'aller où bon leur semble, ils auront la liberté de faire ce qu'ils voudront. Les gens pensent que les milliardaires jouissent d'une liberté totale. Ils font ce qu'ils veulent, ils vont où ils veulent.

— La liberté est un vaste sujet, me rappela-t-il. Mais, dans ce cas, il s'agit de liberté dans un contexte très limité. Et dans ce contexte limité, oui, en effet, il existe un certain degré de liberté. Par exemple, on est libéré du souci de devoir obtenir de l'argent, de trouver de la nourriture, de s'habiller, de se loger.

Il y a un certain sentiment de liberté. Si un individu ou une famille doivent lutter pour leur survie au jour le jour, alors on aura forcément tendance à penser que l'amélioration de leur situation financière entraînerait forcément l'amélioration de tout le reste, puisque c'est cela qui les occupe le plus.

« Les gens ont donc besoin d'une certaine quantité d'argent. L'argent peut être utile, il permet d'acheter de la nourriture, des médicaments, y compris de s'acheter un logement ou de s'offrir des vacances. D'accord. Et si on a plus d'argent qu'il n'en faut, on peut l'utiliser pour aider les autres. C'est très bien.

« Il existe une autre raison pour laquelle l'argent peut faire une différence. À la base de ce que j'estime être les valeurs humaines fondamentales on trouve un intérêt pour les autres. Si quelqu'un est démuni, terriblement pauvre, alors la mise en œuvre des valeurs humaines lui sera difficile. Il est parfois difficile d'avoir de la considération pour autrui lorsque vous peinez à assurer votre subsistance. Par exemple, il est important de protéger l'environnement, mais quelqu'un qui a faim pourra abattre des arbres ou creuser le sol pour manger. Cette personne doit penser en premier aux besoins immédiats de son estomac avant de s'inquiéter pour l'environnement.

« Mais il s'agit de nos valeurs fondamentales, de nos attitudes envers l'argent, pas de l'argent en tant que simple moyen de subvenir à ses besoins fondamentaux, comme la nourriture et le logement. Vous évoquez les gens qui estiment que l'argent est un moyen d'atteindre la liberté. Or, pour bien des gens, il existe une sorte de postulat de départ que l'argent permet de résoudre tous nos problèmes. Et même parmi les Tibétains, même parmi des gens qui ont été exposés à l'idée de la spiritualité et du bouddhadrhama, il existe parfois une tendance à croire que si vous allez aux

États-Unis et gagnez beaucoup d'argent, alors tout ira bien. En fait, il existe une expression en tibétain pour l'argent, qui est *kunga dbondup*. Littéralement, cela veut dire « ce qui rend tout le monde heureux et réalise tous les souhaits ». De toute évidence, faire une telle supposition est dangereux. En Occident, cela se comprend peut-être d'un point de vue historique parce que, dans bien des pays, les sociétés ont émergé d'un état de grand dénuement économique, et donc la société dans son ensemble était tournée vers le développement économique. Il y avait cette idée qu'un développement économique réussi réglait les problèmes de la société. Mais même lorsque les conditions se sont améliorées ce mode de raisonnement est resté. Et je pense que cela était dû au fait que l'on a négligé le développement simultané des valeurs intérieures. Ou bien on pourrait dire que ce mode de pensée est une conséquence ou un effet secondaire de l'incapacité à reconnaître les valeurs du potentiel intérieur, comme la compassion, la tolérance, l'affection. »

Le Dalaï-Lama poursuivit :

« Mais, Howard, vous qui venez des États-Unis, vous connaissez mieux que moi les attitudes américaines. Dans votre société, les gens aisés que vous avez rencontrés vous donnent-ils l'impression qu'ils sont très satisfaits, ou bien ont-ils le sentiment qu'il leur manque encore quelque chose, qu'ils ont besoin d'autre chose que de la richesse ? Que pense la majorité ?

— Une fois qu'ils sont devenus riches ?

— Oui.

— Eh bien, j'ai moi-même rencontré un certain nombre de gens qui possèdent des centaines de millions de dollars, et je connais au moins un milliardaire. Et j'ai le sentiment que le fait d'être riche ne modifie pas radicalement leur état de bonheur au quotidien. Pourtant, j'en connais certains qui aiment vraiment avoir beaucoup d'argent, pour acheter des œuvres d'art, par exemple, et ils en tirent une immense satisfaction. Mais je pense surtout que les gens riches qui sont heureux ne sont pas foncièrement différents des gens pauvres qui sont heureux : s'ils donnent aux œuvres de charité, s'ils ont de vrais amis, une belle famille, ils sont heureux. Sinon, ils ne le sont pas. C'est aussi simple que cela – du moins est-ce mon impression. Mais selon moi les données scientifiques, les études, les recherches et les enquêtes réalisées par des sociologues sont plus importantes que mes impressions, tirées de ma fréquentation de quelques personnes très riches.

« Au cours des conversations qui ont conduit à notre premier livre, nous avons très brièvement abordé la question de l'argent. Comme vous vous en souvenez, je mentionnais certaines études qui semblent montrer qu'au-delà d'un certain point, du moins lorsqu'on est au-dessus du seuil de pauvreté, une fois que nos besoins fondamentaux sont satisfaits, le fait d'avoir plus d'argent ne rend pas plus heureux. Il n'existe pas de rapport direct entre les deux. Par exemple, j'ai lu dans le *New York Times* que les revenus des gens ont augmenté de seize pour cent au cours des trente dernières années aux États-Unis, mais le pourcentage des Américains qui se décrivent comme étant "très heureux" a chuté en fait de trente-six à vingt-neuf pour cent pendant la même période. »

Le Dalaï-Lama hocha pensivement la tête pendant que je poursuivais.

« L'autre jour j'ai cité une étude selon laquelle la satisfaction dans le travail est en chute libre depuis quelques années. L'aggravation de ce sentiment concerne essentiellement les gens aux revenus les plus élevés. Hélas, ces résultats scientifiques, et même la sagesse populaire selon laquelle l'argent ne fait pas le bonheur, ne semble pas avoir vraiment influencé le point de vue de la société en général. Le sentiment selon lequel plus on a d'argent, plus on est heureux, semble persister.

« Ceci me conduit à poser une autre question : comment feriez-vous pour amener quelqu'un qui ne s'intéresse qu'à l'argent à réaliser que l'argent ne signifie pas le bonheur, à apprécier les valeurs intérieures dont vous dites qu'elles sont la source du véritable bonheur ? »

Il me répondit très doucement, comme s'il se parlait à lui-même :

« C'est très difficile d'expliquer cela aux gens qui n'ont tout simplement aucune idée de l'importance des valeurs intérieures, qui ne sont même pas sensibles à cette idée.

— Mais que diriez-vous quand même à quelqu'un dont la motivation principale dans son travail serait l'enrichissement, alors même qu'il aurait déjà de quoi vivre ?

— Je pense que je commencerais par évoquer les résultats scientifiques dont vous parlez, car ils montrent qu'une grande richesse ne conduit pas automatiquement au bonheur. Bien sûr, chacun est juge de l'argent dont il a besoin, mais si la personne en question était très riche, je pourrais lui expliquer comment le partage rend heureux – plus d'amis, meilleure réputation, et même moins de regrets à l'heure de la mort, lorsqu'on peut se dire : "J'ai au moins utilisé mon argent pour aider les autres."

Le Dalaï-Lama réfléchit encore un moment.

« Je pourrais aussi suggérer à la personne de s'arrêter un instant et de réfléchir au processus de création de la richesse. Si elle pense que l'argent, c'est le bonheur, alors elle se trouve engagée dans ce cycle continu de création de richesses, même après être devenue riche. Elle continue à poursuivre cette chimère.

Elle est encore plus impliquée. Elle en veut encore plus. Plus elle s'enrichira, plus les problèmes auxquels elle est vulnérable deviendront nombreux. C'est inévitable. Donc, elle n'atteindra pas le bonheur et la liberté qu'elle recherchait. Bien au contraire. Elle sera devenue esclave de l'argent, et même plus qu'avant, et si on n'a pas examiné les hypothèses sous-jacentes sur ce que l'argent peut véritablement vous donner, alors j'ai constaté que, quel que soit votre salaire, on continue à penser dans un coin de sa tête que l'on ne gagne pas assez, parce que plus on gagne de l'argent, plus le train de vie est luxueux et coûteux. Deux grandes manières permettent de résoudre ce problème. La première est de gagner plus d'argent, mais comme je viens de le dire, on peut douter de l'efficacité de cette méthode. La seconde est de réduire ses dépenses, de choisir d'avoir des désirs plus modestes. Il faut prendre le temps de se demander : "Que suis-je en train de faire ? Pourquoi fais-je cela ?" puis analyser si on a vraiment besoin de tout cet argent, si ces activités sont vraiment bénéfiques. Le simple fait de prendre le temps de réfléchir peut, à mon sens, avoir un impact.

« Je pense donc que le problème essentiel est de se demander : au fond, quelle est ma conception de l'existence ? Si votre hypothèse de départ est que le bonheur vient de l'extérieur, par la création de richesse, alors vous ne ferez que perpétuer le cycle. Si votre conception est que l'argent est certes important mais qu'il existe d'autres facteurs au moins sinon plus importants pour notre sentiment de bien-être, alors je pense que votre vie sera plus heureuse.

— Vous pensez que ce serait un argument convaincant, suffisant pour faire changer d'avis quelqu'un ?

— Ça, c'est difficile à dire ! répondit le Dalaï-Lama en riant. Même le Bouddha n'a pas réussi à convaincre tout le monde. »

Le moment était venu de faire notre pause habituelle, et pendant que nous buvions notre thé, un des collaborateurs du Dalaï-Lama est entré pour lui remettre un message. J'en ai profité pour réfléchir à ce qu'il venait de dire. Comme tant d'autres dans notre société de consommation, je prends rarement le temps de réfléchir à mes hypothèses sous-jacentes et à mes croyances à propos de l'argent et du bonheur qu'il est censé apporter. Je n'ai pas eu besoin de procéder à une analyse très approfondie pour percevoir la validité de son point de vue. De nombreux cas de personnes dont la poursuite interminable de la richesse ne faisait qu'ajouter de la complexité à leur existence me sont aussitôt venus à l'esprit, l'un d'entre eux étant particulièrement éloquent à mes yeux. Ce couple d'amis exerçaient des professions libérales, vivaient heureux et gagnaient très bien leur vie, jusqu'au jour où l'augmentation de leurs revenus leur a finalement permis de s'acheter la maison de leurs rêves sur une plage. Ils avaient hâte de pouvoir savourer leur *piña colada* en contemplant les couchers de soleil. Mais leur enthousiasme s'est un peu refroidi lorsqu'ils se sont trouvés pris dans de longues négociations, de la paperasserie à n'en plus finir pour obtenir les crédits dont ils avaient besoin. La transaction conclue, il y eut les travaux de rénovation, puis les inévitables disputes avec le maître d'œuvre en raison des dépassements de budget et de délais, puis la décoration intérieure, bien plus coûteuse qu'ils ne l'avaient imaginé. À ce moment, leur excitation avait considérablement baissé. Lorsqu'ils ont enfin pu profiter de leur havre de paix pendant quelques week-ends, mais après les premières pluies, ils ont découvert que les fondations de la maison étaient défectueuses, ce qui provoqua une grave inondation. Je les avais croisés quelque temps plus tôt et leur avais demandé s'ils étaient heureux dans leur nouvelle maison. « C'est une belle maison, et nous sommes ravis quand nous pouvons y aller. Malheureusement, cela arrive moins souvent que nous ne le souhaiterions, et le remboursement du prêt, les frais d'entretien pèsent lourdement sur nos finances, ce qui nous oblige à travailler davantage pour payer tout cela, et nous avons moins de temps pour en profiter. »

La pause prit fin, et le Dalaï-Lama poursuivit sa ligne de pensée :

« Donc, en dernière analyse, même s'il s'agit de quelqu'un qui gagne de l'argent pour le plaisir de gagner de l'argent, quelque part au fond de son esprit on trouve la croyance que cela va suffire à le rendre plus heureux. La motivation finale reste d'accroître son bonheur. Mais, si c'est le cas, en devenant l'esclave de son argent et de son avidité on détruit le but même que l'on s'est fixé. Au lieu d'accroître son bonheur, on aboutit à une souffrance perpétuelle – la souffrance des envies toujours inassouvies. En revanche, l'individu qui ne perd jamais de vue le but de ce qu'il gagne et qui sait garder un rapport sain avec l'argent sera peut-être moins riche mais jouira d'un plus grand sentiment de bien-être. Donc, ironiquement, une telle personne sera peut-être plus pauvre en termes de richesse matérielle réelle, mais en fait plus riche car elle retirera de l'argent et de la fortune leur véritable valeur. »

Je ne pouvais m'empêcher de comparer mentalement le style de vie luxueux, avec belles voitures et élégantes résidences d'été, de certaines de mes connaissances, et la vie frugale des moines et des nonnes bouddhistes à Dharamsala. À ce sujet, je demandai : « Vous évoquez souvent le concept bouddhiste de la bonne vie, et j'imagine que nous allons y revenir. Existe-t-il aussi une vision bouddhiste de l'argent ?

— La notion bouddhiste de la bonne vie ne comporte aucun jugement moral sur une vie de confort ou de luxe, ni sur l'argent que l'on gagne. Bien sûr, si l'on parle d'un moine ou d'une nonne, il existe certaines restrictions qui découlent des vœux monastiques interdisant à l'individu de mener une vie de confort ou de luxe. Par exemple, un moine n'a pas le droit de posséder deux robes. Il existe donc certaines contraintes, mais si l'individu n'est pas un moine, si quelqu'un a eu beaucoup de chance et jouit d'une grande richesse matérielle, dans la conception bouddhiste cela est le fruit de son karma. La « bonne vie » ce n'est pas la simplicité opposée au luxe.

« Parmi les disciples du Bouddha, il y avait des membres de l'aristocratie de divers royaumes. Le point de vue bouddhiste sur la richesse renvoie davantage à l'état mental de l'individu qui dispose de cette richesse. On insiste beaucoup sur le fait qu'il faut entraîner son esprit pour ne pas succomber à l'avidité ou à l'avarice, pour transcender tout sentiment de possession. Quant à la richesse elle-même, certains textes disent explicitement que pour un bodhisattva[1], la possession d'une simple pièce de monnaie serait un péché, quelque chose de contraire à l'éthique, dans la mesure où ce serait le signe d'un attachement. Mais si le bodhisattva est libre d'y être attaché ou non, alors même la possession d'une grande richesse matérielle n'est pas forcément incompatible avec l'idéal. Cela semble indiquer que c'est l'état d'esprit et les moyens par lesquels on crée sa richesse qui sont plus importants.

« Lorsqu'on considère les textes bouddhistes, les aspects de l'existence humaine comme la richesse matérielle et ainsi de suite ne sont pas laissés de côté. Sur cette question, on trouve dans un des textes de Nagarjuna une discussion sur les quatre quêtes

1. Un bodhisattva est une personne qui s'est engagée à devenir éveillée de façon à pouvoir mieux aider tous les êtres.

humaines légitimes, les deux buts et les deux moyens de les atteindre. Le premier but est l'accomplissement matériel et le moyen d'y parvenir est la création de la richesse, ce qui aujourd'hui inclurait l'accumulation de tout-puissants dollars américains. Le second but est la libération, et le moyen de l'atteindre est la pratique spirituelle. Tel est donc le point de vue bouddhiste. »

La position du Dalaï-Lama était claire. Ce n'est pas la quantité d'argent qui compte, mais l'attitude à son égard. Comme toujours dès qu'il s'agit de bonheur, nos ressources intérieures jouent un rôle bien plus important que nos ressources matérielles, sauf bien évidemment lorsque l'on vit dans la misère la plus abjecte.

Nous avions parlé des « esclaves de l'argent », ceux pour qui il est la principale motivation, et ils sont nombreux. Mais certains indices laissent entrevoir un changement. Dans un ouvrage récent, Martin Seligmann, l'une des principales figures de l'étude du bonheur humain et de la nouvelle « psychologie positive », écrit : « Notre économie est en train de passer du statut d'une économie d'argent à une économie de la satisfaction. » Selon lui, pour de nombreuses personnes, la satisfaction personnelle est en train de prendre rapidement le pas sur les récompenses financières en tant que facteur déterminant dans le choix d'un travail. Par exemple, alors que le droit est aujourd'hui la profession la plus lucrative aux États-Unis, l'argent ne suffit plus à attirer les gens vers ce secteur. En fait, les grands cabinets new-yorkais dépensent aujourd'hui plus d'argent pour conserver leurs collaborateurs que pour en recruter de nouveaux, tant sont nombreux les avocats qui délaissent le droit pour d'autres métiers, moins bien payés mais plus satisfaisants.

J'ai récemment été le témoin d'un exemple surprenant de ce changement d'attitude. Il y a quelques mois, j'étais à la recherche d'un nouvel assistant, et j'ai passé une petite annonce dans le quotidien local. J'ai été surpris de recevoir cent soixante-cinq réponses en deux jours. Bon nombre des candidats étaient très qualifiés et avaient préalablement occupé des postes de responsabilité, bien rémunérés, et d'autres avaient tout simplement de nombreuses années d'expérience. L'emploi que je proposais n'était pas très bien payé, et je me suis demandé si cet afflux de candidatures n'était pas le reflet de la crise. J'ai interrogé certains candidats sur leurs motivations. À voir leurs CV, j'étais certain qu'ils pourraient obtenir des emplois mieux payés. J'ai été étonné par leurs réponses, dont l'une d'entre elles est représentative de cette attitude : « L'argent n'est plus pour moi le plus important. Je suis plus intéressé par un travail qui permette une certaine souplesse, de la variété et du temps. Je ne veux pas rester assis derrière un bureau à faire la même chose jour après jour. Ce poste me laissera la possibilité de continuer à écrire et à peindre. En outre, j'aime aider les gens. Dans mon dernier emploi, je travaillais tout le temps, et je gagnais pas mal d'argent, mais j'avais le sentiment que mon boulot ne servait qu'à enrichir un P-DG que je ne connaissais même pas et un tas d'actionnaires anonymes. Je veux un job comme celui que vous proposez, je veux être le "bras droit" de quelqu'un, ce qui me permettra de voir le visage des gens que j'aide, de savoir en quoi je leur suis utile. »

Oui, les choses sont peut-être en train de changer. De plus en plus de gens semblent prendre des décisions de la même manière que me décrivait un de mes amis :

« Je suis sorti de l'université en 1986, en plein boom de Wall Street et de la folie yuppie. J'avais travaillé dans des galeries d'art et des centres artistiques. Il était clair que j'avais des affinités dans ce domaine. J'avais fait des études d'histoire de l'art et de musique. J'aimais l'art et le théâtre, qu'est-ce qui pouvait mieux me convenir ? Lors d'une discussion avec des amis, nous avons évoqué les différents emplois qu'on nous avait proposés. J'hésitais entre deux possibilités : un travail très mal payé, tout en bas de l'échelle d'un des plus prestigieux centres artistiques de New York, ou un poste de relations publiques pour une société de Wall Street, trois fois mieux payé, avec la perspective de doubler mon salaire grâce aux primes annuelles. J'ai demandé à mes camarades ce qu'ils en pensaient. Ils m'ont répondu en chœur : "Prends l'argent !" Mais je savais ce que ce type de job avait fait à mon frère : des semaines de cent heures, pas de vacances, pas de vie sociale, dormir au bureau, errer dans la vie comme un zombie. J'ai choisi l'autre boulot, et même si j'ai souvent dû faire mes fonds de poche pour trouver de quoi prendre le métro lorsqu'il faisait vraiment froid (je me rendais le plus souvent à pied au travail), j'ai choisi un métier que j'adore, et au bout du compte j'ai assez d'argent pour prendre le taxi quand j'en ai envie. Et j'ai même le temps de prendre des vacances ! »

4

Trouver son équilibre : ennui et défi

« Mon travail me rend fou, se plaignait un de mes amis consultant en marketing. J'en ai marre. En fait, j'envisage de démissionner. Je n'en peux plus.

— Oui, je comprends ce que tu veux dire, ai-je répondu, compatissant. La surcharge de travail peut être une grande source de stress.

— Mais non, c'est le contraire ! Je ne me suis jamais autant ennuyé de ma vie ; tous les jours c'est pareil. J'ai fini ce que je dois faire vers quatorze heures et je passe le reste de la journée à faire semblant d'être occupé, pendant que j'essaie de faire tenir en équilibre mon stylo au bout de mon doigt, que je fais de sculptures avec des trombones ou que, les très mauvais jours, je fixe les trous au plafond. »

L'ennui et l'absence de défi sont connus depuis longtemps comme sources d'insatisfaction dans le travail, comme le montrent de nombreuses études comme celles des sociologues Sheila Henderson et Karen Loscocco. En fait, les experts dans le domaine de l'environnement professionnel et la satisfaction des employés désignent ce problème sous le terme

« adaptation personne-environnement ». Pour que la satisfaction et la performance soient optimales, les employés doivent naviguer entre deux écueils : trop de défi d'un côté et pas assez de l'autre. Si le défi est trop important, les employés sont stressés, tendus, et la performance se détériore. S'il n'est pas suffisant, les employés s'ennuient, ce qui fait chuter la satisfaction et nuit à la performance.

Étant donné ce rôle prédominant du défi et de l'ennui dans le bonheur au travail, j'ai abordé le problème avec le Dalaï-Lama et lui ai expliqué : « Vous savez, à en croire ce que disent mes amis et aussi les articles scientifiques, il semblerait que l'ennui est un facteur assez courant d'insatisfaction dans son travail.

— Je pense que pour des êtres humains qui ont des activités répétitives, il est normal qu'une forme de fatigue s'installe à partir d'un certain moment, une forme de déplaisir, ou de mauvaise volonté, ou de manque d'enthousiasme.

— Cela vous arrive ? »

Le Dalaï-Lama rit :

« Oui, bien sûr ! Par exemple, il y a peu j'ai fait une retraite de deux semaines, une retraite intense sur Avalokitesvara[1]. J'ai dû réciter le mantra de six syllabes un très grand nombre de fois et, à la fin de la retraite, j'ai dû accomplir certains rituels qui durent trois jours. Ce sont des rituels très longs et très compliqués, et à l'issue du troisième jour, je n'arrêtais pas de me dire : “Je n'aurai pas à recommencer demain !” J'avais vrai-

1. Avalokitesvara est le Bouddha de la Compassion, la divinité patronnesse du Tibet. Les dalaïs-lamas sont considérés être des émanations vivantes d'Avalokitesvara. Le Dalaï-Lama actuel est le quatorzième d'une lignée qui remonte à six cents ans. La retraite inclut souvent un million de récitations du mantra de la divinité, dans le cas présent, *Om Mani Padme Hum*.

ment hâte que cela soit fini. C'est un sentiment très naturel pour les êtres humains.

— Et vous, personnellement, comment faites-vous face à cela ?

— Dans mon cas, mon attitude générale envers la vie et le travail et mon état d'esprit fondamental sont d'un grand secours. Par exemple, chaque matin je médite profondément un verset du grand maître bouddhiste du VIIe siècle Shantideva. Cela commence par : "Aussi longtemps que durera l'espace..." Vous connaissez ce verset ?

— Oui », acquiesçais-je.

Il poursuivit sa récitation :

— « ... Aussi longtemps que durera l'espace, aussi longtemps que dureront les êtres pensants, que moi aussi je puisse durer et dissiper les misères du monde. »

« Ce verset est pour moi une formidable source d'inspiration. Je médite aussi sur d'autres versets, comme les hymnes à Green Tara du premier Dalaï-Lama Gendun Drup, qui sont pour moi source d'une grande inspiration et renforcent mon dévouement à l'idéal de l'altruisme.

« Je récite ces versets, j'y réfléchis et je formule l'aspiration que je consacrerai le plus possible ma journée au service et au bénéfice des autres. Puis je projette délibérément la pensée que je serai capable de passer ma vie entière à la réalisation de cet idéal. Le fait de penser à l'immensité du temps, à laquelle se réfère la prière de Shantideva – « aussi longtemps que durera l'espace... » – cela est vraiment d'une très grande puissance. Cette idée de l'immensité du temps et ce type de dévouement à long terme font une énorme différence.

« De temps à autre lorsque vous vous trouvez confronté à des situations dans lesquelles vous pourriez manifester une certaine réticence, où vous pourriez penser : "Oh, il faut que je fasse ceci, quel ennui", par exemple aujourd'hui je devais assister aux travaux du Parlement tibétain en exil, et au début j'ai eu ce type de sentiment, mais immédiatement je me suis rappelé à moi-même que cela aussi fait partie de mon service, que cela aussi fait partie de mon travail au bénéfice des êtres intelligents. Au moment même où je fais ce lien, immédiatement, ce manque d'intérêt disparaît.

« C'est donc comme cela que je m'y prends pour faire face à ces situations, mais cela ne vaut sans doute pas pour tout le monde ».

Il est certain que l'approche du Dalaï-Lama pour faire face à l'ennui ne s'applique probablement pas à tout le monde – après tout, combien d'entre nous sont moine tibétain ou chef du peuple tibétain ? Mais il me semble tout aussi certain que ce principe sous-jacent peut s'appliquer à nous tous – renouveler son enthousiasme et réveiller notre dévouement en méditant sur le sens plus large de notre travail.

J'allais développer mes idées dans ce sens lorsqu'une autre pensée s'est présentée à moi. Sa référence en passant à ses obligations politiques m'a rappelé la force de son engagement dans le monde. J'ai pensé à ses nombreuses responsabilités, à ses exigeantes obligations et à la masse de son travail. Cela m'a conduit à me demander comment il pouvait dire qu'il n'avait pas de travail – ses mots, « je ne fais rien », résonnaient encore dans mon esprit. Puisqu'il avait mentionné certaines de ses occupations, j'espérais que cela pourrait être une occasion de satisfaire ma curiosité quant à la perception qu'il a de son travail, et de découvrir comment il reste heureux en dépit du lourd fardeau de ses responsabilités.

Il avait effleuré la manière dont il faisait face à l'ennui. Pour nombre d'entre nous, l'ennui naît lorsque nous effectuons une tâche répétitive et ne nous sentons pas stimulés. J'ai décidé de modifier légèrement mon approche et d'aborder le sujet différemment. Il avait certainement dû connaître sa part de tâches difficiles et intimidantes. Il m'avait averti que ses expériences de moine et de dirigeant politique ne s'appliquaient sans doute pas à tout le monde, mais je savais qu'il avait d'autres activités. J'ai décidé de m'intéresser à l'une des plus conventionnelles, son rôle de maître/enseignant, et de m'en servir pour introduire le sujet du défi dans le travail.

« On m'a dit que vous venez de revenir du sud de l'Inde, et selon la rumeur vous y avez délivré un enseignement très difficile, très compliqué. »

Il rit :

« Oui, c'est vrai ! En fait, j'ai dû travailler longtemps à la préparation de ces conférences. Il y avait là environ neuf mille moines, et bon nombre d'entre eux les étudient, et donc dans leur esprit ces sujets sont tout frais. Pour moi, ce n'est plus le cas.

— Vous avez donc dû faire une importante préparation ? Le travail était difficile ?

— Oui. Depuis que j'avais donné mon accord pour cet enseignement, près d'un an plus tôt, cela m'inquiétait un peu. Donc, une quinzaine de jours avant la date, j'ai commencé à lire sérieusement en prenant des notes trois heures chaque matin. Les conférences devaient durer cinq heures par jour pendant cinq jours. Le premier jour j'étais encore un peu anxieux, mais dès que j'ai commencé, je me suis tout de suite senti un peu mieux. Je me suis dit : « Ça se passe bien ! » Et de jour en jour tout se passa mieux.

— Je me demande si tout ce difficile travail vous a procuré un sentiment de satisfaction ?

— Oui, en fait, le dernier jour j'ai ressenti une immense satisfaction, un immense soulagement. J'avais fini. Il me semble que plus le travail est difficile, plus le sentiment de satisfaction est grand. Et la baisse de l'anxiété lorsque l'enseignement a commencé produisit un sentiment de satisfaction. Donc, de manière générale, je pense que si vous faites face à ce type de difficulté dès le début, il est évident que par la suite vous connaîtrez un type particulier de satisfaction : vous connaîtrez le bonheur. La difficulté porte en germe la satisfaction, c'est son fondement.

— Vous avez donc connu des moments difficiles et cela a contribué à un sentiment de satisfaction. Avez-vous l'impression que le travail doit représenter un défi pour être gratifiant ? Est-ce une exigence absolue pour connaître la satisfaction dans son travail ?

— Il vaudrait sans doute mieux se passer du défi, me répondit-il.

— Pardon ? »

Je n'étais pas sûr d'avoir bien compris. Il venait de parler du sentiment de satisfaction que procure la réalisation d'un travail difficile.

« Mais vous venez de dire...

— La vie présentera toujours des défis, m'expliqua-t-il. Nous ne pouvons pas ne pas les rencontrer. Nous n'avons pas besoin de problèmes supplémentaires. Ce dont nous avons besoin, c'est de transformer les défis en des opportunités.

— Quel type d'opportunité ?

— L'opportunité de créer davantage de bonheur, m'expliqua-t-il. Donc, quand ces défis se présentent, vous devriez les accepter, les saisir et y voir un moyen de vous développer, de prospérer et d'atteindre un sentiment plus profond de bien-être et de bonheur. Les défis peuvent avoir ce but positif, ce bénéfice.

« Pour qu'il y ait progrès, pour qu'il y ait développement, qu'il s'agisse de travail intellectuel ou physique, je pense que les défis sont tout à fait nécessaires. Par exemple, dans les études bouddhistes, le débat est un outil très important ; pour progresser nous devons consacrer de nombreuses heures à la présentation de notre point de vue, à sa contestation et à la réponse à ces défis. En faisant face à une opposition, une compréhension plus profonde de notre propre point de vue émerge. Si vous vous contentez de penser à ce que vous pensez, si vous n'êtes pas disposé à vous ouvrir à des points de vue différents, il n'y a pas de place pour le progrès ou le développement. En relevant les défis, vous aiguisez votre esprit. Sans cela, l'esprit se ramollit. N'est-ce pas ? »

J'acquiesçai. Sur ce point, l'Orient et l'Occident tombent d'accord : des deux côtés, on reconnaît l'importance d'un défi. En fait, déjà en 1776, le philosophe et économiste Adam Smith, l'une des principales figures du développement du capitalisme occidental, faisait écho au Dalaï-Lama. Dans son livre extrêmement influent *De la richesse des nations*, il écrivait qu'une personne qui passe sa vie à effectuer les mêmes tâches tend à perdre l'« habitude de l'effort » et « devient en général aussi stupide et ignorante qu'une créature humaine peut le devenir ».

Peut-être M. Smith était-il un peu plus radical dans ses propos que le Dalaï-Lama, mais celui-ci ne tarda pas à clarifier son opinion sur la question du défi en poursuivant :

« Donc, qu'il s'agisse d'activité mentale ou d'activité physique, le défi peut stimuler ou promouvoir le développement et la créativité. Dans des circonstances difficiles, votre nature créative est entièrement engagée, entièrement mobilisée. Alors que, si vous vous trouvez dans une situation où tout n'est que routine, où il n'y a aucun défi, il existe un danger de stagnation, ce qui implique une absence totale de développement.

« Bien sûr, ajouta-t-il en riant, si c'est votre vie qui est menacée, il vaut toujours mieux partir en courant !

C'est un type de défi qu'il vaut mieux éviter que rechercher. Par exemple, si vous êtes poursuivi par un chien enragé, le fait de faire face à ce chien ne risque pas de vous conduire à de la joie et de la satisfaction – il vaut mieux vous enfuir. Et, bien sûr, un moustique ou une punaise appellent des mesures drastiques. C'est le seul moyen ! »

Son rire retentit, et il ajouta :

« Je devrais préciser bien sûr que lorsque nous parlons des bénéfices ou des défis que l'on rencontre dans son travail, cela implique que la possibilité existe que l'on puisse les surmonter.

— Eh bien disons que vous avez un travail où vous n'êtes jamais confronté au moindre obstacle, à la moindre difficulté, un travail très ennuyeux qui ne fait appel ni à vos compétences, ni à vos talents, ni à votre intelligence. Il n'y a donc pas de défi. Les êtres humains ont tendance à être davantage insatisfaits, plus mécontents de leur travail dans ce type de situation. Ils seront plus malheureux dans leur boulot, sans cet élément de défi. Pensez-vous que cela soit une bonne ou une mauvaise idée d'inventer des difficultés pour rendre le travail plus satisfaisant ?

— Je ne sais pas, répondit-il en riant. Si une personne travaille chaque jour sur une chaîne de montage, je ne vois pas comment vous pourrez introduire un élément de difficulté dans ce travail, à moins de casser quelque chose ou de casser la machine !

« Mais de toute façon, Howard, je pense que vous devez admettre que chez les humains on trouve toute sorte de dispositions et de tempéraments. Certaines personnes, en particulier les personnes plus intelligentes, préfèrent les défis intellectuels et la résolution de problèmes, mais ils peuvent ne pas aimer le travail qui implique un effort physique. D'autres préféreront un travail plus exigeant. Par exemple, je connais un tibétain, un moine défroqué, qui aime le travail manuel routinier, qui ne demande pas beaucoup de réflexion. Et donc, pendant le travail, il aime penser au dharma[1]. Le travail lui laisse l'esprit libre, ce qui lui permet de penser à d'autres choses.

« En disant que ce moine préfère un travail sans trop de défis, il ne faut pas oublier que les défis surgissent dans toute sorte de domaines de notre existence. Par exemple, pour quelqu'un qui a une pratique spirituelle ou qui cherche à cultiver la compassion universelle, répondre à ses ennemis avec empathie est une forme de défi. Agir avec gentillesse, et même montrer de l'affection envers ses ennemis, voilà un grand défi. Mais si on y parvient alors on connaîtra un immense sentiment de satisfaction et de bonheur. Donc, pour ceux qui cherchent à pratiquer la compassion, à répondre aux souffrances des pauvres, des faibles, des sans-défense, voici des défis. Le défi, ce n'est pas nécessairement quelque chose d'obstructif ou de négatif. Et une tâche n'est pas un défi pour une personne si le problème ne signifie rien pour lui. Ainsi la souffrance des pauvres ne sera pas un défi pour celui qui s'en moque. Mais pour un pratiquant de la compassion,

---

1. Le terme « dharma » a de nombreux sens mais pas d'équivalent précis en français. Le plus souvent il désigne les enseignements du Bouddha, tant les écritures que le mode de vie et les réalisations spirituelles qui résultent de l'application de l'enseignement. Les bouddhistes utilisent parfois le terme dans un sens plus général pour signifier la pratique spirituelle ou religieuse en général, la loi spirituelle universelle ou la nature véritable des phénomènes, et utilisent le terme buddhadarma pour désigner plus spécifiquement les principes et les pratiques de la voie bouddhiste. Le mot sanscrit *dharma* dérive d'une racine étymologique voulant dire « tenir », et dans ce contexte le mot a une signification plus large voulant dire tout comportement ou compréhension qui sert à « se tenir en retrait » ou à se protéger de l'expérience de la souffrance et de ses causes.

ça l'est certainement. Donc, je pense qu'il y aura toujours des différences individuelles dans ce que quelqu'un considérera ou non comme un défi, tout comme dans le niveau de défi que l'on préfère.

« Donc, lorsque vous parlez de travail, je pense qu'il est important de garder présent à l'esprit qu'il existera toujours des gens différents. Je ne pense pas que l'on puisse dire de manière catégorique que les défis dans le travail sont mieux ou non. Je ne sais pas. Je pense que cela dépend de la personne. »

Il marqua une pause et commença à rire doucement.

« Pour ma part, je pense que c'est mieux sans défi, parce que comme cela on peut s'allonger et se reposer. Faire une petite sieste.

— Sérieusement, vous pensez vraiment que l'absence de tout défi dans son travail vous permet quand même de vous réaliser et de vous sentir satisfait dans ce travail ?

— Je ne pense pas que le défi soit une condition indispensable pour la satisfaction et la réalisation de soi. Par exemple, l'expression naturelle de la chaleur et de l'affection envers les autres ne demande pas d'efforts. Il n'y a pas vraiment de défi, mails cela vous donne beaucoup de satisfaction.

— C'est vrai. »

Résumant les dernières découvertes des sociologues, le Pr Edwin Locke de l'université du Maryland a dit : « Les études montrent de manière répétée que le défi intellectuel – pour peu que l'on soit disposé à le relever – est un déterminant essentiel de la satisfaction professionnelle. » En dépit de ce rapport clairement établi entre l'existence de défis et la satisfaction dans son travail, Locke a raison de souligner que la capacité à le relever est aussi un facteur essentiel. C'est ici que la variabilité individuelle intervient – comme le souligne à juste titre le Dalaï-Lama, il peut exister des différences dans le niveau de défi dont on a besoin, ou que l'on est prêt à relever. Certains peuvent avoir besoin d'un haut niveau de difficulté, d'autres peut-être moins. Donc, lorsqu'il s'agit d'optimiser notre bonheur dans notre travail, c'est à chacun de nous de décider quel niveau de défi nous convient le mieux en termes de développement et de satisfaction.

Comme le souligne le Dalaï-Lama, le fait d'entretenir des rapports d'amour et d'affection avec les autres est une riche source de satisfaction qui ne semble pas demander d'efforts. La vie nous offre de nombreux autres moments de joie qui peuvent surgir spontanément et ne semblent pas non plus demander d'efforts. Et notre vie professionnelle n'est pas entièrement dépourvue de tels moments.

Jadis, l'un de mes professeurs de chimie m'a fait part d'une expérience qu'il a connue dans son laboratoire : « J'étais au milieu d'une série d'expériences difficiles mais passionnantes pour mon programme de recherches. Après avoir fait une pause-café vers dix heures trente, j'ai posé ma tasse et repris mon travail. Cinq ou dix minutes plus tard certains de mes étudiants sont entrés dans le laboratoire et ont commencé à me poser des questions. J'étais en plein milieu d'une série de mesures, et je n'avais pas vraiment envie de m'interrompre, j'étais un peu agacé de leur irruption, je n'avais en fait rendez-vous avec eux qu'à quinze heures. Alors j'ai laissé de côté ce que j'étais en train de faire et regardé la pendule. Il était près de seize heures ! J'avais travaillé plus de cinq heures et c'était comme si le temps ne s'était pas écoulé, et j'avais fait cela sans effort. Non seulement je n'étais pas fatigué, mais j'étais plein d'énergie. Je ne me souvenais pas de ce que j'avais fait pendant ce temps, et pourtant en relisant mes notes j'ai vu que j'avais grandement progressé sur un problème très difficile. J'avais été totalement absorbé par ce que je faisais. Je ne pouvais pas le croire. Ce soir-là, j'ai eu un incroyable sentiment de satisfaction et ressenti une énergie qui m'a semblé durer au moins pendant deux jours. »

Le professeur avait alors parfaitement décrit l'état de « fluidité » dans le travail. Ce concept a été inventé par le psychologue Mihaly Csikszentmihalyi (prononcer : « tchik-sainte-mi-haï ») qui depuis près de trente ans étudie et raffine ce concept. Le terme « fluidité » décrit un état mental que la plupart d'entre nous avons connu à un moment ou un autre. Être en état de fluidité c'est être totalement absorbé par ce que l'on est en train de faire. On peut être dans cet état en jouant au basket, en sculptant, en résolvant un problème de maths très difficile, dans une négociation d'affaires, en faisant de l'escalade, ou simplement en ayant une conversation profonde avec un ami ou un amant. L'état de flux peut se produire pendant toute activité humaine, qu'il s'agisse de travail ou de loisir, que ce soit une activité physique, mentale ou sociale.

Les chercheurs ont montré que les caractéristiques de cet état sont assez uniformes : on retrouve les mêmes caractéristiques dans toutes les activités. Il existe un ensemble particulier de conditions requises pour créer cet état. Le flux survient lorsque nous sommes engagés dans une activité dont nous pensons qu'elle est importante, qu'elle a un sens pour nous, et qu'elle mérite d'être réalisée. Le flux risque davantage de se produire lorsque l'activité a des buts bien définis, et que nous avons un feed-back immédiat sur son état d'avancement à mesure que l'activité se déroule. La tâche doit présenter un certain défi et exiger des compétences, mais il doit exister un équilibre juste entre le défi et nos capacités – les gens en état de flux ont l'impression que toutes leurs capacités sont mobilisées pour la tâche. Et même si le projet peut être difficile et exiger des compétences, au moment précis de l'état de flux il a l'air de se réaliser sans efforts. Nous sommes engagés dans l'activité pour l'activité en soi, et pas pour des récompenses externes que nous pourrions recevoir. L'activité est intrinsèquement satisfaisante, en soi et par elle-même.

« Vous savez, l'une des raisons pour lesquelles j'ai abordé la question du défi dans le travail, ai-je dit au Dalaï-Lama, c'est parce qu'il est lié à un concept qui apparaît souvent ces jours-ci dans la littérature psychologique, le concept de "flux". Le sentiment d'un défi est un des facteurs requis pour créer cet état de flux. Ce concept est de plus en plus cité dans des articles sur le bonheur, et cet état peut survenir souvent dans le travail. Connaissez-vous l'existence du concept de flux ?

— Non, pouvez-vous m'expliquer ce que vous entendez par ce terme ?

— Pour résumer, ce concept renvoie à un état d'esprit particulier qui se produit lorsque notre attention est entièrement concentrée sur une tâche particulière ou un projet dans lequel nous sommes engagés. C'est un état de concentration intense et d'implication profonde dans l'activité. Lorsqu'on est en flux, on perd la notion du temps, c'est comme si le temps s'arrêtait et que la personne était entièrement immergée dans le moment présent, sans penser au passé ni au futur. La personne est plongée si profondément dans son activité qu'elle perd le sens de soi, de son identité, la notion du "moi" disparaît, il n'y a pas de pensées à propos de "moi", comme "je suis en train de faire ceci" ou "je ressens cela".

« Lorsqu'on est engagé dans l'activité en question, on a aussi le sentiment que cela ne demande pas d'efforts, que l'on maîtrise entièrement ce que l'on fait. Par exemple, prenons le cas d'un joueur de tennis professionnel. Il s'est entraîné depuis des années pour perfectionner sa technique, et aujourd'hui il se trouve engagé dans un match avec un opposant difficile. Il se trouve dans un état ou toutes ses capacités et toutes ses connaissances font face au défi représenté par son adversaire et atteignent un genre d'équilibre. Ses gestes et son haut niveau de concentration contribuent à créer l'état de flux.

« Bien que le flux puisse se produire dans toute activité, certains chercheurs ont trouvé que les Américains le ressentent davantage dans le cadre de leur travail que pendant leurs loisirs, parce que c'est là qu'ils sont plus susceptibles de devoir faire face à des défis ou avoir des occasions de résoudre des problèmes, en faisant usage de leurs capacités, et c'est un environnement qui encourage la concentration sur ce que l'on est en train de faire.

« Par exemple, si vous faites une conférence devant un large public et si c'est un sujet difficile, malgré votre préparation, et le développement de certaines capacités, de certaines compétences et d'un certain savoir, vous ne vous dites pas "je suis le Dalaï-Lama", vous perdez toute notion du temps et de votre identité. »

Le Dalaï-Lama m'écoutait attentivement :

« Le type de concentration mentale dont vous parlez, une fusion totale avec votre activité immédiate, me paraît ressembler à ce que dans la psychologie bouddhiste nous appelons la stabilité méditative. Je pense que nous sommes tous potentiellement susceptibles de développer une capacité de concentrer notre attention sur un sujet ou une activité pendant une période prolongée. L'une des caractéristiques de cette grande concentration est une absorption totale dans l'activité choisie. Dans certains cas, même des perturbations dans l'environnement immédiat ne suffisent pas à détruire la profondeur de la concentration. J'ai connu des personnes qui avaient atteint de tels états. Par exemple, Gen Nyima-la, un de mes premiers maîtres, avait une capacité de concentration incroyable. Souvent, lorsqu'il entrait dans un état profond de contemplation, je pouvais voir son visage se transformer sous mes yeux. Dans cet état, il devenait pour ainsi dire insensible à son environnement physique immédiat. Si un étudiant entrait pour lui verser une tasse de thé ou lui donner quelque chose, il ne s'en rendait tout simplement pas compte. Il existait une sorte de fusion totale entre son esprit et sa contemplation. Donc, pour moi, cela ressemble beaucoup à ce "flux" que vous décrivez.

— Oui, cela lui ressemble. Quand quelqu'un est en état de flux, il arrive à un stade où il est totalement absorbé par le travail, et parce que c'est ce travail. Il est si concentré sur le travail qu'il ne le fait pas pour de l'argent, pour sa carrière, pas même pour la société. Il est simplement si impliqué et concentré sur le travail que celui-ci devient une source de satisfaction. Ma question est donc : avez-vous une idée sur la manière dont on peut créer cet état dans son travail ?

— Tout d'abord, je pense que lorsqu'une personne se trouve dans cet état d'esprit fixé sur une seule chose, elle ne peut pas éprouver de la satisfaction à ce moment précis parce que la satisfaction est un état mental très différent de l'état d'intense concentration que vous décrivez.

— Vous avez tout à fait raison. En fait, les recherches ont montré précisément cela ; lorsque quelqu'un se trouve en état de flux, on ne le voit pas sourire et se dire qu'il est vraiment content, ni qu'il est vraiment en train de s'amuser. Le sentiment de satisfaction vient plus tard. Mais ma question reste : de votre point de vue, existe-t-il des manières de créer les conditions pour être en état de flux dans son travail, quel que puisse être ce travail ? »

Le Dalaï-Lama fit une pause pendant un moment, puis dit :

« La valeur d'un tel esprit concentré est reconnue par de nombreuses traditions spirituelles anciennes, dont certaines, comme le bouddhisme, offrent des méthodes pratiques pour développer et améliorer un esprit stable. Donc, je pense que la pratique de la méditation de stabilisation peut aider sans doute. »

Dans la méditation de stabilisation vous choisissez un objet quelconque et vous essayez de vous concentrer mentalement sur lui.

Le Dalaï-Lama poursuivit :

« Et bien sûr d'autres facteurs pourraient augmenter vos chances d'atteindre cet état. Par exemple, vous avez dit que l'état de flux se produit lorsqu'on effectue un travail difficile ou qu'on essaie de résoudre un problème, et que vos compétences et vos capacités sont utilisées pour relever ce défi. Il dépend donc de vos capacités et de votre connaissance de la tâche en question. Cela peut être une question d'étude assidue et de familiarisation à une certaine manière de penser ou d'effectuer une certaine tâche.

« Un autre facteur peut aussi être impliqué. Je pense qu'une personne aura plus de chances d'atteindre cet état de flux si l'on s'intéresse tout particulièrement au sujet ou au type de travail en question. Par exemple, dans le cas de Gen Nyima-la, il avait un intérêt particulier et une grande familiarité avec les sujets sur lesquels il se concentrait.

« Mais je pense aussi que l'état que vous décrivez, où l'on perd le sens du temps ou de son identité, peut se produire dans différents contextes et dans différentes conditions. Je ne pense pas que cela soit nécessairement associé avec des états mentaux heureux ou positifs. Cela peut accompagner aussi bien le bonheur que le malheur. Par exemple, sous l'emprise d'une peur qui vous paralyse, vous pouvez totalement perdre le sens du temps. Lorsque je donne des conférences sur un texte, si l'expérience est agréable, j'ai tendance à perdre la notion du temps. D'un autre côté, si je tombe sur des passages difficiles et que je me débats avec mon commentaire, alors c'est l'expérience inverse qui se produit : j'ai l'impression que le temps avance à la vitesse d'un escargot. Donc, ce phénomène de distorsion ou de perte du temps peut se produire lorsque votre esprit se trouve dans un état de détente et de joie, lorsqu'on est entièrement concentré et profondément engagé dans une analyse discursive, tout autant que lorsque l'esprit est sous l'emprise d'émotions plus négatives comme la peur. L'un des signes les plus évidents en est l'inconscience totale par rapport à ce qui se passe dans votre environnement physique immédiat. »

Il poursuivit :

« Donc, par exemple, il y aura peut-être des circonstances dans lesquelles vous aurez trop peur, mortellement peur, peut-être, et à ce moment vous serez totalement absorbé et sans aucune sensibilité, vous perdez tout sens de l'identité, du temps, du lieu, et ainsi de suite. Vous êtes dans le moment, mais c'est involontaire. Cela n'est pas dû à l'intérêt ou à l'engagement dans un problème ou un travail intéressant. C'est parce que vous avez peur, très peur, presque comme si vous étiez en état de choc. »

Il s'arrêta un instant, puis rit :

« J'étais en train de me dire… lorsque je me suis enfui de mon pays lors de l'invasion communiste, j'étais tellement effrayé que j'ai peut-être connu cet état de flux pendant un moment ! Mon esprit était totalement vide, je ne pensais à rien ! »

Il continua à rire.

« Je me souviens aussi d'un jour, lorsque j'avais sept ans. Je récitais une prière que j'avais apprise par cœur devant un grand rassemblement, je pense qu'il y avait là plusieurs milliers de moines, et aussi des membres du gouvernement, j'étais totalement... Je ne sais pas si c'est le bon mot : perdu. J'étais dans un état de non-pensée. J'avais vraiment bien mémorisé ma récitation, j'avais passé plusieurs mois à m'exercer tous les jours. Et lorsque j'ai commencé, cela a été très fluide, et à cause de mon entraînement, ce fut automatique. Mais mon esprit était totalement vide. Après deux ou trois minutes il y eut une interruption, et j'ai remarqué alors qu'il y avait des pigeons devant moi. J'ai vu le *umze*, le maître de chant. Et j'ai été cloué sur place par la peur. Lorsque j'y pense aujourd'hui, je me dis que l'effroi que j'ai ressenti a peut-être même abrégé ma vie.

— Je ne pense pas que ce type d'état provoqué par un état d'anxiété extrême soit la même chose que l'état de fluidité. Je ne suis pas un expert dans ce domaine, mais je suppose, par exemple, que si l'on faisait un scanner ou un électroencéphalogramme de votre cerveau pour voir quelles parties s'activent pendant votre récitation devant des milliers de moines, et que vous étiez aux prises avec une anxiété de performance extrême, puis dans d'autres circonstances où vous auriez été absorbé par un travail qui vous aurait placé dans cet état de fluidité dont je parle, on verrait deux régions différentes du cerveau activées. D'abord, quand vous êtes en état de fluidité, vous pouvez être très détendu, très calme...

— Vous aimez vraiment cette "fluidité", Howard ! s'exclama le Dalaï-Lama avec un petit rire.

— Ce n'est pas que j'aie envie d'en abuser, mais on la retrouve un peu partout ces jours-ci, surtout lorsqu'on s'informe sur les dernières théories à propos du bonheur. Et une partie de cette littérature semble décrire cet état comme une expérience humaine particulièrement forte, qui encourage le développement et la réalisation de toutes ses potentialités.

— Le problème avec les théories, c'est qu'elles sont populaires pendant un moment, et tout le monde en parle, puis elles sont remplacées par d'autres. Mais je comprends la différence dans ce que vous décrivez. Donc, si je vous comprends bien, cette « fluidité » désigne un état dans lequel le temps s'écoule sans effort pour vous. Et aussi vous faites quelque chose volontairement. Et c'est une chose intéressante que vous auriez envie d'entreprendre et puis vous seriez totalement absorbé par elle :

— C'est exactement cela.

— Dans ce cas, comme je l'ai dit, il y a des choses, comme certaines méditations qui peuvent être utiles. Mais aussi agréable que cet état puisse être, je ne pense pas que ce soit la source la plus importante de satisfaction, de réalisation et de bonheur. »

J'ai repensé à la première fois que j'ai entendu mon professeur de chimie décrire cet état d'immersion totale dans son travail, cette perte totale de la notion du temps et de l'identité. Aujourd'hui encore, cela me plaisait plutôt bien, me suis-je dit.

« Pourquoi dites-vous cela ? lui ai-je demandé.

— Parce que, d'abord, vous ne pouvez pas vous trouver dans cet état tout le temps. Avec nos discussions et dans ce livre que nous sommes en train d'écrire, nous essayons de créer un autre type de « fluidité » ! Une fluidité qui puisse durer vingt-quatre heures sur vingt-quatre. C'est cela notre but : trouver quelque chose que l'on puisse essayer même lorsque nous traversons une passe difficile, des facteurs que nous puissions utiliser pour aider notre esprit à rester serein, heureux. Voilà ce que nous essayons de faire.

« Donc, même si avec cette "fluidité" vous obtenez une sorte de bonheur temporaire, ce ne sera pas durable. Ce dont nous avons besoin c'est une source durable de satisfaction, de bonheur. Par exemple, lorsque nous parlons des pratiques tantriques pour développer une grande jouissance, même ces états très élevés de joie et d'extase ne peuvent durer vingt-quatre heures sur vingt-quatre. Je pense donc que cet état de fluidité n'est ni fiable ni durable, et je pense qu'il est bien plus important de développer d'autres sources de satisfaction qui seront atteintes en entraînant son esprit, en modifiant son attitude et ses perspectives, en intégrant des valeurs humaines fondamentales dans le cadre de travail. Par exemple, se débarrasser de ses émotions destructrices au travail, réduire la colère, la jalousie, l'avidité, et ainsi de suite, s'exercer à entretenir avec les autres des rapports de gentillesse et de compassion, de tolérance est une source de satisfaction bien plus importante et stable que d'essayer simplement de créer autant de "fluidité" que possible. »

On a décrit la fluidité comme une expérience humaine optimale, et il est clair que si l'on recherche le bonheur au travail, on comprend aisément l'attrait d'un état dans lequel le travail lui-même devient intrinsèquement satisfaisant, associé à un sentiment profond de satisfaction et de gratification. Mais le Dalaï-Lama soulève une question incontournable : en tant que source primaire de bonheur et de satisfaction au travail, l'état de fluidité est-il fiable ?

Le soir, après notre conversation sur la fluidité, je réfléchissais à ce que le Dalaï-Lama avait dit lorsque je me suis soudain rappelé une partie de l'histoire de mon professeur que j'avais comme par hasard oubliée. Après qu'il a eu fini de me décrire son expérience, je lui avais demandé s'il avait jamais éprouvé ce sentiment auparavant. « Oh ! oui, m'avait-il répondu, la même chose m'est arrivée une demi-douzaine de fois au cours des deux dernières années. » De toute évidence, comme l'avait fait remarquer le Dalaï-Lama, l'état de fluidité laisse un peu à désirer en tant que principale source de bonheur et de satisfaction. Selon un sondage, un salarié sur cinq aux États-Unis reconnaît faire quotidiennement l'expérience de la fluidité à un degré plus ou moins élevé, la fluidité étant définie comme un état intense d'absorption dans son travail qui conduit à perdre la notion du temps. Mais plus d'un tiers des personnes interrogées disaient n'en avoir jamais ou rarement fait l'expérience. Ces chiffres ne se limitent pas aux travailleurs américains ; une étude réalisée en Allemagne a donné à peu près les mêmes résultats. Les chercheurs ont utilisé différentes méthodes pour quantifier l'expérience de la fluidité dans la vie de tous les jours. Que ce soit en utilisant des entretiens après l'expérience, des questionnaires écrits, ou des mesures « en temps réel » avec une méthode dénommée ESM (méthode d'échantillonnage de l'expérience), il ne fait pas de doute que la fluidité se produit par intermittence, en règle générale durant de brèves périodes, et ce n'est pas un état que l'individu peut maintenir pendant toute sa journée de travail. Comme pour la plupart des caractéristiques humaines, il existe une importante variabilité individuelle, et certaines personnes font plus facilement l'expérience de la fluidité que d'autres.

Lorsque nous parlons du bonheur, que ce soit au travail ou dans nos loisirs, le Dalaï-Lama m'a rappelé un jour qu'il existe différents niveaux et catégories. Dans une de nos conversations incluse dans notre livre précédent, *L'Art du bonheur*, il distinguait deux types de satisfaction chez l'homme : le plaisir et le bonheur. Le plaisir peut certainement fournir un bonheur temporaire et susciter des états émotionnels intenses. Il expliquait que le plaisir naît d'expériences sensorielles, mais puisqu'il dépend de conditions extérieures, il n'est pas fiable en tant que source de bonheur. Comme il l'avait fait remarquer : « Le véritable bonheur est plus en rapport avec l'esprit et le cœur. Le bonheur qui dépend principalement du plaisir physique est instable ; un jour il est là, et le jour suivant il ne le sera peut-être plus. » Pour le Dalaï-Lama, le véritable bonheur est associé au sens et il faut cultiver délibérément certaines attitudes, et une certaine perspective pour qu'il surgisse. On peut l'atteindre par un entraînement systématique de l'esprit, qui repose sur l'éradication d'états mentaux destructeurs comme la haine, l'hostilité, la jalousie ou l'avarice, et en cultivant délibérément les états mentaux opposés de la gentillesse, la tolérance, le contentement et la compassion. Le véritable bonheur demande peut-être plus de temps pour être atteint, et requiert un certain effort, mais c'est un bonheur durable qui peut nous accompagner même dans les conditions de vie les plus difficiles.

Ceci nous ramène à la fluidité. En décrivant le type de satisfaction ou de bonheur associé à l'état de fluidité, la plupart des chercheurs font une distinction semblable entre le plaisir et le bonheur et placent la fluidité dans la seconde catégorie. Ils voient dans le plaisir la satisfaction de besoins biologiques, et ils distinguent la satisfaction produite par la fluidité en donnant un nom différent à ce type de bonheur et l'appellent « gratification », « accomplissement ». Pour ces savants, la valeur de la fluidité va bien au-delà de la satisfaction procurée par le fait de se trouver dans cet état pendant quelques minutes ou quelques heures. Selon Jeanne Nakamure et Mihaly Csikszentmihalyi, « l'expérience de la fluidité encourage la personne à revenir à l'activité en raison de ce qu'elle promet, et elle conduit donc au développement de compétences au fil du temps ». C'est donc une force qui nous fait progresser dans le sens du développement et la réalisation de notre potentiel humain.

Mais le Dalaï-Lama nous demande d'aller un peu plus loin. Tout en reconnaissant que l'état de fluidité a une certaine valeur, il estime que nous n'avons pas besoin de la fluidité pour aller dans le sens du développement : nous pouvons nous diriger directement vers la ligne d'arrivée pour atteindre le bonheur que nous recherchons. Il faut pour cela commencer par reconnaître l'importance des valeurs humaines fondamentales, dont il pense qu'elles sont la source du bonheur authentique, que ce soit au travail ou ailleurs. Des valeurs tels la gentillesse, la tolérance, la compassion, l'honnêteté, le pardon. Si nous sommes intimement convaincus de la valeur de ces qualités humaines, nous pouvons nous tourner vers la formation de nos esprits, de nos attitudes, de notre perspective.

J'ai repensé dans ce contexte à mon professeur de chimie, et j'ai vu qu'il n'était pas exactement l'image d'Épinal du travailleur heureux. C'était un savant brillant, un auteur prolifique et un chercheur de tout premier plan, mais il était aussi lunatique, impatient, exigeant et peu aimé de manière générale. Nombre de ses étudiants redoutaient de devoir travailler avec lui. Il préférait travailler seul dans son laboratoire, n'aimait pas vraiment enseigner, tâche qu'il déléguait souvent à ses assistants.

Dans le même département, il y avait un autre professeur auquel je pense aussi souvent. L'homme était moins remarquable que son collègue et ne jouissait pas de la même reconnaissance professionnelle. Il était toujours disposé à laisser tomber ce qu'il était en train de faire si un étudiant l'interrompait. Et le plus souvent la conversation passait de la science au baseball ou au cinéma. Il ne faisait pas de doute que cet homme ne risquait pas de faire de grandes découvertes, et je pense qu'il n'avait pas dû connaître souvent l'état de fluidité. Mais il avait un don pour l'enseignement. Il savait toucher ses étudiants et les inspirait à s'intéresser vraiment à la chimie, même si au départ ils étaient nombreux à trouver la matière à la fois difficile et ennuyeuse, une combinaison redoutable. Ses thésards l'adoraient, et il était en quelque sorte leur mentor, les inspirant et les influençant dans bien d'autres domaines que sa spécialité. Au cours d'une carrière de plus de quarante ans, j'imaginais qu'il avait dû influencer et inspirer d'innombrables étudiants par sa gentillesse, sa disponibilité et son intérêt authentique pour la carrière de ses étudiants, même si pour eux la chimie n'était qu'une matière obligatoire dans leur cursus. Je suis certain que je ne suis pas le seul à m'en souvenir avec tendresse après tant d'années. Et on voit bien lequel de ces deux professeurs était plus heureux, tant dans son travail qu'à la maison.

J'ai remarqué le serviteur du Dalaï-Lama et des membres de son entourage qui attendaient sur le porche, et je me suis aperçu en regardant ma montre que mes deux heures de temps étaient presque terminées. J'avais l'impression que nous venions à peine de commencer. En discutant de la fluidité, je m'étais visiblement retrouvé dans cet état. Le Dalaï-Lama semblait aussi pressé de finir. Il s'interrompit quelques instants, totalement absorbé dans ses pensées.

Il a finalement parlé, et a ajouté une nouvelle dimension à notre discussion.

« Je pense qu'en parlant de ces sujets il est important de garder à l'esprit les questions plus générales. Nous nous intéressons à la question du travail et à son rapport au bonheur, et bien sûr nous pouvons continuer à discuter de la manière dont on peut être heureux dans sa vie professionnelle. Mais il est tout à fait possible qu'une personne ait un travail tout à fait routinier, un travail qui puisse ne représenter aucun intérêt et aucune difficulté particulière, et qu'il soit pourtant tout à fait heureux. Le monde est rempli de personnes dans cette situation. Ces individus peuvent avoir d'autres sources de satisfaction et d'accomplissement, et ils ne trouvent pas dans leur travail la source principale de leur satisfaction.

« Prenons donc l'exemple d'un ouvrier qui a un travail très répétitif, très ennuyeux, et qui trime tous les jours, du matin au soir. Si la seule source de satisfaction de cette personne est son travail, s'il n'a pas de vie en dehors de lui, s'il passe peu de temps avec sa famille et ses amis, et s'il ne cultive même pas l'amitié, alors je pense qu'il y a là un grand potentiel de malheur, voire des problèmes mentaux. Mais si vous prenez un autre ouvrier qui fait exactement le même métier ennuyeux, mais qui a des intérêts à l'extérieur, qui passe du temps avec sa famille, qui sort avec ses amis, ce sera une personne bien plus heureuse. Son travail ne sera peut-être pas intéressant, mais sa vie peut quand même l'être. Dans ce cas, son travail peut simplement être un moyen de gagner sa vie, et il tirera sa satisfaction et son sentiment d'accomplissement d'autres domaines de l'existence.

« Une vie heureuse demande de la variété, il faut aussi qu'elle soit entière, complète. Il ne suffit pas de se concentrer sur le travail et l'argent. C'est important. »

Nous aurons beau aimer notre travail, il y aura toujours, tôt ou tard, des moments où nous le trouverons moins excitant, peut-être nous ennuiera-t-il un peu, peut-être serons-nous vaguement insatisfaits. Il ne nous fournira plus le même sentiment de satisfaction et d'accomplissement qu'avant. Cela peut être un tournant dans notre vie professionnelle. Beaucoup de gens interpréteront cette perte d'enthousiasme comme un signal, le signe que nous avons peut-être choisi la mauvaise carrière, le mauvais métier, et qu'il est temps de partir à la recherche d'un nouvel emploi qui suscitera en nous la joie et l'excitation que nous avons connues. Bien sûr, cela peut arriver, mais avant d'ouvrir la page des petites annonces, il peut être judicieux de faire une pause et d'évaluer sa situation. Comme le souligne le Dalaï-Lama, il est dans la nature humaine de connaître des moments d'ennui. C'est normal. Lorsque le Dalaï-Lama s'ennuie un peu, il ne se défroque pas pour autant. Ceci est le principe de l'adaptation au travail, une caractéristique innée des êtres humains, un trait bien étudié des hommes sur lequel les psychologues se sont longuement penchés. Donc, quoi que nous réserve la vie, en bien ou en mal, il existe une tendance à s'habituer à sa situation. Se référant à cette question dans une discussion ultérieure, le Dalaï-Lama faisait remarquer :

« Les gens ont tendance à s'habituer aux choses, et parfois ils perdent leur enthousiasme. Par exemple, la première année d'un emploi peut être très gaie, et l'on peut en tirer un grand sentiment d'accomplissement. Mais le même travail, la deuxième année, peut donner un sentiment totalement différent au même individu. »

Le principe d'adaptation suggère que quelles que soient notre réussite ou notre chance, ou, à l'inverse, quels que soient notre malchance ou notre malheur, nous finissons par nous adapter tôt ou tard aux nouvelles conditions et revenons progressivement à nos niveaux habituels de bonheur quotidien, au jour le jour. Dans une étude menée par des chercheurs de l'université de l'Illinois, on a établi que six mois après un malheur ou un événement heureux, les sujets étaient revenus à leur état habituel de bonheur et qu'on ne décelait plus aucune trace résiduelle de l'événement. On peut vous nommer P-DG et tripler votre salaire du jour au lendemain, ou vous pouvez à l'inverse connaître le pire des échecs professionnels, et un an plus tard vous serez grosso modo aussi heureux qu'avant.

Il existe une bonne raison à cela : d'un point de vue darwinien, les psychologues expliquent que cette caractéristique plonge ses racines dans notre passé biologique. Si quelqu'un était rendu heureux pour toujours, cela aurait pour effet de supprimer notre motivation à acquérir de nouvelles capacités, à nous développer davantage et à avancer. Cela détruirait toute initiative. À l'inverse, si les gens sombraient dans la dépression permanente après un échec ou une perte, s'il fallait des mois et des années et que cela vous fait toujours aussi mal, l'effet serait invalidant et réduirait vos chances de survie, et de transmission de vos gènes à la génération suivante.

C'est pour cela, comme nous le rappelle le Dalaï-Lama, que nous avons besoin d'une vie équilibrée. Aussi satisfaisant que soit notre travail, c'est une erreur de s'y accrocher en tant que source unique de satisfaction. Les humains ont besoin d'une alimentation variée pour être en bonne santé, pour obtenir tout un ensemble de vitamines et de minéraux, et nous avons besoin d'une variété d'activités qui nous procurent un sentiment de plaisir et de satisfaction. En reconnaissant que le principe d'adaptation est normal, nous pouvons anticiper et nous y préparer en cultivant intentionnellement toute une gamme d'activités qui nous rendent heureux. Certains experts suggèrent de commencer en faisant un inventaire, en prenant un week-end pour faire la liste des choses qui vous procurent du plaisir, de vos talents et de vos intérêts. Cela pourrait être le jardinage, la cuisine, un sport, l'apprentissage d'une langue, le bénévolat, toute activité permettant de développer et d'exercer des compétences. Donc, si nous traversons une passe d'ennui dans notre travail, nous pouvons nous tourner vers notre famille, nos amis, nos hobbies et d'autres intérêts en tant que sources principales de satisfaction. En changeant provisoirement ces centres d'intérêt, le balancier repartira dans l'autre sens et nous retournerons à notre travail avec un intérêt et un enthousiasme renouvelés.

5
Travail, carrière et vocation

Nous nous sommes revus le lendemain.

« Vous savez, lorsque nous discutions hier du rapport entre travail et bonheur vous avez dit qu'il faut parfois savoir prendre du recul pour voir le tableau d'ensemble. Jusqu'ici nous avons identifié certaines des sources les plus courantes d'insatisfaction dans le travail – l'ennui, l'absence d'autonomie, le sentiment de ne pas être bien payé, etc. Et vous avez aussi évoqué des sources de satisfaction, comme les rapports humains et même des sources potentielles comme le sentiment de défi, dont vous avez fait remarquer qu'il dépend des individus. Mais dans un sens plus large, je me demande ce qui à vos yeux est le plus important. Quel facteur à la plus grande influence sur notre bonheur dans le travail ? »

Le Dalaï-Lama demeura silencieux. Son expression de profonde concentration montrait qu'il considérait très attentivement la question. Il finit par répondre :

« Lorsque nous parlons du travail, notre but, l'élément le plus important, est un sentiment d'accomplissement tiré de son travail. N'est-ce pas ? Donc, lorsqu'on cherche à tirer un sentiment d'accomplissement de son travail, je pense que notre attitude envers notre travail est le plus important. Il s'interrompit à nouveau. Je pense que cela, la conscience de soi et la compréhension de soi sont les éléments clé.

« Mais bien sûr d'autres facteurs peuvent intervenir. Notre constitution émotionnelle, l'intensité d'émotions comme la jalousie, l'hostilité, l'avidité, entre autres, tout cela peut jouer un rôle important. Par exemple, si une personne obtient un emploi, éprouve un sentiment de contentement intérieur et n'est pas avide, alors pour cette personne ce travail pourra être très satisfaisant. Mais un autre individu pourrait avoir le même emploi et, parce qu'il est beaucoup plus ambitieux, estimer qu'il mérite un meilleur travail. Il sera jaloux de ses collègues. Dans ce cas, le même travail ne lui donnera pas un sentiment d'accomplissement. On voit bien que ce type de facteurs fait une différence. »

Les données scientifiques qui confortent l'affirmation du Dalaï-Lama selon laquelle notre attitude sous-jacente influe sur notre sentiment de satisfaction dans le travail sont légion. L'étude la plus intéressante est celle réalisée en 1997 par le Dr Amy Wrzesniewski, une psychologue spécialiste des organisations qui enseigne à l'université de New York. Avec ses collaborateurs, elle a montré que les employés se divisent généralement en trois catégories distinctes. Pour le premier groupe, leur travail est juste un job. Leur but principal est la récompense financière qui l'accompagne. La nature du travail est accessoire, et elle ne leur procure aucun plaisir particulier ni sentiment d'accomplissement. Puisque leur principal souci est leur salaire, si le salaire baisse ou si l'occasion d'un travail mieux payé se présente, ils en changeront. Le deuxième groupe considère leur travail comme une carrière. Chez eux, l'accent principal est mis sur l'avancement. Ces gens sont davantage motivés par le prestige, le statut social et le pouvoir qui accompagne les titres et les promotions, plutôt que par l'argent. Dans cette catégorie, l'investissement personnel peut être plus important, mais dès que l'avancement s'arrête, ils commencent à être insatisfaits. Leur intérêt professionnel peut s'évaporer, et ils pourront se mettre à chercher un autre travail. La dernière catégorie est celle des gens qui voient dans leur travail une vocation. Ces individus font leur travail pour le travail en soi. Il y a moins de séparation entre leur travail et les autres aspects de leur vie. Ils ont tendance à aimer leur travail et, s'ils le pouvaient, ils le feraient même sans être payés. Pour eux, leur emploi a un sens, sert un but supérieur, apporte quelque chose à la société ou au monde. Comme on pourrait s'y attendre, ceux qui ont une vocation pour leur travail ont tendance à en être plus satisfaits que ceux qui n'y voient qu'un job ou une carrière. Résumant ces découvertes, ces scientifiques concluent : « La satisfaction dans sa vie et son travail peut davantage dépendre de la manière dont l'employé perçoit son travail que de son revenu ou du prestige qui l'accompagne. »

Nous n'avons toutefois pas besoin de sociologues, de psychologues ou de spécialistes du management pour nous dire cela. Chacun de nous peut conduire sa propre enquête, en se servant de sa vie et de celle de son entourage comme sujets de recherche. Avec un peu de réflexion et d'observation il est facile de découvrir comment notre attitude peut avoir des effets profonds sur notre plaisir et notre satisfaction dans notre travail.

Bien sûr, de nombreux facteurs, tant externes qu'internes, interviennent dans la formation de notre attitude envers le travail. Notre enfance, notre éducation et notre culture jouent sans doute un rôle. Comme bien d'autres dans notre société, par exemple, je me souviens de ce que mon père nous disait, à mes frères et à moi-même, des vertus et des plaisirs liés au travail, comment il essayait de nous faire comprendre l'importance d'une éthique forte dans le travail. Et comme tant de gens dans notre société, ses messages non verbaux donnaient du travail une impression qui était assez différente de ce que véhiculaient ses paroles. Lorsqu'il rentrait épuisé chaque soir à la maison, refusant de parler de sa journée, il instillait le doute dans nos jeunes esprits sur ce qu'il faisait exactement. À en juger par son air, et sans disposer de plus d'informations, cela ne nous aurait pas surpris outre mesure si son travail avait consisté à souffrir huit heures par jour.

Je ne brûlais donc pas du désir ardent de commencer à travailler. Adolescent, ma première journée de travail n'a rien fait pour dissiper mes doutes sur les vertus et les plaisirs du travail. J'avais trouvé un job d'été dans une usine de jus d'orange. J'étais placé au bout d'un tapis roulant et je devais soulever des cartons de canettes de jus d'orange pour les placer sur une palette. La courbe d'apprentissage de mon merveilleux nouvel emploi a duré à peu près onze secondes. À la fin de la première heure, submergé par une vague d'ennui et d'épuisement, je commençais à détester la vue des cartons de canettes qui défilaient sans répit dans ma direction. Je considérais chaque boîte comme une insulte personnelle. Pendant les cinq premières minutes, je me suis distrait en pensant à un de mes épisodes préférés de la série *I love Lucy*, dans lequel l'héroïne, Lucille Ball, dégote un emploi dans lequel elle doit placer des chocolats dans des boîtes qui défilent sur un tapis roulant, mais j'ai vite compris que dans mon cas aucun gag ne viendrait égayer ma journée. Il n'y avait pas une once de bonne humeur dans cette usine, et j'avais commencé à envisager la possibilité que l'endroit était équipé d'un filtre à air industriel particulier qui débarrassait l'air de la moindre molécule de bonne humeur. L'ouvrier qui se trouvait à mes côtés semblait fournir une première vérification de cette hypothèse. Pendant la première heure il n'a pas prononcé un mot et, lorsqu'il l'a enfin fait, ça a été pour dire : « Ce travail, c'est de la merde ! » Il ne m'a jamais dit son nom. Et pour aggraver le tout, il semblait faire exprès de traîner. Il se déplaçait si lentement que je devais remplir et déplacer bien plus de cartons que lui. C'était exaspérant. Je voulais bien toutefois lui accorder le bénéfice du doute. Ce n'était peut-être pas lui qui se déplaçait lentement, mais le temps ; peut-être les lois de la physique avaient-elles cessé d'exister dans cette usine ? La moindre minute semblait durer une heure. Tout ce que je pouvais faire c'était regarder désespérément ma montre. Je ne pensais pas que je pourrais tenir plus d'une journée...

Pourtant, le deuxième jour, j'ai reçu ma toute première leçon sur l'importance primordiale de l'attitude envers son travail, et comment elle peut transformer notre expérience. Une nouvelle équipe a pris la relève, et mon voisin a été remplacé par Carl, un type plus âgé dont l'énergie et l'enthousiasme étaient remarquables. Je ne pouvais m'empêcher d'être émerveillé par la manière dont il travaillait. Il semblait adorer chaque geste qu'il faisait, déplaçant adroitement les cartons, avec un rythme et une économie de gestes qui faisaient vraiment plaisir à voir – comme lorsqu'un athlète professionnel s'entraîne. Et ce n'était pas seulement le mouvement qui semblait lui donner tant de plaisir. Il adorait interagir avec ses camarades de travail. Il connaissait le nom de chacun, tous les détails de leur vie. Grâce à lui la journée était finie avant même que je n'aie pu m'en rendre compte. Il aimait vraiment les gens, et les gens le lui rendaient bien. Et il semblait avoir un sens inné du but plus profond de son travail. Il s'était donné la peine de s'informer sur la quantité de boîtes de jus d'orange produites par l'usine, les États vers lesquels elles étaient expédiées. Il aimait penser au voyage que les canettes allaient entreprendre et disait par exemple : « Fais attention à cette boîte-là, mon gars, le jus d'orange dans ce carton va directement sur le bateau de Son Altesse Royale, où il sera mélangé à de la vodka et servi à des diplomates indolents dans de longs verres », ou encore : « Fais gaffe parce que cette canette s'envole directement pour le Nebraska, où elle va être bue à la paille par un petit gars malin âgé d'un an et demi. » Lorsque je repense à Carl, un homme à qui je n'ai pas pensé depuis plus de trente ans, je me dis que c'est un merveilleux exemple de quelqu'un qui transforme un travail routinier en une vocation.

Poursuivant notre discussion des attitudes envers le travail, le Dalaï-Lama proposa une illustration :

« Lorsque je songe à l'attitude envers le travail, il me vient à l'esprit des exemples tirés de mon expérience de moine. J'ai vu comment l'attitude fait une très grande différence quant à la manière dont on fait son travail, et le sentiment d'accomplissement que l'on en retire. Par exemple, j'ai remarqué comment un jeune moine peut entrer au monastère et commencer ses études religieuses et philosophiques ; au début le moine n'apprécie peut-être pas le sens profond des textes, mais il doit se lever très tôt, veiller très tard et continuer à étudier et à effectuer des tâches. À ce stade, il a le sentiment que c'est très fatigant, il sent le poids de sa charge de travail et il s'ennuie – il n'a pas vraiment envie de faire tout cela. Il n'a pas le choix. Par la suite, en revanche, il commence à comprendre le sens, à apprécier les textes, à voir le sens plus profond et le but de ce qu'il fait, et cela entraîne un changement d'attitude. À présent, non seulement il fait le travail, mais il le fait avec enthousiasme et il ne perçoit plus aucun signe d'ennui ni même de fatigue. Donc, bien qu'il passe le même temps à faire le même type de choses, le changement d'attitude produit un effet remarquable. Et je pense que quel que soit le travail que l'on fait, l'attitude fait une grande différence.

— Maintenant que nous avons montré que l'attitude, la vision que l'on a de son travail, est une composante essentielle de la satisfaction et du bonheur, j'aimerais décomposer un peu plus les choses et entrer dans les détails. »

Le Dalaï-Lama acquiesça d'un signe de tête.

« Pour ce qui est de l'identification des attitudes envers le travail, il existait une étude montrant que de manière générale les Occidentaux classent leur travail dans l'une des trois catégories suivantes : certaines personnes voient dans leur travail le moyen de gagner de l'argent, et le salaire est le principal intérêt et la principale motivation ; d'autres y voient une carrière, et ici l'accent est mis sur le déroulement de leur carrière, l'avancement, les promotions, et le fait d'avancer dans leur domaine, quel qu'il soit ; et il y a une troisième catégorie de gens qui voient leur travail comme une vocation. Les caractéristiques d'une vocation, c'est qu'ils pensent que leur travail contribue à un bien plus général, qu'il a une valeur significative. Donc, le concept de vocation est lié à l'idée qu'il existe un but plus élevé à leur travail, peut-être même le bien-être de la société ou des autres.

« Telles sont les trois premières attitudes ou vues que les gens ont de leur travail. Un tiers voit le travail comme un job, un autre tiers une carrière et un dernier tiers une vocation. L'étude a en outre montré que les gens qui voient leur travail comme une vocation sont en règle générale plus satisfaits et plus heureux que les autres. Cela semble aller dans le sens de votre idée selon laquelle l'attitude envers son travail détermine le sentiment d'accomplissement. »

Le Dalaï-Lama répondit :

« Oui, en effet, je pense que cela va dans le même sens. Vous courez davantage le risque d'être insatisfait de votre travail si vous ne le faites que pour de l'argent, pour votre chèque à la fin du mois et rien d'autre. Et même si vous voyez dans votre travail une carrière, cela peut conduire à l'insatisfaction. Bien sûr cela dépend de votre motivation, mais si tout ce qui vous intéresse est l'avancement, le pouvoir, les titres et ainsi de suite, vous risquez un excès de compétition, de frustration si vous ne progressez pas, et de jalousie si d'autres vous dépassent. Cela ne conduira pas à un état optimal de satisfaction dans son travail. De plus vous vous ferez peut-être des ennemis. D'un autre côté, on voit bien en quoi le fait de voir son travail comme une vocation peut être plus satisfaisant d'un point de vue interne.

« Et je pense que le fait de voir votre travail comme une vocation peut aussi avoir d'autres effets positifs. Par exemple, nous avons parlé de l'ennui, et vous m'avez demandé comment j'y fais face, et je n'étais pas très sûr de la pertinence de mon expérience pour tout le monde. Mais ici, je pense que c'est quelque chose qui pourrait s'appliquer à de très nombreuses personnes. Si pour vous votre travail est une vocation, cela vous aidera très certainement à vous fatiguer moins facilement. Cela réduira l'ennui et vous donnera un puissant sentiment d'avoir un but et d'être déterminé à l'atteindre. Et cela vous permettra de maintenir votre intérêt et votre enthousiasme même si vous n'obtenez pas d'augmentation ou de promotion. »

Dans notre exploration des trois principales attitudes envers le travail, nous avions longuement parlé de la première catégorie dans notre discussion sur l'argent comme motivation principale pour travailler mais le Dalaï-Lama avait raison de souligner qu'un travail dont le but principal est l'avancement, les titres et le pouvoir peut aussi être source de malheur. Toby peut nous servir d'exemple.

Après des études de droit, Toby est devenue procureur. Lorsqu'on lui demande pourquoi elle a choisi ce métier, elle n'est pas capable de répondre car elle est déchirée entre d'une part la perception de son métier comme moyen d'accès à la richesse, à un certain standing social et à la confirmation de son intelligence, et de l'autre son désir d'être quelqu'un de bien, au-dessus de l'ambition. Elle veut penser qu'elle a choisi le droit pour aider les gens. Or la vérité est que son ambition personnelle la rend malheureuse depuis quinze ans. Elle a commencé une carrière très prometteuse au bureau du *district attorney*. Elle gravissait rapidement les échelons. Mais en approchant la quarantaine, elle n'a pas résisté à la tentation de l'argent que gagnaient ses collègues dans d'importants cabinets privés, ou en défendant des actions en dommages et intérêts. Lorsqu'elle a rejoint le secteur privé, elle était trop âgée pour devenir une partenaire dans un cabinet et avait trop d'expérience dans le domaine criminel pour changer de secteur. Elle a donc dû s'établir à son compte et n'a jamais été capable de gagner l'argent qu'elle escomptait ou obtenir la reconnaissance sociale qu'elle désirait.

Comme en outre elle était tellement décidée à réussir dans le secteur privé, elle refusa toutes les offres de l'*attorney general* à trouver une fonction de procureur avec un rang plus élevé et une bien plus grande « visibilité ». Le résultat est qu'elle ne peut jamais jouir des fruits de sa réussite – elle veut toujours quelque chose d'autre. Elle est tellement talentueuse que lorsqu'elle se plaint que son travail ne lui apporte pas ce qu'elle souhaite, c'est comme une top model se lamentant d'un malheureux bouton sur l'épaule à une amie au visage recouvert d'acné.

« Avez-vous des idées sur la manière dont une personne ordinaire pourrait changer sa manière de voir son travail et son attitude ? Autrement dit, comment peut-on passer d'une approche "pécuniaire" ou "carriériste" à une approche de la "vocation" ? »

Le Dalaï-Lama réfléchit pendant un moment.

« Je ne suis pas certain. Mais par exemple prenons un fermier ; lorsqu'il fait son travail, comment pourrait-il y voir une vocation ? Peut-être pourrait-il s'efforcer de discerner le but supérieur de son travail puis essayer d'y réfléchir ? Peut-être faudrait-il qu'il pense à ce qu'il s'occupe de la nature, qu'il cultive la vie. Ou, dans le cas d'un ouvrier d'usine, il pourrait penser à la destination finale de la machine particulière qu'il fabrique. Je ne sais pas, je pense que cela pourrait être difficile pour certains, mais ils peuvent essayer de déceler un but.

« D'un autre côté, je pense que certaines professions, comme les assistantes sociales, les professions de santé, les enseignants, verraient facilement une vocation dans leur métier.

— Vous savez, on pourrait s'imaginer que la vision que nous avons de notre travail dépend de sa nature – dans certains emplois, des emplois non qualifiés, par exemple, ou des emplois très subalternes, les gens auraient tendance à ne voir que le côté rémunérateur, alors qu'une assistante sociale ou une infirmière, ou un médecin, insisterait sur sa vocation. Mais en fait, chose intéressante, une telle division n'existe pas. L'étude qui a identifié les trois approches dont nous parlons a montré que la même division existait quel que soit le domaine ou le travail particulier. Ils ont étudié un groupe d'administrateurs universitaires exerçant tous les mêmes fonctions, avec le même niveau d'éducation, dans le même cadre et ainsi de suite, et ils ont découvert qu'un tiers voyait dans leur travail juste un boulot, un tiers une carrière et un tiers une vocation. Donc, même chez les infirmières, les médecins, les assistantes sociales, certains voient le travail juste comme un boulot, d'autres comme une carrière et d'autres comme une vocation. Cela semble être davantage une question de psychologie personnelle que de nature du travail.

— Oui, je conçois que cela puisse être vrai, dit le Dalaï-Lama. Par exemple, les moines étudiants bouddhistes sont censés étudier pour un but supérieur, la Libération, mais il se peut que certains n'aient pas cette motivation. Cela est peut-être dû à leur environnement. Ils n'ont peut-être pas à leur côté quelqu'un qui leur donne de bons conseils, qui les aide à percevoir la vision plus large et le but ultime. Donc, si l'assistante sociale est convenablement formée et encadrée, et si l'on fait attention à cultiver la bonne motivation dès le début, alors ils seront peut-être capables de mieux percevoir leur travail.

— Eh bien, de toute évidence si l'on exerce une profession comme assistante sociale, voire d'autres métiers où il s'agit d'aider les gens, alors les chances pour que l'on y voie une « vocation » sont sans doutes plus élevées qu'ailleurs, puisque après tout il s'agit d'améliorer la société. Je suis un peu en train de lancer des idées en l'air, pour essayer de clarifier les choses, mais je me demandais ce que vous pensiez de la recherche de l'excellence en tant que motivation ou but supérieur de son travail, pas nécessairement pour aider les autres ou la société. Développer au maximum son potentiel personnel par le travail. Se centrer sur la satisfaction pour le simple plaisir de bien faire son travail. Diriez-vous qu'il s'agit d'un “but supérieur”, l'incluriez-vous dans la catégorie “vocation” ?

— Je pense que l'on pourrait probablement appeler cela de la “vocation”, répondit le Dalaï-Lama, avec une légère hésitation dans la voix. De manière générale, je pense personnellement que c'est mieux si le but ou la signification supérieure impliquent d'aider les gens. Mais il y a toutes sortes de gens, avec des points de vue et des dispositions différents. Donc, je pense qu'il est parfaitement possible que pour certaines personnes le but supérieur soit simplement de rechercher l'excellence dans leur activité et de l'exercer de manière créative. Ici, l'accent porte davantage sur le processus créatif, et la haute qualité du travail lui-même. Et selon moi cela pourrait transformer la vision de son travail en tant que simple boulot ou carrière en quelque chose ayant à voir avec la vocation. Mais ici aussi il faut être motivé, ne pas faire son travail par esprit de compétition ou par jalousie. C'est important.

« Par exemple, je pense que dans le passé et même aujourd'hui, de nombreux chercheurs effectuent leurs expériences par simple curiosité scientifique et à cause de leur intérêt particulier pour un certain domaine. Pour moi, ces gens diraient qu'ils ont une "vocation". Et en fait ces scientifiques font souvent de nouvelles découvertes qui finissent par profiter aux autres, même si telle n'était pas leur intention de départ.

— C'est un très bon exemple.

— Bien sûr, cela peut se révéler dangereux à l'occasion. Par exemple, certains scientifiques ont entrepris des recherches pour produire de nouvelles armes de destruction massive. Surtout chez vous, les Américains ! dit-il en riant. Et je me dis que leur travail était aussi à leurs yeux une vocation, trouver des choses pour détruire l'ennemi et peut-être, dans leur esprit, protéger les leurs. Mais vous avez des gens comme Hitler, qui utiliseraient des découvertes dans le mauvais sens. »

J'ai poursuivi :

« Eh bien, comme je l'ai dit, il existe certaines professions où il peut être potentiellement plus facile d'avoir la vocation pour son métier. La médecine, le social, la religion, l'enseignement... Mais nous avons vu qu'il existe des millions de personnes qui n'ont pas l'occasion ni l'intérêt pour devenir de grands savants ou des assistantes sociales, des enseignants ou des infirmières. Par exemple, de nombreux métiers sont perçus comme servant exclusivement à gagner de l'argent – les banquiers, les courtiers en Bourse, etc. Certains sont seulement intéressés par l'avancement, le standing, le pouvoir – les dirigeants de sociétés, les avocats et ainsi de suite.

— C'est vrai, répondit le Dalaï-Lama, le monde est plein de gens très différents, et il y a donc de très nombreuses approches pour trouver un sens supérieur à son travail, qui conduit alors à le percevoir comme cette "vocation" dont vous parlez. Et cela augmente alors sa satisfaction professionnelle. Par exemple, une personne peut avoir un emploi très ennuyeux qui lui permet néanmoins de subvenir aux besoins de sa famille, de ses enfants, de ses parents âgés. Aider et soutenir sa famille pourraient donc être le but supérieur de cette personne, et quand l'ennui ou l'insatisfaction deviendraient trop pesants, elle pourrait réfléchir délibérément à l'acte de subvenir aux besoins des siens, de veiller à leur bonheur, visualiser chaque membre de sa famille et la manière dont son travail contribue à les nourrir et à les abriter, et je pense que cela pourrait lui donner davantage de courage. Donc, qu'elle aime le travail ou non, il existe toujours un but. Mais je pense que nous avons déjà dit que si vous considérez que le seul but de votre travail c'est le salaire qu'il vous rapporte, alors il devient ennuyeux vraiment et vous avez envie d'un autre travail.

— Il existe quand même des millions de personnes qui n'ont pas de famille à entretenir, et pensez-vous qu'il y a une manière pour ces personnes de cultiver une motivation plus élevée, à laquelle ils puissent se référer lorsqu'ils sont au travail ?

— Ce n'est pas difficile, répondit le Dalaï-Lama sans hésiter. Plusieurs types de raisonnement sont à la disposition d'une personne pour découvrir ce but supérieur, l'impact plus large de son travail.

— Pourriez-vous donner quelques exemples ? »

Le Dalaï-Lama montra du doigt mon magnétophone posé sur la table basse devant nous.

« Regardez cette machine. Je pense que quelques milliers de personnes ont participé à sa fabrication. Nous pouvons à présent nous en servir pour faire ce livre qui sera peut-être utile à d'autres personnes. De la même manière, il existe des milliers de personnes qui contribuent à nous nourrir, à nous habiller, et ainsi de suite. L'ouvrier qui se trouve sur la chaîne de montage ne voit peut-être pas directement les bénéfices de son dur labeur, mais avec un peu d'analyse il peut comprendre les bénéfices indirects pour autrui et être fier de ce qu'il a fait.

« À travers le monde, des ouvriers apportent inconsciemment du bonheur à autrui. Je pense que souvent, si l'on travaille sans s'impliquer pour une grande société, on peut avoir l'impression que l'on a un emploi insignifiant, qu'un ouvrier isolé n'a pas vraiment d'influence directe sur sa compagnie. Mais si nous creusons un peu, nous pouvons comprendre que notre travail a des effets indirects sur des gens que nous ne rencontrerons sans doute jamais. D'une modeste manière, notre travail peut nous permettre d'apporter quelque chose aux autres.

« D'autres personnes travaillent peut-être pour le gouvernement et pensent que le but supérieur de ce qu'ils font est d'aider leur pays. Dans les années cinquante, par exemple, de nombreux Chinois, dont des soldats, avaient sincèrement le sentiment de travailler pour le bénéfice des autres, ou au moins pour le parti qui améliorerait le sort du peuple. Ils avaient donc une forte motivation et faisaient même don de leur vie. Et ils ne recherchaient pas des gains personnels. De même, dans le monde monastique, de très nombreux moines choisissent de vivre reclus, comme ermites dans les montagnes, dans des conditions très difficiles. Ils ont la possibilité de rester dans le monastère et d'avoir une vie plus confortable et facile. Mais parce qu'ils ont en tête un but bien plus élevé qui est d'atteindre la Libération pour mieux servir tous les êtres, ils sont prêts à subir ces difficultés immédiates. Je pense que ces personnes éprouvent une certaine satisfaction dans leur travail. »

Le Dalaï-Lama sirota un peu de thé en réfléchissant.

« Il y a toujours moyen de trouver un but supérieur à son travail. Bien sûr, il existera toujours quelques individus qui n'ont pas besoin de travailler en raison d'une situation financière particulière. Dans de telles circonstances, ils peuvent apprécier leur liberté et jouir de leur privilège, et c'est une chose. Mais parmi ceux qui ont besoin de travailler pour gagner leur vie, il est important de reconnaître pour ces individus que, d'abord, ils font partie de la société. Ils doivent aussi reconnaître qu'en participant activement à cette force de travail, ils remplissent leur rôle de bon citoyen, de membre productif de la société. Et de cette manière ils peuvent en venir à réaliser qu'indirectement ils contribuent au bien-être de toute la société. Donc, s'ils suivent ce raisonnement, ils peuvent percevoir un but à leur activité autre que la simple subsistance. Cela en soi peut suffire à donner un but, un sentiment de vocation. Et cette idée peut être renforcée s'ils se demandent simplement “quelle est l’alternative ?”. Ne rien faire. Et on court alors le risque de sombrer dans des habitudes néfastes, comme le recours aux drogues, faire partie d’un gang, ou devenir un membre destructeur de la société. Donc, non seulement vous ne contribuerez pas à la société dans laquelle vous vivez, mais vous minerez en fait la stabilité même de celle-ci. Donc, si un ouvrier raisonne selon ces lignes, il pourra percevoir le but supérieur auquel sert son travail. »

Le Dalaï-Lama fit une nouvelle fois une pose et éclata de rire.

« Je me disais qu’il y a peut-être un peu d’ironie ici. Nous parlons de ces choses qui vont se retrouver dans un livre, et on pourrait penser que je fais ces suggestions aux citoyens américains. Je me demande si les Tibétains, ma propre communauté, prêteront attention à ces choses. La question est ouverte ! Ils ne font pas toujours attention à ce que je dis ! »

Je hasardai une plaisanterie :

« On pourrait peut-être faire publier notre livre en tibétain ? »

Chacun de nous porte la capacité de cultiver une plus grande satisfaction dans son travail en transformant ce qui est un boulot en une vocation. Et la bonne nouvelle est que nous ne sommes pas obligés, pour cela, de démissionner de notre emploi de bagagiste ou de courtier en assurances pour rejoindre une ONG en Afrique. Non, quel que soit notre travail, avec un peu d’attention et d’efforts, nous pouvons donner un sens à ce que nous faisons.

Le Dr Amy Wrzesniewski, une des plus importantes spécialistes des questions de satisfaction dans le travail, a dit : « Des recherches récentes ont prouvé que les gens occupant des emplois subalternes peuvent transformer leur rapport à leur travail en transformant les tâches et les relations qui en font partie d'une façon qui lui donne davantage de sens. »

Il existe de nombreuses manières dont un individu peut donner plus de sens à ce qu'il fait. Une femme qui occupe un poste administratif subalterne dans une grande compagnie a décrit sa manière d'y parvenir :

« Chaque jour, je choisis une personne qui m'a l'air de passer une journée "tartine beurrée", et je fais l'effort de lui dire un ou deux mots d'encouragement. Je lui demande si je peux l'aider, ou parfois je me contente de lui sourire ou de lui donner une tape dans le dos. Bien sûr, cela ne lui est pas toujours utile, mais parfois si. En tout cas, une chose est sûre : cela m'aide *moi*. Cela ne me demande pas un grand effort mais, croyez-moi, le jeu en vaut la chandelle. C'est ce qui me donne envie d'aller travailler, jour après jour.

— C'est quoi une journée "tartine beurrée" ? ai-je demandé

— C'est un de ces jours où du réveil jusqu'au coucher, tout va de travers. Ça commence quand vous faites tomber votre tartine, le beurre vers le bas, et ça continue toute la journée. »

Il n'est pas toujours aisé de trouver un sens plus élevé ou une vraie signification à son travail, il n'est pas toujours évident de changer d'attitude ou de perspective. L'impact global de nos efforts n'est pas toujours apparent. Donc, nous devons commencer à une échelle très modeste en reconnaissant l'impact positif que nous avons sur les personnes qui nous entourent. Et une fois que nous avons découvert comment nous contribuons au bien plus général, nous devons nous le rappeler à chaque instant, surtout lorsque nous nous ennuyons au travail, que nous sommes débordés ou démoralisés. Une de mes amies, directrice littéraire d'une grande maison d'édition, m'a fait part de la stratégie qu'elle utilise pour changer son attitude, une stratégie personnelle qu'elle a mise au point sans connaître les travaux de gens comme le Dr Wrzesniewski.

« Il m'arrive souvent dans mon travail d'en arriver à un point où je me dis : "Je n'en peux plus." Je ne suis pas toujours capable de dire exactement pourquoi : mais chaque chose m'a l'air d'être un fardeau insupportable, chaque question une interruption insidieuse, chaque réunion un coup porté à ma qualité de vie. Dans ces moments, je ne peux m'empêcher d'avoir envie de me trouver n'importe où sauf au travail. Je préférerais être coincée dans le métro à l'heure de pointe, dans un tunnel sans climatisation. Seulement voilà : je ne me retrouve dans cet état que lorsque je pense à mon travail comme une carrière, si j'essaie de paraître sous mon meilleur jour. J'ai découvert que lorsque je compte sur quelque chose d'extérieur à moi-même pour me rendre heureuse, je suis toujours déçue. Mon travail ne peut pas m'aider à me sentir mieux. C'est moi qui dois m'occuper de cela. Donc, quand je suis dans cet état, je n'essaie pas de changer d'un seul coup toute mon attitude, en me disant : "Au bout du compte, mon job aide des gens." Ça ne marche pas pour moi. Je dois commencer petit. Je dois commencer par l'agacement que je ressens lorsque je dois répondre à une question irritante d'un collègue. Je dois apprécier cette personne comme quelqu'un qui a aussi un boulot à faire et dont les besoins sont au moins aussi, sinon plus, importants que les miens. Alors je peux éprouver de la satisfaction en me disant que, grâce à mon travail, j'ai pu aider quelqu'un à y voir plus clair. De là, je peux me tourner vers la tâche qui m'occupe, par exemple la rédaction d'un argumentaire de marketing pour positionner un livre. Puis je peux penser à la manière dont les gens dans la maison réagissent à ce livre, qu'il leur a plu, qu'il ait aidé telle collègue dont un proche était malade. Puis je pense aux milliers d'exemplaires qui se trouvent chez les libraires, et à toutes les personnes qui vont peut-être l'acheter, le lire, se sentir compris et aidés et passer le livre à quelqu'un d'autre à qui il pourra rendre service, et ainsi de suite. Et c'est alors seulement que je comprends que le but de mon travail est vraiment de soulager la souffrance. Mais ce n'est pas une sensation facile à préserver. Je me retrouve constamment dans le mode "épuisé". C'est un exercice de formation de l'esprit que je dois pratiquer constamment. Et lorsque je deviens insupportable au travail, cela veut dire que je dois recommencer, encore, et encore, et encore, jusqu'au jour où cela me vient tout seul, naturellement, spontanément, et pendant un moment, alors que je travaille sur un manuscrit, je sens une joie énorme qui m'envahit, comme venue de nulle part. »

6

La compréhension de soi

Le Dalaï-Lama avait été pris par d'autres réunions et engagements depuis plusieurs jours, et, quand nous nous sommes retrouvés, j'avais hâte de reprendre notre discussion là où nous l'avions laissée.

« L'autre jour, nous avons parlé du fait que notre attitude est un facteur essentiel de notre sentiment de satisfaction dans le travail, et nous avons évoqué différentes manières de modifier notre attitude ou notre point de vue afin d'en venir à concevoir notre travail comme une vocation. Mais vous avez aussi mentionné un autre facteur : la conscience de soi, ou la compréhension de soi.

— C'est exact, répondit aimablement le Dalaï-Lama.

— Pouvez-vous aller un peu plus loin et expliquer plus précisément comment cette compréhension de soi pourrait s'appliquer à notre travail ?

— Je pense qu'il peut être très utile pour une personne d'avoir une meilleure compréhension de soi. Par exemple, quelqu'un de très qualifié qui se retrouve à un très mauvais poste a des raisons valables de se plaindre et de chercher un meilleur emploi. C'est légitime. S'il a les compétences pour aller plus loin, alors il doit aller plus loin. D'un autre côté, vous pourriez avoir un individu mécontent de sa situation, qui voudrait un meilleur travail et gagner plus d'argent, mais dont les capacités et les qualifications ne sont pas très bonnes. Cette personne a une image déformée d'elle-même ; elle n'a pas une bonne compréhension de soi. Donc, au lieu de changer d'attitude, d'apprécier le travail qu'elle a en réalisant qu'il correspond à son niveau de compétences, elle en veut aux autres, exige un meilleur poste, et son travail, qui devrait lui permettre de se réaliser, se transforme en une pure source d'insatisfaction.

— Je trouve intéressant que vous ayez choisi de parler de cette question de la conscience de soi, ai-je remarqué, parce que en lisant ce qui a été écrit sur les sources de satisfaction dans le travail – pourquoi certaines personnes sont heureuses et pas d'autres – un grand nombre de chercheurs parlent précisément de ce que vous mentionnez, la compréhension de soi et la conscience de soi comme deux éléments essentiels pour améliorer son niveau de satisfaction. Pouvez-vous développer un peu cette idée ? Qu'y a-t-il de plus dans cette notion que le fait de dire "eh bien, j'ai les compétences pour faire ce travail" ? Dans un sens plus large, qu'englobent la conscience et la compréhension de soi ? »

Le Dalaï-Lama se lança dans une explication :

« Il y a plusieurs niveaux auxquels on peut se placer pour parler de la conscience ou de la compréhension de soi. Dans la psychologie bouddhiste, on insiste beaucoup sur l'importance d'avoir un sentiment de soi ancré dans la réalité. La raison de cela est qu'il existe un rapport intime entre comment nous nous percevons et comment nous entretenons des rapports avec autrui et avec le monde. Il va sans dire que la manière dont nous nous percevons nous-mêmes influe aussi sur notre façon de réagir dans une situation donnée. Or, à un niveau très fondamental, les êtres humains ont un sens inné du soi, un sens inné du "moi", qui nous paraît être une sorte de noyau fixe, permanent, quelque chose d'indépendant, de séparé des autres comme du monde. La question est, toutefois, de savoir si ce sentiment de soi, ce "moi" auquel nous nous agrippons avec tant de force, existe véritablement, de la manière dont nous percevons qu'il existe. Quelle est la véritable nature sous-jacente du soi ? Quel est le fondement ultime du soi ? C'est une question fondamentale dans la pensée bouddhiste, parce que nous affirmons que cette croyance en un "moi" unitaire, solide, permanent, est à la racine de nos souffrances mentales et émotionnelles, les états mentaux destructeurs qui font obstacle à notre bonheur. Par le raisonnement, la logique et l'analyse rigoureux, en recherchant la nature ultime du "moi", nous découvrons qu'il existe un fossé entre la manière dont nous semblons exister, et celle dont nous existons véritablement. Un fossé entre l'apparence et la réalité. Mais ce type d'investigation sur la nature ultime du soi, la nature de la réalité, est une question de théorie et de pratique bouddhistes. Elle renvoie à ce que dans la terminologie bouddhiste nous appelons le vide ou le non-soi. C'est une question distincte de la question du type de compréhension de soi dont nous parlons en ce moment, qui est la compréhension de soi au sens traditionnel. Nous ne parlons pas de parvenir à la compréhension de la nature ultime du soi.

— Quels types de facteurs seraient présents chez une personne qui souhaiterait développer une plus grande conscience de soi, ou compréhension de soi de ce type traditionnel, ordinaire ? demandai-je.

— S'il s'agit du travail, si les gens souhaitent atteindre une meilleure compréhension de leur niveau de connaissances ou de compétences techniques dans leur domaine, alors peut-être feraient-ils bien de se soumettre à certains tests. Je pense que cela permet d'améliorer la propre compréhension de ses capacités, au moins au niveau des compétences techniques, de l'efficacité, de tout type de savoir qui puisse être mesuré objectivement.

« Mais s'il s'agit d'approfondir sa conscience de soi et sa compréhension à un niveau plus profond, alors l'essentiel est d'avoir une vision du "moi" qui soit ancrée dans la réalité. Dans ce cas, le but est d'avoir une vision non déformée de soi-même, une évaluation précise de nos capacités et caractéristiques.

— Ce que vous dites me rappelle certaines théories récentes proposées par des chercheurs dans le domaine du bonheur humain. Un de ces spécialistes en particulier dit qu'il faut améliorer sa compréhension de soi en identifiant ce qu'il appelle nos "signatures de force", les bonnes qualités et caractéristiques naturelles, l'ensemble unique de dons que chacun de nous possède. Il a d'ailleurs mis au point un test que les gens peuvent passer pour identifier leur « signature ». Le questionnaire est très sophistiqué et détaillé. Il a identifié six catégories principales de vertus humaines, comme la sagesse, la modération, le courage et l'amour. Puis il a subdivisé ces vertus « primaires » en vingt-quatre « signatures de force ». Le courage est ainsi subdivisé en bravoure, persévérance et intégrité, et ainsi de suite. Ce chercheur maintient que l'on peut être plus heureux dans son travail en identifiant ses signatures de force et en faisant un effort conscient pour utiliser ces forces dans son travail, chaque jour, si possible. Il recommande de choisir une occupation professionnelle où l'on puisse utiliser ces forces. Si ce n'est pas possible, alors il suggère d'aborder son travail de manière à pouvoir utiliser autant que possible ces forces.

« Nous avons vu comment les gens sont plus heureux dans leur travail s'ils le vivent comme une vocation, comment modifier son attitude pour trouver un but ou un sens supérieur à son travail permet d'y parvenir. Selon Martin Seligman, le chercheur dont je parlais à l'instant, il existerait un autre moyen de parvenir à voir son travail comme une vocation : en identifiant et en utilisant nos forces de signature. Je pense donc, que, d'une certaine manière, ceci est relié à la notion de compréhension de soi dont vous parlez. Au moins au sens traditionnel.

« L'utilisation de nos forces de signature au travail pourrait en être un bon exemple. Je me souviens d'avoir évoqué avec vous autrefois votre rôle en tant que chef du peuple tibétain et votre réussite sur ce plan. Et, dans certaines conversations, vous aviez parlé des différences entre votre style de direction et celui du 13e Dalaï-Lama. Par exemple, le 13e Dalaï-Lama était un peu plus austère, voire sévère. Votre style, tout en étant différent, sert peut-être mieux les besoins actuels de votre peuple. Et vous avez identifié différents traits de votre personnalité, dont une sorte d'informalité, et une sorte de franchise. Vous aviez identifié vos forces et la manière dont elles pouvaient s'appliquer aux besoins de votre travail, ou du moins d'une partie de votre travail, qui est d'être le chef du peuple tibétain. Cela semble coller avec cette idée de connaître ses forces avec précision, puis de les utiliser dans votre travail. Cela vous semble correspondre à quelque chose ?

— Je me demande… Appellerait-on cela un style ou une force ? Parfois, ma connaissance de l'anglais est limitée. Je pensais que la franchise et l'informalité seraient de simples caractéristiques. Je ne sais pas si on peut les appeler des forces. Mais semblez-vous vouloir dire que si vos caractéristiques s'accordent bien aux circonstances, si elles sont utiles, alors elles deviennent une force ?

— Je suppose qu'on pourrait le formuler comme cela.

— Parce que pour moi des forces seraient des qualités comme l'honnêteté, la sincérité, l'humilité. Je ne suis donc pas certain de bien comprendre votre définition. Par exemple, j'ai une bonne voix, une voix forte. C'est une de mes caractéristiques ! Il rit. Et je donne des conférences. Est-ce une force, dans ce cas ?

— Hmm, je ne pense pas qu'une voix puissante serait automatiquement considérée comme une force, sauf si vous êtes en train de donner une conférence et qu'il n'y a pas de micro ! » dis-je en plaisantant.

Il s'esclaffa une nouvelle fois.

« Ça, c'est certain. Il y a peu, mon frère est parti en vacances, et à l'endroit où il se trouvait, des gens avec des voix très puissantes l'ont empêché de dormir durant toute la nuit. Son rire augmenta à mesure qu'il évoquait des souvenirs. Et j'ai eu un chauffeur qui éternuait tellement fort qu'on l'entendait à l'autre bout du bâtiment ! Mais expliquez-moi un peu plus cette idée de forces, de ce que l'on peut considérer comme des forces.

— Pour être honnête, je ne me souviens pas de toutes les caractéristiques sur la liste de Seligman. Mais, par exemple, une voix puissante n'est pas nécessairement une force, alors que la capacité de communiquer de manière claire et efficace l'est. Ou, pour prendre un autre exemple – il était toujours secoué par les rires qu'avait provoqués l'évocation de son ex-chauffeur –, j'ai toujours remarqué que vous avez un sens de l'humour incroyable et que vous utilisez cet humour pour établir des liens avec les autres, dans toutes sortes de circonstances. Je pense que c'est une force.

— Pour moi c'est naturel, c'est une qualité qui est là, qui coule spontanément. Je ne décide pas consciemment d'utiliser de l'humour. C'est pour cela que je ne comprends pas très bien cette idée de force.

— Eh bien, parlons de compréhension de soi, et maintenant de l'identification de nos qualités et capacités naturelles positives, et de la manière d'utiliser et d'appliquer ces capacités à notre travail. En fait, une fois que l'on identifie ces « signatures de force » nous pouvons nous employer à les améliorer, à les augmenter. Ainsi une personne pourrait en venir à voir son travail comme une vocation. Cela le rend plus gratifiant, plus satisfaisant. Par exemple, vous m'avez dit que les conférences que vous avez données dans le sud de l'Inde représentaient un travail difficile. Je me demandais si vous aviez utilisé certaines caractéristiques ou certaines compétences pour donner ces conférences, et si le fait de les utiliser avait rendu cette expérience plus gratifiante.

— Je vois. À cet égard, je pense que j'ai une capacité spéciale – la manière dont fonctionne mon esprit. Je pense que je suis assez doué pour lire un texte bouddhiste, en extraire la substance et bien le résumer. Je pense que cela est dû en partie au fait que je suis capable de placer ce matériau dans un contexte plus large, et surtout que je peux le relier à ma propre vie, que je peux établir un lien avec moi-même et mon expérience personnelle, mes émotions. Même lorsqu'il s'agit de textes très philosophiques, très universitaires, de concepts philosophiques comme le vide, lorsque je lis des livres, j'établis un rapport avec mes propres expériences. Je ne fais pas de séparation entre mes investigations et mes expériences personnelles, elles sont étroitement connectées. C'est pour cela qu'au lieu d'être un matériau universitaire desséché, mes présentations deviennent vivantes, personnelles et elles ont à voir avec ma propre expérience intérieure. Est-ce à cela que vous faites allusion ? »

J'ai subitement compris pourquoi il avait tant de mal à saisir le concept dont nous parlions. Nous étions en train de discuter de l'idée d'identifier ses forces particulières et de les employer délibérément dans notre travail en tant que moyen d'accroître notre satisfaction, de transformer notre travail en une vocation. Mais de toute évidence, sa vie personnelle était déjà tellement intégrée dans son travail qu'il n'existait aucune séparation entre les deux. Il n'avait donc pas besoin de stratégies pour y être plus heureux. Après tout, comme il le disait lui-même, il ne faisait « rien », il ne considérait aucune de ses activités prenantes comme du travail ; elles étaient tout simplement une extension de lui-même en tant qu'être humain.

Ayant compris cela, j'ai dit :

« Oui, cela ressemble à une force. »

Il n'était plus nécessaire de poursuivre dans cette direction.

L'histoire de William illustre bien comment on peut identifier et utiliser nos forces personnelles pour transformer notre travail en vocation, comment avec un peu de créativité et d'efforts on peut intégrer nos forces dans notre travail, et améliorer notre satisfaction. William venait de sortir de l'université, avec un diplôme de comptable, et il était heureux d'avoir été embauché par un important cabinet. Il avait l'impression de se réaliser d'une manière inconnue pour lui jusque-là, et excité de découvrir les avantages d'avoir un bon salaire après des années passées à tirer le diable par la queue pour payer ses études avec de petits boulots. Mais ce sentiment d'exaltation s'évapora assez rapidement, et six mois plus tard il disait : « J'ai commencé à m'ennuyer dans mon travail. Mais je n'arrivais pas à dire pourquoi exactement. C'était moins amusant. Le travail était le même, mon patron était le même, mais pour une raison indéfinie j'ai commencé à ressentir une vague sensation d'insatisfaction. Globalement, je l'aimais toujours autant, et je n'avais pas envie de changer de secteur. Je me suis donc dit qu'il me fallait peut-être une activité en dehors du boulot, juste pour m'ennuyer moins, que j'aimerais développer mon sens créatif que je n'utilisais pas dans mon travail...

— La comptabilité créative, n'est-ce pas ce qui a mis Enron et WorldCom en faillite ? » ai-je interrompu.

William a ri, puis a poursuivi :

« Quoi qu'il en soit, j'ai décidé de prendre des cours du soir pour apprendre à utiliser Photoshop, un logiciel de retouche de photographie sur ordinateur. J'ai adoré. À l'issue des cours, je préparais un rapport au bureau et décidai d'y inclure de jolis graphiques en couleur et d'autres illustrations. Ça avait de la gueule, et je me suis vraiment amusé en le faisant. L'une de mes collègues est tombée sur mon rapport par hasard, et elle m'a demandé de lui faire le même. Elle l'a montré aux autres et bientôt tout le monde venait me voir pour que je donne un peu de vie à leurs rapports. Mon patron a fini par les remarquer, et il m'a convoqué dans son bureau. Je pensais que j'allais avoir des problèmes parce que je passais trop de temps à illustrer les rapports, ce qui n'avait rien à voir avec les chiffres, ce qui était censé être mon métier quand même. Au lieu de quoi il m'a déclaré qu'il aimait bien ces rapports, que ça améliorait drôlement la présentation des chiffres, et il a modifié la définition de mon poste pour y inclure la conception de graphiques sur ordinateur. Je m'occupe toujours de chiffres, et j'aime ça toujours autant, mais mes nouvelles tâches ont rendu le travail bien plus amusant. J'ai commencé à avoir à nouveau envie d'aller au bureau. »

« Nous parlions de l'importance de la compréhension de soi et de la manière dont on peut l'améliorer, en augmentant la conscience de ses qualités personnelles, de ses forces et ainsi de suite. Mais vous avez aussi dit quelque chose au sujet de la compréhension de soi à un niveau plus profond, une description fidèle de qui vous êtes. Pouvez-vous expliquer ce que vous entendez par là ?

— Bien sûr ! Comme je l'ai dit, il est important d'avoir une perception de soi enracinée dans la réalité, une reconnaissance non déformée de ses propres capacités et caractéristiques. Ceci est très important parce que cela réduit les risques d'aboutir à de l'affliction psychologique et émotionnelle. Donc, je pense qu'il est d'abord important de réfléchir aux facteurs qui font obstacle à une meilleure compréhension et à une meilleure conscience de soi. Un facteur important est peut-être la bêtise humaine, dit-il en riant, la simple obstination. J'entends par là la sotte obstination que l'on adopte par rapport à l'expérience de sa propre vie.

— À quel type d'obstination pensez-vous ?

— Par exemple au fait que l'on est persuadé d'avoir toujours raison, que l'on pense que notre manière d'envisager les choses est la meilleure manière, voire la seule. Ce type d'attitude peut donner un sentiment de protection, mais en fait elle ferme la porte à toute véritable reconnaissance de ses défauts. L'excès d'orgueil, qui a souvent pour corollaire un sentiment exagéré de sa propre importance, sera aussi un obstacle à une meilleure compréhension de soi. Ainsi, lorsque vous êtes arrogant, vous êtes forcément moins ouvert aux suggestions et aux critiques, sans lesquelles il ne peut y avoir de plus grande compréhension de soi. En outre, un ego surdimensionné vous conduit à avoir des attentes irréalistes par rapport à vous-même, ce qui a pour conséquence de vous mettre trop de pression. Si ces attentes ne se concrétisent pas, ce qui arrive souvent, cela devient alors une perpétuelle insatisfaction. »

Je demandai :

« Que peut-on faire alors pour surmonter ce sentiment exagéré de nos capacités ?

— La première exigence est que la personne en ait envie. Elle pourrait passer des heures à penser à la manière dont ceci a causé problèmes et souffrances. L'étape suivante serait alors de passer un peu de temps à réfléchir aux nombreux domaines auxquels on ne connaît rien, à des choses et à un savoir qui lui manquent, regardant vers les autres qui ont mieux réussi. Cela pourra permettre de réduire le niveau d'arrogance et de compréhension.

« En même temps, une très mauvaise opinion de ses propres capacités est aussi un obstacle. L'humilité est une bonne qualité, mais on peut souffrir d'un excès d'humilité, ce qui aura pour effet négatif de rejeter toute possibilité d'amélioration de soi, presque par défaut. Parce que la tendance d'une telle personne sera de réagir automatiquement à tout événement en se disant : « Non, je ne peux pas le faire. » Donc, pour surmonter cela, on devrait passer du temps à réfléchir à nos potentialités d'être humain, à réaliser que nous avons tous cette merveilleuse intelligence humaine à notre disposition, et que nous pouvons l'utiliser pour de nombreuses réalisations. Bien sûr, il existe des gens qui souffrent de retard mental et qui ne peuvent sans doute pas utiliser leur intelligence de la même manière, mais c'est une autre question.

« J'ajouterais aussi à cette liste d'obstacles à une meilleure compréhension de soi un état d'agitation mentale. Puisque la compréhension de soi demande une certaine capacité à se concentrer sur ses propres capacités et son caractère, un esprit constamment agité ne disposera tout simplement pas de la place pour entreprendre une réflexion sérieuse sur soi.

— Mais, pour ces cas, pensez-vous que la pratique de techniques de relaxation ou de certains types de méditations dont vous avez parlé serait utile ? À supposer, bien sûr – je me devais d'ajouter cela en tant que médecin – que l'agitation ne soit pas due à une raison médicale.

— Cela ne fait pas l'ombre d'un doute, dit-il avec détermination. De toute façon, une meilleure conscience ou connaissance de soi implique une meilleure appréciation de la réalité. L'inverse de la réalité c'est de projeter sur soi des qualités qui ne sont pas là, de s'attribuer des caractéristiques inverses de celles qui existent réellement. Par exemple, si vous avez une vision déformée de vous-même, si vous êtes excessivement orgueilleux ou arrogant, ces états mentaux vous conduiront à avoir une vision exagérée de vos qualités et capacités personnelles. Votre vision de vos propres capacités va bien au-delà de ce qui est réellement le cas. D'un autre côté, lorsque vous avez une mauvaise opinion de vous-même, alors vous sous-estimez vos qualités et capacités réelles. Vous vous dénigrez, vous vous rabaissez. Cela conduit à une perte totale de confiance en soi. L'excès, tant en termes d'exagération que de dévaluation, est destructeur dans toutes ses formes. C'est en confrontant ces obstacles et en examinant constamment votre caractère personnel, vos qualités et vos capacités, que vous parviendrez à une meilleure compréhension de vous-même. C'est ainsi que l'on devient plus conscient de soi. »

Il fit une pause, puis ajouta :

« Mais ce que je suggère ici n'est pas vraiment nouveau, n'est-ce pas ?

— Nouveau dans quel sens ?

— Il me semble que tout cela est du simple bon sens. Si quelqu'un se sert de son sens commun, il obtiendra ces réponses.

— C'est peut-être vrai, admis-je, mais on dirait que notre société manque en général de sens commun. Les gens ont toujours besoin de plus de sens commun.

— Je ne suis pas certain que cela soit vrai, parce que je pense que le sens commun est nécessaire pour tout progrès. On ne peut pas faire de grandes choses sans un peu de sens commun. Je pense qu'aux États-Unis ils en ont accompli de très grandes. Donc, il doit quand même y avoir du sens commun.

— Vous avez sans doute raison sur ce point, mais tout de même. Les gens ne prennent pas toujours le temps de s'arrêter pour réfléchir, pour se rappeler ces notions de sens commun. Et si c'est votre père ou votre oncle le casse-pieds qui vous les rappellent, vous l'ignorerez, mais si les mêmes mots sont prononcés par vous, les gens y prêteront attention. »

Le Dalaï-Lama rit de bon cœur.

« Parce que je suis le Dalaï-Lama ! Howard, il y a une minute nous parlions de l'exagération, et là je trouve que vous exagérez !

« Mais quoi qu'il en soit, je pense que l'autoévaluation, le développement d'une perception précise et réaliste de soi par l'observation rigoureuse permet d'atteindre une plus grande compréhension de soi. Et je pense que la compréhension de soi est un facteur crucial si l'on parle de la satisfaction dans son travail. Et elle peut même avoir d'autres effets secondaires bénéfiques.

— Par exemple ?

— Par exemple, seriez-vous d'accord pour dire que l'un des problèmes que les gens rencontrent au travail est de se sentir mal lorsqu'ils sont critiqués par d'autres ? Ou s'il ne s'agit pas de critiques directes, au moins de compter trop sur les éloges des autres, et ils se sentent découragés si on ne leur manifeste pas de la reconnaissance ?

— C'est juste. »

Le bouddhiste lama venait de signaler une caractéristique des travailleurs à travers le monde. En fait, une étude a montré que deux des trois priorités des salariés britanniques étaient la reconnaissance pour leur performance et le fait d'être traités avec respect.

« Bien sûr, poursuivit le Dalaï-Lama, le fait d'avoir une bonne compréhension de soi, une vision réaliste de ses propres capacités, peut ne pas influer sur le niveau de critique auquel vous êtes soumis, mais il peut certainement influer sur votre manière individuelle de réagir à ces critiques. La raison en est que cette vision réaliste de soi vous donne une certaine assurance, une certaine force intérieure. Vous savez ce dont vous êtes véritablement capable, et aussi quelles sont vos limites. Et vous êtes donc moins atteint par ce que disent les autres. Donc, si on vous critique, et si ces critiques sont valides, vous pouvez les accepter plus facilement et en faire une occasion d'apprendre quelque chose sur votre propre compte. Mais si vous vous sentez accusé à tort, vous le prendrez moins mal parce que au fond de vous, vous savez que ce n'est pas vrai, vous vous connaissez. Et si une personne est confiante dans sa reconnaissance de ses propres qualités positives intérieures, de ses capacités et connaissances, elle a moins besoin des éloges des autres pour avoir le sentiment d'accomplissement. »

En guise d'explication finale, le Dalaï-Lama ajouta :

« Si vous reconnaissez l'immense valeur de la connaissance de soi, alors même si vous échouez dans un travail votre déception s'en trouvera réduite parce que vous pourrez considérer cette expérience comme un moyen d'améliorer votre connaissance de vous-même, de vos capacités et de vos compétences. Vous pouvez envisager l'expérience comme si vous passiez un test d'autoévaluation. Mais, bien évidemment, la compréhension de soi réduit les risques d'échec pour commencer, parce que vous ne vous lancerez pas dans des entreprises par ignorance, vous ne prendrez pas des emplois qui dépassent vos capacités. Donc, plus vous êtes proche de la réalité, moins vous connaîtrez de déception et de frustration. Elles disparaîtront. »

Le Dalaï-Lama souligne à juste titre l'importance de la conscience de soi en tant que facteur essentiel du bonheur dans le travail. Son concept de conscience de soi, toutefois, va plus loin qu'une simple connaissance de nos qualités et talents particuliers. Pour lui, la connaissance de soi exige en outre de l'honnêteté et du courage. Cela exige de procéder à une évaluation rigoureuse de qui l'on est, de voir la réalité clairement, sans exagération ni déformation.

Les bienfaits d'une autoévaluation rigoureuse sont manifestes. Dans une étude conduite en 2002 par le Pr Barry Goldman, spécialiste du management, les gens avec une perception forte de leur propre identité non seulement éprouvaient une plus grande satisfaction dans leur travail, mais aussi un plus haut niveau de bien-être personnel en général. L'étude de Goldman et de ses collègues définissait l'identité personnelle comme étant « un état psychologique reflétant une connaissance de soi et un sentiment solide, conséquent, de ses valeurs personnelles et de sa capacité à défendre ses conclusions face à une opposition ». Une meilleure connaissance de soi se trouvait donc associée avec une plus grande confiance en son propre jugement, et cela laisse penser que ce type de personne est moins troublée par des critiques injustifiées et comptent moins sur les éloges des autres pour avoir le sentiment d'avoir de la valeur. Outre cette satisfaction dans la vie et dans le travail en général, d'autres études ont montré que ces individus connaissent d'autres bienfaits, comme par exemple un moindre nombre de disputes conjugales.

Les effets bénéfiques de la compréhension de soi sont sans doute clairs, mais les effets destructeurs d'une vision de soi déformée ne le sont pas moins. Le résultat négatif d'une image de soi déformée est amplement démontré en examinant simplement notre vie et celles des gens qui nous entourent. Pour ma part, ces effets destructeurs ont été perceptibles non seulement dans ma vie professionnelle passée en tant que psychothérapeute, mais aussi dans ma vie privée. Une faible estime de soi et une sous-estimation de ses capacités peut paralyser toute initiative personnelle et empêcher la personne d'explorer de nouvelles possibilités. Au bout du compte, elles peuvent faire obstacle à la pleine réalisation de votre potentiel, et vous empêcher d'atteindre vos objectifs. Une image de soi hypertrophiée peut être tout aussi dévastatrice, puisque l'individu se trouve aux prises avec un monde qui ne le voit pas comme il se voit lui-même – au centre de l'univers, un génie incompris dans un monde d'imbéciles. À bien des égards, il est plus facile de surmonter une faible estime de soi. Les gens qui en souffrent ont tendance à s'accuser de tout, et donc ils sont souvent capables de reconnaître qu'ils ont un problème. Ils risquent donc bien plus de faire la démarche pour obtenir de l'aide pour surmonter leur mauvaise image de soi et les troubles qui peuvent l'accompagner, comme la dépression. Mais ceux qui se trouvent à l'autre bout du spectre, ceux qui ont une vision exagérée de leurs réussites et de leurs talents, auront tendance à rendre les autres responsables de leurs problèmes. Après tout, ils sont parfaits, et ce sont donc les autres qui doivent être en tort. Ils ont souvent du mal à voir que leur arrogance et leur orgueil font fuir les autres, et se demandent parfois pourquoi ils n'ont pas beaucoup d'amis. Alors que leurs réalisations peuvent être modestes, s'ils n'obtiennent pas aussitôt la reconnaissance à laquelle ils estiment avoir droit, ils laisseront tomber leur projet et n'iront pas au bout de leur démarche.

Mais, dès lors que l'on reconnaît la nature destructrice de l'arrogance, comment la distinguer d'une saine confiance en soi ? Dans une des conversations qui ont donné naissance à *L'Art du bonheur*, j'avais demandé au Dalaï-Lama comment une personne pouvait savoir si elle était arrogante ou juste confiante en soi. Il avait répondu que les gens confiants avaient des raisons d'avoir confiance en eux-mêmes, qu'ils avaient les capacités et les compétences pour valider ce sentiment, alors que les personnes arrogantes n'en ont pas, elles n'ont rien qui permette de valider leur vision surdimensionnée de leur personne. J'avais fait remarquer au Dalaï-Lama que cette distinction ne serait pas très utile pour une personne arrogante, laquelle a toujours l'impression qu'il existe de solides raisons à sa haute opinion d'elle-même. Le Dalaï-Lama avait reconnu qu'il était difficile de distinguer l'assurance et l'arrogance, il avait haussé les épaules, ri, et dit en plaisantant : « Peut-être la personne devrait-elle aller devant le tribunal qui décidera si elle est arrogante ou confiante ! »

Un peu plus tard, il avait quand même fait remarquer qu'on ne pouvait décider que rétrospectivement, à partir des résultats de nos actes bénéfiques ou malfaisants pour soi et les autres.

Le premier pas à faire pour surmonter l'arrogance et une vision de soi exagérée consiste à reconnaître à quel point cela est dommageable, et pour cela nous devons parfois analyser les conséquences ou les résultats de nos attitudes et actions. Cette approche rétrospective ne permet pas de changer les conséquences de nos erreurs passées, mais elle peut certainement nous motiver à réévaluer nos attitudes, à nous faire avancer vers une compréhension plus précise de nous-mêmes, à nous aider à bâtir une meilleure connaissance de nous-mêmes, et donc à orienter notre avenir dans une direction positive.

Fred est une bonne illustration des effets dommageables d'une image de soi surdimensionnée. Je l'ai rencontré il y a quelques années, suite à une conférence que j'avais donnée pour un atelier d'écriture. Fred m'avait approché au moment où j'allais partir et m'avait demandé conseil. Il avait environ quarante-cinq ans. Il avait l'air d'un aimable professeur, et avec des manières légèrement condescendantes il m'annonça qu'il était un ami d'une de mes amies. Il m'énuméra la liste de ses diplômes et titres, qui était assez impressionnante. Apparemment, il avait été un étudiant brillant et précoce, et avait été diplômé d'une prestigieuse université à l'âge de dix-neuf ans. Il m'annonça très rapidement qu'il pensait qu'il était capable de grandes choses en littérature. Il m'expliqua qu'il avait une merveilleuse idée de livre fondée sur des recherches qu'il avait faites pour son doctorat, et tira un gros paquet de feuilles de sa sacoche, m'annonçant que c'était une partie du matériel qu'il avait l'intention d'inclure dans son livre. En l'espace de quelques minutes, il m'avait non seulement demandé de lire et de commenter ces pages, mais aussi de l'aider à trouver un agent ou un éditeur. Je lui ai expliqué que j'étais sûr qu'il réussirait, mais que mon emploi du temps était trop chargé pour que je puisse l'aider sur ce point. En outre, des tas de gens autres que moi, des professeurs ou des éditeurs, étaient sans doute bien plus compétents que moi pour lire et critiquer ses textes. Comme si je n'avais rien dit, il insista, et, puisqu'il s'agissait d'un ami d'une amie, j'ai accepté à contrecœur de lui accorder une heure et de le conseiller du mieux que je le pourrais. Nous sommes sortis de la salle et nous sommes installés sur un banc public, et j'ai commencé par lire une vingtaine de feuillets de son paquet pour me faire une idée de son travail. J'aimais bien son écriture, mais même à mes yeux de non-spécialiste, il me semblait qu'il n'en était pas encore au point où il pouvait proposer ce texte à un éditeur. Je lui ai ensuite expliqué de manière détaillée le processus pour faire publier un livre, et je lui ai donné des instructions précises sur l'art et la manière d'écrire un synopsis, la première étape du processus. Je lui ai aussi donné les noms de deux agents littéraires que je connaissais, et une petite liste de bons livres sur le parcours du combattant de l'auteur en herbe. Pour finir, je lui ai glissé quelques paroles d'encouragement, mais j'ai insisté sur l'importance de la persévérance, la clé de la réussite. Je lui ai raconté comment *L'Art du bonheur* a été refusé par des dizaines d'agents et d'éditeurs au cours de plusieurs années, et je lui dis combien il était difficile pour l'auteur d'un premier livre de se faire éditer. Après deux heures, je me suis levé en disant que je devais partir, et je lui ai lancé en m'éloignant, sur un ton joyeux : « Ne baissez jamais les bras ! » Mais ce n'était pas terminé. Au cours des semaines suivantes, après avoir obtenu mon téléphone personnel auprès de mon amie sous un prétexte quelconque, il m'a appelé à plusieurs reprises à des heures indues pour m'entretenir longuement de ses idées pour son livre. Après quatre ou cinq conversations de ce style, j'ai fini par lui dire clairement que je lui souhaitais ardemment de réussir, mais que j'étais malheureusement trop pris pour pouvoir l'aider davantage. Et je lui répétai mes conseils précédents, de manière encore plus explicite, sur le protocole de rédaction d'un synopsis, la procédure pour trouver un agent, et plusieurs autres ouvrages sur le sujet. Suite à quoi, il ne m'a plus rappelé. Plusieurs mois ont passé, et je suis tombé un jour sur notre amie commune. Je lui ai demandé des nouvelles de Fred et de son projet de livre. Mon amie s'est confondue aussitôt en excuses. Elle m'a expliqué qu'elle le connaissait depuis des années, mais avait été gênée plus d'une fois par sa manière d'invoquer son nom pour s'introduire auprès de quelqu'un et demander ensuite un service, comme si cela lui était dû. Elle m'a averti qu'il ne manquerait pas d'utiliser mon nom pour s'introduire auprès d'agents littéraires que je lui avais conseillés. Puis elle me dit qu'elle l'avait vu peu de temps auparavant et me donna de ses nouvelles. Il avait apparemment mis son projet de côté. Il avait effectivement appelé les deux agents que j'avais mentionnés, ainsi que deux autres, et il avait utilisé les noms de personnes qu'il « connaissait » pour se présenter. Comme c'était à prévoir, les agents lui avaient demandé de leur soumettre un synopsis en bonne et due forme. Ce qu'il n'avait toujours pas fait à l'heure où je parlais avec mon amie. Étonné, j'en ai demandé la raison à mon amie, car dans le business de l'édition, c'est déjà bien difficile d'obtenir qu'un agent accepte simplement de lire un synopsis. Et elle m'expliqua que Fred pensait que les agents auraient dû être plus excités par son idée et qu'ils auraient dû décider s'ils acceptaient ou non de le représenter sur la base de la description orale qu'il leur avait faite du livre. Il avait ajouté que l'écriture d'un livre, même d'un synopsis, demandait du temps et des efforts. Et il n'avait pas envie de le faire sans avoir plus d'assurances. Il pensait qu'on aurait dû lui signer un contrat et lui donner une avance sur droits avant qu'il accepte de consacrer un peu de son temps au projet.

Vous aurez compris que Fred est l'exemple classique de la manière dont une estimation exagérée de nos talents, de nos capacités et de nos compétences peut saboter nos efforts pour atteindre nos buts. Mais que cela soit dû au fait que nous nous surestimons ou sous-estimons, il ne fait pas de doute que plus notre connaissance et notre conscience de nous-mêmes est grande, plus notre vision de nous-mêmes colle à la réalité, plus nous serons heureux, tant dans notre vie professionnelle que privée.

7
Travail et identité

Dans la vie, peu de choses sont aussi désastreuses que la perte de son travail. Dans ce qui reste sans doute l'étude la plus poussée jamais réalisée sur la satisfaction dans l'existence, au cours de laquelle 169 776 personnes ont été interrogées dans seize pays différents, le politologue Ronald Inglehart a montré que le chômage est l'un des rares facteurs qui s'accompagnent d'une chute importante du degré de satisfaction dans la vie en général.

« Il semble clair que le chômage est lié au malheur, ai-je attaqué un après-midi. C'est un problème majeur partout dans le monde, et je me demandais si vous y aviez réfléchi.

— Vous savez, c'est seulement lorsque je me suis familiarisé un peu plus avec les sociétés occidentales que j'ai entendu parler pour la première fois de l'impact immédiat que le chômage a sur les familles et les individus. Et j'ai été un peu surpris, parce que je n'en avais jamais entendu parler jusque-là. En tibétain, nous n'avons même pas de mot pour chômage.

— Comment cela se fait-il ? ai-je demandé avec un certain étonnement.

— Eh bien, par exemple, lorsque nous, nous parlons d'emploi ou de travail, nous faisons référence au type de travail de neuf heures à dix-sept heures, qui est le plus courant dans les pays occidentaux. Cette notion était totalement étrangère à la société tibétaine traditionnelle. Bien sûr, je ne parle pas des Tibétains qui vivent en Occident ou dans un cadre urbain. Mais dans la société tibétaine traditionnelle, les gens étaient des fermiers, des éleveurs ou des marchands. L'idée d'heures de travail fixes n'existait tout simplement pas. En Occident, les conditions économiques et les structures sociales sont telles que ces emplois sont une partie constitutive du concept de travail.

« Chez les Tibétains, du moins traditionnellement, les conditions économiques sont telles que l'idée même d'une journée de travail de huit heures n'est vraiment pas pertinente. Au Tibet, vous êtes ou bien agriculteur, ou bien nomade ou bien commerçant. Le travail est saisonnier. Puisque c'est à cela que les gens sont habitués, ils trouvent cela normal. Donc, si vous regardez les gens qui vivent ici à MacLeod Ganj[1], bon nombre d'entre eux sont à présent propriétaires de magasins et ont une activité marchande saisonnière de type traditionnel dans les villes indiennes. Durant la haute saison ils travaillent très dur et, lorsqu'ils ont fini, ils reviennent et ne font rien. J'ai suggéré autrefois qu'on mette en place un programme de travaux pour la saison basse comme le nettoyage de la laine, ou du coton, ou autre chose. Mais ma proposition n'a pas été suivie d'effet. »

Il se frotta le menton comme perdu dans ses pensées.

« Bien évidemment, dans les sociétés modernes, et en particulier dans le monde industrialisé, cette question du chômage est une situation très difficile. Il soupira. Il n'existe pas de réponses faciles. Je ne sais pas. On n'a pas d'autre choix que de faire face et de

---

1. McLeod Ganj est un village de montagne près de Dharamsala. C'est le siège d'une communauté d'exilés tibétains.

s'efforcer à trouver un nouvel emploi. Je ne vois pas d'autre solution.

« Mais, encore une fois, l'attitude fondamentale de l'individu joue ici aussi un rôle capital et peut faire la différence dans sa manière de réagir. Nous ne maîtrisons peut-être pas notre situation, mais nous contrôlons dans une certaine mesure l'attitude que nous adoptons. Donc, il faut d'abord comprendre que l'incertitude et le changement font partie de l'économie moderne, surtout en ce qui concerne l'emploi. C'est un problème sérieux, mais c'est un fait que nous devons accepter. Aujourd'hui, nous avons un travail, rien ne garantit que nous en aurons un demain. Si nous comprenons cela à l'avance, cela nous permettra peut-être de changer notre manière de réagir si cela nous arrive. Nous serons moins surpris. Nous comprendrons que la perte de notre travail résulte de nombreux facteurs.

Nous comprendrons que dans bien des cas elle est peut-être la conséquence de questions économiques globales. De cette manière, nous serons moins perturbés, nous le prendrons moins personnellement à cœur et aurons moins tendance à chercher quelqu'un à accuser. Cela peut suffire en soi à réduire notre agitation mentale. Bien sûr, je parle du chômage qui est dû à des causes globales, et non celui qui est la conséquence d'un licenciement pour incompétence.

« Les individus réagissent peut-être différemment aux défis du changement. L'important est de le reconnaître et d'essayer de trouver la meilleure manière de faire face au problème immédiat. Par exemple, si vous avez besoin d'un emploi pour gagner votre vie et si vous vous retrouvez au chômage, alors tous vos efforts devraient se concentrer sur la recherche d'un nouvel emploi, pour assurer votre survie. Mais deux réponses sont possibles. Une personne pourra se sentir démoralisée et se trouver en quelque sorte paralysée par des pensées désespérées. Mais une autre dans la même situation pourrait y voir une occasion de changer, un défi à relever. C'est une manière plus positive, plus active, de faire face au problème. Mais, bien sûr, ce n'est pas facile.

« Il peut y avoir d'autres moyens de soulager l'anxiété produite par cette situation, pour que toute l'énergie disponible puisse être consacrée à la recherche d'un nouvel emploi. Pour les bouddhistes, il existe certains processus de pensée et certaines attitudes qui peuvent aider, par exemple la croyance dans le karma et le fait qu'il faut en définitive assumer la responsabilité de son propre karma. Ce type d'attitude mentale est peut-être sans effet sur la résolution matérielle de la situation, mais au moins cela permet à l'individu de mieux endurer les effets psychologiques de la perte de son travail. Et, bien sûr, les adeptes d'autres systèmes religieux peuvent aussi trouver du réconfort dans leurs propres croyances.

« Je devrais mentionner en aparté que lorsque je parle de concepts comme le karma, si ceux-ci ne sont pas bien compris ils sont potentiellement dangereux. Parce que dans certains cas, des personnes n'ayant qu'une compréhension partielle de ce qu'est le karma peuvent devenir très fatalistes. Pour eux, le karma veut dire que ce qui arrive devait arriver de toute façon, dans la mesure où l'individu n'a rien à dire, rien à faire, ne joue aucun rôle particulier dans le cours de sa vie. Et si l'on a une telle interprétation, alors ces concepts religieux peuvent devenir véritablement ce que les communistes chinois voient dans la religion : un instrument des exploiteurs, parce que ceux-ci peuvent dire “ce que vous vivez en ce moment est ce que vous méritez, c'est dans votre karma”. »

Le Dalaï-Lama avait raison de souligner le danger potentiel d'une mauvaise compréhension du concept de karma, me suis-je dit. Chez les Occidentaux, j'ai souvent observé le phénomène qu'il décrivait : le penchant à rendre l'individu responsable de ses malheurs, ou à voir dans le karma le simple destin, associé à un sentiment de résignation et de désespoir. Si vous avez perdu votre travail, c'est de votre faute : vous avez dû faire quelque chose de vraiment pas bien dans une vie passée ; ou alors, j'ai perdu mon travail, mais je n'y peux pas grand-chose, c'est tout simplement mon karma. Ces idées fausses sont souvent dues au fait que la notion de karma est fondée sur la loi de la cause et de l'effet, la théorie selon laquelle notre situation actuelle est la conséquence de nos actions passées, dans cette vie ou dans une vie précédente. Mais ce que ces gens ne comprennent pas, c'est la composante *active* du karma. En fait, la racine sanscrite du mot karma veut dire « action ». Et de même que nos actions passées contribuent à notre situation actuelle, nos actions présentes peuvent changer notre avenir. En outre, le concept bouddhiste de karma est bien plus sophistiqué que l'idée que les gens s'en font en Occident. Par exemple, nos expériences actuelles résultent de l'interaction complexe de nos « actions » physiques, verbales et mentales passées. Des actes non vertueux du passé peuvent avoir contribué à jeter les bases de conséquences négatives, semé les graines du malheur futur. Mais les actions vertueuses et la motivation pure peuvent aussi permettre d'améliorer la manifestation de ces conséquences.

Donc, après une mise en garde contre les interprétations erronées du concept de karma, le Dalaï-Lama revint à la question qui nous occupait.

« Il y a un autre point important dont il faut tenir compte lorsqu'on se trouve dans ce type de situation, qu'il s'agisse de la perte de son travail mais également lorsqu'on part à la retraite. Cela a à voir avec l'image que l'on a de soi-même, et le fait que certaines personnes s'identifient à un point tel à leur rôle professionnel, voire à l'argent qu'ils gagnent, qu'ils ont le sentiment de ne plus exister lorsqu'ils perdent leur emploi. Ce sont des gens dont le système de valeur avait mis l'accent sur l'argent ou la célébrité plutôt que sur des valeurs intérieures, les qualités humaines fondamentalement bonnes. Donc, par exemple, au fil des ans j'ai pu rencontrer un certain nombre de hauts responsables indiens, et j'ai pu observer leurs différentes réactions face à la perte de leur travail ou à leur départ à la retraite. Parmi eux, certains avaient une identité fondée essentiellement sur leur position, et se réfugiaient en quelque sorte derrière leurs titres. Dans de nombreux cas, ils maltraitaient leurs subordonnés et prenaient grand plaisir à leur pouvoir et leur position, qu'ils utilisaient mal. D'un autre côté, j'ai connu des individus dont l'identité semblait fondée davantage sur des qualités et des caractéristiques humaines fondamentales – l'honnêteté, l'humilité – et ils traitaient leurs subordonnées en conséquence. Et j'ai vu ce qui se produit lorsque ces personnes perdent leur travail. En général, ceux qui appartiennent à la première catégorie ne s'en tirent pas très bien. Ils sont abandonnés par ceux qu'ils ont maltraités, et lorsqu'ils n'ont plus leur travail, c'est presque comme s'ils diminuaient physiquement de taille. Ils n'ont plus d'estime de soi. Les autres, par contre, négocient assez bien la transition. Ils sont toujours respectés par les autres et se respectent eux-mêmes, ils ont toujours confiance en eux, et voient dans leur future retraite une occasion d'explorer de nouvelles pistes. Ils réagissent à la situation avec plus d'enthousiasme. Ils veulent essayer de réaliser ce qu'ils ont toujours eu envie de faire sans jamais en avoir le temps. Donc, chacun semble réagir très différemment aux mêmes circonstances et situations.

— Je comprends très exactement ce que vous voulez dire, lui ai-je répondu. Lorsque je pratiquais la psychothérapie, j'avais des patients qui avaient perdu leur travail ou pris leur retraite, et cela pouvait parfois les faire plonger dans la dépression. J'ai vu des P-DG puissants qui perdaient leur poste et, si leur identité était essentiellement construite autour de leur travail, ils devenaient des sortes de fantômes vivants. Donc, si vous deviez donner un conseil, que diriez-vous ? Que recommanderiez-vous à ceux qui s'identifient très fortement à leur travail ?

— Je leur dirais qu'ils sont vraiment idiots ! répondit-il dans un éclat de rire. Il n'y a pas grand-chose d'autre à dire à des gens qui ne sont pas disposés à changer vraiment fondamentalement. La manière avisée d'éviter non pas le problème de la perte de son emploi mais l'agitation mentale qui l'accompagne est, dans ce cas, d'élargir son image de soi, de se voir d'abord en tant qu'être humain, capable d'amitié, de gentillesse, puis de comprendre que l'on exerce d'autres rôles qu'un rôle professionnel : on peut être un parent, un fils, un frère, on peut avoir des hobbies. Ce qui est nécessaire, c'est une approche plus équilibrée de la vie. Tout n'est pas une question de rang ou de salaire.

« Donc, lorsque vous cherchez du travail, ou si vous avez un travail, il faut garder à l'esprit le fait qu'un être humain n'est pas une machine simplement destinée à produire. Non.

« La vie humaine, ce n'est pas simplement le travail, comme dans la vision communiste où le but de chacun est de travailler pour l'État, où il n'y a pas de liberté individuelle, là où l'État organise même les vacances des individus et planifie toute leur existence. Ce n'est pas une vie pleinement humaine. L'individualité est très importante pour une vie pleinement humaine, et donc un peu de temps libre, un peu de vacances et un peu de temps passé en compagnie de sa famille ou de ses amis. C'est ainsi que l'on peut avoir une vie bien remplie. Quelqu'un qui ne pense qu'à l'argent au détriment des autres valeurs humaines, des bonnes qualités humaines, non, non, non ! »

Il avait haussé la voix.

« Si votre vie n'est qu'un moyen de production, alors bon nombre des bonnes caractéristiques et valeurs humaines sont perdues et vous ne pourrez pas être une personne complète.

« Donc, si vous cherchez du travail et devez choisir entre plusieurs possibilités, choisissez celle qui vous permet d'être créatif et de passer du temps avec votre famille. Même si cela veut dire gagner moins, je pense personnellement qu'il vaut mieux choisir l'emploi le moins exigeant, celui qui vous donne davantage de liberté pour lire, participer à des activités culturelles, ou simplement jouer. Je pense que c'est le meilleur choix. »

Comme toujours, le Dalaï-Lama avait conclu sur une notre pratique. Mais il n'est pas toujours facile de mettre en application des conseils. On oublie facilement ce qui rend la vie vivable. Il vaut mieux ne pas s'investir entièrement dans son travail, mais ce conseil n'est pas toujours facile à suivre.

Cela me rappelle un cas dont j'ai eu à m'occuper lorsque j'exerçais la psychiatrie. Un P-DG très connu de l'industrie du spectacle avait décidé un jour qu'il ne pouvait plus continuer à travailler dans l'importante société qu'il avait fondée. Elle avait été revendue quelques années plus tôt à une multinationale. Il n'était plus le grand patron, et se sentait tenu de plus en plus à l'écart des grandes décisions. Un jour, la société mère acheta une autre entreprise qui allait influer négativement sur les résultats de son propre secteur. Il eut l'impression que son rang et son pouvoir dans la compagnie s'étaient évaporés, et il démissionna.

Il est difficile d'avoir une conversation avec cet homme sans que cela ne devienne une séance de rabâchage sur ses ex-collègues et l'état déplorable de l'industrie du spectacle. Dépossédé de son pouvoir et de ses attributs, il n'est plus rien. Il est incapable d'apprécier son rôle dans sa communauté, à laquelle il a pourtant grandement contribué lorsqu'il était P-DG en mettant en place des prix et des bourses d'étude. Il est incapable d'apprécier son poste de professeur à temps partiel dans une université réputée. Il est incapable d'apprécier le bonheur qu'il apporte à ses amis et à sa famille. Comment peut-il progresser lorsqu'il perd le rôle auquel il s'est exclusivement consacré pendant la majeure partie de sa vie ?

Cela est certes plus difficile à faire lorsqu'on est en fin de carrière. Hélas, cet homme s'était tellement identifié à son travail que la thérapie n'avançait pas vraiment. J'étais incapable de lui proposer autre chose que des médicaments pour soigner sa dépression. Mais certaines stratégies permettent pourtant d'élargir son identité au-delà de son travail si l'on s'y prend un peu à l'avance. Une de mes amies m'a décrit celle qu'elle utilise depuis de nombreuses années. « J'étais parvenue à un stade dans ma carrière où toute ma vie gravitait autour de mon travail. J'avais le moral lorsque les affaires marchaient, et je flippais lorsque ce n'était pas le cas, et toute ma vie sociale venait en dernière position. J'ai eu toute une série de promotions et, à mesure que je grimpais, tout devenait plus compétitif. J'ai commencé à avoir du mal à dormir, et mon humeur était exécrable parce que j'étais tellement inquiète à l'idée de rater ma carrière. J'avais de véritables crises d'angoisse. Je m'étais perdue moi-même et je me devais de faire quelque chose. Je devais me désinvestir de mon travail. J'ai donc commencé à imaginer tous les jours à quoi ressemblerait ma vie si on me licenciait. J'ai pensé à ce que serait l'entretien de licenciement avec mon patron, à la manière dont mes collègues me traiteraient ensuite (comme si j'étais pestiférée, j'en étais sûre), aux personnes qui resteraient mes amies ou qui me laisseraient tomber comme une vieille chaussette dès lors que je ne serais plus dans une position de pouvoir. Je pensais à ce que serait la recherche d'un autre boulot. J'imaginais que je ne parviendrais peut-être pas à trouver du travail dans mon secteur et que je me retrouverais serveuse dans un restaurant, ou un truc dans le genre.

« Après des années passées à faire cela, j'ai commencé à comprendre que je perdrais peut-être du prestige et de l'argent, mais que je serais toujours capable de gagner ma vie, et j'ai commencé à me détendre. Je me suis rappelé que j'étais une amie, une sœur, une épouse, une tante et un mentor pour des jeunes gens, des rôles qui étaient tout aussi importants que mon travail. Cela m'a permis de devenir plus créative dans mon travail. Je n'avais plus peur de le perdre, et donc je m'exprimais plus librement et je pris des risques qui se sont avérés payants. »

Il est bien de garder à l'esprit ce qui en vaut réellement la peine, et nous devons peut-être nous y exercer régulièrement, avant de nous investir corps et âme dans notre rôle professionnel.

Jusqu'ici, nous nous étions concentrés dans nos entretiens surtout sur l'analyse de nos attitudes implicites envers notre travail. Mais en abordant la question de la perte de celui-ci, nous étions passés d'un point de vue interne à un point de vue externe. Au cours de notre rencontre suivante, nous avons abordé la question du travail que l'on fait et de l'impact que celui-ci a sur le monde qui nous entoure.

8
La bonne vie

Je déjeunais récemment avec un ami, un jeune acteur. Comme beaucoup de comédiens, il ne roule pas sur l'or et se démène comme un beau diable, toujours à la recherche de son premier grand rôle.

« J'adore mon métier, me déclara-t-il avec enthousiasme. Bien sûr, il ne me permet pas encore de gagner ma vie, mais je n'en changerais pour rien au monde. C'est ma vie. »

De toute évidence, il avait trouvé sa vocation. Le veinard.

« Qu'est-ce qui te plaît le plus dans le fait d'être acteur ?

— De pouvoir m'exprimer.

— Mais exprimer quoi ?

— Tout. J'exprime mes émotions – dans mon métier je peux utiliser tout ce que j'ai vécu, tout ce que j'ai ressenti. Il n'y a rien de tel que de se retrouver sur scène et d'exprimer tout cela pour les autres. C'est extraordinaire. »

Cette conversation me rappelait le temps de ma jeunesse, quand j'avais décidé d'être artiste. J'ai fait des études d'arts plastiques et au bout de quatre ans j'ai obtenu mon diplôme. J'étais passionné. J'ai appris le dessin et la gravure, mais ce que je préférais, c'était l'art conceptuel. Je passais de longues heures à ramasser des objets au hasard, que je m'ingéniais ensuite à découper, coller, agrafer, coudre et souder en des assemblages compliqués, autant de chefs-d'œuvre immortels – du moins l'étaient-ils à mes yeux. J'étais souvent en état de fluidité, absorbé par ce que je faisais au point de perdre toute notion du temps, et travaillais tard dans la nuit. Quand je ne créais pas, je traînais dans les cafés et les bars avec mes amis artistes (ou artistes en herbe), où nous discutions des grandes questions de l'art et de la vie, car chacun de nous cherchait son mode d'expression. Mais, bien sûr, notre style original unique était influencé par celui d'autres artistes, eux-mêmes influencés par ceux d'autres artistes encore, et ainsi de suite. Nous vivions sur une île, et nos œuvres regorgeaient de références à des détails culturels, faisaient ironiquement référence au travail des autres, autant de clins d'œil incompréhensibles pour le profane mais pleins d'un sens caché – tellement caché, en fait, qu'il en devenait invisible à nos propres yeux.

Une année, une de mes œuvres a été sélectionnée pour un salon. J'étais très excité. Lors du vernissage, je me tenais debout à côté de mon œuvre, anxieux de connaître ce qu'on en penserait ; j'attendais ces félicitations dont j'étais certain qu'elles seraient au rendez-vous.

Une femme forte, d'un certain âge, portant des lunettes aux verres épais comme des fonds de bouteille, une robe à fleurs délavée, de grosses chaussures à semelles épaisses et un grand filet à provisions, s'arrêta devant mon œuvre pendant un bon moment. Elle avait l'air légèrement perplexe, comme si elle s'était égarée en se rendant à sa partie de bingo et se demandait ce qui l'avait amenée là.

« C'est vous, l'artiste ?

— Ouaip. »

Hochant la tête vers mon chef-d'œuvre, elle demanda :

« Qu'est-ce que ça veut dire ?

— Rien de particulier. C'est juste quelque chose que j'ai fait comme ça. »

Je le pensais sincèrement. Comme la plupart de mes amis, je ne recherchais jamais le message précis ou la signification cohérente que je m'efforçais de communiquer. Nos œuvres n'étaient pas destinées à instruire ou à édifier. C'étaient des assemblages d'images qui, pour un motif ou un autre, faisaient vibrer une corde sensible chez l'artiste. La signification venait ensuite ; c'était au spectateur d'y voir un sens ou non. C'était un commentaire puissant sur le courage existentiel postmoderne dans la bataille contre les cris incessants d'acariens norvégiens pétris d'angoisse. L'interaction radicale éternelle entre l'espace de cornes de défense polaires. Un truc jaune vraiment cool posé sur un truc à poil orange. Quelle importance ? Tout ce que l'artiste recherchait, c'était de susciter une émotion dans son public. L'émotion précise importait peu – cela pouvait être de l'inspiration, de la joie, du rire, de la tristesse, de l'angoisse, de la peur, du dégoût, de la colère. Faites votre choix. Nous nous en moquions – mais j'avoue que le dégoût et la colère faisaient partie de nos émotions préférées.

La dame continua.

« Puis-je vous poser une question ?

— Bien sûr.

— J'aime vraiment votre travail. Je veux dire, c'est vraiment intéressant et… »

J'étais tout ouïe.

« Comprenez-moi bien, je ne veux pas vous vexer, mais, au fond, quel est l'intérêt de tout cela ? »

Sa question ne risquait pas de m'inspirer de l'affection à son égard, et n'importe qui se serait senti remis en cause. De fait, je ne m'étais jamais vraiment posé la question.

« Heu... Je ne sais pas. Je haussai les épaules, à court de mots. Mais je suis heureux que cela vous plaise. » Et je m'éloignai comme si elle avait été contaminée par le virus Ebola.

Peu de temps après, j'ai abandonné la carrière artistique pour m'inscrire en médecine (en fait, c'est seulement des années plus tard que j'ai enfin compris l'importance de l'art pour notre société).

« Hier, vous avez cité certains facteurs dont on doit tenir compte – du moins si c'est possible – en choisissant son emploi. Aujourd'hui, j'aimerais que nous poursuivions notre discussion sur le choix d'une carrière, sur l'attitude envers son travail en tenant compte de la nature spécifique de ce travail.

« Pendant la majeure partie de l'histoire de l'humanité, les gens n'ont pas vraiment eu à choisir le type de travail qu'ils souhaitaient exercer. Ils naissaient et ils faisaient ce que leurs parents faisaient avant eux, peut-être cultiver la terre, élever du bétail, ou de l'artisanat. Donc, historiquement, ils n'avaient pas vraiment beaucoup de choix, ils naissaient pour ainsi dire dans un certain métier. Les choses ont commencé à changer au cours du XIXe siècle en Europe, lorsque les jeunes ont commencé à abandonner les fermes pour rejoindre les grandes villes. Ce changement s'était rapidement accéléré au cours des cinq siècles passés. Aujourd'hui, en Occident, il existe une incroyable variété d'emplois. Mais dans de très nombreux endroits du globe, il existe des millions, voire des milliards de personnes qui ont encore un choix très limité, des gens qui vivent dans des régions rurales et dans les pays les plus pauvres.

« Depuis quelques dizaines d'années, lorsqu'on offre aux gens de choisir entre plusieurs types de travail, ils ont souvent tendance à prendre celui qui paye mieux. C'est le principal facteur de choix. Hier, vous en avez mentionné quelques autres qui pourraient entrer en ligne de compte, comme par exemple de choisir un travail un peu moins rémunérateur mais qui vous laisse plus de temps pour votre famille ou vos amis. Ma question est donc la suivante : avez-vous l'impression qu'il existe d'autres facteurs dont les gens devraient tenir compte en choisissant un travail, des facteurs que vous n'avez peut-être pas mentionnés hier ? »

Le Dalaï-Lama but une gorgée de thé et répondit :

« Si une personne peut choisir son emploi, alors il vaut mieux en règle générale qu'elle choisisse un travail en accord avec ses dispositions et son tempérament particulier. Pour cela, il faut de la compréhension de soi, de la conscience de soi. Nous en avons parlé l'autre jour. Comme je l'ai dit, une personne sera moins frustrée dans son travail, davantage satisfaite, si elle sait évaluer avec précision ses compétences techniques et son habileté dans le domaine requis.

— C'est vrai, ai-je acquiescé, et en ce sens il existe aussi des conseillers professionnels qui peuvent aider les personnes à découvrir leurs talents naturels, et le travail qui leur conviendrait le mieux. Mais je me demande si, d'un point de vue personnel ou peut-être d'un point de vue bouddhiste, il existe d'autres considérations à part le salaire ou les points forts de sa personnalité, dont on doit tenir compte en choisissant un travail qui assure plus de bonheur, et un bonheur plus durable ?

— Oh oui, répondit-il aussitôt. Cela ne s'applique peut-être pas facilement à tout le monde, mais un facteur qu'il serait très utile de prendre en considération est le bien ou le mal causé par le travail que l'on fait. D'un point de vue bouddhiste, nous parlons de la "bonne vie". Ce concept bouddhiste signifie que vous vous efforcez d'entreprendre des activités qui ne sont pas potentiellement nuisibles pour d'autres, directement ou indirectement. La mauvaise vie est souvent décrite comme tout moyen de subsistance qui implique l'exploitation d'autrui pour des motifs négatifs comme la ruse et la tromperie. Dans la mauvaise vie, vous vous saisissez de ce qui appartient aux autres. Pour le profane, si ce que vous faites pour vivre est sans conséquences négatives directes ou indirectes pour autrui, alors vous menez une bonne vie. Ce sur quoi le Bouddha semble avoir insisté, c'est de gagner votre vie, avec un sens éthique, sans faire de mal à autrui, et en agissant ni avec ruse ni par tromperie. Il semblait s'intéresser davantage à la manière de gagner sa vie, plutôt qu'à ce que vous gagnez.

— Vous mentionnez qu'il est important d'évaluer les bienfaits et les méfaits potentiels de votre travail, dis-je en reformulant ses propos. L'autre jour vous avez dit qu'un des moyens pour faire de votre travail une vocation était d'analyser son effet global. Supposons qu'un individu commence à s'ennuyer et qu'il décide de considérer de manière systématique les implications globales de son activité. Au lieu de rester devant la chaîne de montage, à appuyer sur les mêmes boutons à longueur de journée, il commence à envisager la contribution de ses actions à la société, de manière à pouvoir ressentir davantage d'enthousiasme pour son travail et se sentir mieux. Il commence donc son analyse, mais ce faisant il découvre que son travail nuit à l'environnement. Ou que ce qu'il fabrique sert à fabriquer des armes. Il se rend compte que son travail est davantage destructif que productif. Et en même temps, comme il n'a peut-être pas beaucoup d'argent, il ne peut pas simplement démissionner et en chercher un autre, parce qu'il a une famille à nourrir et que les emplois sont rares dans la région. Que diriez-vous de cette situation en termes de votre définition de la "bonne vie" ? »

Le Dalaï-Lama demeura silencieux pendant un bon moment, comme s'il retournait la question dans son esprit.

« C'est une question très compliquée. Il y a tant de facteurs différents en jeu qu'il est difficile de donner une seule bonne approche du problème. D'un côté, si ce que vous faites participe de la production d'armes, si vous considérez le but premier d'une arme, alors vous ne pouvez pas ne pas percevoir qu'il s'agit de moyens de destruction, de tuer des gens. Mais d'un autre, si vous considérez le tableau du point de vue global de la société, à moins d'un changement fondamental, des armes sont nécessaires pour sa défense. Tant qu'il existe des régimes totalitaires comme en Chine qui sont contre la démocratie, je pense que le pouvoir militaire américain est inévitable. Mais si le président utilisait son pouvoir militaire pour détruire ou éliminer un seul individu, par exemple le chef d'un régime totalitaire dangereux, je ne sais pas si cela serait approprié ou non. Je ne sais pas. C'est une question très compliquée.

« La question est de savoir comment un individu donné réagirait à ce problème, et c'est une question complexe. D'un côté, il est vrai que la production d'armes est destructrice, mais d'un autre côté, les nations ont besoin d'armes pour leur bien-être et la sécurité globale du monde. Par exemple, certains pays européens produisent des armes, mais les utilisent essentiellement à des fins défensives et n'en abusent pas. Encore une fois, la question est de savoir si les dirigeants de ces pays agiront de manière responsable dans l'emploi du pouvoir militaire qu'ils ont à leur disposition. Ce sont des questions très complexes. Pour un individu qui a des doutes moraux sur sa participation à une telle entreprise, dans quelle mesure il est sage pour lui de renoncer à son travail, et dans quelle mesure cela sera efficace, c'est une question ouverte. Que cet individu décide ou non de démissionner sera peut-être sans importance. C'est comme cette histoire qu'on raconte sur une vieille femme tibétaine qui était tellement en colère contre le gouvernement qu'elle lui a tourné le dos pendant quelques années en signe de protestation – ce qui n'a pas été d'un grand effet pratique !

— Donc, vous dites qu'il serait acceptable pour eux de conserver leur travail parce que leur démission et la perte de leur moyen de subsistance ne changeront pas grand-chose ? ai-je demandé, non sans un accent de surprise. Défendait-il l'idée que les gens continuent à travailler dans des emplois moralement discutables ?

— Ce n'est vraiment pas évident, Howard. Je ne peux dicter sa conduite à chacun. Bien sûr, cela dépend beaucoup de l'individu. Certains auront des réticences plus fortes, peut-être à cause de leur foi. C'est très délicat pour un bouddhiste qui a fait vœu de ne pas faire de mal. Disons qu'il s'agit d'un bouddhiste, et qu'il est manifestement préférable d'un point de vue éthique pour cette personne de reconnaître le potentiel destructeur de l'action à laquelle il participe. Si bien sûr l'individu sait que sa démission ne changera pas grand-chose, il devra alors prendre en compte les conséquences de sa démission : perte de son moyen de subsistance, souffrances de sa famille.

« Jusqu'ici nous parlions du cas d'une personne capable de choisir le travail qu'elle veut faire, et donc choisir une position dans laquelle elle ne fera pas de mal à autrui, directement ou indirectement ; d'accord.

Mais ici nous parlons d'une personne qui a déjà un travail et qui découvre que celui-ci est indirectement responsable de souffrances infligées à d'autres personnes. Ici, il faut considérer les situations au cas par cas, il faut voir la nature et le degré de la souffrance infligée, les valeurs de la personne, et ainsi de suite. Les différences individuelles interviennent alors.

— Tout comme il existe des différences individuelles dans les attitudes envers le travail, votre expérience vous porte-t-elle à penser qu'il existe des différences culturelles ? Pensez-vous qu'il existe des attitudes orientales ou asiatiques différentes des attitudes occidentales ? Par exemple, les Tibétains considèrent-ils le travail différemment des Américains ou des Européens, ou d'autres cultures ?

— D'abord, je pense qu'il est dangereux de généraliser, me rappela le Dalaï-Lama. Dire que tous les Orientaux sont comme ci et tous les Occidentaux comme ça, comme si tous les gens d'une région étaient identiques. Mais cela étant, tout comme il existe des différences individuelles, il peut exister des différences locales, nationales, régionales et culturelles dans les attitudes des gens envers le travail. Par exemple, en Inde il existe des emplois considérés comme dévalorisants, serveur de restaurant par exemple, et cette attitude vaut aussi pour les Tibétains qui vivent en Inde. Je connais des Tibétains qui travaillaient dans des services gouvernementaux, qui n'auraient pas pu envisager de travailler dans un restaurant en Inde. Mais lorsqu'ils ont émigré aux États-Unis, ils étaient même prêts à faire la plonge, et ils étaient tout à fait heureux. Ils ne se sentaient gênés que lorsque d'autres Tibétains entraient dans le restaurant. C'est parce que ce type de travail n'est pas aussi mal considéré en Amérique, et cela montre comment la culture environnante peut influer sur le sentiment de satisfaction dans son travail.

— Je ne suis pas vraiment sûr que ces emplois ne soient pas considérés comme dévalorisants aux États-Unis. Vous êtes jugé, dans une large mesure, sur le rang social de votre travail.

— Mais en Inde c'est bien pire. Les préjugés sont bien plus forts contre ce type de travail. Et je pense que dans une société capitaliste comme en Amérique, on est davantage jugé sur ce que l'on gagne que sur ce que l'on fait. Donc, si les plongeurs dans les restaurants gagnaient beaucoup, ce travail ne serait pas considéré comme dévalorisant. C'est l'argent qui est le facteur déterminant. En Inde et dans d'autres pays, il existe un préjugé contre la nature du travail, le fait d'être dans une position de serviteur. L'accent mis sur la liberté et l'égalité en Amérique atténue dans une certaine mesure les préjugés contre ce type de travail, dans la mesure où il s'agit de travail honnête.

« Donc, chez vous, l'être humain est plus important que son emploi. Par exemple, lorsque j'ai rendu visite au président Carter chez lui, il y avait un gardien à l'extérieur, mais chez lui c'était très simple, très direct, il s'occupait lui-même de la cuisine et de toutes les autres tâches de la maison. Le président Havel m'a reçu chez lui très simplement, il répond lui-même à la porte. En Inde, il est inimaginable qu'un ancien président n'ait pas des serviteurs pour tout cela. Pour cuisiner, faire une tasse de thé. Ces tâches sont trop méprisables pour un haut responsable indien. C'est donc une attitude culturelle.

« Je pense que même en Asie il existe des différences culturelles entre les attitudes envers le travail des Japonais, des Chinois et des Tibétains. Aujourd'hui au Tibet, les Chinois semblent se préoccuper plus de l'argent, alors qu'un Tibétain pourra se faire payer en argent, mais acceptera également du bang[1] ou des services en paiement. Prenez un tailleur chinois et un tailleur tibétain. Tous deux doivent gagner de l'argent pour vivre ; le tailleur chinois travaillera jour et nuit pour gagner de l'argent et encore plus d'argent. Alors que chez les Tibétains je pense que l'argent en soi est moins important. Ils préféreront gagner moins et avoir plus de temps pour leur famille. Bien sûr, le travailleur chinois deviendra peut-être plus riche, mais même s'ils ne deviennent pas riches, les Tibétains ne semblent pas désireux de sacrifier en particulier leur vie de famille pour gagner plus d'argent. Leur vision de l'existence est davantage basée sur le contentement global.

« C'est intéressant que vous ayez évoqué la question des différences culturelles, parce que la manière d'aborder son travail et la nature de l'emploi varient d'une culture à l'autre. Par exemple, dans les pays plus chauds, où les fruits et les légumes sont plus abondants, où le climat est clément, il est plus facile de cultiver la terre, les gens ont peut-être une approche plus détendue de l'existence. Ils accordent peut-être davantage d'importance au temps libre et ont des journées de travail plus courtes. Mais dans des pays froids, lorsque la survie est bien plus pénible, les habitants ont développé des voies navigables, et puis l'industrie, la science, la technologie. C'est du moins ce que je pense.

« En tout cas, pour ce qui est de nos entretiens, il est important de garder présent à l'esprit que nous discutons du travail du point de vue des sociétés industrielles modernes. Certaines questions abordées ne seraient peut-être pas pertinentes pour d'autres cultures, par exemple la société tibétaine traditionnelle.

— C'est bien possible, mais même si les attitudes occidentales ne s'appliquent pas à la société tibétaine,

1. Bière d'orge tibétaine

je me demande si certains aspects de l'attitude tibétaine ou certaines pratiques ne pourraient pas s'appliquer à notre société et devenir utiles en Occident. Par exemple, vous avez mentionné le concept bouddhiste de la bonne vie. Le Tibet était un pays totalement bouddhiste, et je m'interrogeais sur l'intégration de ces principes dans cette société, par exemple la pratique de choisir un travail sans effets néfastes. Je suppose que ce devait être une considération fondamentale lorsqu'on choisissait un travail ?

— Dans la société traditionnelle, la plupart des gens faisaient automatiquement le travail que pratiquait leur famille : ils étaient agriculteurs, nomades, marchands, etc. Mais certaines personnes avaient un métier qui ne respectait pas le principe de non-souffrance, parce qu'il y avait entre autres des bouchers, des forgerons qui fabriquaient des épées. Ces métiers étaient en général héréditaires. »

Résistant à son invitation à dissiper ma vision d'un monde parfait, dans lequel chacun s'adonnait à un métier non violent, je poursuivis :

« À propos du travail et de la notion de non-nuisibilité, j'ai lu quelque part, je crois même que c'est dans un de vos livres, qu'il y avait une règle au Tibet selon laquelle on devait vérifier pour toute nouvelle invention qu'elle était bénéfique ou du moins qu'elle n'imposait pas de souffrances pour au moins sept générations... »

Le Dalaï-Lama eut l'air surpris :

« Je n'en ai jamais entendu parler. »

Ce fut à mon tour d'avoir l'air surpris :

« Ce n'est donc pas vrai ? On vous l'a pourtant attribué ! »

Il haussa les épaules et rit :

« Je ne sais pas qui a écrit ce livre, mais c'était peut-être un de ces soi-disant experts du Tibet. Certains de ces experts occidentaux sur le Tibet savent des choses que même les Tibétains ne savent pas ! Mais il est vrai que des gouvernements tibétains ont adopté certaines pratiques et politiques qui reflétaient la mise en pratique de certains principes bouddhistes, comme le respect du monde naturel, en particulier du monde animal. Par exemple, toutes les communautés qui vivaient sur les rives du lac Yamdok dépendaient de la pêche pour leur survie. J'ai longtemps cru qu'elles avaient une dispense pour pêcher, mais il y a peu j'ai entendu parler d'une décision prise sous le cinquième Dalaï-Lama, qui visait à les décourager de pêcher et que pour compenser leur perte, d'autres communautés se regroupaient pour leur fournir la valeur équivalente en grain. De même, dans la région du mont Kailash se trouve le lac Mansovar, autour duquel à un certain moment de l'année beaucoup d'oiseaux migrateurs nidifient, et il semble qu'on ait pris autrefois la décision de nommer des gens qui pendant cette période surveillaient les œufs et veillaient à leur sécurité. Bien sûr, il y en avait sans doute qui touchaient un salaire pour ce travail et mangeaient aussi quelques œufs. Cela est inévitable. Mais dans l'ensemble, il y avait cette attitude de non-souffrance.

« Donc, même si les Tibétains n'appliquaient pas toujours ce principe dans leur travail – comme je l'ai dit, il y avait des bouchers, car les Tibétains mangent de la viande dans l'ensemble, et il fallait donc bien abattre des bêtes –, le principe était quand même profondément inscrit dans l'esprit des gens.

« Je pense qu'on pourrait l'appliquer en Occident. Selon moi, il est bon de réfléchir sérieusement au type de travail que l'on fait et à son impact sur les autres. Dans le monde moderne, en particulier, et encore plus dans les nations industrialisées où de nombreuses personnes ont la possibilité de choisir leur travail, il vaut mieux choisir celui qui ne fait pas de mal à autrui, qui ne les exploite pas et n'abuse pas d'eux, directement ou indirectement. Je pense que c'est la meilleure chose à faire. »

Le Dalaï-Lama ajoutait ainsi une dernière composante à notre quête du bonheur dans le travail, un facteur essentiel : prendre en compte son impact sur autrui et veiller à ce qu'il ne lui nuise pas.

Nous avions parlé plus tôt des différentes attitudes que l'on peut adopter envers son propre travail, comment ceux qui l'envisagent comme une vocation sont de toute évidence plus heureux dans leur activité professionnelle. Ceux qui l'aiment, ceux qui sont absorbés par lui, qui l'intègrent pleinement à leurs valeurs, ceux qui continueraient à l'exercer même si on ne les payait plus dans la mesure où ils pourraient se le permettre, ces gens-là ont une vocation. Ce qui leur permet de contribuer au bien-être du monde et de la société. Et pourtant, selon le Dalaï-Lama, le simple fait d'avoir une vocation pour son travail ne suffit pas à assurer notre bonheur à long terme. Pourquoi ? Imaginons un pirate informatique de haut vol au travail, il pénètre dans les systèmes sécurisés pour voler l'argent des autres et expédie en passant des millions de virus informatiques. Cet individu aime sans doute ce qu'il fait, et se trouve sans doute souvent en état de « fluidité ». Il surmonte de véritables défis en utilisant toutes ses capacités et ses compétences, sa créativité et son ingéniosité. Les ordinateurs sont toute sa vie, et son travail correspond sans doute parfaitement à ses valeurs intérieures, dans le cas présent un système de valeurs fondé sur la philosophie qui dit : « Va te faire voir, je prends ce que je veux ! Celui qui a le plus de jouets gagne ! » Et ses efforts ont certainement un impact plus vaste, dans la mesure où il sème la pagaille dans des millions de vies alors que les ordinateurs tombent en panne à travers le monde. Cet homme a une vocation. Tout comme bien des criminels, escrocs et autres voleurs professionnels, qui aiment tellement ce qu'ils font qu'ils sont incapables de faire autre chose, sauf si le système juridique les y oblige ou s'ils ont la chance de voir leur point de vue et leurs valeurs intérieures profondément et totalement transformés. Il est même certain que les SS à Auschwitz avaient une vocation pour leur travail, et qu'ils considéraient que ce qu'ils faisaient contribuait au bien-être de la planète.

On ne peut pas nier que ceux qui font délibérément un travail qui fait du mal aux autres ressentent des sentiments temporaires de satisfaction. Mais du point de vue du Dalaï-Lama, les états mentaux qui conduisent à des activités destructrices ou nuisibles, des états mentaux comme l'avidité, l'hostilité, la colère, ou même la haine, sont tout simplement incompatibles avec le bonheur à long terme de l'individu.

Bien sûr, l'exemple des activités criminelles ou génocidaires est peut-être le plus extrême, et comme le dit souvent le Dalaï-Lama, la vie est complexe, et il existe sans doute des degrés dans le bien ou le mal qui découle du travail que l'on fait, et ces degrés sont parfois bien subtils. Mais pour assurer notre bonheur à long terme, nous devrions commencer par cultiver une certaine conscience de l'impact de notre activité sur les autres. Au fil des ans, j'ai remarqué que l'on demande parfois au Dalaï-Lama de résumer sa philosophie en un seul principe fondamental. Et voici ce qu'il répond à cette question difficile : « Si vous le pouvez, mettez-vous au service des autres. Sinon, abstenez-vous de leur faire du mal. » Si nous pouvons appliquer ce principe dans notre travail, alors nous aurons fait un grand pas vers le bonheur dans notre travail.

9
Le bonheur dans le travail

C'était notre dernier rendez-vous. Nous avions passé une semaine à explorer la nature du travail, à identifier certaines des sources les plus courantes d'insatisfaction et à offrir quelques stratégies que les personnes pourraient utiliser pour rendre leur expérience du travail plus satisfaisante.

Alors que je gravissais l'étroit sentier boueux qui menait jusqu'à la demeure du Dalaï-Lama, je croisai des commerçants et des marchands qui s'affairaient à leurs tâches quotidiennes, et je ne pus m'empêcher de penser qu'ici comme à Phoenix, dans l'Arizona, nombre d'entre eux passaient la moitié de leur journée à travailler. Et même plus, parfois. Mais une question restait sans réponse. Quelle était la place du travail dans notre quête globale du bonheur ? Dans quelle mesure la satisfaction dans le travail affecte-t-elle notre contentement global, notre bonheur ?

Ouvrant notre dernière séance, je passai en revue ce que nous avions fait :

« Cette semaine, nous avons beaucoup parlé du travail, de nos attitudes envers le travail et de certains facteurs qui peuvent influencer notre bonheur. Puisque c'est notre dernière rencontre, du moins pour le moment, j'aurais aimé parler du lien entre le travail et le bonheur. Autrement dit, quel rôle joue le travail productif dans la réalisation d'une vie heureuse ? Dans quelle mesure contribue-t-il à notre satisfaction et à notre épanouissement ? Et je veux parler de tout type de travail, l'idée générale d'une activité productive qui pourra aider à façonner ou aura un impact sur le monde qui nous entoure.

— Très bien, répondit le Dalaï-Lama, hochant la tête en signe d'approbation. Mais je pense que si nous nous entretenons du travail et de l'activité productive, nous devons d'abord chercher à comprendre ce que nous entendons par activité productive. Nous devrions nous assurer que nous sommes bien d'accord sur une définition commune.

— Cela me paraît être une bonne idée.

— Donc, si je vous comprends bien, poursuivit-il, lorsque vous avez mentionné la notion d'activité productive, cela semblait expliquer une activité de type externe.

— Dans un sens, oui.

— Mais, pour moi, le développement intérieur est une activité productive. Et cela nous mène à la question de la définition du travail. Quelle est donc votre définition d'une activité productive ? »

Je n'avais pas réfléchi à une définition précise, et sa question me prit au dépourvu. Comme je m'efforçais de trouver une définition appropriée, je ne répondis pas immédiatement, et il poursuivit :

« Prenons mon exemple. Je suis un moine ordinaire. Cela pose la question de savoir si mon travail peut être défini comme étant « productif » dans la perspective moderne, occidentale. Il est certain que bon nombre de mes activités, en particulier celles qui ont un rapport avec ma pratique spirituelle et mon rôle de Dalaï-Lama, seraient considérées comme non productives par les communistes.

« C'est pour cela que je m'interroge sur les attitudes occidentales envers les moines et les nonnes. Ils ont une vraie connaissance et la mettent en pratique sincèrement dans leur vie quotidienne. Considérez-vous cela comme un travail productif ?

— En Occident, de manière générale, s'il s'agit d'un moine qui passe ses journées enfermé dans une grotte à méditer, je pense qu'on considérerait cela comme une activité non productive. Honnêtement, je ne connais pas la définition précise ou formelle de ce que l'on considère comme activité ou travail productif en Occident. Tout ce que je peux faire, c'est vous donner le point de vue d'un Américain ordinaire, le point de vue populaire, en quelque sorte.

— Dans ce cas, je pense que nous avons sérieusement besoin d'un dictionnaire ! lança-t-il en plaisantant.

— Quoi qu'il en soit, je pense que la conception générale de l'activité productive a à voir avec l'impact que l'on a sur son environnement, le fait de produire ou d'accomplir quelque chose dans le monde. Cela semble plutôt dirigé vers l'extérieur, il s'agit d'accomplir des choses qui peuvent être mesurées ou quantifiées.

— Dans ce cas, rit encore le Dalaï-Lama, mes quelques heures de méditation matinales sont non productives, n'est-ce pas ? Et le fait de manger, d'aller aux toilettes, non productif aussi ?

— Sans doute ! »

Je me mis aussi à rire, pris dans son sens contagieux de l'humour, puis j'enchaînai :

« Mais quelle serait donc votre définition d'un travail productif ?

— Voilà une question difficile », dit-il pensivement.

Son humeur se modifia rapidement et il devint sérieux :

« L'affaire est assez complexe. Je pense que même d'un point de vue classique occidental, elle est assez compliquée. Cela peut varier d'une société, d'une culture à une autre. Par exemple, dans une société communiste on pourra considérer que la propagande et l'endoctrinement, entre autres, sont des activités productives, alors qu'une société non communiste les rejettera et les considérera peut-être même comme destructrices. »

Il demeura silencieux un moment pendant qu'il tournait la question dans sa tête.

« Vous êtes donc en train de dire, par exemple, que mes heures matinales passées en méditation et d'autres pratiques spirituelles seraient considérées comme non productives selon les normes occidentales ? Cela me rappelle la propagande communiste, qui valorise le travail le plus pénible mais considère que les activités d'un moine sont non productives. Et pourtant, j'ai bien raison de penser que si, comme résultat de mon étude et de ma pratique je donne ensuite des conférences ou des enseignements sur ces questions, ou si je participe à des conférences, alors cela serait considéré une pratique productive – rencontrer d'autres personnes, avoir des discussions, enseigner et donner des conférences, tout cela est productif, non ?

— Tout à fait. Le métier d'enseignant est une profession reconnue en Occident, et donc un moine qui étudie et médite et enseigne pourtant à d'autres personnes serait considéré comme fournissant un travail productif. Par exemple, il y a des gens à travers le monde qui étudient des disciplines très ésotériques, comme le cycle de vie d'un minuscule insecte mal connu, et on considère que cela est un travail productif parce que cela contribue à la connaissance générale par l'enseignement et la rédaction d'articles.

« Si vous appliquez d'une manière ou d'une autre votre méditation matinale et vos études au monde, alors on considérerait cela comme un travail productif parce que vous le mettez réellement en œuvre. Mais cela ne serait pas le cas si vous étiez un ermite et ne le partagiez avec personne.

« Pour être tout à fait clair, ajouté-je, ai-je raison de supposer que vous considérez la méditation solitaire comme une activité productive ? Pour reprendre l'exemple de notre ermite qui a peu de contacts avec qui que ce soit et passe sa vie à méditer, à rechercher la délivrance, considérez-vous qu'il a une activité productive ?

— Pas nécessairement, répondit-il. De mon point de vue, il y a de la méditation productive et de la méditation non productive.

— Quelle est la différence ?

— Je pense que de nombreux pratiquants du *dzochen* utilisent différentes techniques, parfois avec les yeux fermés, parfois avec les yeux ouverts, mais la nature même de cette méditation est de devenir sans pensée. D'une certaine manière ceci est une sorte de retraite, de fuite des problèmes. Donc, quand ils se trouvent confrontés à des problèmes, dans leur vie habituelle rien n'a changé. Leurs attitudes et leurs réactions demeurent les mêmes. La méditation de ce type n'est qu'une manière d'éviter le problème, comme partir en pique-nique ou prendre une pilule antidouleur. Cela ne le résout pas. Et certaines personnes passent des années à pratiquer ces techniques, mais leur progrès réel est nul. Ce n'est pas de la méditation productive. Le progrès authentique intervient non seulement lorsque les individus obtiennent des résultats en atteignant des états de méditation supérieurs, mais aussi lorsque leur méditation exerce au moins un peu d'influence sur la manière dont ils interagissent avec les autres, quand elle a un impact sur leur vie quotidienne – plus de patience, moins d'irritation, plus de compassion. C'est cela la méditation productive. Quelque chose qui peut bénéficier aux autres d'une manière ou d'une autre. »

Une image commençait enfin à se dégager.

« J'ai l'impression, si je vous comprends bien, que votre définition d'une activité productive est une activité qui a un but positif. »

Le Dalaï-Lama resta à nouveau longuement silencieux pendant qu'il considérait la question.

« Selon mon point de vue personnel, oui. Et pas seulement un but positif, car même si vous n'avez pas de but positif, si votre activité ne bénéficie en fait à personne, je ne sais pas si on peut dire ou non qu'elle est productive. Par exemple, une personne peut étudier énormément. Lire, lire, et lire encore. Eh bien, vous pouvez avoir lu un nombre énorme de pages, mais si cela ne mène à rien, si cela ne produit aucun bienfait, alors vous perdez votre temps. Bien sûr, même si c'est le sens ordinaire de travail productif, tout dépend néanmoins du contexte. Mais je pense que si votre activité ou votre travail peut clairement bénéficier à quelqu'un, alors je dirais qu'ils sont productifs. Pour résumer, d'après moi, une activité productive doit être délibérée, en ce qu'elle doit être orientée vers un but spécifique. En outre, ce doit être une activité qui est bénéfique et ne nuit pas au bien-être des membres d'une société donnée.

« Donc, lorsqu'on parle de productivité, je pense qu'en termes généraux on considère d'abord la question sous un angle matériel, quelque chose de matériel, quelque chose que vous pouvez utiliser, un engagement ou une activité qui produit des biens matériels que des gens peuvent utiliser. Normalement, la production est considérée sous cet angle. Par ailleurs, bien des gens pensent que cela doit impliquer quelque chose de positif. Je pense que même dans l'utilisation habituelle du mot « productif » il y a une connotation positive. Dire de quelqu'un qu'il n'est pas productif comporte une connotation négative. Mais encore une fois, il n'est pas toujours nécessairement vrai que le terme implique toujours un but ou objectif positif. Par exemple, on peut produire du poison – c'est productif, mais négatif. Il peut donc y avoir des actions destructrices, du travail destructeur – c'est quand même du travail, et donc dans un sens on peut aussi considérer qu'il est productif. Le travail destructeur implique un mouvement, un mouvement vers quelque chose, la création de nouvelles choses. Donc, dans ce sens, il est productif, productif au sens qu'il produit simplement quelque chose.

« J'aurais donc tendance à penser que le mot "productif" peut être neutre, comme "travail", il peut être soit positif soit négatif. En ce sens, il ressemble un peu au mot "liberté". Je pense que la liberté en soi n'est pas nécessairement positive. Vous pouvez être libre de faire des choses négatives, non ? Mais en général on considère comme allant de soi que la liberté est bonne. De la même manière, à strictement parler, le mot "productif" est neutre. Cela peut être destructif ou constructif, positif ou négatif, mais en général nous acceptons comme allant de soi que "productif" ne peut pas désigner quelque chose de nuisible. Peut-être bien que, mais je ne sais pas… Je ne sais pas. »

Il rit.

« Je pense que cela dépend vraiment de ce que l'on entend par ce mot. C'est vraiment compliqué, très complexe. La production d'armes ou de poison pose des questions sérieuses. Bien sûr, les gens qui produisent cela reçoivent des salaires, parfois élevés, mais si nous caractérisons ces activités comme étant productives, nous devons faire attention au sens exact que nous donnons ici au mot. Ce qui ne fait que souligner une nouvelle fois la nature compliquée de cette question. Prenez par exemple l'activité génocidaire des nazis, qui impliquait une organisation soigneuse, une stratégie, une mise en œuvre élaborée. Nous ne pouvons pas dire que ces activités sont productives. De même, les criminels travaillent dur, mais nous ne voudrions pas caractériser leur travail comme étant productif non plus. Pour moi, tout cela suggère que dans notre conception d'une activité productive, il y a l'idée de non-malfaisance, sinon de bienfaits réels pour autrui. Comparées à ces activités criminelles, même si des pratiques spirituelles comme la méditation n'ont pas de résultats matériels immédiats, elles sont au moins inoffensives, et on peut donc considérer qu'elles sont davantage productives. Donc, pour résumer, nous pouvons peut-être définir le travail productif comme toute activité qui implique la production de quelque chose de matériel ou de spirituel que d'autres peuvent utiliser et, par ce biais, dont ils peuvent tirer bénéfice en raison des activités qui conduisent à leur production. Je ne sais pas. »

Il se mit soudain à rire.

« Nous n'arrêtons pas de regarder cette idée de l'activité productive sous toutes les coutures, productive, non productive, positive, négative, différents types et différentes définitions du travail productif, et tout cela dépend de son point de vue. C'est terriblement compliqué et confus. Je me demande si nous avons abouti à la moindre conclusion.

— Je me posais la même question. Je ne m'attendais pas à ce que nous débattions à ce point sur un concept apparemment si simple, en essayant de concilier nos différentes perspectives. Mais en fait je pense que la conversation a eu un effet bénéfique sur moi et m'a permis de clarifier mes idées, parce qu'elle a changé ma façon d'appréhender un point. Vous m'avez demandé si je pensais que la méditation était considérée comme une pratique productive dans la conception occidentale habituelle. Ma réponse de départ était "non", mais à mesure que vous parliez je pense que j'ai changé d'avis. Je voudrais reconsidérer ce que j'ai affirmé tout à l'heure. Je pense à présent que si l'on tient compte de votre définition d'une méditation productive, lorsque les états de méditation sont mis en rapport avec le monde, au moins dans notre manière d'interagir avec autrui, je pense qu'il faut considérer qu'il s'agit d'une activité productive parce que les moines ou les praticiens de la méditation apprennent, développent leur esprit et effectuent des changements positifs. Et, dans ce sens, ils progressent et atteignent des objectifs, et il me semble que cela est productif.

« De toute façon, je pense que nous avons quand même amélioré notre compréhension. Même si des personnes ont des conceptions divergentes de ce qu'elles considèrent être du travail productif, pour notre discussion il me semble que nous pouvons adopter votre analyse selon laquelle le travail productif implique d'être engagé dans une activité non seulement orientée vers un certain objectif, mais que celle-ci ait un but positif. »

Il hocha la tête :

« Je suis d'accord. »

Après notre discussion, je suis allé chercher dans un dictionnaire le sens du mot « productif », dont la racine latine signifiait « tirer en avant ». Cela n'était pas surprenant : le mot a des connotations créatives et d'engendrement, qui ont à voir avec le fait de donner naissance à un certain résultat, de créer. Mais le simple fait de réfléchir à la définition pendant quelques instants m'avait permis de soulever un point important. Comme l'avait suggéré le Dalaï-Lama, le terme était essentiellement neutre : on pouvait produire des instruments de torture tout comme des médicaments destinés à sauver des vies – et les deux pouvaient être considérés comme une activité productive. Mais du point de vue du Dalaï-Lama, une conception de l'existence centrée sur la quête du bonheur, la simple production de biens ou de services ne suffit pas à assurer, au bout du compte, notre bonheur. Pour cela, on doit considérer les résultats de notre travail, les effets que celui-ci aura sur nous-mêmes, sur notre famille, sur notre société et sur le monde. Comme nous l'avions dit dans notre discussion sur la bonne vie, bien que cela ne soit pas toujours facile, ni même possible, nous devons faire de notre mieux pour nous assurer que notre travail aura des effets bénéfiques pour d'autres. Pour le Dalaï-Lama, c'est la meilleure manière de créer un lien indestructible entre notre travail et le bonheur profond et durable que chacun de nous recherche.

Pour ceux qui seraient prêts à redéfinir leur concept de « travail productif » en adoptant la définition du Dalaï-Lama, il peut y avoir certains risques. Un marchand de tabac, par exemple, pourrait en venir à ne plus considérer son dur labeur comme un travail productif, du moins selon cette nouvelle définition. En fait, on pourrait penser qu'avec l'adoption de cette nouvelle définition nous nous limitons et excluons des travaux que nous considérerions comme étant productifs. Mais, paradoxalement, l'adoption de cette nouvelle définition pourrait en fait élargir notre concept de productivité – et nous ouvrir de nombreuses nouvelles possibilités et sources de satisfaction dans notre travail. Le fait de changer de concept de travail productif a certaines conséquences intéressantes. Si nous vendons du matériel informatique et que la journée a été mauvaise, peu productive, dans le sens où nous n'avons rien vendu du tout, nous pouvons néanmoins ressentir une certaine satisfaction si nous avons eu des interactions positives avec nos clients et nos collègues, si nous avons contribué, même marginalement, à améliorer un tant soit peu leur journée. Notre journée est devenue productive, nous pouvons en être fiers. Bien sûr, nous aurons toujours besoin d'acheter à manger et de payer le loyer, et nous aurons donc tous encore besoin de la journée « productive » au sens habituel pour que nos efforts produisent des revenus. Mais une définition élargie de « travail productif », fondée sur le fait d'apporter quelque bienfait à autrui, peut nous fournir de nombreuses nouvelles sources de satisfaction qui nous aideront à préserver notre fierté et notre accomplissement, même dans les périodes où notre carrière tourne au ralenti.

Étant parvenus à une définition commune de l'activité productive, il était temps de faire le pas final et d'explorer le lien entre l'activité productive et notre soif fondamentale de bonheur. La question était toujours posée : chacun de nous dispose-t-il du potentiel inhérent pour éprouver un sentiment de satisfaction profonde dans son travail, et si tel est le cas, quel rôle joue la satisfaction au travail dans notre bonheur global ?

Bien évidemment, comme pour la plupart des autres aspects du comportement humain, les psychologues évolutionnistes ont leur propre théorie sur la raison pour laquelle les êtres humains ont une capacité naturelle à tirer du plaisir et de la satisfaction d'un travail difficile.

Dans les savanes et les plaines du monde préhistorique vivait une bande d'humains primitifs. Dans cette bande de chasseurs-cueilleurs, il y avait deux frères, Jim et Lemarr. Comme ils étaient parents, et qu'ils partageaient des caractéristiques humaines, les frères se ressemblaient à bien des égards. Tous deux aimaient s'accroupir près du feu lorsqu'il faisait froid, et manger un bon morceau d'antilope grillé. Mais comme tous les humains, il existait de subtiles différences dans leur patrimoine génétique, visibles non seulement dans leur apparence, mais aussi dans leur intelligence, leur tempérament et leurs dispositions. Lemarr aimait fabriquer des choses, développer et exercer ses talents, et prenait plaisir à passer des heures à affûter des outils, dont il se servait pour chasser et pour contrôler l'environnement autour de lui. Jim avait moins de goût pour le travail, et tirait davantage de satisfaction assis à grignoter des noix et à regarder le soleil se coucher. Un après-midi, alors qu'il était perdu dans la contemplation d'une chenille sur une feuille, la carrière de Jim en tant qu'homme des cavernes connut une fin aussi brutale que subite lorsqu'un tigre à dents de sabre décida qu'il ferait partie de son déjeuner. Lemarr survécut, et sa caractéristique d'apprécier le travail difficile fut transmise jusqu'à nous.

C'est du moins l'histoire que raconte la théorie de l'évolution. Mais quelle que soit la réalité ou non de cette fable, de nombreuses données accréditent l'idée que les humains naissent avec une capacité innée à ressentir de la satisfaction dans leur activité. En outre, il existe une relation bien connue entre le bonheur d'une personne dans son travail et la satisfaction globale dans l'existence. Les psychologues et les sociologues ont commencé à explorer cette relation dans les années cinquante, et depuis on a accumulé une quantité impressionnante de données confirmant le lien entre bonheur dans son travail et satisfaction dans l'existence. En 1989, les psychologues Marianne Tait,

Margaret Youtz Padgett et Timothy Baldwin ont passé en revue toutes les publications sur le sujet depuis trente ans, et ils ont fermement établi le lien entre satisfaction dans le travail et satisfaction dans la vie. Ce lien s'applique que l'on soit homme ou femme, ouvrier ou employé de bureau ; que l'on travaille à Wall Street ou, comme l'ont montré récemment Roderick Iverson et Catherine Maguire de l'université de Melbourne, dans une mine de charbon australienne. Depuis l'étude de 1989, des psychologues d'entreprise, des sociologues et des experts réputés comme Robert Rice, Timothy Judge et Shinichiro Watanabe ont poursuivi l'étude de la relation entre le travail et le bonheur, permettant une meilleure compréhension de la nature de la relation. Comme on peut le deviner intuitivement, de nombreux chercheurs ont proposé un modèle de « vases communicants », pour décrire cette relation. Autrement dit, la satisfaction dans son travail a tendance à vous rendre globalement plus heureux, et ceux qui sont contents de leur vie sont généralement contents de leur travail. Bien sûr, comme dans tout domaine de recherche, il existe des divergences entre chercheurs sur le degré d'influence du travail sur le bonheur en général, et le degré auquel le bonheur général dans la vie influe sur le travail. Certains chercheurs ont même essayer de quantifier la relation. Une étude sur la qualité de la vie aux États-Unis, financée par la fondation Russell Sage a découvert que la satisfaction dans le travail représente vingt pour cent de la satisfaction globale de son existence. Résumant les publications sur le sujet, Harter, Schmidt et Keyes écrivent : « Entre un cinquième et un quart du degré de satisfaction dans l'existence chez les adultes s'explique par leur satisfaction vis-à-vis de leur travail. » Cela peut sembler dérisoire, mais lorsqu'on intègre toutes les variables qui peuvent influer sur le sentiment de satisfaction global, dont le statut conjugal, les relations sociales en dehors du travail, la santé et d'autres facteurs, on commence à apprécier le rôle immense que le travail peut jouer dans une vie heureuse et satisfaisante.

Il semble clair que les humains ont une capacité innée à éprouver de la satisfaction dans leurs activités et, en outre, il existe un lien entre la satisfaction dans son travail et dans la vie. Et c'est tant mieux pour nous, puisqu'une grande partie du temps qui nous est imparti sur Terre se passe à travailler. Mais cela peut néanmoins demander un certain nombre d'efforts pour identifier et dégager les obstacles qui nous empêchent de ressentir le bonheur dans le travail auquel nous avons droit. Dans nos discussions, le Dalaï-Lama avait proposé une manière de commencer ce processus. Mais quelque chose me gênait, quelque chose manquait. Comme j'avais remarqué que le Dalaï-Lama a toujours l'air heureux, quelle que soit l'activité dans laquelle il est engagé, j'avais commencé nos discussions en l'interrogeant sur la perception qu'il avait de son travail, afin de découvrir le rôle que le travail jouait dans son propre sentiment de satisfaction et de bonheur. Mes tentatives initiales pour le faire parler de son propre travail n'avaient pas abouti, mais à présent je me disais qu'il serait peut-être utile de revenir à cette question. Le problème était de trouver un moyen d'aborder le sujet qui conduirait à une réponse plus complète. Je me suis alors souvenu d'un bref échange qui s'était déroulé l'année précédente, alors que le Dalaï-Lama faisait une tournée de conférences de trois semaines aux États-Unis.

C'était à la fin d'une journée épuisante. Le Dalaï-Lama terminait la conférence qu'il avait donnée dans une grande ville du Midwest. Comme d'habitude, au cours des dernières minutes le Dalaï-Lama répondait aux questions de l'assistance, allant de « quelle est la situation actuelle au Tibet ? » jusqu'à « avez-vous une fiancée ? ». J'étais assis sur un siège pliant en coulisses, sur le point de m'assoupir, lorsque je me suis subitement dressé, étonné par une question que je n'avais jamais entendue jusque-là, une question simple et pourtant fondamentale que je n'avais pourtant jamais songé à lui poser au fil de nos entretiens, depuis des années.

« Vous parlez souvent du bonheur, lui, avait-on demandé, et vous prétendez même que le but de notre existence est le bonheur. Je me demandais si vous pouviez nous dire quel a été votre plus grand moment de bonheur ? »

Le Dalaï-Lama prit son temps pour répondre, comme si rien au monde ne le pressait. Lorsqu'il répondit enfin, c'est comme s'il était en train d'avoir une conversation avec un groupe d'amis pendant qu'il buvait du thé sur le porche de sa maison, au lieu de se trouver dans un lieu public devant des milliers de personnes qui toutes attendaient sa réponse.

« Je ne sais pas, dit-il doucement, presque comme s'il se parlait à lui-même. J'ai eu de nombreux moments de bonheur, très nombreux. Il finit par répondre en riant : Je pense que c'est peut-être le jour où j'ai passé les examens pour devenir *geshe*. Je me souviens du soulagement que j'ai ressenti lorsque ce fut fini. J'étais si content ! » Son rire irrésistible résonna dans les haut-parleurs, emplissant le cœur de chacune des personnes qui l'écoutaient.

Je me suis souvenu comment le Dalaï-Lama avait répondu à la question avec tant de gaieté, puis était passé à autre chose si rapidement qu'on aurait pu garder l'impression qu'il évoquait le souvenir d'un jeune Dalaï-Lama assis devant une table de Formica dans une salle de classe climatisée, répondant à des questions, puis rendant sa copie et prenant son diplôme au passage, en sortant. Dans la réalité, la situation était très différente. Le diplôme de *geshe* est l'équivalent d'un doctorat d'État en philosophie bouddhiste, c'est le point culminant de dix-sept années de dur travail. Il comporte l'étude de nombreuses branches de la philosophie bouddhiste, la logique, l'art du débat et la psychologie. Son domaine d'étude regorgeait de sujets abscons – et de cours si difficiles que j'aurais dû regarder dans un dictionnaire ne serait-ce que pour comprendre l'intitulé de certains cours : « Voyons voir... épistémologie... *étude de la nature du savoir* ». Les oraux duraient une journée entière pendant laquelle les plus grands érudits de tout le Tibet lui lançaient des questions devant des milliers de moines et de savants. Ajoutez à cette terrible pression le fait que la situation politique était tellement tendue que, pour la première fois de son histoire, il y avait des gardes armés, tibétains et chinois, postés autour de la grande cour, dans l'attente des troubles qui ne manqueraient pas de se produire. Sa vie était menacée, et on l'en avait averti.

La satisfaction d'en avoir fini avec des examens est tout à fait compréhensible, mais pour ma part je n'aurais pas pensé que dans ce contexte c'était un moment de véritable bonheur, et je pouvais difficilement imaginer une situation plus grosse en défis et pressions tant internes qu'externes. Et pourtant il affirmait que c'était son moment de plus grand bonheur, ou au moins l'un d'entre eux. Pour moi, cette réponse impliquait bien plus que le fait de ressentir un soulagement transitoire après en avoir fini avec un travail difficile et un examen source d'angoisse. Cela suggérait un lien plus profond entre le travail au cours de nombreuses années et le bonheur ultime de la satisfaction.

À présent, je réfléchissais à cette question et à sa réponse, et je me suis dit que c'était peut-être le meilleur moyen d'aborder le lien entre le travail et le bonheur dans sa propre vie.

« Lorsqu'on vous a demandé quel était votre moment le plus heureux, lui ai-je rappelé, vous avez dit que c'était lorsque vous aviez passé et réussi l'examen du *geshe*. Je sais que pour cela il vous a fallu fournir un énorme travail pendant plusieurs années, et votre réponse a des implications importantes. Elle signifie que l'activité productive et le travail sont une importante composante du bonheur humain, du moins dans votre cas. Et cela coïncide parfaitement avec les découvertes de certains chercheurs. En fait, ces chercheurs pensent en effet, que notre cerveau est câblé, génétiquement programmé pour ressentir le bonheur dans une activité productive et significative, par l'exercice de compétences, par l'interaction avec notre environnement.

« C'est pour cela que je trouve vraiment intéressant qu'au lieu de dire que votre moment le plus heureux était une fois où vous étiez en train de méditer en isolement, dans un état de repos apaisé, vous avez dit que c'était la réalisation d'un certain objectif à un niveau conventionnel. »

Le Dalaï-Lama semblait m'écouter très attentivement, puis il me répondit :

« Je comprends ce que vous voulez dire lorsque vous affirmez qu'il existe un certain degré de satisfaction dans cette idée du travail. Et dans ce cas votre description de l'activité productive a plus à voir avec une activité orientée vers l'extérieur dont nous avons parlé plus tôt. Par exemple, lorsque j'étais jeune, au Tibet, j'aimais réparer les choses, démonter les appareils ou des objets comme des montres pour essayer de comprendre comment ils fonctionnaient, même si je n'étais pas toujours capable de les remonter convenablement. Parfois, je préférais même m'occuper de cela plutôt que de mes études (il accompagna cette phrase d'un gloussement coupable). Mais je ne pense pourtant pas qu'il est vraiment juste de dire que les êtres humains sont génétiquement programmés pour tirer bénéfice seulement de cette activité productive.

— Oh, non ! me suis-je empressé de corriger. Ce n'est pas ce que je veux dire. En fait, les discussions qui ont abouti à notre premier livre avaient pour point de départ votre prémisse selon laquelle le principal déterminant de notre bonheur est l'état de notre esprit, le facteur mental. Donc, notre premier livre était centré sur le thème général du développement intérieur, et nos discussions actuelles ont aussi comme point de départ l'hypothèse que le développement intérieur est ce qui nous mène vraiment au bonheur. Donc, il n'y a pas de doute que nous croyons cela.

« Mais vous avez également dit que le bonheur humain a de nombreux composants. Ici, nous nous concentrons sur l'un d'eux, un que nous n'avons pas complètement exploré dans notre premier livre. L'élément supplémentaire que j'introduis ici est l'idée de l'activité productive et du travail. Donc, oui, je suis d'accord avec vous pour dire que nous ne sommes pas programmés pour atteindre le bonheur exclusivement par un travail productif ou une activité chargée de sens. Mais je souhaite à présent explorer comment le travail s'intègre dans notre quête du bonheur. Et nous ne parlons pas d'états d'exaltation spirituelle, mais de bonheur plus conventionnel, terre à terre, quotidien, et de la manière dont l'activité productive et le travail peuvent contribuer à notre satisfaction globale dans l'existence, comme par exemple la manière dont votre difficile travail pour devenir *geshe* a pu vous rendre heureux.

— C'est donc quelque chose sur laquelle je dois m'exprimer plus clairement. En disant que mon plus grand moment de bonheur était le jour où j'ai obtenu mon diplôme de *geshe*, je ne voulais pas dire que des états de bonheur profond ne peuvent s'obtenir par le développement intérieur, des processus de pensée atteints par la réalisation méditative. Le fait que je n'ai peut-être pas réussi à atteindre ces niveaux de réalisation méditative ne veut pas dire que cela n'est pas possible. En fait, j'ai même entr'aperçu cette possibilité. Je crois vous avoir déjà parlé de ces expériences.

— Je pense que nous sommes tous les deux d'accord pour dire qu'il existe de nombreuses composantes du bonheur, et que de nombreux facteurs peuvent y contribuer. Par le passé, nous avons parlé de l'importance d'entraîner son esprit, et vous avez parlé d'autres types d'entraînements méditatifs. Vous avez également la famille, les amis, etc. Nous pourrons revenir plus tard sur certaines de ces autres composantes. Mais cette semaine, nous nous intéressons au travail. Nous en avons abordé de nombreux aspects dont des sources ordinaires d'insatisfaction. Puisque cette rencontre est la dernière de cette série de discussions, je me demandais, d'un point de vue plus global, en ce qui concerne le travail, l'activité dans le monde, quel rôle leur voyez-vous jouer dans notre quête du bonheur ?

Le Dalaï-Lama réfléchit un moment avant de répondre :

« C'est très difficile de dire vraiment dans des termes généraux quel rôle joue le travail dans le bonheur humain. Vous savez que de nombreux facteurs très complexes sont impliqués. Les intérêts de la personne, son passé, ses conditions de vie, le cadre social et la nature de son travail peuvent tous influencer la manière dont le travail de cette personne peut contribuer à son bonheur général. Ces facteurs peuvent faire une grande différence. Et je pense que dans une large mesure cela dépend aussi de la psychologie, du psychisme de la personne. Donc, si nous parlons du sentiment de “réalisation de soi” que les personnes tirent de leur travail, alors vous devez comprendre que de nombreux facteurs sont à l'œuvre. »

Je soupirai intérieurement. Je me rappelais nos nombreuses conversations au fil des ans au cours desquelles je cherchais des réponses claires, des affirmations définitives, des solutions concises. J'en étais encore là. Il ne cessait de me rappeler la complexité des êtres humains.

Mais il a évidemment raison. Bien que, d'un point de vue darwinien, nous ayons peut-être hérité de nos ancêtres lointains un penchant inné à ressentir du plaisir et de la satisfaction lorsque nous nous livrons à des activités productives, nous ne sommes plus des chasseurs-cueilleurs. Avec son entrée progressive dans le monde moderne, la vie humaine est devenue plus complexe, et, pour bien des personnes, cette joie spontanée que nous pouvons potentiellement expérimenter dans notre travail s'est effilochée sous la pression des variables complexes qui caractérisent notre mode de vie au XXIe siècle.

Nous avons vu plus haut que, bien que le lien général entre travail et bonheur ait été démontré, il existe de nombreux points de désaccord parmi les chercheurs sur le degré et la manière dont le travail contribue à notre bonheur global. En dépit de ces divergences d'opinion, les chercheurs peuvent au moins être d'accord sur un point et convenir avec le Dalaï-Lama que des variables complexes déterminent notre satisfaction comme notre insatisfaction dans notre travail et dans la vie. Comme le dit le Dalaï-Lama, la personnalité, la disposition, les intérêts, le contexte social et bien d'autres facteurs peuvent influer sur notre sentiment de satisfaction. Et comme il l'a suggéré plus tôt, notre histoire et notre culture peuvent aussi jouer un rôle, ce qui a été établi par le psychologue des organisations et des entreprises Paul Spector dans un livre récent sur la satisfaction dans le travail.

Non seulement de nombreuses variables et facteurs peuvent influer sur notre sentiment de satisfaction dans le travail, mais des facteurs tout aussi nombreux peuvent contribuer à une vie heureuse. Comme le Dalaï-Lama me l'avait rappelé, la satisfaction dans le travail n'est qu'un facteur parmi d'autres. Ed Diener, un psychologue spécialisé dans la question du bien-être subjectif, concluait une étude récente sur les facteurs qui peuvent influer sur le bonheur humain : « Il semble probable que le bonheur subjectif ne se laissera pas réduire à un petit ensemble de variables puissantes, en raison du nombre immense de facteurs qui peuvent l'influencer. » Ainsi, étant donné la complexité des êtres humains, la très grande variété de variables biologiques, sociales, économiques ou démographiques qui peuvent influer sur notre bonheur dans notre travail ou à la maison, par où faut-il commencer ? Ici, les toutes dernières découvertes des chercheurs dans le domaine du bonheur humain convergent avec la sagesse du Dalaï-Lama, fondée sur l'antique philosophie bouddhiste : il faut commencer par se tourner vers l'intérieur, en cherchant à reformuler nos attitudes et nos perceptions. Faisant écho au point de vue du Dalaï-Lama, Diener conclut : « Il semble que la manière dont les gens perçoivent le monde est bien plus importante pour le bonheur que les circonstances objectives. » Et il existe une masse de données qui confirment cette affirmation.

Ainsi, en dépit de la noble tentative bien intentionnée de certains chercheurs pour quantifier précisément la contribution du travail à notre bonheur, comme le suggère le Dalaï-Lama, il est difficile de généraliser et cela reste dans l'ensemble une question individuelle. Et si l'on considère la gaieté qu'exhale le Dalaï-Lama en vaquant à ses occupations quotidiennes, j'étais encore plus curieux de savoir comment il voyait son propre travail. Quelque chose dans sa manière de décrire son travail – « je ne fais rien » – me gênait, me laissait vaguement insatisfait. J'avais encore le sentiment qu'en l'interrogeant un peu plus sur sa conception, sur la manière dont son travail s'intégrait à son existence, j'apprendrais des choses qui pourraient nous servir, à nous et à d'autres.

Je décidai donc de faire une dernière tentative et lui demandai :

« Cette semaine nous avons parlé de l'attitude des gens envers leur travail, des différentes opinions que les gens peuvent avoir à son propos. Mais je suis toujours curieux sur ce que vous, vous pensez du vôtre. L'autre jour je vous ai demandé ce que vous diriez à quelqu'un qui vous demanderait comment vous gagnez votre vie, et vous avez dit que vous répondriez : "Je ne fais rien", puis vous avez dit en plaisantant que vous vous occupiez de vous-même, etc. J'aimerais que vous soyez un peu plus précis. Vous avez quand même différents rôles : vous êtes moine, chef du peuple tibétain, homme d'État, érudit, maître, vous donnez et participez à des conférences à travers le monde. Je veux dire que vous êtes impliqué dans de multiples activités, et c'est de cela que je voulais parler, lorsque je vous demandais ce qui était votre travail dans le monde. Votre job.

— Bien évidemment, je suis un moine, je suis un moine bouddhiste. Et le travail, ou le centre principal d'intérêt d'un moine, c'est l'étude et la pratique du bouddhisme. Et puis la chose principale c'est de servir les autres par la spiritualité, par ma propre expérience. C'est cela le principal, n'est-ce pas ? Donc, lorsque je donne des conférences, j'essaie de partager avec ceux qui m'écoutent une compréhension de ce qui est bénéfique, ce qui est une vie emplie de sens, selon mon vécu.

« Mais si vous voulez parler de mon travail temporel, mon travail dans le monde, mes activités et mes décisions sont guidées par des principes bouddhistes. Elles sont fondées sur les concepts de la compassion et de l'interdépendance. Ainsi ma politique de "la voie du milieu", mon approche de la question politique tibétaine sont façonnées par ma conception de l'interdépendance, la reconnaissance du fait que dans notre monde tous les pays sont interdépendants. Bien sûr, en ce qui concerne le Tibet, beaucoup dépend de l'Inde et aussi de la Chine. Et dans cette politique, vous pouvez aussi voir l'influence de concepts bouddhistes comme la non-violence. Nous ne faisons pas la guerre à la Chine pour reconquérir notre pays. Donc, je pense que mes différentes activités sont influencées par l'enseignement de Bouddha. Bon, peut-être pas toutes – de temps à autre je bricole avec un tournevis, et je ne saurais pas dire si les concepts bouddhistes sont impliqués dans ces activités ! Il éclata de rire. Sinon, je pense que la plus grande partie de ma vie quotidienne est celle d'un moine, d'un pratiquant. Par exemple, je me lève tous les jours à trois heures et demie et j'étudie, je prie et je médite. Mon frère se moque de moi et dit que, si je me lève si tôt, c'est parce que j'ai faim et que je veux mon petit déjeuner ! Il éclata une nouvelle fois de rire. C'est peut-être vrai, mais je pense que la principale raison, c'est ma pratique. Donc, l'étude et ma pratique de moine sont ma seule profession. En dehors de cela, il n'y a rien d'autre. Rien.

— D'accord, mais je sais que vous avez de nombreuses autres activités en dehors de votre pratique spirituelle de moine. Vous avez ainsi mentionné la situation politique, et je sais que vous avez des responsabilités et du travail en rapport avec votre rôle de chef du peuple tibétain. Dans quelle mesure cela contribue-t-il à votre sentiment global de bonheur et de satisfaction ? Avez-vous le sentiment que cela joue un rôle ? »

Le Dalaï-Lama m'expliqua :

« Il existe très certainement une corrélation entre la satisfaction que vous pouvez obtenir sur votre lieu de travail et votre sens global de réalisation. Mais je ne suis pas certain que mon expérience personnelle puisse s'appliquer à celle de beaucoup d'autres personnes. Ce matin j'avais une conversation avec des membres du secrétariat tibétain ici, et je leur disais que si, par exemple, nous regardons l'histoire de notre pays, nous voyons que durant de nombreuses générations, nous, les Tibétains, avons ignoré les changements importants qui se produisaient autour de nous, et que nous en sommes maintenant au point où une grande partie des dégâts commis sont presque irréparables. Dans un sens, ma génération a hérité d'une crise qui a eu des conséquences tragiques pour notre culture et notre peuple. Pourtant, en même temps, le fait d'être tibétain, et surtout le fait d'être le Dalaï-Lama à un moment si critique, me donne une occasion formidable de servir, de servir le bien-être de mon peuple et d'assurer la survie de sa culture.

— N'est-ce pas lié à ce que nous disions l'autre jour à propos des défis ? Êtes-vous en train de dire que plus le défi est grand plus le sentiment de satisfaction qu'on pourra tirer d'un certain travail est grand ?

— Cela me semble clair. Dans le cas de ma propre responsabilité envers le peuple et la nation tibétains, comme je l'ai déjà dit, notre tragédie actuelle est en fait le résultat de nombreux facteurs complexes, dont ma négligence et mon ignorance prolongées des événements dans le monde environnant. Pourtant, lorsque je reconnais la gravité de la situation, le fait que la survie même des Tibétains en tant que peuple avec son héritage culturel unique est menacée, je peux apprécier la valeur de la plus petite contribution à la sauvegarde du peuple tibétain. Ceci, à son tour, renforce ma compréhension de la manière dont mon travail sur la question du Tibet est en réalité une partie de la pratique quotidienne spirituelle qui est la mienne depuis toujours, celle de quelqu'un qui pense profondément qu'aider les autres est le but le plus élevé de quiconque a une pratique spirituelle. De cette manière, ma vie, mon travail, sont intimement liés à ma pratique quotidienne de prière et de méditation. La méditation analytique m'est ainsi très utile pour engendrer une conviction plus profonde envers les principes de non-violence, de compassion, de pardon, surtout envers les communistes chinois. Donc, vous voyez qu'il existe une sorte d'influence mutuelle entre mon adhésion à certaines valeurs spirituelles, ma pratique spirituelle quotidienne, leur impact sur ma manière générale de penser et d'envisager la vie, et la manière dont celles-ci influent à leur tour sur mon travail politique pour le peuple tibétain. Et puis mon travail politique influe sur ma pratique spirituelle. Il existe une relation d'interconnexion entre tout. Un bon petit déjeuner, par exemple, contribue à ma bonne santé. Et ma bonne santé me permet de me servir de ma vie pour réaliser mon travail. Tout est relié, tout est interdépendant. Lorsque vous appréciez ces liens, alors vous comprenez comment vos valeurs, vos attitudes, votre état émotionnel peuvent tous contribuer à votre sentiment d'accomplissement dans le travail, à votre satisfaction et à votre bonheur dans l'existence. »

Les choses tombaient enfin en place. Je comprenais enfin pourquoi le Dalaï-Lama disait : « Je ne fais rien », lorsqu'on lui demandait de décrire son travail. Bien sûr, connaissant son sens de l'humour, j'en saisissais l'ironie. Mais, derrière la plaisanterie, je connaissais sa réticence personnelle, que j'avais pu apprécier en de nombreuses occasions, à s'autoévaluer. Cela semblait découler de son absence d'intérêt de ce que les autres pensent de son travail aussi longtemps qu'il est sincèrement motivé pour aider les autres.

Mais il y avait une vérité plus profonde. Comme j'avais commencé à le comprendre durant notre discussion des forces individuelles, le Dalaï-Lama est une personne qui a opéré une fusion totale entre son être et son travail. Sa vie personnelle et sa vie « professionnelle » sont parfaitement intégrées, si parfaitement intégrées qu'il n'existe pas vraiment de distinction entre les différents compartiments, « personnel », « professionnel », « spirituel » ou « domestique ». Et puisqu'il ne distinguait pas un sous-ensemble particulier de fonctions pour en faire son « travail », il n'avait pas de travail : « Je ne fais rien, je n'ai pas de travail. » En fait, je suis étonné depuis longtemps par la manière dont il est toujours égal à lui-même, où qu'il se trouve. Il n'est pas une personne différente selon qu'il est « en public » ou « en privé ».

Puisque le Dalaï-Lama est pleinement présent dans la moindre de ses activités, il n'a pas vraiment besoin d'adapter son comportement à la situation. Il est comme il est, identique à lui-même, qu'il soit « à la maison » ou « au travail ». Je me suis dit qu'une telle vie devait procurer un énorme sentiment de satisfaction. Je me suis rappelé une scène incroyable dont j'avais été le témoin l'année précédente. Le Dalaï-Lama était en visite à Washington, et un soir il devait assister à une réception en son honneur au Sénat. La réception avait été organisée par la sénatrice Diane Feinstein, et le tout-Washington y assistait. Cela se déroulait dans un des plus beaux salons du bâtiment. Des ambassadeurs, des sénateurs importants et des chefs du Congrès glissaient silencieusement sur le tapis rouge somptueux, sous d'immenses chandeliers de cristal, entourés par d'immenses fresques aux tons pastel recouvrant les murs et les plafonds. Le cadre ne faisait que souligner l'importance de la réception et de l'assistance. Je reconnus de nombreux visages que j'avais jusque-là aperçus sur CNN, mais il y avait quelque chose d'étrange à voir ces gens en chair et en os. Je ne savais pas pourquoi exactement. Soudain, je me suis dit qu'en fait ces gens n'avaient pas l'air plus en vie que lorsque je les voyais à la télévision ; leurs visages plissés étaient des masques impénétrables, figés, et leurs gestes étaient rigides et automatiques. Parmi eux circulaient de jeunes assistants, tout frais émoulus de l'université, intoxiqués par tout ce pouvoir, parlant à voix basse avec une certaine excitation. Ils essayaient d'avoir l'air adulte, me suis-je dit. Pour moi, qui n'avais jamais été exposé au monde politique, la scène était presque surréaliste.

J'étais arrivé tôt, et les gens attendaient en discutant. Les personnes plus âgées semblaient si sûres de leur position et si conscientes de leur importance qu'elles ne paraissaient s'intéresser à rien.

Lorsqu'on leur présentait quelqu'un, elles regardaient à peine la personne, reconnaissant à peine qu'il y avait un autre être humain devant eux. Les plus jeunes et moins sûrs d'eux, majoritaires, semblaient aussi inconscients des gens qui les entouraient, et leurs regards erraient, comme s'ils cherchaient à évaluer leur place dans la hiérarchie du pouvoir. Certains fendaient la foule en se présentant à droite et à gauche, et comme j'en ferais la remarque plus tard au Dalaï-Lama, la question la plus courante était : « Et vous faites quoi ? » Ils semblaient avoir un don pour vous évaluer en quelques secondes, pour déterminer si vous pouviez leur être utile. Si ce n'était pas le cas, ils repartaient vers quelqu'un de plus important que vous. Certains sirotaient du Coca light ou du vin blanc. Mais personne ne semblait toucher à la nourriture de l'immense buffet au milieu du salon, recouvert de fromage français, de crevettes, de pâtisseries et de toute sorte de mets délicieux. La plupart des présents étaient trop tendus pour avoir faim.

Le Dalaï-Lama entra enfin. Le contraste était frappant. Comme à son habitude, il avait l'air calme et gai. Je remarquai qu'il ne s'était même pas donné la peine d'enfiler sa plus belle paire de chaussures – il portait ses vieilles sandales en caoutchouc. La sénatrice Feinstein et son mari commencèrent aussitôt à présenter le Dalaï-Lama aux invités. Il se versa un verre d'eau tandis que Diane Feinstein approchait un grand fauteuil en chêne massif, le poussait contre un mur et l'invitait à s'asseoir. Plusieurs sénateurs firent la queue pour être présentés. De l'autre côté du salon, je ne pouvais pas entendre ce qu'ils se disaient, mais, en observant sa manière de les aborder, avec une poignée de main sincère, un sourire chaleureux et sincère, un regard droit dans les yeux, il était évident que, comme toujours, il se comportait avec eux comme un être humain avec un autre être humain, sans la moindre affectation. On pouvait percevoir un sourire sur le visage de ses interlocuteurs. Je remarquai qu'à mesure qu'on les lui présentait, ils avaient du mal à s'éloigner de lui.

Finalement, un sénateur attrapa une chaise et s'installa à côté du Dalaï-Lama. Le suivant fit de même, et il y eut bientôt une dizaine d'hommes politiques assis le long du mur, de chaque côté de Sa Sainteté. J'observai comment ils se penchaient vers lui attentivement, pris dans la conversation ; depuis l'autre côté de la pièce, on aurait dit la dernière cène. Il me semblait que plus ils étaient proches du Dalaï-Lama, plus leur visage et leur attitude étaient détendus. Quelques minutes plus tard, je fus frappé par une vision encore plus extraordinaire : le Dalaï-Lama tenait affectueusement la main de l'homme assis à côté de lui, un vieux briscard de la politique qu'il venait à peine de rencontrer. Il tenait la main de cet homme comme il aurait tenu la main d'un petit enfant et celui-ci qui, quelques instants plus tôt, avait l'air dur et impénétrable semblait être subitement devenu plus humain.

Pendant que tout ceci se produisait, je bavardais avec le responsable de la sécurité du Dalaï-Lama. L'homme avait déjà rempli la même fonction lors de ses précédentes visites aux États-Unis et il m'avait dit que s'occuper de la sécurité du Dalaï-Lama était sa mission préférée – non seulement parce que, à la différence de certains diplomates qui voulaient sortir en boîte jusqu'à trois heures du matin, le Dalaï-Lama se couchait chaque soir à neuf heures, mais aussi parce qu'il l'admirait sincèrement. Il me dit :

« Je ne suis pas bouddhiste, mais le Dalaï-Lama est une grande source d'inspiration pour moi.

— Ah bon ? En quoi ?

— La principale chose que j'ai remarquée, c'est qu'il aime parler avec les chauffeurs, les réceptionnistes, les serveurs, les employés partout où il va. Et il traite tout le monde exactement de la même manière. »

Et cela ne pouvait être plus évident qu'au cours de cette réception. Il traitait tout le monde avec respect. Le garçon derrière le buffet aussi bien que le président du groupe démocrate au Sénat. Toute son attitude, son comportement, sa façon de parler et ses gestes étaient partout toujours identiques, qu'il s'adresse à la femme de chambre de l'hôtel, au chauffeur qui le conduisait à une réception, ou aux hommes politiques les plus puissants des États-Unis.

La réponse était là : puisqu'il n'avait pas besoin de faire semblant, de se conduire d'une certaine manière en public ou « au travail » et d'une autre à la maison, il pouvait être juste lui-même partout où il allait, et cela faisait que son travail ne lui demandait pas d'efforts. Bien sûr, la plupart d'entre nous avons encore un long chemin à parcourir avant d'atteindre ce degré d'intégration, mais plus nous parvenons à réduire le fossé entre qui nous sommes et ce que nous faisons, moins notre travail nous demandera d'efforts.

ÉPILOGUE

Le serviteur du Dalaï-Lama, un grand moine tibétain très aimable, vêtu des habits traditionnels et arborant un sourire perpétuel, entra silencieusement dans la pièce et débarrassa discrètement le service à thé. Je me rendis compte que c'étaient les dernières minutes de notre rencontre. Mon temps était écoulé, je ramassai mon carnet de notes et parcourus la liste des sujets que j'avais espéré pouvoir aborder avec lui.

En même temps, je lui dis :

« Il ne nous reste pas beaucoup de temps. Nous avons couvert pas mal de sujets, mais il reste encore quelques points à aborder, comme l'éthique dans le travail, l'insatisfaction que l'on ressent lorsque ses valeurs personnelles ou éthiques ne correspondent pas aux valeurs éthiques de notre employeur, la dénonciation des pratiques douteuses, les scandales, les relations entre les personnes dans le travail et les affaires, tant entre collègues qu'entre employeur et employés ainsi que... »

Le Dalaï-Lama m'interrompit :

« Howard, si vous vous embarquez dans une discussion plus poussée, les problèmes plus spécifiques que différents individus peuvent connaître dans leur travail, alors cela n'aura pas de fin ! Après tout, il y a six milliards d'êtres humains sur Terre – et ils ont chacun leurs problèmes ! Et puis nous entrons dans un autre domaine. Jusqu'ici, nous avons parlé du bonheur dans le travail en général, selon l'employé, et des mesures que l'on peut prendre pour ressentir davantage de satisfaction en changeant d'attitude, en améliorant sa compréhension de soi, en particulier. Mais c'est seulement une partie du tableau. L'employeur aussi, l'encadrement, l'entreprise, tous influent sur le bonheur des employés, mais c'est un tout autre sujet.

— En fait, j'espérais bien que nous pourrions aborder ces points, précisément, mais je ne pense pas que nous aurons le temps.

— Cela devra donc attendre. Mais je ne suis pas certain de pouvoir être d'un grand secours sur ces sujets, je ne suis pas un expert du monde des affaires, je n'y connais pas grand-chose.

— Moi non plus, admis-je. Mais je sais que vous vous intéressez beaucoup à l'application de l'éthique à tous les domaines de l'humain, et j'aimerais donc aborder le sujet sous cet angle.

— Bien sûr, et je serai toujours disponible. Voyons-nous à nouveau et nous pourrons échanger des idées, essayer de répondre à ces questions. Je ferai de mon mieux pour vous aider. Mais je pense que de votre côté vous devriez préparer le terrain. Et ce serait une bonne idée de parler avec des hommes d'affaires, des experts dans ces domaines, et de leur demander de partager avec nous leurs expériences, pour voir comment ils mettent en œuvre ces principes dans leurs entreprises, et les problèmes qu'ils rencontrent. De cette manière nous parviendrons peut-être à trouver des éléments intéressants. Nous ferons de notre mieux, en tout cas !

Le Dalaï-Lama bâilla, ôta ses lunettes et se frotta les yeux. La journée avait été longue pour lui. Il se pencha, glissa ses pieds dans ses chaussures et commença à nouer les lacets, signe, comme je l'avais appris, que notre rencontre touchait à sa fin.

« Nous avons discuté du travail, et ceci fait partie de notre travail. J'apprécie que vous soyez venu. Vous avez fait un long voyage depuis l'Arizona, votre région. Et j'apprécie votre sincérité, ajouta-t-il doucement, tandis qu'il finissait de nouer ses lacets et se relevait. Alors, merci. »

Nous avons discuté du travail, et ceci est partie de notre travail... Jusqu'à ce moment, je n'avais pas songé que nos rencontres étaient du travail. Pendant tout le temps que nous avions été ensemble, c'était comme si nous en avions parlé d'une manière abstraite, comme d'une activité qui se produisait quelque part dans le monde, tandis que des masses anonymes, sans visage, vaquaient à leurs tâches quotidiennes, et non quelque chose qui se passait là, dans cette pièce. Bien sûr, au fond de moi-même je savais qu'à un moment il faudrait faire un grand effort si nos conversations devaient prendre la forme d'un livre. Cela se passerait ailleurs, à un autre moment. Mais les heures passées avec le Dalaï-Lama à discuter n'étaient pas du travail – j'étais tellement pris par notre conversation, tellement heureux d'avoir l'occasion de m'asseoir à ses côtés et d'apprendre comment moi-même je pouvais devenir une personne plus heureuse, que j'aurais pu payer pour être là. Ce n'était pas du travail. Ou si c'en était, alors je faisais le même travail que le Dalaï-Lama lorsqu'il disait : « Je ne fais rien. » Sans doute la différence entre nous était-elle que sa position était permanente, et la mienne provisoire.

Alors que je m'apprêtais à partir, le Dalaï-Lama me demanda d'attendre un moment. Il se dirigea vers une pièce voisine et revint avec une petite statue bouddhiste dont il me fit cadeau. Je ne m'y attendais pas, et j'étais si ému que je restai muet, incapable de dire autre chose que deux ou trois mots de remerciements. Puis, debout sur le porche, à côté de la porte grillagée, le Dalaï-Lama sourit et m'étreignit longuement en signe d'adieu. Nous avions passé de longues heures à discuter des problèmes humains, l'étoffe de la vie quotidienne, et mon travail m'attendait, d'innombrables heures de travail sur le texte, et à ce moment-là, il restait à voir ce qui résulterait de nos efforts. Mais, à instant précis, avec ce contact humain, ce simple échange de chaleur et d'affection avec mon ami et collaborateur, j'eus l'impression que, dans le fond, le travail, c'était cela.

TABLE

L'ART DU BONHEUR – 1

L'ART DU BONHEUR – 2

13068

Composition
PCA

Achevé d'imprimer à Barcelone
par CPI Black Print
le 26 octobre 2021

Dépôt légal novembre 2020
EAN 9782290234648
OTP L21EPLN002839A003

ÉDITIONS J'AI LU
87, quai Panhard-et-Levassor, 75013 Paris

Diffusion France et étranger : Flammarion